Derek Gill · Elisabeth Kübler-Ross

Elisabeth Kübler-Ross

Wie sie wurde wer sie ist

Aufgezeichnet von Derek Gill,
mit einem Nachwort
von Elisabeth Kübler-Ross

Kreuz Verlag

Aus dem Amerikanischen übersetzt von Susanne Schaup

Dieses Buch ist auch als Hörbuch erschienen.
Blinde können es kostenlos entleihen bei der

Deutschen Blindenstudienanstalt
– Emil-Krückmann-Bücherei –
Liebigstraße 9
3550 Marburg   Telefon: 06421/67053

oder bei der

Deutschen Blinden-Hörbücherei
Am Schlag 2a
3550 Marburg   Telefon: 06421/606261

Die Originalausgabe ist 1980 erschienen im Verlag
Harper & Row, Publishers, New York
unter dem Titel »Quest – The Life of Elisabeth Kübler-Ross«
ISBN 0 06 011543 2
Copyright © 1980 by Derek Gill
Alle deutschen Rechte beim Kreuz Verlag, Stuttgart 1981
7. Auflage (41.–44. Tausend) 1991
Gestaltung: Hans Hug
Titelfoto: Ann Ring
Gesamtherstellung: Ebner Ulm
ISBN 3 7831 0631 1

Inhalt

Einführung	7
1 Der erste Lebensabschnitt	17
2 Kindheitserinnerungen	33
3 Berge und Lehrer	47
4 Die Rebellin und ihr Gelübde	65
5 Auf eigenen Füßen	79
6 Traum und Wirklichkeit	93
7 Auf nach Frankreich	105
8 Die Schwalbe muß wieder fliegen	119
9 Zur Rettung der Kinder	127
10 Die Erfüllung des Gelübdes	139
11 Eine Handvoll geweihte Erde	147
12 Stacheldraht und Schmetterlinge	157
13 Die Rückkehr der verlorenen Tochter	167
14 Das Luftschloß rückt näher	179
15 Im Hörsaal der Anatomie	187
16 Der amerikanische Gast	197
17 »Sie sind jetzt Ärztin!«	205

18 Gedichte und Prioritäten 219
19 Die Emigrantin 231
20 Im Dschungel 245
21 Geburt und Tod in der Familie 261
22 »Ich habe schon früher hier gelebt!« 277
23 Ein Beruf mit Herz 295
24 Die drei Weisen 303
25 Das Neuland rückt näher 315
26 »Die Sterbenden sind meine Lehrer« 325
27 Leben bis zum Tod 335
28 Neuland 343
29 Porträt einer Zeitgenossin 361
Nachwort von Elisabeth Kübler-Ross 373

Einführung

Im September 1976, während einer Geburtstagsfeier in einem Haus bei San Diego in Kalifornien, trat eine junge Ärztin auf mich zu und sagte: »Mr. Gill, Ihre nächste Biographie sollten Sie über Elisabeth Kübler-Ross schreiben.«

Normalerweise hätte ich darauf mit einem unverbindlichen Lächeln reagiert, denn Schriftsteller bekommen ja oft solche unerbetenen Ratschläge. Diesmal blieb mir jedoch vor Staunen der Mund offen, denn weniger als vierundzwanzig Stunden zuvor hatte ich den Namen Kübler-Ross zum ersten Mal gelesen – wenigstens zum ersten Mal in einem Kontext, der sich meinem Gedächtnis einprägte.

Im Wartezimmer meines Zahnarztes hatte ich am vorhergehenden Nachmittag eine Illustrierte durchgeblättert und war darin auf ein Interview mit Frau Dr. Kübler-Ross gestoßen. Die Schlichtheit und Ursprünglichkeit ihrer Antworten auf die Fragen des Interviewers nach Sterben und Tod hatten mich so berührt, daß ich die vier Seiten des illustrierten Artikels aus der Zeitschrift herausriß (wenn auch mit schlechtem Gewissen) und in meine Rocktasche steckte.

Am Abend las ich den Artikel im Bett noch zweimal durch und

wußte immer noch nicht recht, was mich daran so faszinierte. Ich glaube nicht, daß ich mehr als der Durchschnittsbürger über das Mysterium des Todes nachgedacht habe, und außerdem hatte ich während der fünf Jahre, die ich als Soldat im Krieg verbracht hatte, das Sterben von Menschen miterlebt.

Doch hier war eine Wissenschaftlerin und Philosophin, deren Antworten auf die Frage nach dem Leben und dem Tod bestechend klangen.

Ein Foto in der Zeitschrift zeigte eine schlicht aussehende Frau mittleren Alters mit Brille, in einer losen Windjacke und langer Hose. Im Hintergrund sah man ein stattliches Haus und neben ihr ihre beiden halbwüchsigen Kinder und den Hund der Familie, einen Bernhardiner. In der Spalte daneben stand, daß sie aufgrund ihrer Arbeit mit sterbenden Menschen alles hergeben könne, was einen materiellen Wert besitzt. »Ich weiß, daß es unendlich viel wichtiger ist, einen Sonnenuntergang im Winter zu erleben oder zu beobachten, wie eine Fasanenfamilie über den Rasen stolziert, als materielle Dinge zu besitzen.«

So etwas! Eine Fasanenfamilie auf dem Rasen! Wie sympathisch, daß ein Mensch durch einen solchen Anblick so gerührt werden konnte, daß er ihn allen Schätzen und hohen Ehren vorzog!

Über das Leben nach dem Tod äußerte sie folgende Ansicht: »Der Mensch oder die Menschen, die du in deinem Leben am meisten geliebt hast und die dir im Tod vorausgegangen sind, werden dich erwarten und dir beim Übergang helfen . . . Das Wichtige daran ist, daß du nicht allein (durch den Tod) hindurchgehst. Es ist wunderbar, daß wir den Eltern von sterbenden Kindern versichern können: ›Macht euch keine Sorgen. Es wird dort jemand auf euer Kind warten und es in Obhut nehmen.‹«

Das für mich Faszinierende war, daß sich hier eine Wissenschaftlerin zu Wort meldete. Von der Kanzel hatte ich oft genug rhetorische Verheißungen von Auferstehung und der Gewißheit des Himmels gehört. Doch schon als kleines Kind hegte ich Zweifel, ob der geliebte Großvater »jetzt unter den Seligen weilte«. Ich blickte zu dem Verwandten auf, der mir diese Versicherung gegeben hatte, und fragte: »Warum weinen dann alle?«

Doch das ist lange her, und vorhin sprach ich von einer Geburtstagsfeier, die kürzlich stattgefunden hatte, und von der verblüffenden Äußerung einer mir bis dahin unbekannten jungen Dame. Natürlich fragte ich sie, wie sie auf diese Idee gekommen sei. Sie sagte, daß sie meine Bücher gelesen und einen Vortrag von Frau Dr. Kübler-Ross gehört habe und, wenn ich mich recht erinnere, »daß hier eine Art von Affinität vorliege«.

Als ich nach Los Angeles zurückfuhr, dachte ich jedenfalls kaum über den Zufall nach, daß ich innerhalb eines so kurzen Zeitraums zweimal einem ungewöhnlichen Namen begegnet war, noch über die Andeutung der jungen Ärztin, daß zwischen meinem Beruf und dem Leben von Elisabeth Kübler-Ross eine Verbindung bestünde. Diese Andeutung hätte ich sicherlich bald vergessen, wenn mich nicht bei meiner Ankunft zu Hause eine Freundin angerufen und mir gesagt hätte, daß sie mir eben eine Eintrittskarte für einen Vortrag von Dr. Kübler-Ross besorgt hatte! Innerhalb von vierundzwanzig Stunden war der Name Kübler-Ross mir nun dreimal begegnet.

Ich ging zu dem Vortrag in dem höhlenartigen Auditorium der Universität von Kalifornien in Long Beach. Als ich in der vierundzwanzigsten Reihe unter 3000 Zuhörern saß, sah ich Elisabeth (wie wir sie von jetzt an nennen wollen) zum ersten Mal. Während sie auf das Podium ging, fiel mir auf, wie klein sie war. Sie konnte kaum größer sein als einen Meter fünfzig und kaum schwerer als fünfzig Kilo. Sie trug eine handbestickte ländliche Bluse, rehfarbene Kordsamthosen und italienische Sandalen.

Von dem Augenblick an, als sie in ihrer leisen Stimme mit deutschem Akzent zu sprechen begann, bis sie drei Stunden später das Mikrophon weglegte, das sie in der Hand gehalten hatte, nahm sie das Auditorium so gefangen, daß ein gelegentliches Husten oder Niesen hinter mir wie Kanonendonner dröhnte.

»Heute«, so begann sie, »wollen wir vom Leben sprechen. Wir wollen vom Tod sprechen. Und wir wollen über die Liebe sprechen. Alle drei sind in Wirklichkeit verschiedene Aspekte ein und derselben Sache.«

Hin und wieder drehte sie sich um und ging zur Tafel, auf der sie wichtige Punkte mit Kreide aufschrieb, aber meistens saß sie auf einer Ecke des Tisches und ließ ihren sandalenbekleideten Fuß herunterbaumeln.

Ihr Vortrag war frei von jeder Rhetorik und großsprecherischen Gebärde. Sie sprach vielmehr mit solcher Einfachheit und Klarheit, daß ein Kind von zehn oder elf Jahren, das neben mir saß, seine Augen die ganze Zeit über nicht von der Bühne abwandte, ebensowenig wie die wissenschaftlich gebildete Bekannte, die meine Eintrittskarte besorgt hatte.

Während der ersten zwei Drittel ihrer Rede sprach sie von ihrer Arbeit und der Pflege von Sterbenden. Aus den Notizen, die so eifrig gemacht wurden, entnahm ich, daß viele unter den Hörern heilende Berufe ausübten. Danach sprach sie über den Tod selbst und über das Leben nach dem Tod. Zum ersten Mal regte sich etwas im Auditorium wie das leichte Wogen eines Weizenfeldes, wenn der Wind plötzlich darüberstreicht.

Die mir befreundete Wissenschaftlerin war eine von denjenigen, die unruhig wurden, als Elisabeth die Grenze zwischen medizinischen und sozialen Fragen und einem Bereich überschritt, der für gewöhnlich den Theologen vorbehalten ist. Bis dahin hatte ich nicht mitstenographiert (Elisabeth hatte darum gebeten, keine Tonbandaufnahmen zu machen), aber jetzt schrieb ich, denn ich war ja gekommen, um über dieses Thema etwas zu hören.

Hier ist ein Beispiel ihrer Ausführungen, das ich geringfügig redigiert habe: »Mrs. Schwarz, eine meiner Patientinnen, war in meiner Klinik in Chicago fünfzehnmal auf der Intensivstation gewesen. Während eines Aufenthalts im Krankenhaus wurde sie in ein Einzelzimmer gelegt und spürte, daß der Tod nahe war. Ein Teil ihrer Seele wollte sich lösen, doch der andere Teil mußte ihrer Familie wegen diese neue Krise bewältigen. Plötzlich wurde ihr bewußt, daß sie ihrem Körper entglitt, und mit Staunen erblickte sie ihren Leichnam. Aus ihrer schwebenden Lage ein oder zwei Meter über ihrem eigenen Körper beobachtete sie, wie ein Ärzteteam ins Zimmer eilte, um Wiederbelebungsversuche mit ihr anzustellen. Sie beschwor die Ärzte, sich zu beruhigen, aber sie konnten sie nicht sehen oder hören. Mrs. Schwarz vernahm, daß sie für tot erklärt wurde, doch dreieinhalb Stunden später erwachte sie wieder und lebte noch achtzehn Monate.

Seither habe ich Hunderte von Fällen gesehen, in denen Menschen die Erfahrung machten, daß sie ihren Körper verließen. Sie berichten alle das gleiche. Sie sind sich völlig bewußt, daß sie ihren physischen Körper abstreifen wie ein Schmetterling den Kokon. Wir sind jetzt im Besitz von überzeugendem Beweismaterial, daß der Tod nur der Übergang in einen höheren Bewußtseinszustand ist, wie wenn man seinen Wintermantel ablegt, weil man ihn nicht mehr braucht.

Diejenigen meiner Patienten, die diese Erfahrung gemacht haben, fürchten sich nie mehr vor dem Tod. Viele Patienten sprechen von dem Frieden, den sie erlebten – einen schönen, unbeschreiblichen Frieden, ohne Schmerz, ohne Angst. Sie sprechen von einer höheren

Erkenntnis, die allen bei ihrem Übergang zuteil wird. Sie sagen uns, daß nichts wichtig ist, außer wieviel ein Mensch geliebt, wie sehr er sich engagiert hat; und wenn Sie über diese Dinge Bescheid wissen, wie ich jetzt Bescheid weiß, dann können auch Sie vor dem Tod nie wieder Angst haben.«

Elisabeth führte noch eine Reihe weiterer Beispiele von Leuten an, die sie kannte, die ähnliche Erfahrungen wie Mrs. Schwarz gemacht hatten. Dann fügte sie hinzu: »Nur wenn Sie geistig offen sind und lernen, sich in der Stille mit der Stimme Ihres Inneren in Verbindung zu setzen, werden Sie erfahren, daß der Tod nicht existiert und daß alles im Leben einen positiven Sinn hat.«

Meine eigene Reaktion auf Elisabeths Vortrag war eine Mischung von Faszination und Ungläubigkeit. Ich wollte sie unbedingt kennenlernen, aber nach dem Vortrag war es unmöglich, zu ihr vorzudringen, da sie von einer Masse von Verehrern umringt war. In Unkenntnis der Tatsache, daß sie 3000 Briefe im Monat erhält, schrieb ich an sie und bat um ein Interview. Erst später erfuhr ich von Elisabeth, daß mein Brief von dem Stapel auf dem Schreibtisch ihrer Sekretärin zu Boden geglitten war. Normalerweise hätte die Sekretärin den Brief beantwortet, und zwar negativ, weil Elisabeth mit ähnlichen Bitten um persönliche Gespräche überschwemmt wird und sie den Sterbenden den Vorrang gibt. Sie hob jedoch den Brief selbst auf und wurde »geführt«, wie sie es ausdrückte, mich zu empfangen.

Ihre Antwort an mich lautete: »Werde am 17. Februar (1977) in Fresno, Kalifornien, sein und einen Vortrag halten. Ich kann Sie um fünf Uhr für 30 Minuten sprechen.« Das war alles.

Meine Frau und ich fuhren nach Fresno und fanden den Vortragssaal mit Leichtigkeit – er war nämlich der größte der Stadt. Es gab nur noch zwei freie Plätze an der hinteren Wand. Wiederum war ich wie gebannt. Als der Vortrag zu Ende war, wollte ich mich durch die Menge drängen, die jetzt den Ausgängen zustrebte, als ich eine deutliche Stimme hörte, die mir sagte: »Sag ihr, daß du mit Viktor Frankl befreundet bist.«

Ich meinte, daß es die Stimme meiner Frau gewesen sei, drehte mich nach ihr um und fragte: »Warum soll ich ihr das sagen?«

Sie sah mich verständnislos an, und ich wiederholte meine Frage. »Warum soll ich denn Frau Dr. Kübler-Ross erzählen, daß ich mit Viktor Frankl befreundet bin?«

»Wovon redest du?« erwiderte sie.

Das versetzte mir einen gelinden Schock; aber wenn ich Elisabeth abfangen wollte, konnte ich mich jetzt nicht mit einer Erklärung dieses Rätsels aufhalten. Sicherlich war niemand anderer in der Nähe, der gewußt haben könnte, daß ich vor kurzem an einem Buch über den bekannten Wiener Psychiater mitgearbeitet hatte.

Als ich Elisabeth schließlich auf der Bühne erreichte und sie an unsere Verabredung erinnerte, schüttelte sie den Kopf. Sie bedauerte, daß sie nun doch keine Zeit für ein Gespräch hätte. Sie müsse unverzüglich zu einem sterbenden Patienten in der hiesigen Klinik. Sicher würde ich Verständnis haben.

In Wirklichkeit war ich mehr als enttäuscht. Ich war wütend. Ich sagte ihr schroff, daß ich an die vierhundert Kilometer für die versprochenen 30 Minuten gefahren sei. Sie entschuldigte sich noch einmal und wandte sich von mir ab, als mir die unerklärliche Stimme von vorhin einfiel.

Ich sagte: »Übrigens bin ich mit Viktor Frankl persönlich befreundet.«

Es war, als hätte ich eine Kanone abgefeuert. Sie drehte sich abrupt nach mir um und zog mich am Arm auf die Seite. Sie erzählte, sie sei am Tag vorher Viktor Frankl, den sie ihr Leben lang bewundert hatte, zum ersten Mal persönlich begegnet. Sie sah mich mit einem neuen Interesse an. Als ich ihr sagte, daß ich in zwei Wochen nach Chicago fliegen und mich in der Nähe ihres Hauses aufhalten würde, lud sie mich ein, sie mit dem Auto von einem Vortrag abzuholen, den sie in zwei Wochen in Stevens Point, Wisconsin, zu halten hatte. Wir würden dann Zeit genug für ein ungestörtes Gespräch haben.

Diese sechsstündige Fahrt ist mir unvergeßlich! Die Landschaft von Wisconsin war winterlich verschneit. Kurz nachdem wir von Stevens Point aufgebrochen waren, bestand Elisabeth darauf, am Straßenrand anzuhalten, um einen blutroten Sonnenuntergang über dem gefrorenen See und den kahlen Wäldern zu beobachten. Mit dem Finger an den Lippen bedeutete sie mir, still zu sein. Ich betrachtete ihr Profil. Einige Minuten lang schien sie an einem fernen Ort zu weilen, wo sie Schwingungen von Licht und Farbe in sich aufnahm. Sie hatte müde ausgesehen, als sie ins Auto eingestiegen war, aber jetzt verschwanden die Falten der Müdigkeit um ihre Augen. Sie lachte, fuhr sich mit der Hand durch ihr kurzes, bereits graumeliertes Haar und sagte: »Ich habe wieder Energie getankt. Fahren wir!«

Wir fuhren schweigend durch die Dämmerung, und als es dunkel wurde, begann sie von ihrem Leben zu erzählen, von ihren Träumen und ihren Kämpfen. Als sie von ihren mystischen Erfahrungen berichtete, schwankte ich zwischen ausgesprochener Ungläubigkeit und dem echten Wunsch, zu glauben.

Ohne weiteres jedoch akzeptierte ich, daß ich mich in der Gesellschaft einer außergewöhnlichen Persönlichkeit befand, einer Frau von tiefem Mitgefühl, einmaliger Courage und Entschlußkraft. Andererseits konnte sie einen auch auf die Palme bringen. In den folgenden Monaten erfuhr ich, wie hartnäckig sie an ihren Überzeugungen festhielt – die ich nicht immer teilen konnte –, so daß wir zahlreiche Zusammenstöße hatten. Es gab sogar Zeiten, in denen wir beide bedauerten, daß wir uns auf dieses Unternehmen, ihre Lebensgeschichte zu schreiben, eingelassen hatten. Dann gab es wiederum Zeiten, in denen ich glaubte (und heute noch glaube), daß das Schicksal – die Sterne in ihrer Bahn, der Mond oder was immer – seine Hand im Spiel hatte.

Der Mond spielte mit Sicherheit eine Rolle, denn während dieser denkwürdigen Fahrt durch die Winternacht stieg plötzlich die größte Mondscheibe, die ich je gesehen habe, über dem Horizont auf. Sie füllte die ganze Windschutzscheibe des Autos, so daß ich fast geblendet war. Ich brachte etwas vor über atmosphärische Verhältnisse und die Reflexion des Lichts durch den Schnee, die wohl dieses Phänomen verursachten.

Aber davon wollte Elisabeth nichts hören. »Was für ein Unsinn!« rief sie. »Es ist der himmlische Segen für unsere gemeinsame Arbeit!« Sie lachte und ermahnte mich mit einem Zitat aus *Wie es euch gefällt* von Shakespeare: »Dies unser Leben, vom Getümmel frei, gibt Bäumen Zungen, findet Schrift im Bach, in Steinen Lehre, Gutes überall.«

Unsere gemeinsame Arbeit! Sie hatte meine Gedanken gelesen und wußte, bevor ich sie darum bat, daß ich ihre Lebensgeschichte schreiben wollte.

Ich habe eng mit Elisabeth zusammengearbeitet und bin viele tausend Kilometer gefahren, um ihre Geschichte zusammenzustellen. Dennoch muß ich bekennen, daß ich sie immer noch nicht wirklich kenne.

Gewiß erkenne ich ihr Genie als Ärztin und Kommunikatorin. Ich kann ihre Selbstlosigkeit und Großmut bezeugen. Ich habe sie als eine schöne Seele in kindhafter Einfachheit gesehen. Trotzdem bleibt sie für mich ein unglaublich komplexes Wesen, eine Frau von faszinierender Rätselhaftigkeit.

Danksagung

Ich bin Cass Canfield, Ann Harris und Corona Machemer zu großem Dank verpflichtet für ihren Zuspruch und ihre professionelle Hilfe während der drei Jahre, die ich an diesem Buch gearbeitet habe.

Elisabeth Kübler-Ross
Wie sie wurde wer sie ist

Alle in diesem Buch geschilderten Ereignisse entsprechen der Wirklichkeit. Es wurden lediglich in wenigen Fällen Namen und bestimmte Lebensumstände aus Gründen des Persönlichkeitsschutzes verändert.

1
Der erste Lebensabschnitt

Am späten Nachmittag des 8. Juli 1926 schien im Kreißsaal der Entbindungsklinik in Zürich alles in Ordnung zu sein. Die blonde Frau auf dem Kreißbett war im letzten Stadium ihrer Wehen und erhielt flüsternd Beistand von einer rundlichen, mütterlichen Geburtshelferin. An der Türe des Zimmers stand beherrscht, die Arme in den Seiten, ein hochgewachsener, kräftig gebauter Mann. Er wartete die letzten Minuten der Geburt ab, die ihm die heißersehnte Tochter bescheren sollte.

Emma und Ernst Kübler erlebten nicht zum ersten Mal die Ankunft eines Kindes, aber ihr Sohn Ernst war schon sechs Jahre alt, und die Erinnerung an seine Geburt war verblaßt.

Seit der Stunde, als seine Frau ihm mitteilte, daß sie wieder schwanger sei, war Herr Kübler fest überzeugt, daß sein zweites Kind eine Tochter werden würde – ein kräftiges Mädchen mit einem Teint wie Alabaster, eine Tochter, die er bald auf seine geliebten Berge mitnehmen könnte, die sich sowohl mit Anmut im Salon bewegen als auch die Natur lieben und seine Passion für Gletscher, Seen, Wälder, Skilaufen und Klettern teilen würde. Denn Herr Kübler war ein Romantiker.

Das Geschehen im Kreißsaal näherte sich seinem Höhepunkt. Die Ärztin hielt die Hände auseinander, um das Menschenwesen in Empfang zu nehmen, das sich durch den Geburtskanal hindurchkämpfte. Einen Augenblick später war das Kind geboren.

Es war das kleinste Baby, das die ehrwürdige Ärztin je entbunden hatte. Das Kind, das erstaunlicherweise aus Leibeskräften schrie, war nicht viel länger als die Hände der Ärztin. Es wog knappe zwei Pfund.

Die Ärztin verbarg ihre Besorgnis hinter einem gezwungenen Lächeln. Über ihre Schulter hinweg sagte sie fröhlich zu der Gestalt an der Tür: »Ja, Sie haben eine Tochter bekommen, Herr Kübler – die Tochter, die Sie sich wünschten.«

Als ihm jedoch das winzige, runzlige Baby gezeigt wurde, machte Herr Kübler kein Hehl aus seiner Enttäuschung. Er hörte kaum, wie seine Frau ermattet sagte: »Es kommt sicher noch etwas.« Er zog sich in ein anderes Zimmer zurück und teilte seiner Mutter pflichtschuldig per Telefon die Nachricht mit.

Emma Kübler hatte recht. Kurz darauf wurde sie von einem zweiten Kind entbunden – einem Ebenbild des zweipfündigen ersten. Herr Kübler ging noch einmal ans Telefon und machte Meldung von den Zwillingsmädchen. Doch als er wieder in den Kreißsaal zurückkam, war ein drittes Kind geboren worden. Das dritte Mädchen wog gesunde sechs Pfund.

Die Ärztin, die sich auf ihr prophetisches Talent etwas zugute hielt, hob das dralle Letztgeborene (das auf den Namen Emma getauft, jedoch Eva genannt wurde) in die Höhe und sagte zu Frau Kübler: »Dieses Kind wird dem Herzen der Mutter immer am nächsten sein, wie es dies auch im Mutterleib war.«

Sie hob das Zweitgeborene hoch, das später den Namen Erika erhielt, und erklärte: »Dieses Kind wird zart sein und die Tochter ihres Vaters werden.«

Dann hob sie das Erstgeborene auf: »Aber dieses Kind – ja, dieses wird ein selbständiger Geist werden. Sie wird ein Pfadfinder sein wie bei ihrer Geburt.«

Der erstgeborene Drilling wurde auf den Namen Elisabeth getauft.

Die Zürcher Zeitungen meldeten das seltene Ereignis, daß die Frau eines prominenten Bürgers Drillinge bekommen hatte. In den Berichten stand, daß Herr Kübler Prokurist und später Geschäftsführer einer der führenden Firmen der Bürobranche in der Schweiz war und außerdem als Lehrer und Prüfungsexperte für Warenkunde an der Gewerbeschule der Stadt Zürich wirkte. Als Hobby pflegte er den Fremdenführer für Schweizer Touristen in Belgien, Ungarn und Holland zu spielen. Er war Mitglied des »Neuen Ski Clubs Zürich« und Hüttenwart der »Fürlegi« in Amden oberhalb des Walensees.

Die Zeitungen meldeten außerdem, daß Frau Kübler sich von den Strapazen der Geburt gut erholte, daß der größte Drilling prächtig gedieh, daß jedoch »einige Sorge« um das Aufkommen der winzigen eineiigen Zwillinge bestand.

Die beiden Zwillinge kämpften in der Tat um ihr Leben. Sie hatten jedoch das besondere Glück, daß sie sich eine ungewöhnlich hingebungsvolle Mutter ausgesucht hatten. Frau Kübler verbrachte nur wenige Tage in der Klinik, bevor sie den Entschluß faßte, die Säuglinge nach Hause zu nehmen, wo sie selbst rund um die Uhr für sie sorgen konnte. Außer der Ärztin, die Frau Küblers Entschlußkraft richtig einschätzte, hegte das übrige Klinikpersonal wenig Hoffnung für Elisabeth und Erika.

Elisabeths Mündchen war so klein, daß sie sich anfangs nicht einmal direkt an der Brust ihrer Mutter nähren konnte. Während ihres ersten Lebensmonats mußte ihr die Muttermilch alle zwei Stunden aus einer Puppenflasche gefüttert werden.

Nach der Geburt ihrer drei Töchter ging Frau Kübler neun Monate lang überhaupt nicht zu Bett und stillte die Babys alle drei Stunden, bei Tag und Nacht. In den Intervallen schlief sie jeweils eine Weile auf einer Chaiselongue in dem improvisierten Kinderzimmer im Haus der Küblers in Zürich.

Wie Luftballone, die man aufbläst, begann die runzlige Haut der Säuglinge sich allmählich zu glätten. Handwerker, mit denen Herr Kübler befreundet war, schnitzten eine originelle Wiege für die drei Mädchen. Elisabeth und Erika teilten das eine Ende eines Kinderwagens für Drillinge, und die rundliche Eva nahm das andere in Anspruch. Wenn die Drillinge regelmäßig auf die Straße und in die Parks gefahren wurden, zogen sie unvermeidlich den Blick vieler auf sich – durchaus nicht zum Mißvergnügen von Frau Kübler und zum unverhohlenen Stolz und Entzücken von Herrn Kübler, wenn er sie begleitete.

Herr und Frau Kübler, ein gutaussehendes Paar, waren grundverschiedene Persönlichkeiten. Er war extrovertiert und packte seine Arbeit wie seine Freizeit mit derselben enormen Vitalität an. Er war beinahe der Prototyp eines gutbürgerlichen Deutschschweizers. Stolz auf eine Ahnenreihe, die sich vier Jahrhunderte zurückverfolgen ließ, war er von fröhlichem Gemüt, stark, konservativ, und in seinem Wesen spiegelte sich die Verläßlichkeit und rauhe Unabhängigkeit seiner Herkunft. Es war etwas Grundvernünftiges in seinem Wesen, ob er breitschultrig hinter dem Schreibtisch in seinem Büro stand oder mit vorgeschobenen Backenknochen einen Gebirgspfad emporstieg. Seine mächtige Gestalt paßte zu den Bergen. Er besaß eine sonore Baßstimme, in der Autorität klang und die er mit Gesang am Klavier übte. Seine braunen Augen konnten vor Zorn blitzen, doch ebenso rasch konnten sie humorvoll zwinkern. Bei ihm wußte man immer, woran man war. Für ihn gab es Recht und Unrecht, Weiß und Schwarz und nur selten eine Grauzone dazwischen. Er war eine Führernatur und ein geborener Organisator mit seiner methodischen, weniger intuitiven als logischen Art, sich Herausforderungen und Problemen zu stellen. Wenn er ein Risiko einging, wie es beim Klettern oft der Fall war, kalkulierte er es genau. Dennoch zog es ihn nicht zu den ausgetretenen Pfaden und bekannten Wegen hin. Wenn er einen neuen Steig beging, prüfte er sorgfältig die Stärke seines Seils, bevor er sich auf den Weg machte. Er liebte es auch, Reisen zu unternehmen. Zu einer Zeit, als Reisen noch etwas von einem Abenteuer an sich hatten, erforschte er einige Länder Europas, wie Holland, Ungarn und Belgien (dessen Bevölkerung ihm am meisten zusagte, wie er gerne betonte). Wenn er, was er besonders liebte, bei sich zu Hause Gäste empfing, eine Vielzahl von Freunden und geschäftlichen Bekannten, nahm er es mit seinen Pflichten als Gastgeber sehr genau. Er besaß einen vorzüglichen Weinkeller, und wenn der Wein in Strömen floß, wurden es rauschende Feste mit Lachen und Gesang.

Frau Kübler hatte ihren Mann geheiratet, bevor sie einen Beruf ergreifen konnte. Obwohl sie nicht viel größer war als einen Meter fünfzig, war sie durchaus nicht zart. Auch sie kannte sich in den Bergen aus und war eine gute Skiläuferin. Selten verwendete sie Make-up auf ihrem kleinen sonnengebräunten Gesicht. Ihre Stimme war sanft, melodisch und wurde nur selten laut. Sie besaß eine gute Figur und kleine, praktische Hände, die in ihrer Küche Wunder wirkten. Sie nähte und strickte wundervoll und verfügte über sämtliche Eigenschaften einer tüchtigen deutschschweizerischen Hausfrau. Das Einkommen ihres Mannes war groß genug, um eine Hausgehilfin anzustellen. Frau Kübler engagierte mehrmals ein Mädchen oder eine Haushälterin, aber keine war ihr geschickt und tüchtig genug. Es strengte sie weniger an, wie sie ihren Freunden sagte, die ganze

Hausarbeit selbst zu verrichten – auch wenn sie mit neugeborenen Drillingen fertig werden mußte. Frau Kübler hatte Freude am Tanzen, ging gerne in die Oper und liebte die Natur, doch ihre Zufriedenheit kam im wesentlichen aus ihrem starken Selbstwertgefühl als Hausfrau und Mutter. Sie war stolz auf ihren Ruf als Köchin, stolz auf ihr makelloses Haus und ihre sauber gekleideten Kinder, stolz auf ihren Garten, der alles Obst und Gemüse hervorbrachte, das im Haushalt gebraucht wurde.

Von Anfang an wurden die Drillinge identisch angezogen, von den Söckchen mit rosa Schleifen bis zu den Hüten mit rosa Schleifen. Bevor sie dem Laufstall entwachsen waren, begann Elisabeths zäher Kampf um ihre Identität.

Eva, die von Geburt an etwas älter aussah, war aufgrund der hübschen Gesichtszüge ihrer Mutter das schöne Kind, das Herr Kübler sich ausgemalt hatte. Sie spürte, daß sie körperlich den anderen voraus war, und setzte sich daher in dem Trio bald am energischsten durch. So nahm sie zum Beispiel der gutmütigen Erika ihr Essen weg, mußte jedoch immer gegen Elisabeth ankämpfen. Wenn Eva ihrer Schwester Erika eine halbe Banane wegnahm, dann riß Elisabeth sie ihr wieder aus der Hand und gab sie ihrem passiven Zwilling zurück.

Familienfotos aus der Zeit, als die Drillinge ein Jahr alt waren, enthüllen diese frühe Verschiedenheit ihres Wesens. Eva und Erika präsentieren sich der Kamera oft mit einem strahlenden Lächeln – Eva kokett, Erika pflichtbewußt –, doch das dritte Kind scheint keine Lust zum Posieren zu haben. Wenn Elisabeth nicht gerade versucht, aus ihrem Laufstall zu klettern, sind ihre Augen auf etwas in mittlerer Ferne gerichtet. Ihre Faust ist oft geballt, ihr Körper gespannt. Gelegentlich taucht auf diesen frühen Fotos auch eine vierte Gestalt auf. Der siebenjährige Ernst runzelt die Stirne in tiefer Verdrossenheit. Der Junge hatte durch die Ankunft der Drillinge natürlich sein Monopol in der elterlichen Zuwendung eingebüßt. Wenn Besucher ins Haus kamen, brachten sie fast immer nur drei Geschenke mit – drei Paar Pantoffeln etwa, drei Puppen, drei Schachteln mit Süßigkeiten. Es kam selten vor, daß ein einfühlsamerer Gast dem Schuljungen Ernst, der jetzt der ungefeierte Sohn des Hauses war, ein Extrageschenk mitbrachte.

Obwohl die eineiigen Zwillinge sich in ihrer Persönlichkeit unterschieden, konnte nicht einmal Frau Kübler Erika und Elisabeth auseinanderhalten. Und Erikas früheste Erinnerung ist, daß sie von ihrem Vater innerhalb von zehn Minuten zweimal gebadet wurde. Elisabeth bemerkt mit einer gewissen Schalkhaftigkeit, daß sie sich dieses Vorfalls nicht entsinnen könne. Ihre ersten Erinnerungen betreffen ein Kinderzimmer wie aus dem Märchenbuch mit rotgetupften, rüschenbesetzten Vorhängen, zu dessen Einrichtung drei gleiche Nachttöpfe und ein Schrank voll gleicher Kleider gehörten. Sogar die Leintücher, die Kissenbezüge und Taschentücher trugen das gleiche handgestickte Monogramm. Das Trio wurde fast nie nach Namen unterschieden, sondern einfach »die Drillinge« genannt. Es dachte wohl niemand daran, daß Drillinge schon als Säuglinge individuelle Fingerabdrücke haben.

Die Freunde der Familie, die Verwandten und die weitere Umgebung behandelten die Drillinge eher wie seltene Tiere im Zoo als wie Kinder. Unbekannte Gesichter guckten in den Kinderwagen. Unbekannte Hände streichelten, tätschelten und kitzelten sie. Riesigen Anschlagbildern der kleinen Mädchen in den Zügen konnten die Fahrgäste entnehmen, daß die berühmten Kübler-Drillinge ausschließlich mit Palmolive-Seife gewaschen oder mit Ovomaltine ernährt wurden. Diese kommerzielle Ausbeutung, die Herr Kübler aus Stolz, nicht aus Bedürfnis sanktionierte, wurde gelegentlich mit einer Kiste Seife oder Lebensmitteln belohnt.

Die kleinen Mädchen mußten immer alles zu gleicher Zeit tun. So ließ Herr Kübler, der gerne seine Kamera zückte, die kleinen Mädchen gleichzeitig auf ihren Töpfchen sitzen, um seine Freunde mit einem weiteren Foto aus seiner Brieftasche zu ergötzen.

Unterdessen arbeitete Frau Kübler unverdrossen achtzehn Stunden pro Tag, sieben Tage in der Woche, und wusch unter anderem täglich an die sechzig Windeln. Diese wurden auf einer Wäscheleine auf dem Dach des Zürcher Hauses aufgehängt, und die flatternden Tücher signalisierten der Nachbarschaft einen Haushalt von ungewöhnlicher Fruchtbarkeit und häuslichem Fleiß.

Abgesehen vom Außergewöhnlichen ihrer Geburt verliefen die ersten Lebensjahre der Drillinge ohne besondere Ereignisse. Elisabeth erinnert sich nur verschwommen an Ausflüge, Geburtstagstorten, Zeiten, wo sie mit Schnupfen das Bett hüten mußte, Einkäufe im Schuhgeschäft, wenn sie größere Schuhe brauchten, an Gutenachtgeschichten, Tage von Eis und Schnee, laue Hochsommertage, an Spiele im Park, aufgeschlagene Knie, an Eichhörnchen und Balgereien, an einen klugen, beneidenswert selbständigen großen Bruder, an einen Vater, der sie zu ihrem großen Vergnügen auf dem Rücken trug, an eine Mutter, deren sanfte Lippen ihnen einen Gutenachtkuß gaben.

Aber an einem bemerkenswerten Tag in ihrem vierten Lebensjahr faßte Herr Kübler den Entschluß, daß seine heranwachsende Familie ein größeres Haus und Landluft brauchte. In Meilen, einem Dorf, das man von Zürich in einer halben Stunde Bahnfahrt entlang des Sees erreichte, mietete er ein gemütliches, grün gestrichenes Haus mit zwei Stockwerken, das von Wiesen und Weingärten umgeben war.

Man betrat dieses Haus durch eine große, offene Halle. Das Erdgeschoß umfaßte ein Wohnzimmer, ein Eßzimmer und die Küche. Im ersten Stock befanden sich drei Zimmer, von denen eines von Herrn und Frau Kübler und das zweite von den Drillingen bewohnt wurde. Eines der beiden geräumigen Zimmer im Dachgeschoß war das Schlafzimmer von Ernst und sein ganz persönliches Revier. Das zweite Zimmer wurde von einem Hausmädchen bewohnt, sofern eines angestellt war, was selten vorkam, oder es diente als Gästezimmer für Verwandte. Der Raum zwischen den beiden Mansarden wurde als Vorratskammer benutzt.

In Elisabeths Erinnerung war das Dachgeschoß der aufregendste Teil des grünen Hauses (wie die Familie es später nannte). Es war immer ein denkwürdiger Anlaß, wenn Ernst sie einmal in sein Zimmer einlud, um seine Schätze zu betrachten – vor allem seine Briefmarkensammlung. Von einer Großmutter hatte Ernst schwere antike Möbel geerbt, darunter eine riesige Kommode mit geheimen Fächern. Er erlaubte Elisabeth, versteckte Schnappriegel zu berühren, und dann öffnete sich plötzlich eine Wand wie die Höhle von Ali Baba. Die Schublade enthielt merkwürdige ausländische Münzen oder Medaillen, vielleicht auch Trophäen des Ski-Clubs oder Klettervereins, die irgend jemand aus der Familie gewonnen hatte. Einige Augenblicke lang erlaubte Ernst ihr, diese Schätze in ihren klebrigen kleinen Händen zu halten, bevor sie an ihren geheimen Ort hinter die Schiebewände zurückwanderten. Diese gemeinsamen Augenblicke schufen ein Band der Verschwörung zwischen Elisabeth und ihrem Bruder Ernst, der sonst eine ferne, wenngleich bewunderte Gestalt ihrer frühen Kindheit war.

Im Dachgeschoß gab es noch mehr Schätze. In dem Raum zwischen den beiden großen Zimmern hatten die Drillinge ihr großes Puppenhaus aufgestellt. Es war angefüllt mit Miniaturmöbeln, von denen Elisabeth und ihre Schwestern viele selbst angefertigt hatten.

An regnerischen oder frostkalten Tagen verbrachten die Mädchen viele Stunden damit, winzige Matten für das Puppenhaus zu weben oder Miniaturblumentöpfe aus Ton für seine kleinen Balkone anzufertigen. Wenn sie dieses Zeitvertreibs müde waren, gab es immer noch die riesige Kommode, in der Frau Kübler alte Kleider und Bettwäsche aufbewahrte. Der Dachboden war ein Ort, wo man träumen, und oft der einzige Ort, wo Elisabeth allein sein konnte.

Die Wiege der Drillinge war mittlerweile durch drei hübsche Kinderbetten ersetzt worden. Die Kleider in ihrem Schrank waren jetzt natürlich um etliche Nummern größer, aber in Schnitt und Farbe immer noch ganz gleich. Durch Fenster mit Chintzvorhängen sah man auf einen Balkon, und von hier hatte man einen Ausblick über die Weingärten und auf die Berge und den See.

Das Bauerndorf Meilen bestand schon lange, und durch den Bau der Eisenbahn war es gewachsen und zu Wohlstand gekommen. Trotz einiger moderner Bauten und der Hauptstraße hatte das Dorf seinen ländlichen, bilderbuchartigen Charme bewahrt. Die meisten Einwohner kannten sich, und wenn man sich auch nicht immer gut kannte, so grüßte man sich doch. Meilen war ideal für heranwachsende Kinder, und in der deutschen Schweiz galt es als die erste Pflicht großbürgerlicher Eltern, ihre Kinder richtig aufzuziehen.

Herrn Küblers berufliche Karriere entwickelte sich, aber trotz seiner vermehrten geschäftlichen Tätigkeit nahm er sich je nach Jahreszeit Urlaub zum Wandern, Klettern oder Skilaufen. An Wochenenden, wenn die Familie daheim war, kamen oft zahlreiche Gäste, einschließlich eines ganzen Stammes von Verwandten und Sportfreunden. Zur Freude und zum Stolz der Eltern wurden die Drillinge stets vorgeführt und mit Geschenken und schmeichelhaften Komplimenten überschüttet.

Einige wenige Verwandte aus ihrer frühen Kinderzeit prägten sich dem Gedächtnis Elisabeths ein. So befand sich unter den Besuchern häufig ihre verwitwete Großmutter mütterlicherseits. Sie war sehr gebrechlich und fast blind, und es rührte und verwirrte Elisabeth, wenn die alte Dame mit sanfter Stimme klagte, daß ihr Leben zu nichts mehr nütze sei. Es verwirrte sie deshalb, weil diese Großmutter sehr geliebt und geehrt wurde.

Elisabeth erinnert sich auch deutlich eines Onkels, den sie im Leben niemals gesehen hatte. Aber der Geist von Onkel Hermann schien oft anwesend zu sein. Er hatte schon vor der Geburt der Drillinge Selbstmord begangen, und es wurde erzählt, daß dieser

Onkel Hermann, der in unglücklicher Ehe lebte, eines Abends in ein berühmtes Zürcher Caféhaus ging und das Orchester bat, »Ave Maria« zu spielen. Als er das Lied hörte, ging er in die Nacht hinaus und nahm sich das Leben. Nachdem Elisabeth diese Geschichte gehört hatte, gewann das »Ave Maria« für sie eine besondere Bedeutung, und Onkel Hermann schien ihr ganz nahe zu sein.

Es gab lebhafte Tanten und andere ältere Verwandte mit ihren Erwachsenengesprächen, und wenn irgendeiner auf dem Klavier oder der Ziehharmonika spielte, erhielt er besonderen Beifall. Wichtigere Gestalten in diesen frühen Kindheitsjahren waren die Nachbarskinder, mit denen die Drillinge spielten, die Engländerin, Inhaberin einer Bäckerei im Dorf, die ihnen freigebig Backwaren und Süßigkeiten schenkte, und Rösy, die kurze Zeit bei ihnen Dienstmädchen war, ein einfaches Mädchen vom Lande mit einer schönen Singstimme. Wenn die Mutter einkaufen ging oder die Eltern in der Oper waren, boten die Drillinge Rösy an, ihr beim Fegen und Staubwischen oder Geschirrspülen zu helfen, wenn sie ihnen Lieder vorsänge.

In der Welt herrschte noch Frieden, und das friedlichste Land auf Erden war die Schweiz. Uralte, schneebedeckte Berge ragten über den Weiden und Tälern empor. Die Jahreszeiten wechselten im ewigen Rhythmus. Im Winter lernten rotwangige Kinder hinter gefrorenen Fenstern, daß der liebe Gott im Himmel wohnt und in seiner Güte diejenigen beschützt, die an ihn glauben. Im Frühjahr sprangen die Blüten der Kirschbäume auf. Im blumenduftenden Sommer erklang die reine Luft vom Geräusch der Schnitter und Kuhglocken, dem Summen der Bienen und dem Lachen der Kinder. Im Herbst schulterten Weinleser mit gebräunten Gesichtern ihre Tragkörbe und brachten in den Weingärten eine reiche Ernte ein.

Den Höhepunkt des Jahres stellten die Feste dar, und das höchste Fest war Weihnachten. Am 6. Dezember kommt der Nikolaus, der genau weiß, wie die Kinder sich das ganze Jahr über betragen haben, und daher mit gemischten Gefühlen von freudiger Erwartung und Bangigkeit begrüßt wird. Wie sein amerikanisches Gegenstück verbirgt er sein Kinn hinter einem großväterlichen Wattebart. Mit peinlicher Genauigkeit erinnert er sich der Verfehlungen eines Kindes – eines unordentlichen Zimmers, schlechter Schulzeugnisse, vorlauten Benehmens und ähnlicher Ungezogenheiten.

Elisabeth erinnert sich, daß sie diese öffentliche Erklärung und das Eingeständnis der Sünden als eine Sühne empfand. Sankt Nikolaus hat eine Rute, von der er zwar selten Gebrauch macht, die jedoch das Symbol der verdienten Strafe ist. Außerdem bringt er einen Sack voll Obst, Nüssen und Süßigkeiten mit als Symbol für Belohnung und Vergebung.

Die Spanne von neunzehn Tagen zwischen dem Nikolaustag und Weihnachten ist eine ahnungsvolle Zeit. Von Schuld- und Angstgefühlen befreit, mit dem Basteln von Geschenken für Familienmitglieder und Freunde beschäftigt, lebt das Schweizer Kind in einer Hochstimmung. Im Gegensatz zur angloamerikanischen Welt war damals in der Schweiz Weihnachten keineswegs eine Zeit üppiger Gelage, sondern ein stimmungsvolles, religiöses Fest.

Ein anderes Fest, das Elisabeth liebte, war »Räbenliechtli«. Mit ihren Schwestern und den anderen Kindern legte sie eine greuliche Maske an und trug eine Laterne, die aus einem großen Kürbis geschnitzt war. Nach einer Schweizer Sage halten die Masken und Laternen die bösen Geister in Schach, wenn die Nächte im Herbst länger werden.

Das Ende des Winters wird mit dem fröhlichen Fest des Sechseläutens begangen. Jedes Jahr wurden die Kinder zu diesem Fest nach Zürich gebracht, und die Kirchenglocken läuteten, wenn sie hinter einem riesigen Schneemann aus Watte, beim Lärm von Knallfröschen, hermarschierten. Zu diesen Paraden trugen die Drillinge ihre Biedermeierkleidchen mit langen Unterhosen und Röcken, unter denen aparte Spitzen hervorlugten. Am Schluß der Sechseläuten-Parade wurde der Schneemann von Männern in Beduinengewändern, die auf ihren Pferden wild um das Feuer ritten, symbolisch verbrannt. Am Tag darauf gingen die Drillinge mit den anderen Kindern ins Freie, um die ersten Frühlingsblumen zu suchen.

An jedem Werktag verließ Herr Kübler das Haus um acht Uhr morgens und fuhr mit der Bahn nach Zürich. Frau Kübler fütterte die Drillinge und schickte Ernst zur Schule. Beim Mittagessen traf die Familie wieder zusammen. Wenn der Vater abends heimkehrte, fand er meistens noch Zeit, mit seinen Kindern zu spielen, bevor er sie zu Bett brachte. Wenn sie in ihren Betten waren, las Frau Kübler ihnen noch Gutenachtgeschichten vor, darunter natürlich auch die Abenteuer von Heidi.

Zu Elisabeths frühesten Kindheitserinnerungen gehören ihre Hoffnungen, ihre Sehnsüchte, ihre Vorstellungen und, wie sie es heute nennt, ihre »seltsamen Zeichen«. So erregte sie zum Beispiel ein Bilderbuch über das Leben in einem afrikanischen Dorf auf ganz irrationale Weise. Das vierjährige Kind sah sich selbst und ihre Schwestern als afrikanische Kinder, und ihre Haut wie Ebenholz glänzte unter der tropischen Sonne. Sie vernahm das Dröhnen der Trommeln, spürte exotische Früchte auf ihrer Zunge.

Sie nannte das Land ihrer Phantasie »Higaland« und sprach mit gespitzten Lippen die uralte, melodische Sprache seiner Bewohner. Eva erlernte die Sprache bald, aber Erika, die ihre Lippen nicht spitzen konnte, sprach einen anderen Dialekt. Erika, so einigten sie sich, wohnte in dem benachbarten, jedoch freundlichen Land namens Popplesland, dessen Sprache auch Herr Kübler beherrschte. Nur Frau Kübler und Ernst schienen nicht in der Lage zu sein, diese afrikanischen Sprachen zu verstehen.

Die Unfähigkeit der Erwachsenen, Elisabeth und Erika in diesem Alter zu unterscheiden, war den beiden ein Rätsel und ein Ärgernis. Die eineiigen Zwillinge wußten, daß sie verschieden waren. Sie dachten verschieden, sie handelten und reagierten auf verschiedene Weise. Elisabeth suchte immer nach Mitteln, sich den Erwachsenen zu erkennen zu geben, und riß sich zur besseren Identifizierung, wenn die Zwillinge das gleiche Kleid trugen, was meistens der Fall war, einen Zierknopf oder die Schleifen ab. Sie schätzte jeden, der sie bei ihrem richtigen Namen nannte. Jetzt fiel es Herrn Kübler nicht mehr schwer, Erika von Elisabeth zu unterscheiden, denn die eine Tochter war immer aktiver und rebellischer. Weil Elisabeth nie stillhielt und, wie ihr Vater sagte, »immer von Ast zu Ast hüpfte«, gab er ihr den Kosenamen »Meisli«. Der ausgeglichenen Erika gab er den Namen »Augedächli«, weil sie oft mit halb geschlossenen Augenlidern in den Tag hinein träumte. »Augedächli« war außerdem ein Name, der auf eine innigere Beziehung deutete – durch die Nähe des Lides zum Auge. Wie die Ärztin vorausgesagt hatte, wurde Erika »das Kind ihres Vaters«.

Einige Wochen nach ihrem fünften Geburtstag wurde Elisabeths Hunger nach afrikanischen Abenteuern vorübergehend gestillt, als eine Gruppe von Afrikanern Zürich besuchte und im Rahmen eines kulturellen Austauschprogramms ein echtes afrikanisches Dorf im Zürcher Zoo errichtete. Elisabeth schmuggelte sich in den Zug und gelangte irgendwie in den Zoo, wo sie echte Afrikaner bestaunen und mit ihnen reden konnte. Die Besucher aus Westafrika waren sehr dunkelhäutig und trugen farbenprächtige Gewänder, aber für Elisabeth kamen sie von einem Ort ganz nahe beim lieben Gott.

Während ihre Eltern und Nachbarn verzweifelt nach dem verlorengegangenen Kind in Meilen suchten, saß die Kleine zu Füßen der baumlangen Afrikaner, die ihre Trommeln speziell für sie rührten. Sie fühlte sich in ihrer Gesellschaft wie zu Hause, und es erfüllte sie mit mehr Verwunderung als Schmerz, als sie spät abends von einem von ihren Eltern verständigten Zürcher Verwandten gefunden, nach Hause gebracht und verwichst wurde.

Von diesem Tag an legte sie ihre Kollektion weißer Puppen weg und verkündete der Familie, daß sie in Zukunft nur noch mit einer schwarzen Puppe spielen wolle. Diese Vorhersage sollte sich bald unter dramatischen Umständen erfüllen.

Kurz nach der Zoo-Episode zog Elisabeth sich eine Erkältung zu, die sich zu einer Rippenfellentzündung und dann zu einer Lungenentzündung entwickelte. Herr Kübler war gerade in den Bergen, als das Fieber des Kindes in die Höhe schnellte. Zum ersten Mal in ihrem Leben wurde Elisabeth aus dem Zimmer, das sie mit ihren Schwestern teilte, entfernt und in das große Bett des Gästezimmers im zweiten Stock gelegt.

Am zweiten Tag ihrer Krankheit stieg das Fieber immer noch, und in der Nacht verließ sie in einem Anfall von Delirium das Haus, vielleicht um ihre fieberheiße Haut in der vom Gebirge herunterwehenden Luft zu kühlen. Ihre Mutter fand sie und trug sie ins Bett zurück. Elisabeth erinnert sich, daß ihre Mutter verzweifelt mit einem Arzt telefonierte, der sich weigerte, einen Hausbesuch zu machen.

Dann rief Frau Kübler einen Nachbarn, der ein Auto besaß. Der Nachbar willigte sogleich ein, das kranke Kind in das Kinderspital nach Zürich zu fahren.

Obwohl ein trockener, keuchender Husten ihr jedesmal wie ein Messer durch die Brust schnitt, war Elisabeth verzaubert von der nächtlichen Fahrt, von den Lichtern und den Geräuschen der Stadt. Sie empfand, daß sie etwas Besonderes war, weil sie von ihren Schwestern getrennt wurde und die ungeteilte Aufmerksamkeit ihrer Mutter genoß. Sie war ein Individuum, nicht einfach ein Drilling, keine Mehrzahl, wenigstens nicht für eine Weile.

Ihre Euphorie war aber nur von kurzer Dauer. Im Spital wurde sie abgewogen und beschriftet, als wäre sie ein Paket auf dem Schalter eines Postamtes. Um sie her standen Fremde in weißgestärkten Mänteln, die sie anfaßten und mit kalten Instrumenten über ihre heiße Haut fuhren. Niemand sprach mit ihr. Niemand stellte ihr eine Frage. Sie begriff nicht, warum ihre Mutter aus dem Zimmer geschickt wurde.

Elisabeth nahm in ihr erwachsenes und berufliches Leben eine lebhafte Erinnerung an diese erste Erfahrung in einem Krankenhaus mit. Als sie selbst Ärztin war, hielt sie vor Medizinstudenten und Pflegerverbänden Vorträge über die »dehumanisierenden« Abläufe in der Notaufnahme und sprach oft von der »völlig verwirrten kleinen Patientin, die wie eine Sache behandelt wurde«.

Die Kleine kam in ein von Glaswänden umgebenes Isolierzimmer mit zwei Betten – »ein großes Aquarium«, erinnert sich Elisabeth –, und ihre Zimmergenossin war ebenfalls ein schwerkrankes kleines Mädchen. Das andere Kind war zwei Jahre älter als Elisabeth und schien fast durchsichtig zu sein. Ihr Gesicht war so bleich wie der Bezug ihres Kissens – »ein Engel ohne Flügel«, erinnert sich Elisabeth.

Weder Elisabeth noch ihre sterbende Zimmergefährtin konnten viel miteinander reden, aber durch ihre gemeinsame Schwäche und Einsamkeit hatten sie eine ungewöhnlich innige Verbindung, die in einem matten Lächeln und mitfühlenden Blicken Ausdruck fand.

Nach einer Reihe von Tagen mit hohem Fieber und unruhigen Nächten, die sie nicht zählte, erlosch das Lebenslämpchen ihrer Gefährtin ganz in der Stille. Elisabeth erlebte diesen Tod nicht als schrecklich. Es schien der Fünfjährigen, als ob das ältere Kind, das sie eine kurze Weile begleitet hatte, nun seinen eigenen Weg gewählt hatte und diesem folgte. Die beiden Mädchen hatten lächelnd Abschied genommen und den Weg ihrer Wahl beschritten – die eine war in ein schattiges Tal des Friedens gegangen, wo es kein Leid, keine Tränen, kein schmerzhaftes Ringen um Atem gab; Elisabeth aber wählte den steilen, mit spitzen Steinen gepflasterten Weg des Lebens.

Elisabeth hegte keinen Zweifel, daß sie am Leben bleiben würde, so wie das andere Kind wußte, ohne es auszusprechen und anscheinend ohne Bangen, daß der Tod ihr nahte. Elisabeth erinnert sich, daß sie die einzigen Zeichen von Angst in den Augen und Gesten der maskierten Gestalten sah, die auf die Isolierstation kamen, um die kleinen Patienten zu füttern, zu waschen und zu betreuen, und in den Augen ihrer Eltern, die sie von Zeit zu Zeit besuchten und ihr durch die Glaswand zuwinkten.

In den langen, kritischen Wochen, die dann folgten, gab es Zeiten, in denen Schmerz und Erschöpfung Elisabeth beinahe bewogen, den Weg ihrer Freundin zu gehen. Es gab Zeiten, in denen sie ihre Eltern nur verschwommen, wie im Traum sah – vertraute Gesichter und

Gestalten, die hinter der Glaswand standen und nicht zu ihr sprechen konnten. Niemand gab ihr eine Erklärung, warum die Eltern nicht zu ihr kommen durften, warum sie von den Menschen, die sie liebte, nicht in den Arm genommen werden konnte. Sie verstand auch nicht, warum Herr und Frau Kübler so traurig aussahen.

Eine unschuldige Beschäftigung im Krankenbett, die Elisabeth half, sich die endlosen Stunden zu vertreiben, bestand darin, daß sie die trockene Haut von ihren fiebrigen Lippen zupfte. Der mürrische Oberarzt erwischte sie jedoch bei diesem Zeitvertreib und ordnete sofort an, daß ihre Hände an das Eisenbett geschnallt werden sollten. Als ihr diese kleine Berührung mit ihrem eigenen Körper verwehrt wurde, stieg ihr Einsamkeits- und Verlassenheitsgefühl noch mehr. Sie magerte zusehends ab.

Eines Morgens hörte sie apathisch einer Gruppe von Ärzten zu, die sich im Halbkreis um ihr Bett scharten. Ihre Augen folgten ihnen zur Türe, wo sie über Diagnose und Prognose miteinander berieten. Aus dem Hin und Her drang zu ihr durch, daß ihre Genesung nur dann gewährleistet sei, wenn ihr Vater ihr etwas von seinem Blut spende. Das klang alles geheimnisvoll, aber sehr aufregend.

In den dreißiger Jahren waren die Transfusionstechniken noch recht primitiv. Bluttransfusionen wurden mit Hilfe einer Handpumpe ausgeführt, die wie eine Kaffeemühle aussah. Als Herr Kübler das Krankenzimmer betrat, sagte er seiner Tochter mit dem vertrauten Lachen seiner tiefen Stimme, daß sie jetzt sicher schnell gesund werden würde, weil er ihr sein »Zigeunerblut« spenden werde.

Elisabeth begriff nicht im mindesten, was mit ihrem Körper geschah. Sie hatte kaum die Kraft, den Kopf zu wenden. Aber es war wunderbar beruhigend, dicht neben ihrem Vater zu liegen. Nun mußte alles gut werden, obwohl ein Assistent ihr ohne Erläuterung einige Male in ihren zaundünnen Arm stach, um die Vene zu finden. Schließlich wurden Schläuche angeschlossen, und der Assistent drehte den Griff der Kaffeemühle.

Herr Kübler hatte den Drillingen einmal eine Geschichte über Zigeuner vorgelesen. So stellte sie sich ihren Vater jetzt vor – so stellte sie sich mit ihm zusammen vor, wie sie unter den Sternen saßen, an einen bunten Wagen gelehnt. Zigeuner reisten in ferne Länder. Sie lachten viel und liebten die Musik. Da jetzt Zigeunerblut in ihren Adern floß, würde sie bald das eiserne Bett und »das Aquarium« verlassen können. Sicher würde ihr die Sonne bald wieder ins Gesicht scheinen.

Die Kaffeemühle wurde abgestellt. Herr Kübler stand auf und nahm die Hände seiner Tochter in die seinen. Er lächelte, und sie fühlte sich seiner Liebe versichert. Dann gab er ihr ein Versprechen: Am Tage ihrer Entlassung aus dem Spital würde sie das bekommen, was sie sich mehr als alles auf der Welt wünschte: er würde ihr selbst eine schwarze Puppe bringen, und wenn er in das finsterste Afrika reisen müßte, um sie aufzutreiben.

Elisabeth ergriff das Versprechen ihres Vaters wie einen Rettungsanker. Sie hatte noch nie ein Geschenk bekommen, das sich in Farbe, Form, Beschaffenheit und Geruch von den Geschenken unterschied, die gleichzeitig ihre Schwestern erhalten hatten. Nun hatte sie den allerbesten Grund, wieder gesund zu werden.

Das Fieber ging zurück. Die quälenden Hustenanfälle ließen nach und hörten ganz auf. Die Blasen auf ihren Lippen verheilten. Es kam der Tag, an dem die Ärzte in ihre Entlassung aus dem Spital einwilligten. Zum ersten Mal nach sechs Wochen wurde sie aus ihrem Aquarium herausgeholt und in ein kleines Ankleidezimmer gebracht.

Sie hörte wieder die vertraute tiefe Stimme außerhalb des Zimmers, und einen Augenblick später ging die Türe auf. Da stand ihr Vater, ein Riese mit einem breiten Lächeln. Herr Kübler trug einen kleinen Koffer mit Elisabeths Kleidern. Er stellte ihn auf einen Stuhl in ihrer Reichweite. In diesem Koffer, sagte er, würde sie das besondere Geschenk finden, das er ihr versprochen hatte, aber sie müsse den Koffer selbst aufmachen. Es gelang ihr, das Schnappschloß zu öffnen, aber ihre Arme waren zu schwach, um den Deckel aufzuheben. Herr Kübler schaute zu und schüttelte den Kopf. Nein, er würde ihr nicht dabei helfen. Wenn sie etwas so sehr wünschte, dann habe sie sicherlich auch die Kraft dazu. Schwitzend und unter Aufbietung ihrer ganzen Energie machte sie einen neuen Versuch. Langsam, Zentimeter für Zentimeter, hob sie den Deckel auf. Da war sie! In dem Koffer lag eine schwarze Puppe in einem roten Kleid mit struppigem Haar. Elisabeths Tränen flossen und fielen auf das ebenholzschwarze Puppengesicht, als sie das geliebte Geschenk an ihr Herz drückte.

Für den weiteren Verlauf ihrer frühen Kindheit war die schwarze Puppe ihr kostbarster Besitz. Und natürlich verstand sie die melodische Sprache von Higaland!

Elisabeth mußte erst wieder lernen zu gehen. Ihr Vater trug sie die Treppe des grünen Hauses hinauf, wo sie in das Bett des Gästezimmers im zweiten Stock gelegt wurde. Man konnte das Fenster auf einen südseitigen Balkon hinaus öffnen, der von Sonne überflutet und bunt von Geranien war. Ihre Schwestern waren nicht zu Hause und konnten sie nicht gleich begrüßen, weil sie schon begonnen hatten, den Kindergarten zu besuchen, als Elisabeth noch im Spital war. Als sie sich jedoch am späten Nachmittag wiedersahen, erzählten sie sich atemlos und voll Aufregung Geschichten und schmiedeten Pläne.

Die schwarze Puppe lag immer auf Elisabeths Kopfkissen. Zum ersten Mal in ihrem Leben besaß sie etwas, was nur ihr allein gehörte. Da machte es ihr nichts mehr aus, daß im Nebenzimmer drei gleiche Betten standen, daß der Schrank mit gleichen Kleidern angefüllt war, daß die Erwachsenen sie so oft Erika riefen wie bei ihrem eigenen Namen. Eine Puppe mit struppigem schwarzem Haar und einem Lumpenkleid war das äußere und deutlich sichtbare Zeichen ihrer Individualität.

Elisabeth, das wußte sie jetzt, war Elisabeth und sonst niemand auf der Welt.

Kindheitserinnerungen

2

Frau Küblers nahrhafte Mahlzeiten trugen ebenso wie die Sonne des Spätsommers zur Genesung Elisabeths bei. Jeden Morgen saß sie auf einem Stuhl auf dem Balkon und sog die hochsommerliche Wärme von Ende August und September in sich ein. In den beiden Dorfkirchen und im Kindergarten wurde für ihre Genesung gebetet. Eines Morgens kamen Eva und Erika mit ihrer Kindergärtnerin, »Tante« Bürkli, und sämtlichen fünfundzwanzig Kindern des Kindergartens auf den Rasen unter dem Balkon und brachten der Kranken ein Ständchen.

Vom Balkon aus konnte sie außerdem die Winzer sehen, magere, wettergebräunte Bauern, die zur Weinlese in die benachbarten Gärten gekommen waren. Sie riefen der Kleinen Grüße zu, und sie winkte ihnen. Bevor die Blätter der Weinstöcke vergilbten, durfte Elisabeth wieder ins Freie hinaus. Während ihrer langen Krankheit hatte sie sich daran gewöhnt, allein zu sein. Dennoch hatte sie nie das Gefühl, daß sie wirklich allein war. Die Kaninchen liefen nicht mehr fort, wenn sie kam, und die Vögel flogen nicht mehr vor ihr davon. In den Weingärten und Wiesen erholte sie sich von dem robusten, lärmenden Familienleben. Wenn sie nicht rechtzeitig zum Abendessen kam, wußten ihre Schwestern oder Ernst, wo sie zu finden war.

Einige Tage, bevor die ersten Schneeflocken von den Bergen herabfegten, war Elisabeth kräftig genug, um zur Schule zu gehen. Der Kindergarten und die Primarschule befanden sich auf einem Grundstück in der Nähe der Bahnstation. Der Schulweg von zehn Minuten führte entweder durch die Weingärten, oder man konnte die etwas längere Strecke entlang der Dorfstraße gehen.

Elisabeth liebte die Kindergärtnerin, Tante Bürkli, heiß und innig, und nicht nur deshalb, weil sie Elisabeth und Erika nie verwechselte. Tante Bürkli, die dem Kind uralt vorkam, obwohl sie erst in den Dreißigern war, hieß Elisabeth besonders herzlich willkommen. Sie zeigte ihr die herrlichen Spiele des Fingermalens, des Modellierens mit Sand und lehrte sie, einfache Musikinstrumente zu spielen. Der Kindergarten war kein Gefängnis für einen selbständigen Geist.

Kindheitserinnerungen sind selten chronologisch, und wenn Elisabeth auf die Jahre vor ihrer Pubertät zurückblickt, kommen ihr diese frühen Erinnerungen wie »Ausblicke aus verschiedenen Fenstern« vor. Aus einem Fenster sieht sie ihr Elternhaus und das Leben im Dorf, den Kreis ihrer Familie und die Feste. Aus einem zweiten Fenster blickt sie auf die Berge zu allen Jahreszeiten, denn die Berge kräftigten sie körperlich und prägten auf eine ganz besondere Weise ihre Lebensanschauung. Im dritten Fenster ihres Geistes erscheint die Schule, und hier sieht sie die Lehrer, deren Geschick und Persönlichkeit dem intellektuellen Teil ihres Wesens die ersten Anregungen gaben.

Die dominierende Gestalt in diesen ausblickartigen Erinnerungen an ihr Elternhaus ist der Vater. Er war der absolute Herr und Meister, sein Wort war Gesetz, seine Entscheidungen waren endgültig. Jedes Kind, das die Vorschriften verletzte, mußte an seinem Schreibtisch in dem mit Büchern angefüllten Arbeitszimmer erscheinen. Wenn es sich um ein ernstes Vergehen – zum Beispiel eine freche Antwort gegenüber einem Erwachsenen – handelte, bestand die Strafe gewöhnlich darin, daß man mit einem Teppichklopfer aus geflochtenem Rohr Schläge auf das Hinterteil bekam. Weil Elisabeth rebellischer war als ihre Schwestern, kriegte ihr kleiner Po mehr Streiche ab als die anderen. Für geringere Vergehen, wie Streiten oder das Hinterlassen schmutziger Fußabdrücke auf dem Teppich, bestand die Strafe darin, daß man mehrere Stunden in einem Zimmer oder im Kohlenkeller eingesperrt wurde.

Die Schläge machten Elisabeth nichts aus. Aber ihr Stolz wurde tief verletzt, wenn sie den Teppichklopfer selbst aus der Kammer unter der Treppe holen mußte. Das kam ihr so vor, als würde man einem verurteilten Verbrecher befehlen, seinen eigenen Galgen zu errichten. Die minderen Strafen mochte Elisabeth sogar, denn während dieser Zeiten der Isolierung dachte sie sich Phantasiewelten aus, in denen sie spielen konnte.

Frau Kübler züchtigte ihre Kinder selten körperlich, aber ihre knappe Warnung: »Warte nur, bis der Papa aus dem Büro heimkommt«, war so bedeutungsschwer wie das Räuspern des Richters, der das Todesurteil verhängt.

Aus Herrn Küblers Bestrafungen von Ernst hätten die kleinen Drillinge die Lehre ziehen können, daß ihr Vater ein mustergültiges Betragen verlangte und ein wachsendes Verantwortungsbewußtsein auf seiten der Kinder. Vor einem Fußballspiel – Ernst wurde bald ein sehr geschickter Spieler – unterzog Herr Kübler die Schuhe und die Kleider des Jungen einer militärischen Inspektion. Ernst durfte das Haus nicht verlassen, wenn sein Gewand oder seine Ausrüstung der Musterung nicht genügte. Um Ernst vor dem Zorn des Vaters zu bewahren, bürstete Elisabeth oft seine Schuhe auf Hochglanz.

Es gab keine scharfe Trennungslinie zwischen den Jahren zärtlicher väterlicher Nachsicht und dem Anfang einer strengeren Haltung, wenn sie ungezogen waren, aber im Alter von sechs Jahren wußten die Drillinge ganz genau, daß sie ihrem Vater aufs Wort zu folgen hatten, auch wenn seine Regeln unlogisch oder geradezu unfair waren.

Obwohl Herrn Küblers gerader, durchdringender Blick ein widerspenstiges Kind einschüchtern konnte, noch ehe er nach dem Teppichklopfer griff, währte sein Zorn nicht lange. Wenn der Gerechtigkeit, wie er sie verstand, Genüge getan war, konnte er wieder der gütige und liebevolle Vater sein, der immer zu einem Scherz oder einem Lied aufgelegt war.

In seiner täglichen Routine war Herr Kübler so pünktlich wie eine Schweizer Uhr. Jeden Tag fuhr er mit demselben Zug vom Bahnhof Meilen ab und traf eine halbe Stunde später in seinem Büro in Zürich ein. Er kehrte jeden Tag zum Mittagessen nach Hause zurück, ungefähr zur gleichen Zeit wie die Kinder, die aus der Schule kamen. Nur die Versammlungen des Zürcher Skiclubs oder eine Lehrverpflichtung an der Gewerbeschule konnte seine pünktliche Rückkehr am Abend verzögern.

Die glücklichsten Augenblicke verbrachten die Küblers, wenn die Familie sich um das Klavier versammelte, wo Herr Kübler die gemeinsamen Lieder anstimmte. Er sang unendlich gern die traditionellen Schweizer Lieder und die Loewe-Balladen. Wenn ein musikalischer Abend zu Ende ging, meistens mit seinem Lieblingslied »Heimweh«, war es Zeit für die Drillinge, hinauf ins Bett zu gehen.

Auf die Gefahr, daß sie ihn fürchteten, wollte Herr Kübler seine Töchter unbedingt körperlich stark und innerlich selbständig machen. Elisabeth erinnert sich lebhaft an einen strahlenden Sommernachmittag, als die Familie an den See ging und ihr Vater den für ihn typischen Entschluß faßte, daß es an der Zeit sei, seinen Töchtern das Schwimmen beizubringen. Die Mädchen waren gerade vergnügt mit dem Bauen von Sandburgen beschäftigt, als er ihnen befahl, ihm an das Ende eines Bootssteges zu folgen. Dort schubste er Eva ins Wasser, das drei Meter tief war. Bevor sie wieder aus dem Wasser auftauchte und bevor Elisabeth und Erika Zeit hatten, sich zu ängstigen, warf er auch die beiden anderen hinein.

Herr Kübler stand auf dem Steg, lachte und sah zu, wie seine Töchter, mit Armen und Beinen rudernd, dem Seichten zustrebten. Selbstverständlich wäre er bereit gewesen, hineinzuspringen und sie zu retten, aber er vermutete zu Recht, daß die Mädchen schon draufkommen würden, wie man sich über Wasser hält. Dennoch dauerte es nach dieser Feuerprobe lange, bis die Drillinge mit ihrem Vater, der sich selbst wenig aus Schwimmen machte, wieder an den See gingen.

Um ihren neunten Geburtstag traten einige körperliche Unterschiede zwischen Elisabeth und Erika zutage. Erika, die Träumerin, besaß nur einen Bruchteil der physischen Energie ihrer Schwester, was der Grund dafür war, daß Elisabeth und Eva sich enger aneinander anschlossen. Elisabeth verbrauchte ihre Kalorien, indem sie umherrannte, auf Bäume kletterte und Scheunendächer bestieg (sie kletterte als erste in ihrer Klasse das Seil bis zur Decke des Turnsaals hinauf), während die eher lethargische Erika einige Pfunde extra zulegte.

Weil Elisabeth so drahtig und scheinbar weniger entwickelt war als Erika, brachte Frau Kübler sie zu dieser Zeit paradoxerweise zu einem Arzt nach Zürich, um sie untersuchen zu lassen. Frau Kübler machte sich hauptsächlich Sorgen, daß Elisabeth nicht genug aß, denn in ihren Kreisen war guter Appetit gleichbedeutend mit guter Gesundheit. Der Arzt fühlte Elisabeths Puls und setzte ihr das

Hörrohr an die Brust. Er verschrieb ihr eine Packung Vitamintabletten und ordnete an, daß sie eine halbe Stunde vor dem Abendessen ruhen sollte. Es wäre jedoch leichter gewesen, einen jungen Hund zum Stillhalten zu zwingen. Etwa nach einer Woche gab Frau Kübler den Versuch auf, Elisabeth zu bewegen, sich vor der Abendmahlzeit niederzulegen, und Herr Kübler teilte weiterhin Miniportionen für das älteste seiner Drillingsmädchen aus. Auch die Vitamintabletten wurden bald weggelassen.

Kurz bevor die Drillinge ihren zehnten Geburtstag feierten, kaufte Herr Kübler ein Haus mit fünfzehn Zimmern auf einem höher gelegenen Grundstück in Meilen. Dieses »große Haus« mit seiner weiten Aussicht auf das Dorf, den See und die Berge wurde den Drillingen für den Rest ihrer Kindheit zur Heimat. Das neue Haus stand auf einem weitläufigen Gelände, von dem der Gemüsegarten fast die Hälfte, der Rasen und die Blumenbeete den übrigen Teil einnahmen. Auf drei Seiten des Hauses erstreckten sich Weingärten, und ein bekanntes Restaurant stand auf dem Hügel an der vierten Seite.

Der Keller war in sechs Kammern eingeteilt, zu denen separate Vorratsräume für eingemachtes Obst und Gemüse, für Kohle und unbenützte Möbel zählten. Herr Kübler lagerte seinen Wein im Keller, und am meisten Betrieb herrschte in Frau Küblers Waschküche mit dem Waschzuber und der Wäscheschleuder. Außerdem war noch eine Menge Platz für Elisabeths Tierspital und für ihr späteres Laboratorium neben der großen Garage.

Die hauptsächlichen Räume im Erdgeschoß bestanden aus dem Speisezimmer, dem Wohnzimmer und der Küche. Von den sechs Schlafzimmern des Hauses teilten sich die Drillinge eines der größeren, und Ernst, der jetzt sechzehn war und auf die kantonale Handelsschule in Zürich ging, bewohnte wieder seine eigene Bude. Es gab zwei Gästezimmer und eine Mansarde für ein Mädchen oder eine Haushälterin, falls eine solche angestellt werden sollte. Ein kleines Nähzimmer war hinter dem Wohnzimmer untergebracht.

Die Drillinge und auch Ernst, wenn er zu Hause war, hatten bestimmte Pflichten im Haus zu erfüllen, die den hohen Ansprüchen ihrer Mutter genügen mußten. Elisabeths Hauptaufgabe bestand in der Pflege des Gartens. Hier, im großen Haus, bekam sie ihren »grünen Daumen«. Sie empfand es nicht einmal als Arbeit, den Gemüsegarten zu betreuen, der das ganze Jahr hindurch den Großteil des Gemüses für den Haushalt lieferte, und mit der Hilfe ihres

Vaters das Gras zu mähen. Sie stand, wenn sie an der Reihe war, am Waschzuber und an der Wäscheschleuder, und weil der Keller ihr der liebste Teil des Hauses war, wurde sie mit seiner Reinigung betraut. Alle drei Mädchen halfen nach den Mahlzeiten beim Geschirrspülen.

Jetzt gab es viel mehr Raum für Gastlichkeit. Wenn die Familie nicht gerade unterwegs in den Bergen war, gab es fast immer Besuch von Verwandten oder von dem wachsenden Kreis der internationalen Bekannten oder Sportfreunde ihres Vaters.

Frau Kübler machte ihrem Ruf als Gastgeberin alle Ehre. Sie widmete der Dekoration der Tafel ebensoviel Aufmerksamkeit wie ihrer Küche. Die Weingläser wurden poliert, bis sie wie Diamanten funkelten, das Porzellan war das allerfeinste, und die schneeweiße handgestickte Tischwäsche wurde gestärkt, daß sie wie Seide glänzte.

Von früher Kindheit an durften die Drillinge dabeisein, wenn Gäste empfangen wurden. Wenn es ein festliches Essen war, trugen sie besondere Feiertagskleider. Sie wurden vom Vater oder von der Mutter den Gästen vorgestellt und lernten die Kunst, Komplimente mit Anmut entgegenzunehmen.

Wenn es Zeit für sie war, zu Bett zu gehen, blieben sie noch ein Weilchen auf der Treppe oder sahen an Sommerabenden ihren Eltern und den Gästen von den Fenstern ihres Zimmers zu. Sie liebten das Aroma der Zigarren und hörten gerne das Klirren von Cognacgläsern. Sie lauschten auch der Unterhaltung, die oft ins Politische ging. Wenn ausländische Gäste eingeladen waren, kam man gewöhnlich auf die bedrohlich wachsende Macht Deutschlands zu sprechen. Bei einem dieser Abendessen hörte Elisabeth zum ersten Mal etwas von Judenverfolgung und von Flüchtlingen, die sich über die Schweizer Grenze schmuggelten.

Herr Kübler verstand es jedoch hervorragend, bei brisanten Themen mit seiner Fröhlichkeit einen Ausgleich zu schaffen. Plötzlich erklang sein kehliges Lachen, und die Gäste wurden aufgefordert, sich um das Klavier zu versammeln. Für ihn war es das Schönste, wenn sich ein paar Leute von ihm überreden ließen, Volkslieder zu singen. Dann saß Elisabeth auf der Treppe, die Arme um ihre dünnen Beinchen geschlungen, gesellte ihr zartes Stimmchen zu dem gemischten Chor von unten und eignete sich auf diese Weise ein beachtliches Repertoire von traditionellen Schweizer und internationalen Liedern an.

Wenn einer der Gäste eine Ziehharmonika mitgebracht hatte oder wenn Ernst sich bewegen ließ, zu spielen, endete eine Abendgesellschaft meistens mit einem Tanz. Die Teppiche wurden zurückgerollt und die Möbel an die Wand geschoben. Wenn Herr und Frau Kübler dann einen Walzer oder Tango eröffneten, umarmte Elisabeth, wenn sie noch wach war, einen imaginären Tanzpartner in der Küche oder im Vorraum und tanzte, bis ihre Wangen vor Aufregung glühten. Manchmal machte Eva mit, aber Erika war meist schon lange eingeschlafen.

Das Singen in der Familie blieb Tradition an den Abenden, wenn es keine offizielle Gesellschaft gab, und Eva begleitete sie nun öfter auf dem Klavier. Außerdem versammelte Herr Kübler die Kinder manchmal an einem regnerischen Wochenende und spielte mit ihnen Denkspiele. Sehr beliebt war ein Spiel, das ihre Allgemeinbildung auf die Probe stellte. Die Drillinge (Ernst gab sich mit einer Konkurrenz gegen die Jüngeren nicht ab) mußten zum Beispiel so viele Namen von Bäumen niederschreiben, wie ihnen einfielen. In der nächsten Runde waren Blumen dran oder Schweizer Städte mit einer Bevölkerung von über 20 000 oder die Namen von Gletschern. In aller Form wurde der Gewinnerin dann ein Preis überreicht, der gewöhnlich aus einer Tafel Schokolade oder aus Gebäck bestand.

Herr Kübler sah es als eine seiner wichtigsten Pflichten als Vater an, seinen Kindern geistige Anregung zu geben. Er ermutigte sie zum Lesen, sich Zeitschriften anzusehen und sich auf diese Weise mehr Einblick in die aktuellen Ereignisse zu verschaffen, als sonst im Dorf üblich war. Die Antworten auf seine Fragen in Allgemeinbildung konnte man gewöhnlich nur außerhalb der Schule finden, und so lernten Elisabeth und ihre Schwestern mühelos, wie man etwas in der Bibliothek nachschlägt. Er hatte auch Spaß an Diskussionen und reizte die Kinder oft absichtlich mit irgendeiner absurden Meinung. So äußerte er zum Beispiel in gespieltem Ernst die Ansicht, daß allen Dieben die Hand abgehackt werden sollte.

Elisabeth ging jedesmal darauf ein. Wenn über Verbrechen und Strafe debattiert wurde, ergriff sie sofort die Partei des Angeklagten. Mit der Leidenschaft einer Porzia erklärte sie, daß es immer einen logischen Grund für ein Verbrechen gebe. Ein Dieb stahl, weil er Hunger litt. Man sollte ihn nicht einsperren, sondern ihm zu essen geben und ihn lehren, was recht und unrecht ist. Wenn es nach ihr ginge, würden die Gefängnisse bald leer sein.

Herr Kübler zuckte dann die Achseln und nannte sie lachend einen »Pestalozzi«. So wie der große Schweizer Pädagoge durch seine Schulen für arme, verwahrloste Kinder bewiesen hatte, daß ein Kind aus den elendesten Verhältnissen durch Fürsorge und eine sorgfältige Erziehung sich zu einem verantwortlichen Menschen entwickeln konnte, so war auch Elisabeth eine Verteidigerin der Schwachen und Unterdrückten. Herr Kübler hätte seiner Tochter kaum ein größeres Kompliment aussprechen können. Elisabeth spürte dies. Sie wollte sich viel lieber »Pestalozzi« als »Meisli« nennen lassen, und bald ersetzte der neue Kosename den alten.

Für Elisabeth lag der besondere Vorteil des großen Hauses darin, daß es ihr viel mehr Möglichkeiten gab, allein zu sein, Interessen nachzugehen und Dinge zu tun, die ihre Schwestern nicht mitmachen wollten. Sie verwandelte einen Kellerraum in eine Menagerie und ein Tierspital für Vögel mit gebrochenen Flügeln und aus dem Nest gefallene Vogelküken, die besondere Pflege brauchten. Natürlich besaß sie auch eine Schuhschachtel, in der sie Raupen hielt, die sich einspannen und auf wunderbare Weise in Schmetterlinge verwandelten, und selbstverständlich konnte man hier auch den Lebenszyklus von Käfern studieren. Manchmal beherbergte ihr Spital exotische Patienten, etwa Grasschlangen, die von der Mähmaschine verletzt worden waren.

Ein geliebtes Haustier ihrer Kindheit war Chiquito, ein kleines Kapuzineräffchen mit aufgeregt umherirrenden Äuglein, das ein Freund ihres Vaters aus Afrika mitgebracht hatte. Sie fütterte Chiquito mit entwendeten Leckerbissen aus der Küche oder vom Eßtisch, und bald saß das Äffchen am liebsten auf Elisabeths Schulter.

Eines Tages nahm sie Chiquito in die Dorfbäckerei mit, um ihn mit der fröhlichen Engländerin bekannt zu machen, die bei den Dorfkindern wegen ihrer Freigebigkeit mit Gebäck sehr beliebt war. Der ungewohnte Anblick zog diverse Schaulustige an, die das Tier erschreckten, so daß es von Elisabeths Schulter in das Schaufenster sprang. Die Hölle brach los, als Chiquito allen Versuchen auswich, ihn wieder einzufangen, und von einem Regal mit Sahnetorten auf einen Geburtstagskuchen mit frischem Zuckerguß sprang. Kekse und Brötchen flogen wie Granatsplitter durcheinander. Innerhalb von Minuten war das halbe Dorf unterwegs, um die Jagd mit anzusehen, die Charlie Chaplin sich für einen Film nicht besser hätte ausdenken können.

An diesem Abend erwartete Elisabeth mit einiger Besorgnis, vor ihren Vater zitiert und für ihre Missetat bestraft zu werden. Die Bäckerin hatte sicher eine Rechnung geschickt, die das Familienbudget arg strapazieren würde. Doch seltsamerweise erfolgte keine väterliche Zurechtweisung. Der Vorfall wurde nicht einmal bei Tisch oder beim Gutenachtkuß erwähnt, den sie pflichtschuldig ihrem Vater gab.

Am nächsten Morgen ging sie in die Bäckerei zurück und flehte die Inhaberin an, die Rechnung für Schadenersatz an ihren Vater zu schicken, weil sie es nicht mehr aushielt, wie sie erklärte, auf die Strafe zu warten. Aber die fröhliche Konditorsfrau lachte schallend und dankte Elisabeth für ihren »glücklichsten und einträglichsten« Tag. Sie sagte, daß der Laden zum ersten Mal seit seiner Eröffnung voll gewesen sei. Fast jeder hatte Backwaren gekauft, auf denen die Spuren der Pfoten des »Glücksäffchens« zu sehen waren.

Chiquitos Eskapade – leider sollte dem Tier kein langes Leben beschieden sein – war eine Woche lang das Hauptgesprächsthema von Meilen.

Vom Einzug der Familie in das große Haus bis zu der Zeit, als Elisabeth es verließ, war ihr Lieblingsversteck ein Felsvorsprung über einer benachbarten Wiese. Der Platz war hinter Sträuchern und Bäumen vollkommen verborgen. Niemand, nicht einmal Erika oder Eva, kannten diesen geheimen Ort, zu dem man nur gelangen konnte, wenn man durch ein Tunnel von Brombeergestrüpp und wilden Heckenrosen hindurchkroch. Jeder Eindringling lief Gefahr, sich böse Kratzwunden zu holen.

Wenn sie durch diese natürliche Befestigung gedrungen war, kletterte Elisabeth auf die Fläche des größten Felsens, wo sie, von niemandem beobachtet außer von den Tieren, ihre Sonnentänze vollführte und nach Art der Indianer den »Geist des Himmels« anrief. Elisabeth erinnert sich nicht daran, daß sie je ein Buch über das Leben der Indianer gelesen hatte. Es kam ihr einfach ganz natürlich vor, in einem Tanz, der den alten Zeremonien der Indianer sehr ähnlich war, mit ausgestreckten Armen die lebensspendende Energie zu preisen.

Die Strahlen der untergehenden Sonne drangen durch das Laub und fielen, während sie ihre Gebete sprach, auf das kleine, lebhafte Gesicht, das im Laufe des Sommers braun wie eine Haselnuß geworden war. Die Zeugen ihres urtümlichen Rituals, die Hasen, die Eichhörnchen und gelegentlich eine Grasschlange, gewöhnten sich bald an ihren Gast und verloren ihre natürliche Scheu.

Dann tönte plötzlich die Glocke vom Kirchturm ins Tal hinab, oder ein ferner Zug kam keuchend das Seeufer entlang. Elisabeth wurde sich wieder der Zeit bewußt und mußte von der Anbetung der Sonne an den Familientisch zurückkehren, wenn sie nicht einen mißbilligenden Blick ihres Vaters wegen Unpünktlichkeit ernten wollte.

Obwohl Elisabeth sich keiner Spannung zwischen ihr und ihrem Vater bewußt war, erkannte sie, als sie älter wurde, doch immer mehr, daß sie die »Außenseiterin« der Familie war. Die besondere Bindung zwischen ihrer Mutter und Eva und zwischen ihrem Vater und Erika wurde nie zur Schau getragen, und Elisabeths Gefühl der Zurücksetzung war subtiler Art, aber es schmerzte sie dennoch. So weit ihre Erinnerung zurückreicht, hatte Eva immer das erste Anrecht auf den Schoß ihrer Mutter, und der Schoß des Vaters schien für Erika reserviert zu sein.

Obwohl sie oft gekränkt war oder es sich nur einbildete, daß ihre Eltern die anderen vorzogen, biß Elisabeth ihre Zähne zusammen und versuchte sich einzureden, daß sie gar keinen Schoß brauchte. Sie war die Unabhängige des Trios, sie war die Stärkste, sie konnte sich alleine durchsetzen. Sie tat so, als ob das Händchenhalten, die Liebkosungen, das Kuscheln an der Schulter der Eltern ihr kein Bedürfnis wäre. Natürlich täuschte sie sich, aber sie kämpfte ihre Sehnsucht und ihre Eifersucht nieder. Sie biß sich auf die Lippen und unterdrückte die Tränen. Darum zu bitten, daß man sie auf den Schoß nahm, zu protestieren oder zu weinen, hätte eine Charakterschwäche gezeigt, die sie nicht einmal sich selbst, geschweige der Familie eingestehen wollte.

Wenn ihre Eltern mehr von der Psychologie des Kindes gewußt hätten oder sensibler oder weniger beschäftigt gewesen wären, hätten sie vielleicht gemerkt, daß die zunehmende Selbständigkeit ihres erstgeborenen Drillings ein Herz verbarg, das sich nach Zärtlichkeit sehnte. Vielleicht hätte man einen offenen Ausdruck der Zurücksetzung in ihrem Gesicht wahrnehmen können, wenn Herr Kübler Erika auf seine Schulter setzte oder Frau Kübler Evas blonden Kopf an ihre Brust drückte.

Elisabeth besaß eine Schar von Freunden, aber niemand war ihr vertraut genug, als daß sie ihm ihre tiefsten Gefühle hätte mitteilen können. Ihre beste Freundin war Klara, ein unscheinbares Mädchen, die Tochter einer verwitweten Bedienerin. Klara war vermutlich das ärmste Kind im ganzen Dorf. Sie wohnte in einem Gebäude, das einmal als Gefängnis gedient hatte. Die Trostlosigkeit der winzigen Räume wurde durch die wenigen dürftigen Möbelstücke kaum gemildert. Doch obgleich Elisabeth mit Klara sowohl einige Geheimnisse als auch Süßigkeiten und Kleider teilte, zeigte sie ihrer Freundin nie ihren geheimen Schlupfwinkel des Sonnentanz-Felsens.

Sie war acht Jahre alt, als sie ein Ventil für ihre Liebe fand. Ein halbes Dutzend zahme Kaninchen wurde ihrem Herzen teurer als irgendein anderes Lebewesen.

Bei den sparsamen Schweizern ist es üblich, Kaninchen zu halten, um die tägliche Kost aufzubessern, und daher erhoben die Eltern keinen Einwand, als Elisabeth fragte, ob sie zwei kleine Kaninchen aufziehen dürfe. Sie würde sie natürlich selbst betreuen, sie jeden Tag füttern und ihren Stall sauberhalten.

Sie baute den Stall aus Drahtgeflecht und alten Brettern und gab ihren Lieblingen frisch geschnittenes Gras als Futter. Die Kaninchen wuchsen schnell heran, und bald kam es zu der sprichwörtlichen Vermehrung. Elisabeth kannte jedes von ihnen, gab ihnen Namen und liebte sie alle zärtlich. Wenn sie sich mißverstanden fühlte, konnte sie zum Stall hinausgehen und ihr Gesicht in dem Fell der warmen, anspruchslosen Tiere vergraben. In Gesellschaft der Kaninchen konnte sie die Tränen vergießen, die sie im Schoß der Familie oder in dem Zimmer, das sie mit ihren Schwestern teilte, zurückhielt.

Doch ihre Liebe zu den Kaninchen war von einer Gefahr überschattet. Ihr Vater liebte eine Abwechslung des Speisezettels und befahl Elisabeth hin und wieder, eines ihrer Häschen zum Metzger zu bringen. Starr vor Entsetzen über ihre Rolle als Handlangerin des Henkers, mußte sie einen ihrer geliebten kleinen Freunde opfern. Wenn sie die qualvolle Wahl getroffen hatte, trug sie den Hasen die Dorfstraße hinunter. Jeder Herzschlag des verurteilten Tieres drehte ein Messer in ihrem eigenen Herzen um.

Schließlich war nur noch »Negerli« im Stall übrig, Negerli, die sie über alles liebte. Sie konnte sich nicht vorstellen, daß ihr Vater die Exekution von Negerli verlangen würde. Aber so geschah es eines Tages beim Frühstück.

Elisabeth protestierte nicht, denn das hätte nichts genützt. Sie weinte auch nicht – nicht hier, nicht vor ihrem Vater. Nach dem Frühstück ging sie langsam zum Hasenstall. Negerli war so zutraulich, daß sie das Tier nicht erst herauslocken mußte. Elisabeth setzte das Kaninchen auf den Rasen und versuchte vergeblich, es zur Flucht zu bewegen. Sie schrie und klatschte in die Hände, aber Negerli lief in ihre Arme zurück.

Sie trug sie zum Metzger des Dorfes, einem riesigen Mann mit einem groben, roten Gesicht. Er grunzte, als er Negerli roh bei den

Ohren packte, und sagte Elisabeth, daß sie draußen warten solle. Einige Minuten später kam er in seiner blutbespritzten Schürze zurück und hielt ihr einen Papiersack hin. Schade, sagte er, als redete er vom Wetter, daß Elisabeth nicht ein paar Tage gewartet hatte. Das Kaninchen hätte bald Junge geworfen.

Elisabeth trug den warmen Papiersack vor sich her und stieg wieder den Hügel hinauf.

Herr Kübler, der nicht einmal bemerkte, welchen Schmerz er verursacht hatte, zuckte an diesem Abend gleichgültig die Schultern, als Elisabeth ihre Portion Hasenfleisch ablehnte. Noch viele Jahre später rührte Elisabeth kein Fleisch mehr an.

Mit den Augen des Kindes sah Elisabeth, daß die Unsensibilität ihres Vaters aus seiner Sparsamkeit kam und bis zur rohen Gefühllosigkeit ging, denn er war wohlhabend genug, um sich jeden Tag einen Braten leisten zu können. Seit dem Tag von Negerlis Exekution konnte Elisabeth keinen Menschen mit einem Zug von Geiz ertragen, und die Kluft zwischen ihr und ihrem Vater begann größer zu werden, bis sie in offene Rebellion umschlug.

Außer ihrer blassen Erinnerung an den Tod, als sie fünf Jahre alt war, und das Kind, mit dem sie das Krankenzimmer geteilt hatte, das gestorben war, und dem Schlachten ihrer geliebten Häschen hatte Elisabeth noch keine Bekanntschaft mit dem Sterben gemacht. Über das Rätsel des Todes war im Kreise der Familie nie gesprochen worden, und das Kind dachte manchmal für sich über dieses Mysterium nach. Einige Verwandte, die sie nicht gut gekannt hatte, waren gestorben, und natürlich gaben ihr diese Ereignisse zu denken, jedoch ohne Gefühle des Entsetzens oder der Angst.

Aber dann erlitt ein mit ihrer Familie befreundeter Bauer, ein Mann in seinen besten Jahren und Vater von Klassenkameraden, einen tödlichen Unfall. Elisabeth kannte den Bauernhof gut. Er grenzte ans Dorf, und sie war oft mit ihrer Mutter hingegangen, um Obst und Kartoffeln zu kaufen oder bei der Apfelernte zu helfen.

An einem Nachmittag im Herbst fiel der Bauer von einem Apfelbaum und wurde mit einem gebrochenen Hals sofort ins Krankenhaus eingeliefert. Er wußte, daß er im Sterben lag, ließ sich auf seinen dringenden Wunsch nach Hause bringen und seine Freunde rufen, darunter die Familie Kübler.

Als die Küblers ankamen, hatte der Sterbende bereits mit seinen eigenen Kindern gesprochen. Er hatte sie an sein Sterbebett gerufen und ihnen mit ruhiger Stimme gesagt, was er vom Leben und den ewigen Wahrheiten nach seinem Verständnis gelernt hatte. Er hatte dann seine Kinder der Reihe nach gebeten, sich die Arbeit auf dem Hof zu teilen, und klar zum Ausdruck gebracht, daß er keine Aufteilung des Hofes nach seinem Tode wünschte.

Als die drei Kübler-Mädchen in das Zimmer des Sterbenden traten, begrüßte er trotz offensichtlicher Schmerzen jedes mit seinem Namen und bat sie, sich besonders seiner kleinen Kinder anzunehmen.

Elisabeth erinnert sich, daß das Zimmer voll Wiesenblumen war und daß darin eine Atmosphäre von Liebe, Frieden und Ordnung herrschte. Durch das Fenster konnte der Sterbende auf die Felder hinaussehen, auf denen er viele Jahre lang die Heuernte eingebracht hatte. Er konnte die Obstbäume sehen, die er gepflanzt hatte, und er hörte die Glocken der Kühe, die er aufgezogen hatte.

Selbstverständlich war der Rahmen dieses Bildes Trauer, jedoch nicht Verzagtheit oder Verzweiflung.

Am folgenden Tag starb der Bauer, und die trauernde Familie forderte die Kübler-Mädchen auf, von dem aufgebahrten Leichnam Abschied zu nehmen. Er beeindruckte Elisabeth tief und rief unausgesprochene Fragen über die Sterblichkeit des Menschen in ihr wach. Sie wurde außerdem einer Empfindung inne, über die sie erst später sprechen konnte. Es war im Grunde ein Gefühl der Vollendung des Lebens bei einem Mann, der, obwohl der Tod ihn in seinen besten Jahren dahinraffte, nichts Unerledigtes zurückgelassen hatte.

Anstatt diese Gedanken jemandem mitzuteilen, grübelte sie allein darüber nach. Sie spürte, daß es auf manche Fragen Antworten gab, die man selbst finden mußte.

3

Berge und Lehrer

Das zweite »Erinnerungsfenster« Elisabeths aus ihrer frühen Kindheit hatte eine prachtvolle Aussicht. Im Hintergrund ihrer reichsten Erinnerungen stehen Berge – Berge in allen Jahreszeiten.

Die Drillinge waren erst zwei Jahre alt, als ihr Vater sie zum ersten Mal auf die »Fürlegi« mitnahm, deren Hüttenwart er war. Die sturmsichere Hütte war im Stil eines Chalets aus festen Holzbalken erbaut und konnte achtundzwanzig Leute auf Strohmatratzen beherbergen. Die Schwestern schliefen meistens auf der Tenne. Ein großer Kachelofen sorgte für Wärme, heißes Wasser und eine Kochgelegenheit.

Die Hütte, auf steiler Anhöhe über dem Dorf Amden am Fuße des Leistkamms gelegen, erreichte man, wenn man mit der Bahn bis Weesen und dann mit dem Autobus durch Haarnadelkurven in das Dorf hinauffuhr. Tief unten lag der tiefste See der Schweiz – der dunkle, brütende, wegen seiner Strömungen gefährliche Walensee. Über dem Dorf ragten die drei zinnenartigen Gipfel des Leistkamms auf.

An Wochenenden und während der Ferien pilgern die Schweizer

Stadtbewohner mit dem gleichen genußvollen Ritual in die Berge, wie die Skandinavier in ihre Sommerhäuser oder die Einwohner von Boston an den Strand von Cape Cod schwärmen. Die Bauern, die auf den steilen Hängen lebten, waren abgehärtete, meistens arme Menschen, aber sie waren die Freunde der Leute, die regelmäßig von den Tälern heraufkamen, und versorgten sie mit Lebensmitteln. Es gab keine Klassenunterschiede auf den Hängen, und wenn das Skilaufen oder Klettern auch eine noch so große Attraktion war, so hatte man doch immer Zeit für Besuche, für Gespräche der Erwachsenen über dampfenden Tassen Schokolade oder Kaffee und für Kinderspiele auf dem Heuboden.

Während dieser Aufenthalte auf der »Fürlegi« schien die Zeit fast stillzustehen. Die majestätischen Gipfel, die sie umgebende Aura von Ewigkeit ließen den Kalender und die Uhr langsamer gehen. Oben in den Bergen schien sich auch die Persönlichkeit Herrn Küblers zu verwandeln. Wenn er die Skier schulterte oder seine Kletterstiefel zuschnürte, kam eine Demut und eine Art von Fürsorge an den Tag, die er zu Hause oft nicht zeigte.

Elisabeth erinnert sich, daß ihr Vater in den Bergen ein Mentor mit unendlicher Geduld war. Er führte seine Töchter zum Beispiel weit ab vom Pfad, um ihnen eine seltene kleine Blume zu zeigen, die in einer trockenen Felsmulde wuchs. Schon als kleiner Junge wußte er genau, wo diese Pflanze heimisch war, an einem Ort, der dem ungeübten Auge vollkommen öde erschienen wäre. Ohne zu predigen oder pompöse Reden zu führen, zeigte er den Kindern auf schlichte Weise die Wunder der Natur und gab ihnen so eine Grundlage, auf der Elisabeth später ihren eigenen Glauben aufbauen konnte.

Entsprechend den Schulferien nahm Herr Kübler seinen Urlaub immer im Hochsommer. Seit die Drillinge sieben Jahre alt waren, erwartete er jedes Jahr, solange sie zur Schule gingen, daß eines oder mehrere der Mädchen ihn in die Berge begleiteten. Elisabeth hat von diesen Ferien eine Vielzahl bunter Erinnerungen bewahrt. Der August war die Zeit der Heidelbeeren. Vielleicht wachsen an keinem Ort der Welt die Heidelbeeren so dicht und so üppig wie in den Wäldern von Amden. In der Hütte oder in den Küchen der Bauernhäuser wurden riesige Schüsseln von Heidelbeeren mit frischem Rahm übergossen – ein Mahl für Bergsteiger, Fürsten und, wahrlich, für Götter!

Die Kinder durften helfen, die Kühe zum Melken zusammenzutreiben, und trugen dann die noch warme Milch in den Stall, wo sie beim Käsemachen und Buttern halfen.

An Sommerabenden, nach getaner Arbeit, ließen einige Bauern ihre Alphörner erklingen oder spielten auf der Harmonika, andere jodelten, so daß die fröhlichen oder wehmütigen Töne als Echo von den Felsen widerhallten.

Wenn die Sonne unterging, wurden die Kerosinlampen entzündet. Die Holzscheite im Kachelofen knisterten. Das Essen in der Pfanne und der starke Tabak verströmten ihren Duft, denn abends kehrten die robusten Kletterer und Bezwinger der Gipfel in die Herberge zurück. Diese Bergsteiger waren eine besondere Rasse von Männern mit kräftigen Beinen und braungebrannten Händen und Gesichtern. Mit von der Partie konnte ein Bankier, ein Rechtsanwalt, ein Bauer, ein Eisenbahningenieur sein – es spielte keine Rolle, was der einzelne war. Was sie verband, war eine so leidenschaftliche Liebe zu den Bergen, wie andere Männer Frauen lieben oder die Suche nach Gold.

Mit umschlungenen Knien auf ihrer Strohmatratze sitzend, beobachtete Elisabeth die zurückgekehrten Bergsteiger mit Ehrfurcht und lauschte, wie sie von ihren Abenteuern in Gletscherspalten und Felsklüften berichteten. Im Morgengrauen waren die Männer schon wieder fort, und wenn Elisabeth zeitig genug aufstand, konnte sie weit oben auf den Hängen kleine Punkte ausmachen, und obwohl sie noch ein Kind war, verstand sie doch, wie verlockend es sein mußte, die unbestechliche Gewalt der Natur mit der eigenen Kraft und dem eigenen Mut herauszufordern.

Auch die anderen Jahreszeiten in den Bergen hatten ihren besonderen Reiz. Im Winter war natürlich das Skilaufen der wichtigste Zeitvertreib. Wie die meisten ihrer Landsleute kann Elisabeth sich nicht daran erinnern, daß sie das Skifahren je lernte, denn für die Schweizer ist es fast so natürlich wie das Gehen. Im Frühjahr stieg die Schneegrenze immer höher, ebenso wie das Vieh. Plötzlich brachen die unteren Hänge in Farben aus, in wogende Teppiche von Blumen. Nicht weit von der Hütte befand sich ein Sumpfgebiet, wo die Blumen in solcher Fülle wuchsen, daß man sie mit keiner Palette hätte malen können. Diese blühende Sumpfwiese war Elisabeths Perserteppich und ihr besonderes Heiligtum. Hier legte sie sich ins Gras und schickte ihre Gedanken zu den Wolken hinauf, die um die Gipfel des Leistkamms schwebten. Sie wünschte sich, daß sie immer hätte hier bleiben können.

Doch ihre Wünsche konnten der Sonne auf ihrer Bahn und den

länger werdenden Schatten nicht Einhalt gebieten. In der Hütte hatte sie bestimmte Pflichten zu erfüllen. Als Hüttenwart der »Fürlegi« achtete Herr Kübler darauf, daß jedes Kind die ihm zugeteilten Arbeiten ausführte. Elisabeths Hauptaufgabe bestand darin, den Wasserbehälter neben dem Kachelofen mit Wasser aus dem Brunnen zu füllen. Wenn das erledigt war, mußte sie in den Töpfen umrühren und bei der Zubereitung der Mahlzeiten für die in den Bergen hungrig gewordenen Mägen anderweitige Hilfe leisten.

Dann wurden Wanderungen unternommen, meistens im Sommer, doch manchmal auch im Frühjahr und im Herbst. Diese wurden immer sorgfältig vorbereitet. Karten wurden auf dem Eßtisch ausgebreitet, Routen sowie Rastplätze mit Bleistift eingezeichnet. Manchmal zog die ganze Familie auf diesen Pfaden ins Gebirge. Als die Kinder heranwuchsen, wurden Elisabeth und Eva die Gefährtinnen ihres Vaters. Ernst verbrachte seine Freizeit mit seinen eigenen Freunden, und bei Erika trat eine körperliche Schwäche zutage, die ihre Aktivität in der Natur immer mehr einschränkte.

Elisabeth fühlte sich ihrem Vater am nächsten, wenn sie mit ihm in den Bergen war, gleich, ob sie in Begleitung ihrer Schwestern oder, was oft der Fall war, ob sie miteinander allein waren.

Auf den Familienwanderungen im Hochsommer nahm Herr Kübler Rücksicht auf die kurzen Schritte seiner Töchter. Sie begannen langsam und marschierten den ersten Tag vielleicht nur vier Stunden. Doch als ihre Sehnen sich dehnten, als der Muskelkater nachließ und die Rucksäcke leichter zu werden schienen, wurden die Stunden des Wanderns länger. Abends kehrten sie in verschiedenen Alpenhütten ein und freuten sich, daß sie ihre Müdigkeit besiegt hatten. Am Ende einer Wanderwoche konnten Elisabeth und Eva sich einen Marsch von zwölf Stunden zumuten.

Elisabeth hatte nie Angst mit ihrem Vater, nicht einmal dann, als sie etwa im Alter von elf Jahren in eine Gletscherspalte auf dem Hufi-Gletscher fiel. Plötzlich brach der Schnee ein, und sie hing an einem Seil mehr als drei Meter unter der Schneedecke. Unter ihr lauerten Finsternis und Tod. An einem Bein war ihre Haut vom Knie bis zur Hüfte abgeschürft. Es umfing sie eisige Kälte. Als sie nach oben sah, bemerkte sie, daß ihr Seil durch eine rasiermesserscharfe Eiskante halb durchgeschnitten war und daß ihr Leben nur noch an einigen wenigen Fäden hing. Aber oben im Sonnenlicht stand ihr Vater, und mehr brauchte sie nicht zu wissen. Sie vertraute ihm völlig und wartete, bis die Schlinge eines neuen Seils zu ihr hinuntergelassen wurde. Herrn Küblers Anweisungen waren knapp und klar. Sie ergriff mit fester Hand die Schlinge, und einige Augenblicke später hatte ihr Vater sie auf den sicheren Boden gezogen.

Als er noch ihr verwundetes Bein verband, sagte er ihr, was sie, ein bloßes Kind, tun sollte, falls er mit seinen 220 Pfund in eine Gletscherspalte stürzte. Herr Kübler war bereit, sein Leben einem Kind anzuvertrauen, das nur siebzig Pfund wog und dessen Kopf ihm kaum bis an die Brust reichte.

Obwohl ihre Beziehung zu ihrem Vater zu Hause immer gespannter wurde, denkt Elisabeth an ihn als an einen ihrer einflußreichsten Lehrer, und sein Bild ruft oft das dritte »Fenster« ihrer Kindheitserinnerungen wach, nämlich ihre Schulzeit. Natürlich vollzog Herrn Küblers Unterricht sich außerhalb des Hauses. Über reines Wissen hinaus lehrte er sie Selbstdisziplin und Selbstvertrauen zusätzlich zu ihrer Liebe zur Natur.

Weder das eine Jahr im Kindergarten noch ihre ersten drei Schuljahre haben in Elisabeths Gedächtnis eine tiefe Spur hinterlassen, im Grunde wohl deshalb, weil die Routine der Schule ihrer Außenseiternatur so fremd war. Sie haßte die Schule nicht, sondern akzeptierte sie als zum Leben gehörig. Das Eingesperrtsein in den Wänden des Klassenzimmers mußte mit derselben Ergebung ertragen werden wie ein Schnupfen und langweilige Predigten. Es gab natürlich auch Lichtblicke, und später bekam sie Unterrichtsfächer, die ihren Eifer wirklich anspornten.

Gemäß dem Schweizer Schulsystem behält ein Lehrer seine Klasse während der ersten drei Jahre. Im besten Fall erlaubt dieses System, daß die Beziehung zwischen einem Schüler und seinem Lehrer beinahe familiär wird. Schwächen und Stärken werden auf einer tieferen Ebene als an normalen amerikanischen Schulen erkannt und verstanden. Leider wurden die Drillinge in dieser Zeit zwischen sechs und neun Jahren der Klasse von Herrn K. zugeteilt, einem sarkastischen Mann mittleren Alters, der später kein Hehl aus seiner Bewunderung für Adolf Hitler machte. Natürlich waren die Kinder damals zu klein, um an dem drohenden politischen Sturz jenseits der Schweizer Grenzen ein starkes Interesse zu nehmen, aber es gab noch einen persönlichen Grund, warum Elisabeth nur eine verschwommene Erinnerung an ihre Primarschule hat und warum Herr K. in ihrer frühen Schulzeit keine Gestalt von Bedeutung war. Er vermochte nämlich nicht, oder gab sich keine Mühe, zwischen Erika und Elisabeth zu unterscheiden. (Freilich muß zugestanden werden, daß

Frau Kübler dadurch, daß sie die beiden weiterhin gleich anzog, den Leuten nicht entgegenkam, denen es schwerfiel, die eineiigen Zwillinge auseinanderzuhalten.)

Elisabeth war während der Jahre bei Herrn K. eine mäßige Schülerin. Wenn sie nicht glänzte, wozu sie fähig gewesen wäre, dann vermutlich deshalb, weil sie kaum je gefordert wurde und weil ihre Arbeiten so oft mit denen Erikas verwechselt wurden.

Wie in jedem anderen Aspekt ihrer Persönlichkeit war Erika in ihren schulischen Leistungen das genaue Gegenstück ihres Zwillings. Die Schulfächer, in denen Erika glänzte – zum Beispiel in Sprachen und Grammatik –, fand Elisabeth wenig anregend. Für die Fächer, in denen Erika schwächer war, einschließlich Mathematik und Geschichte, besaß Elisabeth eine natürliche Begabung.

Dennoch bekam Elisabeth, auch wenn sie gute Noten in der Klasse erzielte, oft nur ein mittelmäßiges Zeugnis. Als Beschwerden, wenigstens in Herrn K.s Klasse, nichts nützten, beschloß sie, ihre Energie aufzusparen und nur eben durchzukommen. Auf jeden Fall waren die Hausaufgaben so leicht für sie, daß sie meistens schon auf dem Heimweg von der Schule mit ihnen fertig wurde, und zwar am liebsten allein.

Die Schulstunden dauerten Montag bis Freitag von acht bis fünf und am Samstag von acht Uhr bis Mittag. Am Ende des Schultages war Elisabeth die erste, die aus der Klasse stürmte. Draußen zu sein war gleichbedeutend mit Freiheit.

Nach Herrn K. hatte Elisabeth noch einen Lehrer, »den man vergessen konnte«. Doch dann, in der sogenannten Sekundarschule (die auf demselben Gelände untergebracht war wie die Primarschule), prägten die Lehrer sich ihrem Gedächtnis tiefer ein. In der Sekundarschule unterrichteten die Lehrer jeweils verschiedene Fächer, und einer dieser besonderen Lehrer war Walter Weber, der Geschichte und Französisch gab.

Obwohl Herr Weber in seinen Französischstunden gähnende Langeweile von der Tafel bis zur hintersten Bank im Schulzimmer verbreitete, wo Elisabeth mit den unregelmäßigen Verben kämpfte, kam ihm als Geschichtslehrer keiner gleich. Er besaß nämlich die Gabe, große Ereignisse in Szene zu setzen, als ob sie sich erst gestern vor seinen Augen zugetragen hätten.

Wenn er zum Beispiel eine wichtige Schlacht schilderte, stellte er sich auf einen Stuhl und spielte die Rolle eines Generals, der auf dem blutigen Schlachtfeld das Kommando führt. Er erlebte das sich einmal hierhin, einmal dorthin wendende Kriegsglück derart stark, daß Elisabeth meinte, den Kanonendonner zu hören und zu sehen, wie die Soldaten, tödlich verwundet, zu Boden stürzten. Die Elefanten Hannibals überquerten im Schulzimmer von Meilen aufs neue die Alpen, der Hunnenkönig Attila verwüstete wiederum die Städte, und die Politiker in ihren Kanzleien entwarfen noch einmal die Landkarte Europas und des Ostens.

Herr Weber steigerte sich in seine Erzählungen großer Taten und heroischer Männer so hinein, daß ihm die Tränen über seine rosigen Wangen flossen. Diese Geschichten machten auf Elisabeth einen so tiefen Eindruck (in den Geschichtsstunden saß sie immer vorne), daß sie sich ihrem Gedächtnis ein für allemal einprägten. Für Prüfungen in Geschichte brauchte sie sich niemals vorzubereiten.

Obwohl sie sich damals dessen nicht bewußt war, legten diese Geschichtsstunden die Grundlage für Elisabeths Talent des öffentlichen Vortrags. Herr Weber zeigte ihr, wie man Fakten auf eine Weise präsentiert, daß ein Auditorium die Handlung im Geiste sehen kann.

Seinen Französischunterricht führte Herr Weber jedoch mit so wenig Schwung, daß Elisabeth diese zweite Landessprache der Schweiz leidenschaftlich haßte. Während ihrer ganzen Schulzeit war Französisch das einzige Fach, in dem sie versagte.

Herr Weber begriff nicht, daß der Grund für Elisabeths Versagen in seiner Pädagogik lag, und als sie ihn eines Tages durch ihre mangelnde Aufmerksamkeit mehr als gewöhnlich irritierte, ließ er sie an die Tafel kommen und las ihr vor der ganzen Klasse die Leviten. Diese Schülerin, schrie er, sei so indolent, daß sie nie eine Fremdsprache lernen würde! Das Mädchen errötete, nicht aus Scham, sondern aus rebellischem Zorn gegen ein solches Urteil. Wie so oft, sollte Elisabeth später ihren Kritiker beschämen.

Als sie zehn Jahre später von ihrem Friedensdienst in Europa nach Meilen zurückkehrte, lud sie ihr inzwischen ergrauter Lehrer ein, einer Schulklasse über ihre Erfahrungen zu berichten. Die Kinder fragten sie, wie sie sich in so vielen fremden Ländern habe verständigen können. Die Frage war gefundenes Fressen, und mit Vergnügen erzählte Elisabeth der Klasse von Herrn Webers düsterer Prophezeiung. Im Alter von einundzwanzig Jahren sprach sie acht Sprachen, manche davon fließend. Die Kinder lachten, als Herr Weber vor Verlegenheit von einem Fuß auf den anderen trat. Doch dann wandte sich Elisabeth ihrem Lehrer zu. Ihre Motivation, ungewöhnlich viele

Sprachen zu beherrschen, komme daher, sagte sie ihm, daß sie als errötendes Kind vor der Tafel den Entschluß gefaßt habe, ihren Lehrer als einen falschen Propheten zu entlarven.

Ein anderer ihrer Lieblingslehrer während dieser Jahre war Otto Wegmann, der Elisabeths Leben nachhaltig beeinflußte. Herr Wegmann war kein Intellektueller und besaß auch nicht Herrn Webers Talente im Geschichtsunterricht, aber er verkörperte alle Züge, die in der Wesensart des Deutschschweizers am wertvollsten sind.

Elisabeth sah in ihm die Figur totaler Zuverlässigkeit: Er war loyal, ehrenhaft, verständnisvoll, diszipliniert und vollkommen verläßlich. Er unterrichtete sie in Chemie, Physik, Mathematik und Turnen – Fächer, für die sie (im Unterschied zu Erika) eine natürliche Anlage hatte. Herr Wegmann besaß die Gabe, den Geist anzuregen, anstatt zu dozieren. Er stellte viel eher provozierende Fragen, als daß er Antworten bereit hatte. So warf er zum Beispiel im Physikunterricht den Schülern die Frage an den Kopf: »Warum ist der Himmel blau?« Die Kinder griffen nach ihren Büchern und machten sich auf die Suche.

Solange sie in seiner Klasse war, zog Elisabeth keinen bewußten Vergleich zwischen Herrn Wegmann und ihrem Vater, doch rückblickend stellte sie fest, daß die beiden Männer viele Eigenschaften gemeinsam hatten, insbesondere ihre Ehrenhaftigkeit, eine strenge Selbstdisziplin und einen leidenschaftlichen Patriotismus. Sie begann jedoch, auch die Schwächen im Charakter ihres Vaters zu bemerken, vor allem seinen Eigensinn und seine aggressive Weigerung, sich in einer Debatte die Gegenargumente anzuhören. Freilich sah sie nicht, daß sie die Tochter ihres Vaters war und daß ihre eigene Hartnäckigkeit und ihr aggressiver Gerechtigkeitssinn ihr manche Schmerzen verursachten. Aber an Herrn Wegmann fand sie nichts auszusetzen. Er war für sie ein wahres Vorbild.

Der Gemeindepfarrer dagegen, der ihrer Klasse Religionsunterricht erteilte, war ganz und gar kein Vorbild. Elisabeth verabscheute ihn. Mit kindlicher Vehemenz verabscheute sie in ihm einen Mann, der den Schülern religiöse Wahrheiten durch Furcht und körperliche Gewaltanwendung eintrichtern wollte. Der Pfarrer hatte ein grobes, fleckiges Gesicht, schwarzes, widerspenstiges Haar und die Gewohnheit, mit seinen großen, fleischigen Händen nervös an den Knöpfen seiner Jacke zu fummeln. Er war Vater von acht Kindern, die sämtlich – wie Elisabeth heute feststellt – an der psychischen Störung des »Prügelsyndroms« litten.

Am Sonntag predigte er von Hölle und Fegefeuer und genoß weidlich seine beschränkte Autorität im Dorf, insbesondere die zitternde Angst, die er in seinem Konfirmandenunterricht verbreitete, dem die Drillinge beiwohnen mußten.

Elisabeth war nicht die einzige, die von einem Mann abgestoßen war, der nur wenige Augenblicke nach einer salbungsvollen Auslegung der Seligpreisungen in der Bergpredigt sich wie ein Dorflümmel benehmen konnte. Er zerbrach jeden Monat ein Dutzend Lineale an den Händen der ihm anvertrauten Schüler. Er war der Gegenpol des selbstlosen Geistlichen, wie man ihn sich vorstellt.

Bei ihrem Temperament, das sich sogar an einer kleinen oder eingebildeten Ungerechtigkeit entzündete, war ein Zusammenstoß Elisabeths mit dem Pfarrer unvermeidlich. Ihre »kurze Zündschnur« fing Feuer, als der Pfarrer eines Nachmittags das Gebet unterbrach, plötzlich nach vorne stürzte, Eva an ihren blonden Zöpfen riß und auch ihre Freundin, die neben ihr saß, an den Haaren packte. Er beschuldigte die Mädchen, daß sie während der Andacht geflüstert hätten, und ohne ihre Antwort abzuwarten, knallte er ihre Köpfe zusammen.

In Wirklichkeit hatte ein anderes Mädchen in der Bank hinter ihnen geflüstert, aber es war Elisabeth, die darauf reagierte. Mit Heftigkeit warf sie dem Pfarrer ihr Gebetbuch ins Gesicht. Betretenes Schweigen herrschte mindestens zehn Sekunden lang. Dann rannte Elisabeth zur Türe des Klassenzimmers und schleuderte ihm entgegen, daß sie sich lieber kreuzigen lassen als noch eine Minute in seinem Unterricht verbleiben wolle. Als sie dann keuchend und zitternd draußen vor der Tür stand, ging ihr erst auf, was sie getan hatte.

Dieser Aufstand eines Kindes in der Dorfschule war ein großer Skandal in dem friedlichen Örtchen. Zu Hause sprachen am Abend Eva und Erika über den Vorfall mit gedämpfter Stimme, aber Herr Kübler wollte die Tatsachen wissen. Obwohl sie nie darüber ein Wort verloren hatten, waren die Eltern ebenfalls wenig angetan von ihrem Pfarrer, dessen ungehobelte Art sie rasch erkannt hatten. Außerdem gingen ihre Eltern um diese Zeit nicht regelmäßig zur Kirche, und im Haushalt wurde von Religion nicht viel gesprochen. Herr Kübler enthielt sich eines Urteils über den Vorfall im Konfirmandenunterricht, warnte Elisabeth jedoch, daß er Folgen haben könnte.

So war es auch. Der Erziehungsrat wurde zu einer außerordentlichen Sitzung einberufen. Der Pfarrer verlangte, daß Elisabeth sofort aus der Schule entfernt werde, aber Herr Wegmann kam ihr ritterlich zu Hilfe. Was er über den Pfarrer sagte, ist nicht bekannt, aber er appellierte mit Erfolg an den Erziehungsrat, nichts gegen Elisabeth zu unternehmen, bis das junge Mädchen Gelegenheit gehabt hätte, ihr Verhalten zu begründen.

Elisabeth wurde vor den Rat zitiert, der in einem Klassenzimmer tagte. Es schlotterten ihr die Knie, aber ihre Stimme war fest, als sie von den brutalen Übergriffen des Pfarrers berichtete, nicht nur von dem Vorfall, der sie provoziert hatte, ihm das Gebetbuch ins Gesicht zu werfen, sondern von einer langen Reihe gewaltsamer Ausschreitungen gegen die Kinder. Der Erziehungsrat hörte ihr schweigend zu, dann schickte man sie hinaus, um über das Urteil zu beraten.

Es war ein mondheller Abend, als sie nach Hause ging, und die Sterne funkelten an einem kristallklaren Himmel. Ihre Bedrückung wich, und es umfing sie ein Staunen über die Majestät und das Mysterium des Weltalls. Ein seltsames Gefühl des Friedens überkam sie. Die Predigten des Pfarrers von Hölle und Verdammnis schienen ihr mit einemmal kleinlich und weit entfernt von der Herrlichkeit, die sie umgab. Die Entscheidung des Erziehungsrates war nicht mehr so wichtig. Wenigstens hatte sie sich für das eingesetzt, was sie für das Rechte hielt. Ihr Gewissen war rein.

Zwei Tage später wurde Herr Kübler vom Erziehungsrat verständigt, daß Elisabeth und ihre Schwestern von weiterer religiöser Unterweisung des Dorfpfarrers offiziell dispensiert seien. Man sprach jedoch die Empfehlung aus, daß der Religionsunterricht der Mädchen unter der Obhut eines geeigneten Geistlichen fortgesetzt werden solle.

Erika und Eva hatten daraufhin Konfirmandenunterricht bei dem bekannten Theologen Karl Zimmermann in Zürich. Die Mädchen fuhren einmal in der Woche nach Zürich, um diese Stunden zu besuchen, aber Elisabeth begleitete sie nicht. Herr und Frau Kübler hatten offenbar erkannt, daß Elisabeths Suchen nach religiöser Wahrheit von dem konfessionellen Religionsunterricht nichts profitieren konnte.

Doch kurz bevor Erika und Eva konfirmiert werden sollten, ließ Pfarrer Zimmermann Elisabeth rufen und bat sie in sein Büro. Er sagte ihr, daß er einen lebhaften Traum gehabt habe, in dem er alle drei Kübler-Mädchen konfirmiert habe. Er fragte Elisabeth, ob sie zur Erfüllung dieses Traums nicht beitragen wolle. Diese Bitte hatte sie nicht erwartet. Sie verwirrte sie und schmeichelte ihr zugleich.

Schließlich erwiderte sie, daß sie mit der Kirche nichts zu tun haben wolle, solange sie Leute sähe, die den Glauben, zu dem sie sich bekannten, nicht praktizierten. Ohne ihre Leidenschaft hätte diese Antwort selbstgerecht und glatt geklungen, aber Pfarrer Zimmermann verstand den Protest des Mädchens. Er war ein weiser und gütiger Mensch und versuchte nicht, das kirchliche Dogma oder Ritual zu verteidigen. Er erinnerte sie daran, daß Jesus Christus selbst die Heuchelei verurteilt hatte, und ließ durchblicken, daß Elisabeth vielleicht ein tieferes Verständnis eines religiösen Grundsatzes hatte als so mancher Erwachsene. Was zählte, so fügte er leise hinzu, war nicht das, was die Leute für ihren Glauben hielten, sondern wie sie ihn lebten. Das junge Mädchen war beeindruckt, und schließlich willigte sie ein. Gut, sagte sie, sie würde sich mit ihren Schwestern konfirmieren lassen, aber nur dann, wenn ihre Konfirmation sie zu keiner Zugehörigkeit zu einer konfessionellen Kirche verpflichte. Ihre Einwilligung sei als eine Art persönliches Geschenk für Pfarrer Zimmermann zu verstehen.

In der protestantischen Kirche ist es üblich, daß jeder Konfirmand einen besonderen Vers aus der Bibel zugeteilt bekommt. Weil die Kübler-Mädchen Drillinge waren, gab Pfarrer Zimmermann allen dreien den gleichen Vers, den er dem 1. Brief des Paulus an die Korinther entnahm: »Nun aber bleibt Glaube, Hoffnung, Liebe, diese drei; aber die Liebe ist die größte unter ihnen.«

Als der Pfarrer jedem der Drillinge in ihren traditionellen schwarzen Konfirmationskleidern die Hände auf den Kopf legte, gab er jedem von ihnen ein Wort, das ihnen zur Lebensführung dienen solle, wie er es ausdrückte. Eva erhielt das Wort »Glaube«, Erika das Wort »Hoffnung« und Elisabeth das Wort »Liebe«.

Zu der Zeit hatte das Ritual für Elisabeth keinen tiefen Sinn, außer daß es ein fröhliches Familienfest war, das ihren Eltern, ihren Schwestern und besonders dem Pfarrer Zimmermann Freude bereitete. Sie konnte sich außerdem nichts Genaues unter dem Wort »Liebe« vorstellen. Sicher war Liebe gleichbedeutend mit Sonnenschein, meinte sie. Liebe war das Hochgefühl, wenn man einen Skihang hinunterfuhr oder auf einen Berg stieg. Liebe war das Gefühl, das man hatte, wenn man jemandem etwas schenkte oder jemandem einen Dienst erwies, wenn man einen Vogel mit gebrochenem Flügel pflegte oder wenn man die ersten Frühlingsblumen pflückte. Liebe war mit der Aufregung und Freude von Weihnachten verbunden. Liebe war das Gefühl, das man für Eltern und Geschwister empfand. Waren Liebe und Glück nicht beinahe dasselbe? Wenn sie älter war, würde sie über diese Dinge nachdenken. In der Schweiz hält man Kinder von zwölf oder dreizehn Jahren jedoch für reif genug, sich über ihre spätere Laufbahn Gedanken zu machen. Wenn sie erst in der sechsten Klasse sind, müssen sie schon Aufsätze über den Beruf schreiben, den sie einmal ergreifen wollen.

Elisabeth hatte oft darüber nachgedacht, was sie werden wollte, wenn sie groß sei. Afrika übte mit seinen heroischen Gestalten von Livingstone und Albert Schweitzer noch immer eine starke Anziehung aus, aber ihre Lehrer drängten sie, von ihren schulischen Leistungen auszugehen. Sie sollte sich auf ihre nähere Zukunft besinnen. In ihrem sechsten Schuljahr erkannte sie, daß die Naturwissenschaft ihren Anlagen entsprach.

In der Schweiz ist es wichtig, die intellektuelle Begabung und handwerkliche Geschicklichkeit eines Kindes früh zu erkennen, weil die Ausbildung mit dem neunten Schuljahr an einem bedeutenden Wendepunkt steht. Denn um diese Zeit tritt ein Schüler in der weiterführenden Schule entweder eine Lehre an, oder er wird, was seltener und gewöhnlich dann vorkommt, wenn die Familie begütert ist, aufs Gymnasium geschickt als Voraussetzung für einen akademischen Beruf.

Mädchen, die zum Beispiel Verkäuferinnen oder Schneiderinnen, und Buben, die Automechaniker werden wollen, entscheiden sich schon im Alter von zwölf oder dreizehn Jahren für eine Lehre. Das hat den Vorteil, daß der nationale Standard in den Dienstleistungs- und allen anderen Gewerben in der Schweiz besonders hoch ist. Die Lehrzeit von drei oder vier Jahren führt dazu, daß der Handwerker wirkliche Achtung genießt, denn in der Schweiz ist jeder, einschließlich des Verkäufers und Mechanikers, im wahren Sinne des Wortes »professionell«.

Zusammen mit den anderen Kindern schrieb Elisabeth in ihrem sechsten Schuljahr einen Aufsatz über den Beruf, den sie als Erwachsene ausüben wollte. Sie gab ihm die Überschrift: »Der Beruf, von dem ich träume.«

Ihr erster Wunsch war, »unbekannte Wissensgebiete zu erforschen«. Sie erläuterte diese Idee und fuhr fort: »Ich möchte das Leben studieren. Ich möchte die menschliche Natur und das Wesen der Tiere und Pflanzen erkunden. Ich möchte Naturforscherin werden.«

Sie hatte noch die gleiche Vorstellung wie in ihrer frühen Kindheit, daß sie in Tropenkleidern durch dunstige, exotische Urwälder reisen und Seen entdecken würde, die es noch auf keiner Landkarte gab. Sie stellte sich vor, wie sie mit Pygmäen spielen oder mit Beduinen über den Wüstensand reiten würde. Ihr Herz klopfte immer noch, wenn sie daran dachte, wie sie auf den Bergen des Mondes Eis und Feuer entdecken oder in einem Dorf aus Lehmhütten sitzen und wieder dem Dröhnen afrikanischer Trommeln lauschen würde.

Als sie diese Phantasie niedergeschrieben hatte, hielt sie einige Minuten inne und überlegte, daß ihre Lehrer diesen Traum wohl für unpraktisch halten würden, auch wenn sie Verständnis für ihre Sehnsucht hätten.

Sie schrieb einen zweiten Aufsatz über eine andere Berufswahl. Sie wollte Krankenpflegerin werden. Im Geiste sah sie sich allerdings nicht in einer weißen Tracht, wie sie Tabletts mit Medikamenten auf der Station eines Krankenhauses umhertrug. Sie hegte eine viel romantischere Vorstellung, angeregt von einem Bild von Florence Nightingale in einem Buch aus der Bibliothek, das diese große Frau darstellte, wie sie Verwundete und Sterbende in einem kerzenerleuchteten Keller pflegte. Elisabeth stellte sich vor, wie sie verbundene Köpfe in ihren Armen halten und mit dem letzten Atemzug gehauchte Botschaften an die Lieben in der fernen Heimat niederschreiben würde.

Sie trocknete die Seite mit einem Löschblatt, lehnte sich in ihrem Stuhl zurück, schloß die Augen und überlegte ernsthaft, was ihre Stärken waren. Ihre hauptsächliche Stärke bestand darin, so meinte sie, daß sie sehr hart arbeiten konnte – härter als ihre Schwestern. Sie wußte, daß sie einen guten Verstand besaß, denn sie konnte die meisten Lektionen schneller als ihre Schwestern, und sie brauchte nur halb so lange wie sie für ihre Schulaufgaben.

Bei Tisch hatte sie einmal erwähnt, daß sie gerne Ärztin werden wollte. Doch ihr Vater wollte von dieser Idee und dem ganzen Thema nichts wissen. Machte sich Elisabeth überhaupt einen Begriff davon, so fragte er, was ihre medizinische Ausbildung ihn kosten würde? Er könnte es sich bestimmt nicht leisten, alle Mädchen auf die Hochschule zu schicken. Die Auslagen für Ernst, der die Handelsschule besuchte, waren bereits eine Belastung für das Familienbudget. Auf diese Weise entmutigt, schnitt Elisabeth dieses Thema nicht mehr an.

Da ihr Vater den Schulaufsatz aber kaum zu Gesicht bekommen würde und da die Lehrer die Klasse angehalten hatten, mit »absoluter Ehrlichkeit« über ihre geheimsten Wünsche zu berichten, beugte

Elisabeth sich wieder über das Pult und tauchte ihren Federhalter noch einmal in die Tinte. Im letzten Absatz ihres Aufsatzes schrieb sie: »Mehr als alles in der Welt möchte ich Ärztin werden. Natürlich weiß ich, daß es ein unmöglicher Traum ist, die Hochschule für Medizin zu besuchen, aber das würde ich am liebsten tun.«

Neben ihr saß Eva, die bereits eine hübsche Figur bekam, und ihre blonden Zöpfe fegten über das Pult, während sie ihre Gründe darlegte, warum sie Skilehrerin werden wollte. Weiter hinten saß Erika, die »Stille«, und bekam später die beste Note der Klasse für ihren Stil. Erika hatte geschrieben, daß sie Schriftstellerin werden wollte.

Kurz nachdem Elisabeth den Aufsatz über ihre Berufswünsche geschrieben hatte, gegen Ende des Frühjahrssemesters, bereitete die ganze Schule sich auf die jährlichen Klassenwanderungen vor. Die Länge dieser Wanderungen richtete sich nach dem Alter der Schüler. Die Drillinge waren fast dreizehn Jahre alt und durften zum ersten Mal unter der Führung des gestrengen Herrn Wegmann auf eine dreitägige Tour. Natürlich würden sie nachts in Unterkünften rasten, aber die Entfernungen zwischen den Nachtlagern sollten ihre Ausdauer auf die Probe stellen.

Zur Ausrüstung für die Wanderung gehörten feste Bergschuhe, ein Rucksack mit Proviant für die ganze Tour und Wäsche zum Wechseln. Einige Kinder nahmen kleine Musikinstrumente mit, um während des Wanderns zu spielen.

Elisabeth und Eva sahen schon mit großer Vorfreude ihrer längsten Schulwanderung entgegen. Nur Erika als einzige in der Klasse war nicht begeistert über diese Aussicht, drei Tage lang Bergpfade emporzuklettern. Sie hatte Elisabeths Vorliebe für die Natur nie geteilt, doch diesmal hatte sie offenbar sogar Angst, die sich mit dem herannahenden Aufbruchtermin zur Qual steigerte. Sie bat ihre Eltern, zu Hause bleiben zu dürfen, aber Herr Kübler schüttelte energisch den Kopf. Es ging nicht an, daß ein Mitglied der Kübler-Familie eine körperliche Herausforderung verweigerte.

Die Kinder brachen in die Berge auf, waren aber noch nicht weit gekommen, als Erika erkrankte und nach Hause geschickt werden mußte. Die Krankheit wurde von ihren enttäuschten und mißbilligenden Eltern als psychosomatisches Leiden betrachtet, und so schickte man erst vier Tage später nach dem Familienarzt, als Erika kaum mehr gehen konnte. Sie hatte Fieber und Schmerzen in der Hüfte.

Da ihre Krankheit nach zehn Tagen noch immer nicht diagnostiziert werden konnte und sich offensichtlich nicht besserte, wurde Erika in das Kinderspital nach Zürich gebracht. Dort mußte sie eine Reihe komplizierter Untersuchungen über sich ergehen lassen, die jedoch keine organische Ursache ihres Fiebers oder ihrer Schmerzen erkennen ließen, obwohl ein gewisser Verdacht auf Kinderlähmung geäußert wurde. Deshalb und weil die Möglichkeit einer anderen ansteckenden Krankheit bestand, durften Elisabeth und Eva ihre Schwester nicht besuchen. Doch so oft sie Gelegenheit hatte, kam Elisabeth in den Garten des Spitals. Erika spähte durch das Fenster ihres Zimmers, und die beiden Mädchen winkten einander zu und verständigten sich ohne Worte mit der besonderen Empathie, die man bei eineiigen Zwillingen findet. Erika verbrachte mehrere Wochen in einem zweiten Hospital, wo sie eine Behandlung bekam, die ihr nicht half, und im Hochsommer wurde sie nach Hause geschickt. Herr und Frau Kübler waren immer noch der Ansicht, daß Erikas Krankheit psychosomatisch bedingt war. In diesem Glauben wurden sie von einigen Ärzten bestärkt, denen es nicht gelungen war, eine Ursache für ihre entzündete Hüfte festzustellen. Man hoffte darauf, daß die familiäre Umgebung die Genesung der Patientin beschleunigen würde.

Erikas Zustand wurde jedoch schlimmer. Während der heißen Sommertage lag sie oben im Zimmer und konnte die ständigen Schmerzen nur ertragen, wenn niemand sie bewegte. Wenn sie gewaschen werden mußte, schrie sie, daß die Nachbarn es hörten. Wenn eine Tür zuschlug, war das Kind von Schmerzen geschüttelt. Das Heim der Küblers wurde ein Haus, in dem man flüsterte und auf Zehenspitzen ging. Der Briefträger erhielt Anweisung, die Post am Gartenzaun abzulegen, um nur ja Geräusche zu vermeiden.

Gegen Ende August mußte Erika noch einmal ins Krankenhaus, diesmal in die Orthopädische Klinik Balgrist, wo die Therapeuten versuchten, sie mit Hilfe eines Gehgestells zum Gehen zu zwingen. Aber ihr Leiden steigerte sich nur, und mit diesem Leiden überkam sie ein Gefühl der Resignation. Sie begann, Bücher für Erwachsene zu lesen und Gedichte und Kurzgeschichten zu schreiben.

Während Erika im Krankenhaus lag, tauschten sie und Elisabeth viele Briefe aus. In einem Brief schrieb Erika, daß sie eigentlich Ärztin werden wollte. Sie hatte die Laufbahn einer Schriftstellerin gewählt, weil sie in diesem Beruf ihre schwachen Beine nicht gebrauchen mußte.

Elisabeth schrieb zurück, daß sie das andere Ich ihres eineiigen Zwillings sein würde. Sie, Elisabeth, würde die Ärztin werden. Sie versprach Erika, daß sie jeden Abend nach Hause kommen und ihr alles über die Patienten erzählen würde, so daß sie den Beruf, der ihr versagt war, stellvertretend miterleben könne.

Obwohl diese Versprechen kindlich waren, wurden sie dennoch mit großem Ernst gegeben. Die Zwillinge hatten sich immer gegenseitig ergänzt, ohne miteinander zu wetteifern. Die Welt sah sie als körperlich identisch, aber sie hatten immer gewußt, daß ihre Persönlichkeit und ihr Geist ganz verschieden waren.

Während Erika krank lag, wurden Elisabeths Lungen und Gliedmaßen immer stärker. Sie lief und sprang mit der Energie einer Gazelle und rannte so schnell, daß kein Mädchen ihres Alters sie einholen konnte. Obwohl sie nur dürftige fünfundsiebzig Pfund wog, als sie dreizehn war, geriet sie ständig in Raufereien mit anderen Kindern, meistens mit Buben, die sie gern reizte, wohl deshalb, wie sie vermutete, weil sie selbst ein Junge sein wollte. In ihrer Phantasie sah sie sich immer in männlichen Rollen. So war sie beispielsweise immer ein tapferer Indianerkrieger und nie eine Squaw; sie war immer Robin Hood und nie Maid Marian.

Wenn ihre Mutter sich erkundigte, warum Elisabeth so spät von der Schule kam, erhielt sie oft die Auskunft (meistens vom Metzgerjungen, der über die Geschehnisse im Dorf besser Bescheid wußte als irgendeiner), daß ihre abgängige Tochter mit einem Jungen unten am Berg raufe. Wenn Elisabeth schließlich mit einem zerrissenen Kleid und einem blauen Auge nach Hause kam, wurde sie in den Keller geschickt, bis sie sich beruhigt hatte. Das empfand sie kaum als Strafe, denn im Keller hatte sie ja ihr Tierspital. So fanden weiterhin Raufereien im Schulhof statt.

Rückblickend auf ihre frühe Kindheit, spricht Elisabeth von »federleichten Leiden und Freuden«. Ihre dominierende Erinnerung ist jedoch die der Einsamkeit. Es handelte sich natürlich nicht um physische Einsamkeit, denn außer den heimlich ergatterten Augenblicken auf ihrem Sonnentanzfelsen und den noch selteneren Augenblicken, wenn sie in den Bergen allein sein konnte, war sie in Wirklichkeit kaum je allein. Ihre Einsamkeit war das »Gefühl, anders zu sein«, so oft mißverstanden zu werden, sich nach der Liebe ihrer Eltern zu sehnen, die sich meist Eva und Erika zuwandte. Sie erinnert sich, daß sie ohne Hilfe darum rang, den Sinn des Lebens zu begreifen. Ihre Einsamkeit war die des Geistes und des Gemüts.

Irgendwie war sie von der Ahnung eines besonderen Schicksals erfüllt und spürte intuitiv, daß es ihr beschieden sei, einsam um die Entdeckung großer Wahrheiten zu kämpfen. Manchmal, sogar in früher Kindheit, wurde sie dessen inne, daß sie ihren Blick auf einen Berg gerichtet hatte, der ihren Glauben, ihren Mut und ihre Ausdauer auf eine gewaltige, zeitweise auf eine grausame und grimmige Probe stellen würde.

Die Rebellin und ihr Gelübde

4

Ohne besondere Vorzeichen brach im Dorf der 1. September 1939 an, der ein Freitag war. Auf fernen Berggipfeln konnte man eine vorzeitige erste Schneedecke sehen, und in den Weingärten schulterten die wettergebräunten Winzer ihre Butten und brachten die Ernte ein. Bei Küblers wurde aus der Dämmerung ein gewöhnlicher Morgen, an dem Herr Kübler wie immer zur Bahnstation ging, um mit dem Zug nach Zürich zu fahren, und an dem Frau Kübler Elisabeth und Eva – Erika war noch nicht gesund – vom Frühstückstisch fort zur Schule schickte.

Gegen Mittag erhielt dieser Tag für Elisabeth eine Bedeutung von großer Tragweite – und natürlich nicht nur für sie, sondern er wurde zu einem furchtbaren Datum für Millionen von Menschen auf der ganzen Welt.

Als Elisabeth und Eva kurz vor ein Uhr nach Hause kamen, beobachteten sie, wie ihr Vater ein schweres, voluminöses Paket ins Haus schleppte. Wenige Augenblicke später sahen sie, daß er aus einem Pappkarton ein nußbaumverschaltes Radio auspackte. Die aufgeregten Kinder erhoben ein Freudengeschrei, denn dies war das erste Radio, das ihr sparsamer Vater angeschafft hatte. In ihrer Aufregung bemerkten sie zuerst nicht den gespannten Zug um seinen Mund, als er das Radio im Wohnzimmer auf einen Wandtisch stellte, den Steckkontakt herstellte und das Radio einschaltete.

Nach einer Anlaufzeit von wenigen Sekunden sagte ein Nachrichtensprecher mit lauter und klarer Stimme: »Heute marschierten im Morgengrauen deutsche Truppen über die polnische Grenze ...« Es war also geschehen. Seit Wochen hatte man überall von der Gefahr eines Krieges gesprochen. Die Angst in den Augen der Erwachsenen, insbesondere in den Augen einer jüdischen Flüchtlingsfamilie, die sich in Meilen niedergelassen hatte, bedeutete Elisabeth mehr als alles Gerede von Verträgen und Sturmtruppen.

Ihr Vater stellte, ein Knie auf den Boden gestützt, die Lautstärke des Radios ein. Die Meldungen fuhren fort: »Deutsche Panzerdivisionen sollen sechzig Kilometer nach Polen vorgedrungen sein ... Hitler hält sich angeblich bei seinem Vortrupp auf ... Großbritannien und Frankreich haben Deutschland ein Ultimatum gestellt. Die Bevölkerung von Warschau, einschließlich der Alten, Frauen und Kinder, gräbt Panzerfallen rund um die Stadt ...«

Vor Elisabeths innerem Auge wurden plötzlich Kriegsbilder lebendig, die sie in Illustrierten gesehen hatte. Möglicherweise handelte es sich um Fotos aus dem spanischen Bürgerkrieg oder von der italienischen Invasion in Abessinien, aber es waren Bilder brennender Städte, verschreckt zusammengekauerter Flüchtlinge, Sturzbomber, die Salven auf unschuldige Menschen abfeuerten. In einer Zeitschrift hatte sie Bilder von Leichen auf den Straßen, von Kindern mit verbundenen Köpfen gesehen.

Diese Abbildungen erwachten nun in ihr zum Leben. Menschen schrien. Riesige Panzer mit flammenden Kanonen donnerten durch Dörfer wie Meilen. Elisabeth stellte sich vor, daß Kinder, die so alt wie sie oder noch jünger waren, Splittergräben und Befestigungen anlegten, um den Eindringlingen den Weg zu versperren.

Die Stimme aus dem Radio fuhr fort: »Der Premierminister Polens hat an die Welt einen Appell um Hilfe gerichtet. Er sagte, das polnische Volk würde sich bis zum letzten Blutstropfen verteidigen ...«

Elisabeth sah, wie hinter ihr die Mutter in ihrer Küchenschürze an der Tür stand. Auch Frau Kübler hörte den Meldungen aus dem Radio zu, während das Mittagessen, das sie gekocht hatte, schon dampfend auf dem Tisch stand.

Elisabeth erinnert sich an ein dumpfes Gefühl des Entsetzens. Sie wußte, daß es ein kritischer Augenblick war. Dennoch war alles mit Ausnahme der Stimme des Nachrichtensprechers so ruhig und normal. Beim Frühstück hatte die Familie noch Pläne gemacht, daß sie zum Wochenende auf die Fürlegi gehen wollten. Elisabeth und Eva würden mit ihren Freunden in Amden spielen. Bei Sonnenuntergang würde der benachbarte alte Bauer zu ihrer Berghütte hinaufkommen. Er würde sich auf die Holzbank setzen, seine Pfeife rauchen und über die Kletterpartien im Hochgebirge erzählen, die er in seiner Jugend unternommen hatte.

Doch da draußen, weit jenseits der Alpen, würde nichts beim alten bleiben. Menschen wurden getötet und verwundet. Sie mußten zusehen, wie ihre Häuser bis auf den Boden verbrannten. Es mußte etwas geben, was sie, Elisabeth, für sie tun konnte.

Aber sie war nur ein junges Mädchen, und der Kriegsschauplatz war fern. Es war sinnlos, daran zu denken, daß sie für die Opfer des Krieges irgend etwas Praktisches tun könnte. Natürlich würde sie ihren Schmerz mitempfinden. Wenn sie nur älter, wenn sie nur ein Mann wäre!

»Obwohl die polnische Armee von überlegenen Streitkräften und Waffen überrannt wurde, leistet sie, wie die Meldungen lauten, erbitterten Widerstand . . .«

An der Türe machte ihre Mutter eine Bewegung und winkte zu Tisch. Das Essen wurde kalt. Elisabeth und Eva würden zu spät in den Nachmittagsunterricht kommen.

Plötzlich wußte sie, was sie tun konnte. Sie konnte ein Versprechen geben. Sie konnte versprechen, dem tapferen polnischen Volk zu Hilfe zu eilen, sobald die Schweizer Grenze wieder offen war. Sie hatte keine Zeit, darüber nachzudenken, daß sie erst älter werden mußte oder wie sie nach Warschau gelangen sollte. Sie verließ sich einfach auf ein tiefes Gefühl in ihrem Inneren, daß sie eines Tages zu dem Volk gehen würde, das ihre Hilfe brauchte.

Die Augen ihres Vaters hingen immer noch am Radio. Aus dem Eßzimmer hörte sie das Klappern des Geschirrs. Niemand beobachtete sie, als ihre Lippen die Worte ihres Versprechens formten. Sie sprach zu sich selbst und zum Volk Polens diese Worte: »Ich verspreche, daß ich so bald wie möglich kommen werde, um euch zu helfen.«

Aber es stimmte noch nicht ganz. Irgend etwas fehlte. Ein Versprechen konnte man brechen oder vergessen. Wenn sie ihr Versprechen nicht erfüllte, wäre gar nichts getan. Es mußte mehr als ein Versprechen sein. Sie mußte ein Gelübde ablegen. Sie mußte sich mit Leib und Seele verpflichten, diesen unwiderruflichen Schwur bedingungslos zu erfüllen.

Sie schloß die Augen und versuchte, sich die Schrecken des Krieges noch deutlicher auszumalen. Die Bilder wechselten. Sie dachte an Zeitungsbilder jüdischer Flüchtlinge. Sie erinnerte sich an Berichte über Verfolgungen, über Freunde, die über Nacht verschwanden, über Konzentrationslager, Folterungen und Tod. Im Geiste sah sie die Gesichter der Flüchtlinge, und sie verschwammen mit den Gesichtern des Volkes, das sich jetzt gegen die brutalen Eindringlinge verteidigte.

Ihre Lippen bewegten sich wieder. Sie flüsterte:»Ich schwöre, daß mich nur der Tod abhalten wird, euch möglichst schnell zu Hilfe zu kommen, was auch immer geschieht.«

Erst jetzt hatte sie wirklich etwas gegeben, nicht nur das Versprechen eines jungen Mädchens. Später konnte sie darüber reden, was sie in diesem Augenblick empfunden hatte. Es war, so sagte sie, als ob ihr Gelübde mystisch besiegelt worden sei.

Als sie zu ihrer Mutter und zu Eva an den Eßtisch kam, empfand Elisabeth eine merkwürdige Beruhigung in ihrem Glauben, ihr unwiderrufliches Gelöbnis sei vom Volk Polens bereits als ein Geschenk angenommen worden.

Das Leben in Meilen hatte sich durch den Krieg, wenigstens in den ersten Jahren, wenig verändert. Die für Elisabeth wichtigste Folge des Krieges war zunächst das Ausscheiden ihres neuen Klassenlehrers, des geliebten Herrn Wegmann, der in den Militärdienst einrücken mußte. Als er vor der Klasse seine Abschiedsrede hielt – er trug zu diesem Anlaß eine schneidige Offiziersuniform –, spornte Herr Wegmann seine Schüler an, aus ihren Fähigkeiten das Beste zu machen. Es war eine einfache Rede, doch in Elisabeths Erinnerung ist es die bewegendste, die sie je gehört hat. Sie fühlte sich tief berührt. Es war wie ein persönlicher Aufruf an sie, als Herr Wegmann, der offensichtlich selbst gerührt war, jedes Schulkind einzeln ansah und der Klasse sagte, daß er seinen Stolz auf sie mit zur Front nähme.

In den folgenden Monaten und Jahren waren die Abschiedsworte Herrn Wegmanns ein solcher Ansporn für die Klasse, daß sie die höchste Anerkennung der Gemeinde für ihren Einsatz, für die Sammlung von Altmetall zur industriellen Wiederverwertung, zu der während des Krieges aufgerufen wurde, für ihre Erntehilfe und den Kampf gegen Pflanzenschädlinge erhielt. Diese Aktionen während des Krieges und ihre Arbeit auf den Bauernhöfen waren für die Kinder (obwohl sie dafür nicht bezahlt wurden) keine bewußte patriotische Geste, sondern ihre Antwort auf den Appell und das Vertrauen ihres Lehrers.

Als Ersatz für Herrn Wegmann als Klassenlehrer kam Fräulein Anna Peter, die von vornherein gegen zwei Nachteile ankämpfen mußte. Zunächst war sie von sehr unscheinbarem Äußeren. Der winzige Knoten ihres dünnen, schwarzen Haares saß auf einem dürren Hals, und ihr Gesicht war ungewöhnlich eckig und blaß. Ihre abgetragenen Kleider bedeckten eine beinahe formlose Gestalt. Noch schwerer wog, daß sie die Nachfolgerin des beliebtesten Lehrers der Schule war.

Die Klasse bereitete Fräulein Peter einen rauhen Empfang. Die Buben hatten im ganzen Schulzimmer Fallen gestellt. Sie spannten Schnüre in Knöchelhöhe über den Boden und schmierten Kreidepulver auf die Rückseite von Bildern und Landkarten, die sie absichtlich schief aufgehängt hatten.

Fräulein Peter stolperte und beschmutzte sich mit Kreide, aber sie meisterte die Situation. Ihre Nachsicht und ihr tolerantes Lächeln gewannen die Achtung der Schüler. Durch ihren guten Unterricht und ihre echte Sorge für das Wohlergehen jedes einzelnen Schülers konnte sie die Klasse schnell für sich erobern. Fräulein Peter wurde die am meisten verehrte Lehrerin der Schule, und an Regentagen rissen die Kinder sich um das Vorrecht, ihren Schirm halten zu dürfen, wenn sie sie zur Bahnstation begleiteten.

Obwohl sie immer noch nicht wiederhergestellt war, kehrte Erika schließlich zur Schule zurück. Sie konnte zuerst nicht den ganzen Weg gehen, und so zogen Elisabeth und Eva sie abwechselnd in einem Leiterwagen, den man in der Familie sonst für Einkäufe oder für den Transport von Obst und Gemüse von Bauernhöfen verwendete.

Erikas Krankheit wurde schließlich von der alten Ärztin diagnostiziert, die sie entbunden hatte. Die Ärztin, die immer von »ihren Drillingen« sprach, schob ihre Pensionierung nur deshalb auf, um hinter das Geheimnis von Erikas Leiden zu kommen. Als sie sämtliche Daten über den Verlauf der Krankheit gesammelt hatte, bewies sie anhand von Röntgenaufnahmen, daß Erika gleichzeitig sowohl an Kinderlähmung als auch an Knochenmarksentzündung erkrankt war. Ein jetzt allmählich zuheilendes Loch wurde in ihrem Hüftknochen gefunden. Die Familie begriff nun, wie sehr das Mädchen gelitten hatte, und nahm Anteil an ihrem tapferen Kampf um die Zurückgewinnung ihrer Kraft, obwohl ihre gänzliche Wiederherstellung noch Jahre dauerte.

Elisabeth war überglücklich, ihren Zwilling wieder in der Klasse zu haben, und beschützte sie grimmig. Eines Morgens, kurz nach Erikas Rückkehr zur Schule, als sie noch so schwach war, daß sie vom Wagen zu ihrem Pult getragen werden mußte, kam der Raufbold der Klasse daher und spritzte Tinte über Erikas Heft. Die Lehrerin – nicht das einfühlsame Fräulein Peter – fragte nach dem Grund für die verschmierten Seiten. Wie es ihrem Charakter entsprach, sagte Erika nicht, daß sie unschuldig war, nicht einmal dann, als sie mit dem Lineal Schläge auf die Hände bekam.

Der Raufbold hatte erwartet, daß Erika ihn nicht verpetzen würde, aber er hatte nicht mit Elisabeths Loyalität und ihrer Wut gerechnet. Als die Stunde herum war, lief sie hinaus und lauerte ihm auf. Sie wartete den geeigneten Moment ab und sprang dem Jungen auf den Rücken und bearbeitete sein Gesicht mit ihren Fäusten. Der Grobian, der Elisabeth um Haupteslänge überragte, wischte seine blutende Nase ab und trollte sich fort, während Elisabeth ihm die schrille Drohung nachrief, daß sie ihn noch ganz anders verhauen würde, wenn er Erika noch einmal etwas zuleide täte.

In ihrem drahtigen Körper und in der Intensität ihrer Gefühle zeichnete sich allmählich ab, was für eine physische Gestalt und was für eine Persönlichkeit sie als Erwachsene haben würde. Sie schien mehr Energie zu besitzen, als sie verbrauchen konnte, und reagierte daher immer allzu heftig auf jede wirkliche oder eingebildete Beleidigung oder Ungerechtigkeit. Für Elisabeth war der Himmel blauer als für ihre Mitmenschen. Das Gras war für sie immer grüner. Auf ihrer Palette gab es keine Pastellfarben. Nach konventionellen Maßstäben war sie kein hübsches Mädchen mit ihrem dünnen Haar und den eingedrehten Locken, die sich sofort auflösten, wenn der Wind einmal durchblies. In ihrem braunen Gesicht gab es kaum Rundungen und keine weichen Linien. Ihr Mund, der selten schwieg, war zu klein. Am anziehendsten an ihrer Erscheinung waren ihre dunkelbraunen, lebhaften Augen. Ihr Körper entwickelte sich nur langsam, und mit ihren vierzehn Jahren wirkte sie immer noch knabenhaft mit ihrer flachen Brust und ihren schmalen Gliedern. Jetzt verwechselten sie nur noch

Fremde mit Erika, denn ihr Zwilling hatte als Folge der erzwungenen Untätigkeit zugenommen und hinkte merklich.

Außer ihren Schulaufgaben, die sie im allgemeinen weiterhin langweilten, packte Elisabeth alles mit leidenschaftlicher Intensität an. Geduld gehörte nicht zu ihren Tugenden. Das Leben war irgendwo »draußen« und wartete darauf, von ihr im Sturm genommen zu werden.

Aber das Leben im Dorf zockelte dahin, und keine Sehnsucht vermochte die Jahre zu beschleunigen. Die ersten Kriegsweihnachten rückten näher, und wenn nicht die Schlagzeilen in den Zeitungen und die Radiomeldungen gewesen wären, hätte Meilen von den großen Kämpfen jenseits der Grenze nichts wahrgenommen. In den Straßen hörte man nicht Kanonendonner, sondern das Läuten der Schlittenglocken. Elisabeths Verlangen, für notleidende Menschen »etwas zu tun«, hatte nicht nachgelassen. Natürlich war es Zeitverschwendung, auch nur daran zu denken, daß sie für die Kriegsopfer sofort etwas tun könne, aber sie fand andere Möglichkeiten, sich zu betätigen. Es war typisch für sie, daß sie beschloß, einer verarmten, vaterlosen Bauernfamilie zu helfen, die in einer armseligen Hütte auf dem Hang über dem Dorf lebte. Besonders betrübte sie, daß die Familie von dem beliebtesten aller weihnachtlichen Besuche würde links liegen gelassen werden. Mit ihrer besten Freundin Klara heckte sie daher den Plan aus, Sankt Nikolaus zu spielen.

Sie füllte einen Jutesack zur Hälfte mit Orangen und Mandarinen (die bereits knapp wurden), eine »Anleihe« aus der Vorratskammer ihrer eigenen Familie. Sie leerte ihre Sparbüchse aus, kaufte Süßigkeiten, und mit Klaras Hilfe reparierte sie alte Spielsachen. Obenauf legte sie ein Bündel abgelegter Kinderkleider.

Am Abend des 6. Dezember, dem traditionellen Sankt-Nikolaus-Tag, klebten sich die beiden Mädchen Watte auf die Augenbrauen und aufs Kinn und zogen den Sack auf einem Schlitten den Berg hinauf. Durch ein Fenster der Hütte sahen sie sechs Kinder, die zur Türe stürzten, sobald Elisabeth die »Engelsglocke« läutete, die sie in der Hand hielt. Elisabeth und Klara schüttelten die Geschenke aus und liefen davon. Die verwitwete Mutter holte sie ein und bot ihnen Geld an. Mit unwirscher Stimme erklärte Elisabeth, daß der Nikolaus sich nie für Geschenke etwas bezahlen lasse. Die Frau brach vor Dankbarkeit in Tränen aus, und die beiden Mädchen jubelten vor Freude, als sie den Berg hinunterliefen.

Niemand in Meilen entwickelte mehr Eifer als Elisabeth, um der

Aufforderung der Regierung nachzukommen, mehr Nahrungsmittel anzubauen. Sie verdoppelte die Fläche der Gemüsebeete im Garten des großen Hauses. Vom Umstechen und Jäten bekam sie bald Schwielen an den Händen. Sie half ihrer Mutter, Obst und Gemüse einzukochen und in Gläser zu füllen. Bald ächzten die Regale im Keller unter dem Gewicht der Produkte aus dem Garten.

Mit einer einheimischen Bevölkerung von nur vier Millionen gewährte die Schweiz als einzige Insel des Friedens in Europa 300 000 Flüchtlingen während des Krieges Asyl. Die ersten Flüchtlinge, hauptsächlich Juden aus Deutschland und Österreich, kamen bereits vor Ausbruch des Krieges. Manchmal floß der Flüchtlingsstrom spärlich, aber manchmal, besonders nach dem »D-Tag«*, kamen sie in einer wahren Flut, vor allem aus Frankreich.

Herr Kübler und Ernst meldeten sich als freiwillige Wachsoldaten und bezogen ihre Posten an der nördlichen Grenze. Wenn sie vom Dienst nach Hause zurückkehrten, erzählten sie von Flüchtlingen und Kriegsgefangenen, die über den Rhein schwammen, um in der Schweiz um Asyl zu bitten. Oft waren sie Zeuge von erfolgreichen und mißglückten Fluchtversuchen. Wenn die Deutschen etwas bemerkten, gaben sie Feuer aus ihren Maschinengewehren. Herr Kübler und Ernst sahen, wie Menschen wenige Meter vor der Grenze, die ihnen die Sicherheit gebracht hätte, getroffen wurden. Oft wateten Vater und Sohn in den Fluß, um erschöpfte Männer zu retten, die wie durch ein Wunder den Kugelhagel und das eiskalte Wasser überlebt hatten. Elisabeth konnte von solchen Flucht- und Rettungsgeschichten nie genug bekommen. Sie konnte sich nichts Herrlicheres vorstellen, als solchen Flüchtlingen beizustehen. Auch wenn ihre Aufgaben während des Krieges weniger militärisch und aufregend waren, so dienten sie doch ebenfalls der gemeinsamen Sache.

Weil viele junge Landarbeiter zum Militärdienst an der Grenze eingezogen wurden, bestand ein dringender Bedarf an Erntehelfern. An den Wochenenden während des Sommers und während der Schulferien gingen Elisabeth und andere Kinder auf die Bauernhöfe, um Obst zu pflücken, Heu zu stapeln und Schädlinge zu beseitigen. Sie lernte mähen, Ähren lesen und melken. Es gab für sie nichts Schöneres, als von Sonnenaufgang bis Sonnenuntergang auf einem Bauernhof zu arbeiten. Sie war stolz auf ihren Fleiß und auf die Kraft, die sie in ihren Armen und Beinen entdeckte. Ihre Müdigkeit am

---

* 6. Juni 1944, Landung der Alliierten Truppen in der Normandie.

Ende eines Tages in den Feldern verband sich in ihrem Geist immer mit dem Freiheitskampf eines ganzen Kontinents.

Außerdem wurde sie durch die Knappheit an Lebensmitteln, Kleidern und Benzin an den Krieg erinnert. Elisabeth verschlang die Nachrichten in den Zeitungen und im Radio. Sie vergoß Tränen, als Frankreich fiel, und lauschte wie gebannt den Meldungen aus London, die berichteten, daß alliierte Truppen von 300 000 Mann sich mit Hilfe »kleiner Boote« vor der blutigen Küste von Dünkirchen hätten retten können. Ihr Herz klopfte zum Zerspringen, als sie einer übersetzten Rede von Winston Churchill zuhörte, der verkündete: »Wir werden an den Küsten kämpfen . . . wir werden auf den Feldern und auf den Straßen kämpfen . . . wir werden auf den Bergen kämpfen . . . wir werden niemals aufgeben.«

Sie erinnert sich, daß sie damals auf ein Sofakissen schlug und ausrief: »Nein, nein, nein! Wir werden niemals aufgeben!« Es war auch *ihr* Krieg, ihr Kampf, und am nächsten Wochenende würde sie auf den Feldern mehr Kartoffelkäfer sammeln als irgendein anderer.

Die Aufregung über die Luftschlacht um England, der Schrecken der U-Boote – das waren *ihre* Siege, *ihre* Katastrophen. Es gab noch dazu einen Feind, der in derselben Straße wohnte wie sie. Bei den Siegen der Deutschen hatte der Volksschullehrer Herr K. dreist seine Bewunderung für Hitler und seine Überzeugung zum Ausdruck gebracht, daß die Alliierten am Ende besiegt würden. Auch ihr Vater machte seinem Ärger über die großsprecherischen Reden von Herrn K. Luft.

Aber dann kam noch ein Winter, noch ein Frühjahr, noch ein Juni, und der sechzehnte Geburtstag von Elisabeth, Eva und Erika rückte heran. In der Mitte des Jahres 1942 sollten die Mädchen die Schule abschließen. Jede von ihnen mußte jetzt einen festen Entschluß fassen, was ihre spätere Laufbahn betraf.

Sechs Jahre zuvor hatte Ernst seine Entscheidung getroffen. Er stand jetzt in seinen Schlußprüfungen an der kantonalen Handelsschule von Zürich. Weil er so viel älter war als seine Schwestern, kam es Elisabeth immer vor, als gehörte er kaum zum inneren Kreis der Familie. Er hatte immer seine eigenen Interessen und seine eigenen Freunde. Er war zu einem jungen Mann herangewachsen, als sie noch Kinder waren. Ernst würde bald nach Indien aufbrechen, wo er in eine etablierte Ex- und Importgesellschaft eintreten sollte.

Erika war immer noch auf dem Weg zur Genesung von ihrer langen Krankheit. Ihre körperliche Schwäche hatte die Entscheidung über ihre Zukunft buchstäblich an ihrer Statt getroffen. Sie war nicht kräftig genug, um eine Lehre anzutreten. In der inaktiven Zeit während ihrer Rekonvaleszenz hatte Erika ihre schriftstellerische Begabung weiterhin unter Beweis gestellt und die Billigung der Eltern errungen, als sie den Wunsch ausdrückte, Journalistin zu werden. Es war eine ausgemachte Sache, daß Erika eine höhere Ausbildung bekommen sollte. Sie würde die Schule in Meilen verlassen, aufs Gymnasium nach Zürich gehen und später die Universität besuchen.

Wenn das Thema der Berufswahl zur Debatte stand, hatte Herr Kübler schon öfters klipp und klar festgestellt, daß er nur eines der Mädchen zur Hochschule schicken könne. Beide Eltern fanden außerdem, daß die gesunden Töchter, Elisabeth und Eva, bis zu ihrer Heirat selbst ihren Lebensunterhalt verdienen könnten und daß es daher eine Geldverschwendung wäre, sie auf eine höhere Schule zu schicken.

Die drei Mädchen ahnten, was ihr Vater im Sinn hatte, als er sie und Frau Kübler eines Abends im Frühjahr, nachdem man gegessen, das Geschirr abgewaschen und aufgeräumt hatte, an den Eßtisch zu einer Versammlung rief. Als Oberhaupt der Familie wollte er nun die Entscheidung über die Laufbahn seiner Töchter in die Hand nehmen.

Elisabeths Traum, eine Forscherin in Afrika zu werden, war noch nicht verblaßt. Es war jedoch drei Jahre her, seit sie ihren Aufsatz über ihre Berufswünsche geschrieben hatte. Ihr Denken bewegte sich jetzt in praktischen Bahnen, aber im tiefsten Herzen hegte sie immer noch die Hoffnung, einmal Ärztin zu werden. Zwischen ihrem jetzigen Standort und diesem Wunschtraum lag zwar ein Abgrund, den sie jetzt nicht überbrücken konnte, aber vielleicht würde es ihr eines Tages gelingen ...

Diese Gedanken gingen ihr durch den Kopf, als Herr Kübler am Tisch Platz nahm und sich räusperte. Zuerst blickte er Eva an. Ein gespannter Augenblick verstrich, ehe er zu sprechen begann. Eva saß zuversichtlich auf ihrem Stuhl, die Hände im Schoß, die kräftigen Schultern von ihrem glänzenden Haar bedeckt. Vor Aufregung war ihr die Röte in die Wangen gestiegen, und ein, zwei Sekunden lang beneidete Elisabeth die Schwester um ihre Schönheit. Niemand in der Familie bezweifelte, daß Eva als erste von den Drillingen heiraten und dereinst als tüchtige Hausfrau einem schönen Heim vorstehen würde. Sie war, wie die Ärztin in ihrer Prophezeiung vor fünfzehn Jahren gesagt hatte, die Tochter ihrer Mutter.

Eva, verkündete Herr Kübler, würde eine Frauenfachschule besuchen, ein Institut, wo sie die natürlichen Attribute einer Deutschschweizerin aus gutbürgerlichem Hause noch vervollkommnen konnte. Eva lächelte und Frau Kübler ebenfalls.

Dann richtete Herr Kübler seinen Blick auf Erika. Er sah sie kurz und teilnahmsvoll an. Es war merkwürdig, daß Erika ihm immer nähergestanden war als die beiden anderen Mädchen, denn sie hatte nie viel für Bergsteigen, Skilaufen und Wanderungen übrig gehabt, die ihr Vater so liebte, und konnte seit einiger Zeit an gar nichts mehr teilnehmen. Vielleicht forderte sie seinen männlichen Beschützerinstinkt heraus. Im Umgang mit ihr zeigte er eine Milde, die er sonst nicht besaß. Seit ihrer frühen Kindheit war es meistens Erika, die auf seinem Schoß sitzen durfte. Er sagte mit sanfter Stimme, daß Erika aufs Gymnasium gehen sollte.

In dem Schweigen, das dieser Äußerung folgte, machte sich eine plötzliche Spannung bemerkbar. Vielleicht hatte Herr Kübler seine Pläne für Elisabeths Zukunft mit seiner Frau besprochen, aber die Mädchen hatten keine Ahnung, was seine Absichten waren. Herrn Küblers Augen richteten sich auf den ältesten seiner Drillinge. Er begann mit absichtlich leiser Stimme zu sprechen.

Während des letzten Jahres hatte er Elisabeths gute und schlechte Eigenschaften gegeneinander abgewogen. Sie war ein aufgewecktes, aber rebellisches Kind und neigte zu einem unpraktischen Idealismus. Sie würde weiterhin eine feste Hand brauchen. Er habe mit Genugtuung festgestellt, daß sie sowohl gewissenhaft als auch methodisch arbeitete, wenn sie eine Aufgabe anpackte, die sie interessierte. Beim Klettern und Wandern hatte sie bewiesen, daß sie für ihre Größe körperlich stark sei. Harte Arbeit und lange Arbeitsstunden würden sie nicht unterkriegen, davon sei er überzeugt. Aber sie habe noch eine Menge zu lernen, was Pünktlichkeit, Ordentlichkeit und die nötige Anpassung betraf. Sie habe sich Temperamentsausbrüche geleistet, die ihm noch frisch im Gedächtnis seien. Sie besaß eine eher aggressive Natur, die sich positiv auswirken könne, wenn sie in die richtigen Bahnen geleitet würde. Ja, unter Kontrolle könne ihr Drang zur Selbstbehauptung sogar ein Ansporn sein. Ihre akademische Begabung schien auf dem Gebiet der Mathematik zu liegen.

Herr Kübler hielt inne und klopfte mit den Fingern auf die Tischplatte. Er genoß diesen bedeutenden Augenblick seiner väterlichen Autorität. Elisabeths Augen hingen wie gebannt an seinen Lippen.

Dann kam das Urteil. Elisabeth würde in sein Geschäft eintreten. Sie würde als Sekretärin und Buchhalterin bei ihm in die Lehre gehen. Herrn Küblers Stimme klang sachlich. Aber Elisabeth war entsetzt. Sie hatte nie im entferntesten daran gedacht, in einem Büro zu arbeiten. Herr Kübler mißdeutete ihr betretenes Schweigen als Einwilligung und holte weiter aus. Er biete Elisabeth eine ausgezeichnete Chance an und hoffe, daß sie dies anerkenne. Trotz der kriegsbedingten Schwierigkeiten der Warenbeschaffung ging das Geschäft gut und konnte sich weiter entwickeln. Er selbst würde Elisabeth mit seiner reichen Erfahrung anlernen. Mit der Zeit könne sie, wenn sie fleißig sei, mit einem hübschen Einkommen rechnen. Sie würde natürlich weiterhin zu Hause wohnen und jeden Tag mit ihrem Vater nach Zürich fahren.

Elisabeth war wie gelähmt, doch der Schock, den die Entscheidung ihres Vaters ausgelöst hatte, endete rasch in höchster Erregung. Elisabeths Herz pochte. Sie trommelte mit ihren kleinen Fäusten auf den Tisch und schrie, daß sie nie in sein Geschäft gehen würde. Sie haßte alles, was mit geschäftlichen Dingen und Geldverdienen zusammenhing. Sie würde sterben, wenn sie in einem Büro arbeiten müßte. Als Sekretärin und Buchhalterin wäre sie eine Katastrophe.

Herr Kübler riß vor ungläubigem Staunen die Augen auf. Niemand in der Familie hatte es je gewagt, eine Entscheidung von ihm in Frage zu stellen, geschweige denn ihr Widerstand zu leisten. Elisabeth warf einen hilfesuchenden Blick zu ihrer Mutter. Aber Frau Kübler schlug die Augen nieder, und ihr Gesicht war blaß. Eva und Erika saßen wie angewurzelt auf ihren Stühlen.

Mit erhobener Stimme befahl Herr Kübler ihr zu schweigen. Als Ruhe eingetreten war, ermahnte er Elisabeth barsch, daß er ihr die Chance ihres Lebens geboten habe. Er sei nicht gesonnen, ihre kindischen Einwände gelten zu lassen. Er wolle von diesem Unsinn nichts mehr hören.

Aber Elisabeth war noch nicht fertig. Sie stand auf. Sie atmete keuchend, nicht aus Angst vor ihrem Vater, sondern aus Wut über die Art, wie er meinte, mit ihr umspringen zu können. Sie schrie ihn an, daß es immerhin um *ihr* Leben gehe. Niemand könne ihr diktieren, wie sie es leben solle. Niemand!

»Ich will lieber ein Dienstmädchen sein als in dein Geschäft gehen!« warf sie abschließend hin.

Auch Herr Kübler erhob sich. Mit breiten Schultern pflanzte er sich vor ihr auf und kam Elisabeth an der anderen Seite des Tisches wie ein Riese vor. Seine Stimme war nun leise und drohend. Also gut, Elisabeth solle selbst entscheiden. Sie könne entweder in sein Geschäft eintreten, oder sie würde von zu Hause weggeschickt werden, und seinetwegen könne sie dann ein Dienstmädchen werden.

Vater und Tochter blickten sich einen gespannten Augenblick lang zornig in die Augen. Der eigensinnige Stolz, den sie beide besaßen, machte jede Hoffnung auf Einigung zunichte. Dann schob Herr Kübler seinen Stuhl zurück, drehte sich um und ging aus dem Zimmer. Jahre später gestand Herr Kübler, daß er schon gewußt hatte, als er das Eßzimmer verließ, welche Wahl sie treffen würde.

Es war in der deutschen Schweiz üblich, daß viele Mädchen nach ihrem Abgang von der Schule sich in dem französischen Teil des Landes eine Stellung als Hausmädchen suchten, um die zweite Nationalsprache zu erlernen.

So konnten die Küblers die Familienehre retten, indem sie Freunden und Verwandten mitteilten, daß eine ihrer Töchter Hausgehilfin werden wolle, um sich die französische Umgangssprache anzueignen.

Am Tag nach dem heftigen Zusammenstoß am Eßtisch fand Frau Kübler in der Zeitung die Anzeige einer Witwe aus Corsier-sur-Vevey am Genfer See, einem Ort im französisch sprechenden Teil der Schweiz. Herr Kübler suchte in Elisabeths Namen um die Stelle an. Eine Woche später traf ein Brief von Madame André Perret ein mit dem Angebot, Elisabeth für ein Jahr als Au-pair-Mädchen zu engagieren. Sie könne sofort mit der Arbeit beginnen.

So wurde vom Dachboden ein alter Lederkoffer heruntergeholt, und Elisabeth packte ihre Sachen. Ihr anhaltender Trotz half ihr, eine erste Ahnung von Heimweh zu überwinden. Sie hatte nicht die geringste Absicht nachzugeben, ebensowenig wie ihr Vater seine Entscheidung bezüglich ihrer Zukunft widerrufen hätte. Sie unterdrückte den schmerzlichen Gedanken, daß sie ihre Mutter, Erika und Eva und alle geliebten, vertrauten Orte verlassen mußte. Als der Tag der Abreise nahte, war sie entschlossen, ihre Gefühle nicht zu zeigen. Sie war überzeugt davon, daß ihr Vater es erfahren würde, wenn sie weinte, und diese Genugtuung wollte sie ihm nicht verschaffen.

Sie als einzige hatte trockene Augen, als sie von ihren Schwestern Abschied nahm. Sie stimmte hastig zu, als Erika und Eva sagten, sie brächten es nicht fertig, sie an die Bahn zu begleiten. Es sei besser so, erklärte sie ihnen. Sie würde mit ihnen in Verbindung bleiben und ihnen jede Woche schreiben.

Frau Kübler hatte Elisabeth ihren ersten erwachsenen Hut mit breiter Krempe und ein »sehr praktisches« braunes Wollkleid gekauft. Mit ihrer Körpergröße von einem Meter fünfzig (sie wuchs auch später nicht mehr) und ihrem Gewicht von fast genau hundert Pfund sah die Sechzehnjährige aus wie eine kleine alte Dame, als sie den Zug nach Lausanne bestieg.

Frau Kübler wischte sich die Augen und sprach über Banalitäten. Elisabeth nahm sich zusammen und lehnte ab, als die Mutter ihr ein Taschentuch reichen wollte. Als der Zug pfiff und davonrollte, trug sie ein gepreßtes Lächeln zur Schau. Sie stand jetzt auf eigenen Füßen.

5
Auf eigenen Füßen

Als Elisabeth die Schweizer Landschaft an ihrem Waggonfenster vorbeigleiten sah, schwankten ihre Gefühle zwischen Wehmut und Erregung. Der rhythmische Klang der Räder auf den Schienen erinnerte sie jeden Augenblick daran, daß sie sich immer weiter von der Sicherheit ihres Elternhauses, vom gewohnten Gang der Dinge und von den Menschen entfernte, die sie am meisten liebte.

Der Zug ratterte über eine Brücke, die sich über einen schäumenden Fluß spannte, und das plötzliche Stakkato der Geräusche unterbrach ihre Träumerei. Elisabeth hat diesen Moment im Gedächtnis behalten, weil er für sie symbolische Bedeutung hat. Sie überquerte mit ihm die Brücke zwischen ihrer Kindheit und dem Erwachsensein. Die Forderungen an sie würden jetzt härter werden, der Anstieg steiler.

Ihre Freude darüber, daß sie zum ersten Mal in ihrem Leben (mit Ausnahme ihres Krankenhausaufenthaltes) auf sich selbst gestellt war, konnte sie nicht ganz vor nagenden Zweifeln bewahren. Schon das Umsteigen in Lausanne, wo sie Anschluß nach Vevey hatte, machte sie etwas bange. War es auch der richtige Zug? Angenommen, sie würde das Stationsschild in Vevey übersehen? Würde Madame sie dort auch abholen? Wie sollte sie sie erkennen?

Die Fahrt ging jedoch reibungslos vonstatten, denn die Schweizer Züge verkehren pünktlich wie die Uhr. Der Stationsvorsteher von Vevey rief die Ankunft aus. Elisabeth schaffte ihren schweren Koffer auf den Bahnsteig und bemerkte, daß sie von einer übergewichtigen Dame einer kritischen Musterung unterzogen wurde. Drei kleine Kinder, lauter Mädchen, klammerten sich an ihr schwarzes Kleid. Elisabeth trat auf sie zu, lächelte scheu und streckte ihr die Hand entgegen. Aus dem stark geschminkten, sinnlichen Gesicht der Frau und dem schlaffen Druck ihrer beringten Hand kam ihr keine Wärme entgegen. Die Kinder blickten Elisabeth mit argwöhnischen Augen an.

Elisabeth grüßte auf schweizerdeutsch. Madame kniff ihre geschminkten Lippen zusammen und erwiderte bissig: »Nous parlons français tout le temps, maintenant.«

Diese Zurechtweisung und das Verbot, in ihrer Muttersprache zu sprechen, kamen für Elisabeth unerwartet. Sie war jetzt unter Fremden – offenbar unter unfreundlichen Fremden.

Das Korsett von Madame krachte, als sie heftig schwitzend in den Bahnhofsgarten und von dort zu einer alten Kiste von Auto watschelte. Elisabeth schätzte Madame Perret später auf Ende Dreißig. Sie trug noch immer ostentative Trauer für ihren verstorbenen Ehemann, der an der Universität von Lausanne ein berühmter Professor gewesen war und doppelt so alt war wie sie, als er sechs Monate zuvor das Zeitliche gesegnet hatte.

Sie fuhren eine kurze Strecke bergauf nach Corsier-sur-Vevey und hielten vor einem zweistöckigen Haus aus roten Ziegeln inmitten eines großen, ungepflegten Gartens. Als sie zu Hause ankamen, lief das älteste Mädchen, Louise, eine kecke Zwölfjährige, sofort zu ihren Freundinnen. Elisabeth sollte wenig von diesem aufsässigen Mädchen sehen, das für die »Haushälterin« nur Verachtung übrig hatte.

Das zweite Mädchen, die rundliche, siebenjährige Renée, würde offenbar einmal so füllig werden wie ihre Mama. Auch sie hatte von ihrer Mutter gelernt, Domestiken von oben herab zu behandeln, aber Elisabeth gelang es bald, das Vertrauen und die Freundschaft von Renée zu gewinnen. Sie war ein quengeliges Kind, aber von Elisabeth erhielt sie die Zuwendung, die sie brauchte.

Als sie die Küche betraten, musterte Madame Perret Elisabeth noch einmal von Kopf bis Fuß, so als würde sie einen fragwürdigen Einkauf prüfen. Gewiß zweifelte sie an der Leistungskraft des jungen Mädchens und ihrer Fähigkeit, mit dem unverschämt anspruchsvollen Katalog häuslicher Pflichten fertig zu werden.

Ihre Aufgaben als Haushälterin standen an der Küchentür angeschlagen, und die Anweisungen waren in Französisch. Elisabeth hatte um sechs Uhr früh aufzustehen, die Fußböden einzuwachsen und zu bohnern, das Silber zu putzen, die Hühner und Kaninchen im Hof zu füttern, die Blumen und das Gemüse zu gießen – alles vor dem Frühstück. Nach dem Frühstück hatte sie die Kleider der Kinder und die große Wäsche zu waschen, den jüngeren Kindern vorzulesen und danach das Mittagessen zu kochen. Sie hatte am Nachmittag den Tee aufzugießen und zu servieren, dann das Abendessen zu kochen und zu servieren, das ganze Geschirr zu spülen und die Kinder zu Bett zu bringen. Um Mitternacht hatte sie das Haus abzuschließen (außer dem hinteren Eingang) und zwei Tassen Tee auf einem Tablett an die Schlafzimmertür ihrer Herrin zu bringen. Gelegentlich hatte sie auch noch zusätzliche Pflichten zu erfüllen.

Elisabeth nahm diesen Pflichtenkatalog mit einem Nicken zur Kenntnis und drehte sich nach ihrer Arbeitgeberin um, die das Häubchen und die feine weiße Schürze eines Stubenmädchens für sie bereithielt. Madame wies sie an, diese Kleidungsstücke anzulegen, wenn sie bei Tisch servierte.

Der Lohn für Elisabeths Achtzehnstundentag betrug zwanzig Schweizer Franken im Monat. Das war kaum besser als Sklaverei. Pro Woche würde sie einen halben Tag frei haben; sie sollte nicht mit Fremden sprechen und keinen Unfug treiben. Madame sagte ihr, daß es einen hübschen Spazierweg zum See gebe. Wenn sie Gäste hätte, würde Elisabeth natürlich in der Küche essen. Sie dürfe sich auf keinen Fall selbst etwas kochen, da genug vom Familientisch für sie abfallen würde.

Dann keuchte Madame Perret vor Elisabeth zwei Treppen zu der winzigen Kammer hinauf, wo sie schlafen sollte. Das Mobiliar bestand aus einem eisernen Bett mit einer Roßhaarmatratze und einem kleinen, muffig riechenden Schrank. Auf einer Marmorplatte standen eine Waschschüssel und ein Wasserkrug. Durch ein vorhangloses Fenster sah man in den Hof hinab.

Pustend vor Anstrengung sagte Madame, daß Elisabeth gleich mit ihrer Arbeit beginnen könne und daß sie schon heute das Abendessen kochen und servieren solle.

Die neue Haushälterin packte darauf ihre Kleider und wenigen Habseligkeiten aus und unterdrückte einen hartnäckigen Wunsch zu fliehen. Es waren nicht die vielen Pflichten, die sie entmutigten. Sie freute sich sogar darauf, ihre körperliche Stärke zu erproben, denn außer wenn sie krank war oder auf einem Bauernhof gearbeitet hatte, war sie kaum je in ihrem Leben richtig erschöpft gewesen. Die Pflichten bedeuteten eine Herausforderung an sie. Nein, es waren die bewußte Verachtung ihr gegenüber und die verkniffenen Lippen ihrer Brotgeberin, die Elisabeth vor den Kopf stießen. In Meilen hatte sie negative Charakterzüge kennengelernt – irrationalen Zorn, Zynismus, Ungerechtigkeit, Haß –, aber diese Kaltschnäuzigkeit war ihr fremd. Heute weiß Elisabeth, daß Madame Perret ihren eigenen Selbsthaß auf sie projizierte.

Mit der Arbeit konnte Elisabeth ihre Einsamkeit wenigstens zum Teil bekämpfen. Am Ende ihres Werktages entdeckte sie ein neues Gefühl der Müdigkeit, die teils auf Unterernährung zurückzuführen war, denn die Reste vom Familientisch waren immer kärglich. Oft aß sie diese Krümel allein am Küchentisch. In den folgenden Wochen und Monaten gab sie den Großteil ihres Hungerlohns für frisches Brot und verlockende Mehlspeisen aus. Sie sparte lediglich etwas Kleingeld, damit sie Briefmarken für ihre Briefe nach Hause kaufen konnte. Ihre Briefe waren lang und von verbissener Fröhlichkeit. Ihr Stolz hinderte sie, von ihrer Ausbeutung und ihrer Einsamkeit zu sprechen.

In einem frühen Brief an Erika schrieb sie:

»Ich lerne viel Französisch, und die beiden jüngeren Kinder sind meine besten Lehrerinnen. Renée und Marie lachen mich natürlich aus, aber mein Wortschatz und mein Akzent werden mit jedem Tag besser. Wenn die Kinder zu Bett gehen, lese ich ihnen auf französisch vor, und sie können nie genug von den Geschichten bekommen.

Die Hühner und die Häschen kennen mich langsam. Sie fressen schon aus meiner Hand. Ihr würdet die Kinder wahrscheinlich ungezogene Fratzen nennen. Die kleine Marie vermißt ihren Vater schmerzlich, der sehr nett gewesen sein muß, weil jeder nur Gutes über ihn redet. Das Haus ist voll schöner Kunstgegenstände. Du machst Dir keinen Begriff von dem feinen Geschirr, das auf den Tisch kommt, wenn Madame Gäste hat – was ziemlich oft vorkommt.

Ich habe eine Freundin im Dorf gefunden, Dorothea. Sie ist ein Jahr älter als wir, und sie ist Au-pair-Mädchen in einem Haus näher am See.

Dorothea kommt aus Winterthur, und es ist schön, wieder schweizerdeutsch zu sprechen. Ich wünschte, ich könnte sie öfter sehen.«

Madame Perret hatte unentwegt etwas auszusetzen. Mit der Zeit haßte Elisabeth die Stimme, die über einen glanzlosen Fleck auf dem gewachsten Boden oder über eine zu weich gekochte Kartoffel oder über das Kristall zeterte, wenn es nicht wie Diamanten funkelte, oder über die Wäsche, wenn sie nicht perfekt gebügelt war.

Sie begann zu durchschauen, daß ihre Arbeitgeberin die Rolle einer Aristokratin spielte, um ihre einfache Herkunft zu kaschieren. Elisabeth war ein Teil dieses Rollenspiels. Sie hörte, wie Madame einem Besuch erzählte, daß sie mehrere Hausangestellte hätte – angeblich eine, die mit einem Knicks die Haustüre öffnete (Elisabeth hatte genaue Anweisungen über den Empfang von Gästen erhalten), eine Köchin, eine Serviererin und ein Kindermädchen, das sich um die Kinder kümmerte!

Nach zwei Monaten begann Elisabeth zu begreifen, warum Madames Herrenbesuche so spät abends kamen und durch die Hintertür das Haus betraten. Weil sie so naiv war, hatte sie anfangs nicht verstanden, warum sie angewiesen wurde, immer zwei Tassen Tee um Mitternacht an die Schlafzimmertür zu bringen. Die Erkenntnis, daß die lüsterne Witwe ein offenes Haus für ihre Liebhaber unterhielt, war für das junge Mädchen ein Schock. In Meilen hatte man das Wort »Sex« nur hinter vorgehaltener Hand geflüstert. Vom »Sex« kamen die Babys, das wußte sie. »Sex« hing vage mit Menstruation und intim mit Ehe zusammen. Ihre Mutter hatte ihr gesagt, daß man über Sex nicht nachzudenken brauchte, bevor man nicht ganz erwachsen war. Elisabeth gab sich Mühe, sich bei dem Klang der männlichen Stimmen und dem verführerischen Lachen hinter der Tür von Madames Boudoir nichts zu denken. Wenn ihr nicht befohlen wurde einzutreten, stellte sie das Teetablett auf einen Tisch im Korridor und klopfte leise an die Tür, um Madame ein Zeichen zu geben, daß ihre letzte Pflicht des Tages erfüllt war.

Wie dem auch sei, sie hatte sehr wenig Zeit, sich über irgend etwas außer den nächstliegenden Aufgaben und ihrem Wettlauf mit der Zeit ernsthafte Gedanken zu machen. Gerade dann, wenn sie meinte, daß sie zehn Minuten für sich verwenden könnte, um etwa einen Brief nach Hause zu schreiben, kam eines der Kinder mit einem kaputten Spielzeug an, das sie reparieren mußte, oder Madame

Perret rief von der Diele, daß sie ein Staubkorn auf einem Bücherschrank gefunden habe.

Der erträgliche Teil des Tages kam, wenn sie mit den Kindern ins Freie ging. Solange sie im Haus waren, benahmen sie sich ungezogen, aber ihr Verhalten änderte sich, wenn sie im Garten oder im Hof waren. Sie achteten Elisabeths Liebe zur Natur, und sie gewann die jüngeren Mädchen lieb, und diese mochten sie auch. Aber sie wußten, daß sie den Beifall ihrer Mutter errangen, wenn sie Elisabeth im Haus als Domestike behandelten.

Der einzige Mensch, dem sie sich wirklich anvertrauen konnte, war ihre Freundin Dorothea. Sie konnten nur selten zusammenkommen, aber dann war die Freude groß. Die Mädchen versuchten, ihre Einkaufszeiten und ihre Freizeit aufeinander abzustimmen. Dorothea war nicht viel glücklicher als Elisabeth und hatte genauso starkes Heimweh. Die Mädchen gaben einander das Versprechen, sich gegenseitig beizustehen und zu helfen, wenn sie in Not geraten sollten.

Mit wenigen Abwechslungen in der täglichen Routine ging der Sommer in den Herbst und der Herbst in den Winter über. Die winzige Kammer unter dem Dach wurde so eiskalt, daß Elisabeth nachts ihre Unterwäsche unter dem Nachthemd trug. Das Schlafen selbst war kein Problem, aber sie mußte ihre ganze Willenskraft aufbieten, um an einem frostigen Morgen nach einer Nachtruhe von nur sechs Stunden um sechs Uhr aufzustehen.

Anfang Dezember gab Madame Perret ihre größte Abendgesellschaft zu Ehren der Kollegen ihres verstorbenen Gatten. Die Witwe war besonders abscheulich und anspruchsvoll, als Elisabeth das komplizierte Essen zubereitete. Als sie ihr weißes Häubchen aufsetzte und ihre Schürze umband, fiel sie beinahe um vor Müdigkeit. Sie bemerkte, daß einer der Gäste, ein weißhaariger Herr mit einem freundlichen Gesicht, sie oft voll Teilnahme ansah.

Nachdem sie die Teller abgeräumt und abgespült hatte, setzte sie sich an den Küchentisch, um die Reste des Abendessens zu verzehren. Es waren nur dürftige Brocken – einige Bissen Fleisch in geronnener Sauce und lauwarmer Spargel. Plötzlich betrat der ältere Herr die Küche und stellte sich als Professor Fouché vor.

Zu ihrem Erstaunen rückte der Professor einen zweiten Stuhl an den Tisch. Er fragte sie auf schweizerdeutsch geradeheraus, warum sie hier bliebe.

Die gütige Art, wie er sie ansah, veranlaßte Elisabeth, ihm ihre

Geschichte zu erzählen. Sie sagte, daß sie buchstäblich von zu Hause fortgelaufen sei, weil sie die Aussicht, im Geschäft ihres Vaters arbeiten zu müssen, nicht ertragen konnte. Ihre Lippen zitterten, als sie von Meilen sprach.

Der Professor fragte sie, was sie wirklich in ihrem Leben anfangen wollte, und Elisabeth erwiderte schüchtern, daß es ihr Traum sei, Ärztin zu werden. Sie wisse natürlich, daß diese Hoffnung sich nicht verwirklichen lasse, wenigstens nicht in der nächsten Zukunft, weil sie zuerst die schwierige Maturitätsprüfung ablegen müßte, denn sie hatte keine höhere Schule besucht.

Der alte Herr nickte nachdenklich. Was würde sie also in der unmittelbaren Zukunft gerne unternehmen? Darüber hatte sie sich bereits Gedanken gemacht, und so antwortete sie ohne Zögern, daß sie gerne eine Lehrstelle in einem Laboratorium suchen würde. Die Arbeit in einem Labor war immerhin mit der Medizin verwandt. Es wäre so etwas wie ein erster Schritt. Als qualifizierte Laborantin könnte sie dann für die Matura lernen und danach ihr Medizinstudium finanzieren.

Der Professor stand auf und ging schweigend in der Küche auf und ab. Dann trat er an ihren Stuhl und klopfte ihr ermunternd auf die Schulter. Er redete ihr zu, an ihrem Plan festzuhalten. Er nahm eine Visitenkarte aus seiner Brieftasche und forderte sie auf, an ihrem nächsten freien Tag bei ihm in Lausanne vorzusprechen. Er habe auf dem Gebiet der Biochemie einige Verbindungen. Er versprach ihr, eine Arbeitsstelle in einem Labor für sie zu finden.

Elisabeth war noch euphorisch gestimmt, als Madame Perret fünf Tage später in die Küche watschelte und verkündete, daß sie zu einem Begräbnis müsse. Sie erwähnte nebenbei, daß es das Begräbnis von Professor Fouché sei, der am Samstag davor ihr Gast gewesen sei. Er sei am Montagmorgen an einem Herzschlag gestorben.

Um Elisabeth drehte sich alles. Nicht Professor Fouché – der freundliche Herr, der mit ihr gesprochen hatte! Aber Madame bestätigte es. In ihrer Kammer weinte Elisabeth um Professor Fouché, und am Samstag, als sie immer noch nicht recht glauben konnte, daß der gütige alte Herr gestorben sei, setzte sie sich in den Zug nach Lausanne und machte sein Haus ausfindig. Die Vorhänge waren zugezogen. Seine Witwe öffnete die Türe. Elisabeth erklärte stockend, weshalb sie gekommen sei. Die Witwe nickte. Am Morgen, als er starb, hatte ihr Mann mit einem Freund telefoniert. Sie habe gehört, daß von einer Laborstelle für ein junges Mädchen die

Rede gewesen war. Aber die Witwe erinnerte sich an nichts weiter. Ihr Mann hatte so viele Freunde gehabt, er hätte mit jedem von ihnen sprechen können. Es täte ihr leid, daß sie Elisabeth nicht behilflich sein könne.

Wie betäubt von ihrem Unglück kehrte Elisabeth nach Corsier-sur-Vevey und zu ihrer sadistischen Arbeitgeberin zurück.

Eine Woche vor Weihnachten kamen einige Verwandte von Madame Perret zu Besuch. Sie verdoppelten noch Elisabeths Arbeitslast. Nur eine von ihnen, die älteste Schwester ihrer Herrin, Madame de Villiers, half ihr beim Bettenmachen und bei der Zubereitung der Mahlzeiten. Madame de Villiers nahm echtes Interesse an der jugendlichen Haushälterin und brachte ihre Sorge wegen Elisabeths körperlicher Verfassung zum Ausdruck. Elisabeth hörte, wie Madame de Villiers ihrer Arbeitgeberin Vorwürfe machte, daß sie das Au-pair-Mädchen »halb verhungern lasse«, und sorgte dafür, daß Elisabeth anständige Mahlzeiten bekam.

Zwei Tage vor Weihnachten traf Elisabeth Madame de Villiers mit gepackten Koffern in der Diele. Ihre Augen sprühten. Obwohl sie nichts sagte, hatte zwischen den Schwestern offenbar ein Streit stattgefunden, und Madame de Villiers reiste ab. Sie gab Elisabeth ein Trinkgeld und schrieb ihre Genfer Adresse auf. Wenn Elisabeth je nach Genf käme, müsse sie Madame de Villiers unbedingt besuchen.

Am Weihnachtsabend wurde eine große Tanne ins Haus gebracht. Elisabeth half den Kindern im Wohnzimmer, den Baum zu schmücken. Aber als Madame Perret hereinkam, schickte sie Elisabeth unverzüglich in die Küche zurück. Dies sei ein Familienfest, und Elisabeth habe noch eine Menge Arbeit in der Küche zu verrichten.

Es war dieser Ausschluß vom weihnachtlichen Fest, der Elisabeth niederschmetterte und die größte Traurigkeit in ihr auslöste, die sie je gekannt hatte. Sie lief die Treppe in ihre kalte Dachkammer hinauf und schluchzte in ihr Kopfkissen. Sie rief sich die Weihnachtsabende ihrer frühen Kinderzeit ins Gedächtnis zurück, die kurzen Spaziergänge mit ihrem Vater und den Schwestern im Schnee, die Rückkehr nach Hause und den im Glanz der Kerzen strahlenden Weihnachtsbaum. Ihre Mutter begrüßte sie immer mit einem Ausdruck gespielten Bedauerns und erklärte, daß die Kinder eben das Christkind verpaßt hätten, das die Kerzen auf dem Baum angezündet hatte.

Während sie so, zitternd vor Schluchzen, auf ihrem Bett lag, verwandelte sich ihr Kummer in Wut. Warum war sie in diesem gräßlichen Haus, wo sie doch zu Hause in Meilen sein konnte? Sie schlug mit ihren Fäusten auf das Kissen. Sie haßte Madame Perret mehr, als sie irgendeinen Menschen auf der ganzen Welt haßte. Um nichts in der Welt würde sie noch eine Nacht in diesem Haus verbringen. Der plötzliche Gedanke zu fliehen bewahrte sie vor einem erneuten Wutanfall. Am Morgen würde sie verschwunden sein. Sie würde fortgehen, wenn alles im Hause schlief. Mit zitternden Händen zählte sie die wenigen Franken in ihrer Börse.

Die Stunde war unglücklich gewählt, denn es war eine bitterkalte Nacht, und die Landschaft war tief verschneit. Doch Elisabeth wankte nicht in ihrem Entschluß.

Um Mitternacht brachte sie die zwei Teetassen an die Türe von Madames Boudoir, kehrte in ihr Zimmer zurück und packte ihren Koffer. Das war nicht so einfach, denn ihre Mutter hatte ihr Extrakleider für den Winter geschickt, die sie nicht alle in ihrem einzigen Koffer unterbringen konnte. Sie würde sich von ihrer Freundin Dorothea noch eine Tasche ausleihen müssen.

Sie nahm den Schlitten eines der Kinder und bahnte sich einen Weg durch den Schnee zu dem Arbeitsplatz ihrer Freundin. Das Haus lag bereits im Dunkel, als Elisabeth sich durch Schneebälle, die sie an Dorotheas Fenster warf, bemerkbar machte. Flüsternd erzählte sie ihrer Freundin, was sie vorhatte, und Dorothea ließ an einem Strick einen Strohkoffer hinunter.

Als Elisabeth in ihr Zimmer zurückkehrte, stiegen Zweifel in ihr auf. Es war nun ein Uhr früh am Weihnachtstag. Ihr Geld reichte nicht aus, um eine Bahnfahrkarte nach Hause zu kaufen. Sie dachte an die Kinder, und es machte sie traurig, daß sie fortging, ohne sich von ihnen zu verabschieden. Marie würde sie vermissen, vielleicht auch Renée. Sie dachte an ihren Vater – sicher hätte er sie verstanden.

Doch ihr Entschluß wurde unerschütterlich fest, als sie wieder das verdrießliche, verächtliche Gesicht von Madame Perret vor sich sah. Sie wollte dieses lüsterne Gesicht nie wieder sehen, nie wieder diese schnarrende, nörgelnde Stimme hören.

Sie schrieb einen kurzen Abschiedsbrief an die Kinder und fügte hinzu, daß sie gezwungen sei, sich ihren Schlitten auszuleihen. Sie würde ihn an der Bahnstation stehenlassen. Dann befestigte sie den Brief mit einer Nadel an ihrem Kopfkissen.

Als sie die Station erreichte, war es sechs Uhr früh. Sie band den Schlitten an eine Säule. Ihre Hände waren vor Kälte geschwollen, als sie ihren Koffer zum Fahrkartenschalter trug. Sie hatte noch einen Franken übrig, nachdem sie den Preis für ihre Fahrkarte nach Genf bezahlt hatte. Der verschlafene Beamte sagte ihr, daß der Zug nach Genf in zehn Minuten ankomme. Erst dann fiel ihr ein. daß sie ja die Adresse von Madame de Villiers hatte.

Die Kälte, ihre Müdigkeit und ihr Hunger verursachten in ihrem Kopf ein Gefühl der Schwerelosigkeit. Sie hatte ein seltsames Empfinden, daß sie geführt wurde – daß jemand neben ihr saß, als ob sie selbst die Dinge nicht in der Hand hätte.

Anscheinend war sie der einzige Fahrgast. Es war ja Weihnachtstag! Es fiel ihr schwer, dies zu glauben. Sie schlief ein Weilchen, aber es war noch dunkel, als der Zug in Genf einfuhr. Mit ihrem letzten Geld rief sie Madame de Villiers an. Es dämmerte, als Madame de Villiers sie in einem Taxi abholte und in ihre Wohnung brachte.

Ohne daß Elisabeth viel erklären mußte, schien Madame de Villiers ihre Situation zu verstehen. Viele Stunden später, als Elisabeth gebadet, gegessen und sich ausgeschlafen hatte, fragte sie nach den Mißhandlungen, die sie von Madame Perret zu erleiden hatte. Elisabeth hat eine sehr undeutliche Erinnerung an den Rest dieses Weihnachtstages, aber am Abend rief sie zu Hause an und sprach mit Erika. Sie erfuhr zu ihrem Erstaunen, daß ihre Eltern und Eva in den Bergen auf Skiurlaub waren. Erika, die allein Zurückgebliebene, war außer sich vor Freude, daß ihr Zwilling bald nach Hause kommen würde.

Zwei Tage später lieh Madame de Villiers Elisabeth genug Geld, damit sie eine Fahrkarte nach Meilen kaufen konnte. Die Schwestern umarmten sich, lachten und weinten miteinander. Das Gepäck wurde in den Leiterwagen getan, und zusammen zogen sie es zum großen Haus den Berg hinauf.

Als das Ehepaar Kübler und Eva am 2. Januar zurückkehrten, waren sie platt vor Staunen, als sie Elisabeth vorfanden, die ihre Geschichten von Corsier-sur-Vevey noch einmal erzählen mußte. Ihre Mutter war entsetzt. Ihr Vater dachte sich, daß eine solche Erfahrung nur dann schlecht sei, wenn man nichts daraus lernte. Am Tag darauf fuhr Erika nach Zürich, wo das neue Semester ihres Gymnasiums begann, und Eva ging in ihre Haushaltsschule.

Am Abend, nachdem ihre Schwestern ihre Studien wieder aufgenommen hatten, kam Herr Kübler noch einmal auf Elisabeths Zukunft zu sprechen. Er drückte die Hoffnung aus, daß die letzten neun Monate ihr für den Rest des Lebens eine gute Lehre sein würden. Er verglich ihre Erfahrung mit der eines Bergsteigers, der in einen Schneesturm gerät und zusehen muß, wie er damit fertig wird. Aber jetzt war Elisabeth sozusagen wieder in der schützenden Wärme der Hütte. Es war Zeit, wieder ihre Stiefel zu schnüren und sich der nächsten Aufgabe zu stellen.

Herr Kübler füllte sein Weinglas noch einmal und setzte es bedächtig an die Lippen. Elisabeth ahnte, in welche Richtung seine Gedanken gingen. Sie würde sich jetzt nicht mehr überrumpeln lassen. Herr Kübler sagte, daß er nach wie vor bereit sei, Elisabeth in sein Geschäft aufzunehmen. Sie könne sofort mit der Arbeit beginnen und am nächsten Tag mit ihm nach Zürich fahren.

Sie schüttelte den Kopf, sprach jedoch mit beherrschter Stimme. Sie sagte, daß sie ihm für das Angebot danke. Sie verstehe jetzt, daß ihr Vater nur das Beste für sie wolle, wie er es sah. Aber es würde ihr ebenso schwerfallen, in sein Geschäft einzutreten, wie nach Corsier-sur-Vevey zurückzukehren.

Herr Kübler zuckte mit den Schultern. Elisabeth war also immer noch widerspenstig und töricht. Bitte, das war ihr gutes Recht. Sie konnte jedoch nicht zu Hause bleiben und nichts tun. Er wolle ihr genau zwei Wochen Zeit geben, um sich eine neue Stelle zu suchen. Er murmelte etwas von seiner Briefmarkensammlung, stand vom Tisch auf und ging in sein Arbeitszimmer. Auf diese Weise zog er sich immer zurück, wenn er eine Auseinandersetzung vermeiden wollte.

Während der nächsten Tage durchforsteten Elisabeth und ihre Mutter alle Stellenangebote in sämtlichen Zürcher Zeitungen. Frau Kübler fiel ein, daß eben ein neues Laboratorium für biochemische Forschung in dem einige Kilometer entfernten Ort Feldmeilen eröffnet worden war. Vielleicht gab es dort noch eine freie Stelle. Der Besitzer und Leiter des kleinen Labors, Dr. Hans Brun, ein junger Mann, hatte mit dieser vor Eifer atemlosen Bewerberin um eine Lehrstelle nicht gerechnet, und Elisabeth hatte zunächst gar keine Ahnung, worin die Arbeit bestand. Aber als sie am Abend nach Hause zurückkehrte, war sie aufgenommen worden. (Eine Lehre unterliegt in der Schweiz bestimmten gesetzlichen Regelungen, und sie und ihr Lehrherr mußten gewisse Dokumente unterschreiben.)

Das Labor war in zwei Abteilungen gegliedert. In der einen wurden kosmetische Salben und Körperlotionen hergestellt. Die andere, die aus großen Treibhäusern bestand, diente der Krebsforschung. Die in den Treibhäusern gezüchteten Pflanzen wurden einer

Vielzahl von bekannten und mutmaßlichen Karzinogenen ausgesetzt. Es war Dr. Bruns Theorie, daß man Karzinogene botanisch identifizieren könne mittels eines Verfahrens, das viel weniger kostspielig und viel schneller sei als die Versuche an Tieren.

Elisabeth war genauso begeistert wie Dr. Brun, als er ihr seine Methode demonstrierte, wie er bestimmten Pflanzen Nährlösungen mit mutmaßlichen Karzinogenen zuführte. Die Agenzien mußten in genauen Intervallen und mit großer Sorgfalt zugeführt, und das Wachstum der Pflanzen mußte gewissenhaft registriert werden. In den Treibhäusern herrschte eine Temperatur von 50 Grad Celsius.

Elisabeth hätte nicht glücklicher sein können, wie sie schon nach wenigen Tagen erkannte. Da nur wenig Personal vorhanden war, arbeitete Elisabeth auch bei der Herstellung von Salben und Lotionen mit, aber in ihrer präzisen Arbeit in den Treibhäusern und in der Möglichkeit, in der Krebsforschung einen Durchbruch zu erzielen, sah sie den eigentlichen Sinn ihrer Tätigkeit.

Es gab jedoch ein ernstes Problem. Dr. Brun war manisch-depressiv, und seine Stimmungen unterlagen immer größeren Schwankungen. An einem Tag konnte er extrovertiert und von glühendem Eifer für seine Pionierarbeit beseelt sein, und am nächsten Tag – vielleicht eine ganze Woche lang – war er wie gelähmt, nachlässig und tief deprimiert. Manchmal erschien er überhaupt nicht zur Arbeit. Telefonanrufe bei ihm zu Hause wurden nicht beantwortet. Wenn er nicht zur Stelle war, übernahmen Elisabeth und zwei jüngere Mitarbeiter die gesamte Verantwortung.

Einmal bestellte Dr. Brun in einer hypermanischen Stimmung zum Großteil unnötige Geräte im Wert von Tausenden von Franken. Die riesige Bestellung strapazierte die finanziellen Mittel der kleinen Gesellschaft aufs äußerste, und nach sechs Monaten verschwenderischer Wirtschaft drohte der Bankrott.

Diese Nachricht beunruhigte Elisabeth, nicht nur deshalb, weil ein fortschrittliches und potentiell rentables Unternehmen sich auflösen sollte, sondern weil sie nach dem Schweizer Gesetz verpflichtet war, mindestens drei Jahre in einem Laboratorium zu arbeiten, wenn sie das Diplom einer Laborantin erwerben wollte. Wenn sie keine Sondergenehmigung bekam, würde sie ihre dreijährige Lehrzeit noch einmal von vorne beginnen müssen.

Es hatte sich alles so vielversprechend angelassen. Sie wohnte zu Hause und fuhr an zwei Nachmittagen pro Woche nach Zürich, um Kurse in Chemie, Physik, Mathematik und verwandten Fächern zu besuchen. Außer ihr gab es nur noch ein Mädchen in der Klasse, und sie selbst gehörte immer zu den Besten.

Ihre Stellung ließ ihr auch Zeit für Geselligkeit. Die anderen Schüler, alles Lehrlinge, waren fröhliche Kameraden, und so ging sie manchmal mit ihnen ins Kino oder zum Tanzen. Am Wochenende bot sich die Gelegenheit zum Skifahren oder zum Wandern in den Bergen.

Doch als sie eines Morgens im Herbst zur Arbeit im Laboratorium kam, fand sie den Eingang von Polizisten versperrt. Die Firma, so sagte man ihr, sei wegen unbezahlter Schulden geschlossen worden.

Die Arbeitsbehörde legte ihr dringend nahe, sich sofort um eine neue Lehrstelle in einem Labor umzusehen, wenn ihr die vergangenen neun Monate angerechnet werden sollten.

Für Herrn Kübler lag es auf der Hand, daß seine Tochter den falschen Beruf gewählt hatte. Nun würde sie sich wohl fügen müssen und die Stelle in seinem Büro antreten.

Elisabeth reagierte darauf, indem sie jedes irgendwo verzeichnete Laboratorium in Zürich anschrieb. Weil ihr Vater ihr eine kurze Frist der Beschäftigungslosigkeit gesetzt hatte und weil sie in der Mitte des Schuljahrs stand, erhielt sie nur eine einzige positive Antwort. Diese kam von der Abteilung für Dermatologie des Kantonspitals, wo nur eine einzige Lehrstelle frei war.

Sie erschien zu ihrem Vorstellungstermin eine Stunde zu früh. Sie wanderte die Spitalskorridore entlang und atmete den Geruch von Äther und Karbolsäure ein, als wären sie exotische Düfte aus dem Morgenland. Wie wunderbar kam ihr das Gelaufe und Getriebe der Ärzte und Krankenschwestern vor! Sie faßte den Entschluß, daß nichts sie daran hindern sollte, diese Umgebung zu ihrer eigenen Welt zu machen. Sie würde, und wenn sie auf dem Zahnfleisch gehen müßte, sich den Weg in diese glanzvolle Welt bahnen.

Der siebzehnjährige Neuling stand in den äußeren Bezirken des Tempels der Heilkunst. Aber die Zeit würde kommen – davon war sie jetzt überzeugt –, da die inneren Räume sich ihr öffnen würden. Sie nahm sich vor, daß sie eines Tages diese Korridore entlanggehen würde als qualifizierte Ärztin mit voller Befugnis, die Praxis und die Rituale des Hippokrates zu vollziehen.

Das Laboratorium der Station für Dermatologie befand sich im fensterlosen Untergeschoß des Spitals. Das Arbeitszimmer von Dr. Zehnder, dem Leiter, war nicht viel geräumiger als ein Badezimmer mittlerer Größe. Von seinem Schreibtisch, auf dem sich Akten und

Fachbücher stapelten, hob er forschend den Blick. Er war ein Mann von eher unauffälligem Äußeren mit buschigen, blonden Haaren und Ringen der Müdigkeit unter seinen blauen Augen – den Augen eines Menschen, der gewohnt ist, viel Kleingedrucktes zu lesen. Mit einem Ausdruck der Güte und des Interesses betrachtete Dr. Zehnder das Mädchen an der Tür. Er bedeutete ihr, Platz zu nehmen, und warf dann einen Blick auf ihre Zeugnisse.

Dr. Zehnder war nicht nur ein Naturforscher (er sollte sich später auf dem Gebiet der Verunreinigung und Klärung von Wasser einen Namen machen), sondern auch ein Kenner der menschlichen Natur. Mehrere Jahre später sagte er Elisabeth, daß er sich schon in der ersten Minute ihrer Begegnung entschlossen hatte, ihr die begehrte Lehrstelle zu geben.

6

Traum und Wirklichkeit

Als junge Lehrtochter in einem zugigen altmodischen Labor im Untergeschoß eines großen städtischen Hospitals war Elisabeth noch weit von ihrem Luftschloß entfernt. Noch hatte sie Zeit zu träumen, und ihre Phantasie malte sich Helden aus wie Albert Schweitzer, Madame Curie und alle Wissenschaftler, Philosophen und Forscher, die beigetragen haben, das Leiden der Menschheit zu lindern, oder die Neuland in der Selbsterkenntnis des Menschen betreten haben.

Die Wirklichkeit war jedoch ganz und gar nicht glanzvoll. Während ihrer ersten Monate im Spital beschäftigte Elisabeth sich hauptsächlich damit, Präparate von Syphilisspirochäten zur mikroskopischen Untersuchung vorzubereiten.

Dr. Zehnder beaufsichtigte die Laborarbeiten und die Ausbildung der Lehrlinge. Sein Posten ließ ihm außerdem genug Zeit übrig, seine wissenschaftlichen Fachzeitschriften zu studieren. Gelegentlich tauchte er aus seinem unaufgeräumten Arbeitszimmer auf und warf einen Blick auf die Labortische oder gab mit sanfter Stimme Ratschläge, wie eine chemische Lösung herzustellen oder ein anderes Verfahren im Labor anzuwenden sei.

Die qualifizierten Laboranten hielten sich eher abseits, aber Elisabeth befreundete sich sofort mit einem achtzehnjährigen Jungen mit dem unschweizerischen Namen Baldwin. Fröhlich, ausgelassen, von schmächtigem Wuchs sorgte Baldwin mit seinen Streichen für den nötigen Humor. Seine Pflichten reichten von Botengängen bis zum Saubermachen der Labortische am Ende des Tages. Er amüsierte Elisabeth, aber sie wahrte die Grenzen in ihrer Beziehung, wie sie es bei allen jungen Männern in ihrem Kursus tat, die ihr näherkommen wollten.

Ein Flirt kam für sie überhaupt nicht in Frage. Elisabeth hatte ein fernes Ziel vor Augen und konnte sich Ablenkungen einfach nicht leisten. Zunächst wollte sie die Laborantenprüfung machen, und das dauerte noch zwei Jahre. Dann mußte sie für die Matura lernen, wenn sie wirklich Medizin studieren wollte. Und was dann? – Sie würde die Dinge ruhig auf sich zukommen lassen und zu gegebener Zeit ihre Entscheidungen treffen.

Jetzt zählte das Nächstliegende. Sie wollte die beste Laborantin werden, die das Spital je angestellt hatte. Der Direktor sollte an ihren Untersuchungen immer seine helle Freude haben, und sie nahm sich vor, daß ihre Arbeit immer eine Herausforderung für ihren forschenden Geist sein sollte. Außerdem wollte sie immer an der Spitze ihres Kursus an der Technischen Hochschule sein. So gravierend waren die Beschlüsse, die sie faßte.

Natürlich hatte sie auch Zeit für geselligen Umgang und für die Natur. Manchmal ging sie zum Tanzen, aber immer mit einer Gruppe aus ihrem Kurs. Einer ihrer Partner, mit dem sie häufiger tanzte, war Roberto Niederer, der mit ihr in Meilen aufgewachsen war. Er hatte schon eine richtige Freundin, so daß die Beziehung zwischen ihm und Elisabeth angenehm platonisch blieb. Roberto kam als Neuer in ihren Hochschulkurs und zeigte bereits eine Geschicklichkeit als Glasbläser, die ihn später auch im Ausland berühmt machte. Es gab auch Ausflüge mit der ganzen Klasse und gelegentlich einen Theaterbesuch.

Jeden Abend fuhr Elisabeth mit der Uferbahn wieder nach Meilen zurück, und die Familie tauschte am Eßtisch ihre Erfahrungen aus.

Eva wuchs zu einer jungen Dame von ungewöhnlicher Schönheit heran. Sie hatte eine lange Liste von Verehrern, mit denen sie ständig verabredet war. Das gesellige Leben von Erika war noch durch ihr hinkendes Bein beeinträchtigt, und sie fühlte sich am glücklichsten, wenn sie ein Buch lesen konnte. Frau Kübler, deren Kinder nun erwachsen waren, fand ihre Erfüllung zunehmend im Haushalt.

Herrn Kübler lockten immer noch die Berge, und dabei war es Elisabeth, die ihm Gesellschaft leistete. Trotz der häuslichen Zusammenstöße fiel nie ein hartes oder böses Wort zwischen Elisabeth und ihrem Vater, wenn sie ihm Hochgebirge wanderten. Beim Gehen konnte man gut schweigen. Jeder war sich der Liebe des anderen zur Natur, zum Klettern und Skilaufen bewußt. Elisabeth erinnert sich, daß sie mit ihrem Vater acht oder zehn Stunden in einem Stück wanderte, ohne daß sie mehr als ein Dutzend Worte miteinander wechselten. Ein Lächeln am Ende eines Tages im Gebirge brachte ihre gegenseitige Achtung und Zufriedenheit zum Ausdruck.

Der Krieg spielte sich weiterhin in ihrer Nähe ab, aber er kam nicht über die Schweizer Grenze. Dennoch wurden Nahrungsmittel, Kleidung und Benzin immer knapper. Der Schweiz blieben zwar Kanonendonner, Bombenlärm und marschierende Stiefel erspart, aber das Land hielt sich in Kriegsbereitschaft. Der Patriotismus in diesem Land mit drei Nationalitäten und vier Landessprachen war so glühend wie nie zuvor.

»Verschwendung« war ein verpöntes Wort, und keine Familie war mehr darauf bedacht, keine wertvollen Lebensmittel zu verschwenden, als die Küblers. Elisabeth übernahm die Verantwortung für den Gemüsegarten. Die Blumenbeete wurden einem Kartoffelacker oder dem Anbau von Kohl, Bohnen, Erbsen, Rosenkohl, Karotten, Radieschen, Tomaten und Gurken geopfert – kurz, allen Gemüsesorten, die man zwischen März und November züchten konnte. Alles Gemüse und Obst, das nicht sogleich verzehrt wurde, wurde eingemacht und im Keller gelagert. Bohnen und Erbsen wurden getrocknet, indem man die Schoten auffädelte und in die Sonne hängte. Kohl, Blumenkohl, rote Rüben und Karotten wurden in tiefen Gruben im Garten aufbewahrt. Die Kübler-Familie konnte sich mit Obst und Gemüse reichlich versorgen und gab noch an Nachbarn, Freunde und Bedürftige von ihren Vorräten ab.

Elisabeths Arbeitstage folgten nicht immer dem gleichen Rhythmus. Wenn zum Beispiel einer der älteren Laboranten in Urlaub ging, übertrug Dr. Zehnder dem eifrigen jungen Mädchen zusätzliche Aufgaben. So wurde sie in die Hämatologie und Histologie, die Wissenschaft vom Blut und von Geweben, eingeführt, was ihr in späteren Jahren zustatten kam.

Der erste Kontakt mit Patienten ergab sich, als sie Blutproben abnehmen mußte. Zuerst war sie gehemmt und schüchtern, weil die meisten Patienten an Geschlechtskrankheiten litten. Ihr behütetes Leben in Meilen hatte sie nicht auf den Umgang mit Prostituierten vorbereitet. Sie entdeckte, daß diese keineswegs die Sünderinnen waren, wie Romane und die Vorurteile der Öffentlichkeit sie darstellten, sondern meistens vom Leben enttäuschte Frauen, die ihr erzählten, wie sie im Stich gelassen, grausam behandelt worden und in Armut geraten waren.

Diese frühen Kontakte mit Patienten, die nicht körperliche Not litten, weckten Gefühle in ihr, die sie damals noch nicht recht artikulieren konnte. Aber irgend etwas mußte völlig verkehrt sein, wenn die unpersönliche medizinische Technik in keinem Zusammenhang stand mit der Not des Herzens und einem Verständnis psychischer Probleme. Was diese Prostituierten – und auch deren Kunden – brauchten, war altmodische Menschlichkeit. Dringender als alles andere benötigten die Patienten einen Menschen, der an ihrem Bett saß, der Zeit hatte, sie anzuhören, der nicht den Stab über sie brach, der sich in ihre Scham und Einsamkeit, in ihren Schmerz und ihre Angst einfühlen konnte.

Elisabeth war noch zu jung und unerfahren, um Prostituierte psychologisch zu beraten, aber sie konnte sich kranken Kindern zuwenden, und so begann sie, die Kinderstation zu besuchen. In ihrem weißen Labormantel und ihren weißen Schuhen ging sie die zwei Treppen vom Untergeschoß nach oben und setzte sich ohne autoritäres Gebaren einfach ans Bett eines kranken Kindes. Gewöhnlich wählte sie ein Kind mit den meisten Verbänden oder eines, das weinte.

Sie machte diese Besuche in ihrer Mittagspause. Ein belegtes Brot und ein Glas Milch waren schnell verzehrt, und es blieben noch fünfundvierzig Minuten, in denen sie mit einem kranken Kind sprechen, ihm eine Geschichte vorlesen oder einfach seine Hand halten konnte.

Aber mit einem Schlag war alles anders, und es gab nur noch Zeit für die Bedürfnisse von Menschen in größter Not. Am 6. Juni 1944, dem »D-Tag«, wurde im Radio verlautbart, daß die alliierten Truppen wie geplant in der Normandie gelandet seien. Wenige Tage nach der Invasion Frankreichs seitens der Alliierten ergoß sich ein Strom von Flüchtlingen aus dem Kampfgebiet über die Schweizer Grenze.

Als Elisabeth eines Morgens auf dem Zürcher Bahnhof ankam, sah sie, wie eine Schlange von zwei- bis dreihundert Flüchtlingen sich den Hügel zum Spital hinaufschleppte. Außer einigen alten Männern bestand die Hälfte von ihnen aus Frauen und die Hälfte aus Kindern. Manche waren in Lumpen, andere dagegen in Pelzmäntel gehüllt, aber was für eine Kleidung sie auch trugen, in ihren Gesichtern stand dasselbe geschrieben. Da waren die Schatten und tiefen Furchen von Erschöpfung, Hunger und Leid.

Elisabeth eilte der zerlumpten Kolonne voraus und erfuhr, daß die Flüchtlinge in ihre Abteilung ins Untergeschoß gewiesen werden sollten. Sie kamen nämlich zum Entlausen. Atemlos bat sie Baldwin, Dr. Zehnder auszurichten, daß sie heute nicht an ihrem Arbeitsplatz im Labor erscheinen könne, weil sie für die Notaufnahme gebraucht werde.

Die Entlausungsstelle auf der Station für Dermatologie wurde von einer älteren Frau betreut, die sich in einem Zustand der Panik befand. Sie akzeptierte Elisabeths Angebot, ihr zu helfen, auf der Stelle.

Innerhalb weniger Minuten nahm Elisabeth den Flüchtlingen die Kleider ab und führte sie in die Waschräume. Ihre Körper waren von Krätze bedeckt, einer äußerst ansteckenden Hautkrankheit, die von Milben hervorgerufen wird. Elisabeth bot sich eine willkommene Gelegenheit für praktisches Training. Die Erwachsenen konnten sich selbst waschen, und so nahm sie sich der Kinder und Kleinkinder an. Sie wusch sanft ihre Haut, rieb ihre Körper mit einem Mittel gegen die Krätze ein und entfernte den Grind. Sie sammelte die verlausten Kleider ein, die mit Dampf desinfiziert wurden. Dann trug sie Salben auf offene Wunden auf.

Als der letzte Flüchtling gereinigt war, war es elf Uhr nachts, und Elisabeth erreichte eben noch den letzten Zug nach Meilen. Ihr Labormantel war beschmiert, und ihre weißen Schuhe hatten sich im Schmutz und im Wasser aufgelöst. Als sie den Hügel zum großen Haus hinaufstieg, sagte sie sich, daß dies der glücklichste Tag ihres Lebens gewesen war.

Doch ihre Eltern waren anderer Meinung. Sie hatten sich große Sorgen um sie gemacht und auf ihre Heimkehr gewartet. Wie konnte sie nur so rücksichtslos sein und um halb ein Uhr nachts heimkommen, ohne ihnen Nachricht zu geben? Ihre Kleider seien in einem Zustand, daß man meinen könne, sie sei vergewaltigt worden. So etwas dürfe nie wieder vorkommen. Als sie in ihr weiches Bett sank, fiel Elisabeth ein, daß sie seit dem Frühstück nichts gegessen hatte.

Am nächsten Tag fand sie wieder eine Schlange von Flüchtlingen vor der Entlausungsstelle. Einige waren zu Fuß von Paris und noch weiter hergekommen. Noch einmal arbeitete Elisabeth dreizehn Stunden lang in den Waschräumen des Untergeschosses.

Die erste Flüchtlingswelle hielt mehrere Wochen an. Die ältere Frau, die die Aktion leitete, brach unter der Anstrengung zusammen und übergab die Verantwortung für die Station gerne dem anscheinend nicht zu ermüdenden und sehr glücklichen jungen Mädchen. Herr und Frau Kübler mußten einsehen, daß ihre Einwände fruchtlos waren. Frau Kübler machte sich weiterhin Sorgen über die Auswirkung der langen Arbeitsstunden im Krankenhaus auf die Gesundheit ihrer Tochter, aber Herr Kübler konnte dem »Pestalozzi der Familie« seine Anerkennung nicht versagen.

Elisabeth entdeckte an sich eine neue Fähigkeit – ihr Organisationstalent. Sie organisierte die Entlausungsaktion so gut, daß sie wie am Fließband ablief. Wenn die Flüchtlinge gebadet, abgetrocknet und gesalbt waren, konnten sie auch schon wieder ihre dampfgereinigten Kleider in Empfang nehmen.

Doch die »beste Entlauserin der Welt«, wie sie sich selbst lachend Erika gegenüber bezeichnete, kümmerte sich nicht nur um den reibungslosen Ablauf. Sie erkannte, daß die Flüchtlinge nicht nur Reinigung brauchten, sondern mindestens ebensosehr Zuspruch und Mitgefühl. Die französische Umgangssprache, die sie im Hause von Madame Perret gelernt hatte, kam ihr jetzt zustatten. Sie hatte für jeden ein tröstendes Wort und nahm sich die Zeit, die Geschichten von Unglück, Angst und Kummer anzuhören.

Nach drei Wochen fast ununterbrochener Arbeit in der Entlausungsstelle wurde Elisabeth blaß, und weil sie oft Mahlzeiten übersprang, nahm sie auch ab. Aus Angst, daß noch einer ihrer Drillinge zur Invalidin werden könnte, nahm Frau Kübler Elisabeth das Versprechen ab, sich wenigstens am Sonntag auszuruhen. Dieses Versprechen wollte sie auch halten und sich in die Sonne legen, aber am dritten Sonntag ihrer geplanten Rast erhielt sie die Nachricht, daß ein weiteres großes Kontingent von Flüchtlingen im Hospital angekommen sei.

Sie sagte ihrer Mutter, daß sie sich mit Freunden treffen wollte, und fuhr ins Spital. An diesem Abend erreichte sie eben noch den letzten Zug nach Meilen. Als sie zu Hause ankam, lag das Haus im Dunkel, und die Türen waren versperrt. Sie versuchte, sich durch die kleine Klappe in der Küche, die für Milchflaschen bestimmt war, hindurchzuzwängen. Die Öffnung war um ein klein wenig zu eng, und sie blieb stecken! Sie konnte sich weder vor- noch rückwärts bewegen, und ihr Ächzen und Stöhnen weckte das Haus auf. Schließlich befreite sie ihr Vater. Sie ließ die Vorwürfe ihrer Eltern wegen ihres Täuschungsmanövers über sich ergehen, sagte jedoch, daß die Flüchtlinge wirklich ihre Freunde seien. Nach diesem Vorfall gab die Mutter es auf, ihrer Tochter wegen ihres späten Heimkommens Vorhaltungen zu machen.

Elisabeth war mehr besorgt wegen ihrer Abwesenheit von ihrem Arbeitsplatz als wegen der Zurechtweisungen ihrer Eltern. Dr. Zehnder hatte eben einen neuen Posten im Krankenhaus übernommen, und ein neuer Arzt, Dr. Abraham Weitz, ein polnischer Jude, wurde der Chef der Station für Dermatologie. Elisabeth befürchtete, daß er die Entschuldigungen einer jungen Lehrtochter, die ihren Bunsenbrenner in drei Wochen nicht angezündet hatte und weiterhin ein bescheidenes Gehalt bezog für eine Arbeit, für die sie ausdrücklich engagiert worden war, nicht gerade wohlwollend aufnehmen würde. Am meisten beunruhigte sie der Gedanke, daß sie gekündigt werden könnte. Wenn das der Fall wäre, würden alle ihre Hoffnungen auf ein Laborantendiplom zunichte.

Sie überlegte, ob sie dem neuen Leiter des Labors ihr Dilemma mitteilen sollte, als sie zu einer Konfrontation mit ihm gezwungen wurde. Baldwin kam in die Entlausungsstelle und sah ungewöhnlich ernst drein. Herr Dr. Weitz wollte sie sprechen, bevor sie nach Hause ginge. Es war Freitag, und Elisabeth hoffte, daß sie sich über das Wochenende Argumente zu ihrer Verteidigung zurechtlegen könnte, um Dr. Weitz zu überzeugen, daß sie eine sehr dringende Arbeit ausgeführt habe und eine Kündigung nicht verdiene. Sie verbrachte daher eine lange Zeit mit dem Baden der letzten Kinder, in der Hoffnung, daß Dr. Weitz die Geduld verlieren und weggehen würde. Aber dem war nicht so. Ja er kam sogar selbst in die Entlausungsstelle und forderte Elisabeth in neutralem Ton auf, gleich in sein Arbeitszimmer zu kommen.

Ihr Herz klopfte, aber sie wurde zuversichtlicher, als er ihr einen Stuhl anbot. Wenn der Chef einen jüngeren Mitarbeiter zurechtwies, ließ er den Übeltäter nämlich meistens stehen.

Nach einem Schweigen, in dem Elisabeth das Ticken ihrer Uhr hören konnte, sagte Dr. Weitz, daß er sie während der letzten Woche beobachtet habe und daß ihm noch niemand untergekommen sei, der mit größerer Hingabe gearbeitet habe. Er hielt inne und fügte mit dem Anflug eines Lächelns hinzu, daß er noch keinen zufriedeneren Menschen gesehen habe.

Sie war auf nichts weniger als ein Kompliment gefaßt. Überwältigt von einem Gefühl der Erleichterung, daß sie ihre Lehrstelle nun doch nicht verlieren würde, stiegen ihr die Tränen in die Augen.

Der Doktor reichte ihr ein Taschentuch. Dann sprach er mit leiser Stimme über den Krieg und seine Heimat Polen, über seine Absicht, sofort nach Waffenstillstand nach Warschau zurückzukehren. Die Menschen brauchten dringend medizinische Hilfe. Polen würde starke junge Leute brauchen, die mit derselben Hingabe arbeiten konnten wie Elisabeth in der Entlausungsstelle.

Elisabeth saß auf der Kante ihres Stuhls und nickte. Siedendheiß kam ihr zu Bewußtsein, daß ihr Labormantel Flecken hatte und ihr Gesicht und ihre Hände verschmiert waren.

Die Tränen, die sie hatte zurückhalten wollen, rollten ihr über die Wangen, als Dr. Weitz sagte, daß ihr die lange Abwesenheit von ihrem Arbeitsplatz nicht angekreidet werden würde, aber sie solle diese Vereinbarung nicht an die große Glocke hängen.

Als im Hospital die Vorräte für die Flüchtlinge ausgingen, bettelte Elisabeth neue zusammen. Meistens allein, doch manchmal in Begleitung von Baldwin mit seinem unverwüstlichen Enthusiasmus, bat Elisabeth die Hausfrauen in der Nachbarschaft um Kleider, die sie entbehren konnten, sie bat die Bauern um Milch und die Apotheker um Babyflaschen. Sie fand nichts dabei, einer wohlhabenden Schweizerin zu sagen, daß sie doch nicht fünf Mäntel bräuchte, wenn es Frauen im Spital gäbe, die nicht einmal einen einzigen besäßen.

Schwerer zu beschaffen waren Windeln. Sie und ihre Schwester Erika durchsuchten die Wäschetruhen auf dem Dachboden des großen Hauses und schnitten alte Leintücher in entsprechende Quadrate. Falls Frau Kübler ihre eingemotteten Laken vermißte, so erwähnte sie den Verlust jedoch nie.

Baldwin war der geborene Pechvogel, und eines Tages gerieten er und Elisabeth in ernsthafte Bedrängnis. Es war ein Tag, an dem ohne Vorwarnung zweihundert Flüchtlinge angekommen waren. Von Haus aus unterernährt – in einem großen Teil Europas litten die Menschen Hunger, und in manchen Gegenden waren sie am Verhungern –, hatten sie auf der letzten Etappe ihrer Reise von der Schweizer Grenze nach Zürich nichts zu essen bekommen.

Baldwin ging in die Spitalküche, und als die Köchin einmal wegsah, »borgte« er einen Wagen, der mit siebzig Mahlzeiten für rekonvaleszente Patienten beladen war. Der Spitalverwalter, die Karikatur eines Verwaltungsbeamten, hatte einen hohen Blutdruck und regte sich maßlos über den »flagranten Diebstahl«, wie er ihn bezeichnete, auf. Er zitierte Elisabeth und Baldwin und forderte mit überschnappender Stimme eine Menge von Nahrungsmitteln, die der »gestohlenen« entsprach, oder gleichwertige Essensmarken. (Als die Bevölkerung durch den Flüchtlingsstrom anschwoll, wurden Lebensmittelkarten ausgegeben.) Wenn Nahrungsmittel oder Karten innerhalb von vierundzwanzig Stunden nicht zur Stelle seien, würden Elisabeth und Baldwin hinausfliegen.

Es war unmöglich, in so kurzer Zeit eine solche Menge an Lebensmitteln aufzutreiben. Sogar auf dem Schwarzmarkt waren die Quellen versiegt. Aber die Drohung sofortiger Entlassung spornte sie an, und Elisabeth zog Dr. Weitz ins Vertrauen. Er hörte schweigend zu, wie es seine Art war, und sagte ihr, sie solle sich am nächsten Morgen bei ihm melden.

Am folgenden Tag übergab er Elisabeth genügend Lebensmittelkarten, so daß die Vorratskammern des Spitals wieder aufgefüllt werden konnten. Elisabeth erfuhr später, daß der Arzt am Abend zuvor seine jüdischen Freunde in Zürich besucht hatte, die ein offenes Ohr für die Bedürfnisse der heimatlosen und verfolgten Flüchtlinge hatten und ihm bereitwillig die nötigen Lebensmittelkarten zur Verfügung stellten.

Zwei Wochen nach diesem Zwischenfall stand Baldwin Elisabeth in einer noch persönlicheren Notlage bei. Sie befand sich im Labor an ihrem Arbeitsplatz und erhitzte eine alkoholische Lösung mit dem Bunsenbrenner, als das Glas explodierte und ihr ein Feuerball entgegenschlug. Sie konnte ihre Augen gerade noch schützen, aber auf Kosten schwerer Brandwunden an den Händen. Auch an ihrem Mund, an Hals und Ohren erlitt sie Verbrennungen dritten Grades.

Ohne sich der Schwere ihrer Wunden bewußt zu sein, löschte sie kaltblütig das Feuer auf dem Labortisch und ging dann eine Treppe höher in die Notaufnahme. Einige der wartenden Patienten schrien auf, als sie die beinahe haarlose Erscheinung erblickten. Ärzte liefen herbei.

Wie mit Hammerschlägen überfiel sie jetzt der Schmerz, der auch mit Morphium nicht ganz betäubt werden konnte.

Elisabeth verbrachte die nächsten sechs Wochen in einem Krankenbett. Während der ersten zehn Tage war ihr Kopf vollkommen verbunden mit Ausnahme einer kleinen Öffnung in der Gegend des Mundes, so daß sie mit Hilfe einer Kanüle gefüttert werden konnte.

Ihre Arme waren ruhiggestellt, und in ihren bandagierten Händen pochte ein rasender Schmerz, denn der entflammte Alkohol hatte ihr Fleisch bis auf die Knochen verbrannt. Auch ihre Ohrläppchen waren versengt.

Einmal am Tag wurde die eiternde Haut mit Silbernitrat behandelt, eine äußerst schmerzhafte Prozedur. In der ersten Woche war der Schmerz trotz starker Dosen schmerzlindernder Mittel so stark, daß sie zweimal wild um sich schlug und die Wärmflaschen zerbrach, die am Fußende ihres Bettes lagen.

Natürlich wurden ihre Eltern und Schwestern verständigt und kamen sie besuchen. Auch Dr. Weitz besuchte sie mindestens einmal am Tag und versicherte ihr mit väterlicher Zuneigung, daß eine neue Gruppe von Flüchtlingen bestens betreut würde, und auch die Ärzte verfolgten ihre Fortschritte mit größtem Interesse. Aber der treueste Besucher war Baldwin. Er versuchte, sie mit seinen Scherzen aufzumuntern, und las ihr vor, stockend zwar, aber lustig.

Nachdem sie Wochen im Bett verbracht hatte, fuhr Baldwin sie auf die Bitte des Professors für plastische Chirurgie im Rollstuhl in die medizinische Fakultät. Der Professor sagte, daß die Patientin wegen ihrer hochgradigen Verbrennungen ihre Hände nie mehr voll werde gebrauchen können.

Elisabeth war über diese Prognose entsetzt. Baldwin erklärte jedoch, als er sie an ihr Krankenbett zurückrollte, mit dem für ihn typischen Optimismus, daß sie gemeinsam an ihrer Therapie arbeiten und beweisen wollten, daß der Professor unrecht habe.

Er machte sich sofort an die Arbeit. Mit geliehenen Geräten aus dem Laboratorium im Untergeschoß erfand er ein System von Rollen und Gewichten und baute es zusammen. Damit konnte Elisabeth das Hautgewebe ihrer Hände dehnen, und an jedem Abend übte sie so lange, bis ihr die Augen zufielen. Jeden Abend hängte Baldwin mehr Gewichte an den Apparat, und am Morgen schmuggelte er ihn wieder ins Labor zurück.

Die neue Haut auf ihren Handrücken begann sich zu dehnen, und die Gelenke lockerten sich. Als Elisabeth drei Wochen später entlassen werden sollte, ersuchte der Professor für plastische Chirurgie Elisabeth noch einmal, zum Anschauungsunterricht für die Medizinstudenten in seinem Kolleg zu erscheinen. Er forderte die Studenten auf, Elisabeths Hände zu betrachten, und hielt einen Vortrag über die Wirksamkeit der Behandlung mit Silbernitrat. Die Wunden, bemerkte er, seien gut verheilt, jedoch würden die Finger der Patientin für immer steif bleiben. Trotz des stechenden Schmerzes, den Elisabeth beim Dehnen ihrer perlweißen, glänzenden neuen Haut empfand, spreizte sie daraufhin ihre Finger weit und ballte sie dann zur Faust. Dem Professor blieb der Mund offenstehen, und Elisabeth und Baldwin genossen weidlich ihren Augenblick des Triumphs.

Auf die Bitte des Professors erläuterte Elisabeth den Studenten, wie sie und Baldwin mit dem improvisierten Apparat geübt hatten. Der Herr Professor gewann seine Fassung zurück, indem er sich ausführlich über die mögliche Beschleunigung des Heilungsprozesses durch die Motivation des Patienten auslieẞ.

Nachdem sie noch einen Krankenurlaub zu Hause verbracht hatte, kehrte Elisabeth zu ihren Pflichten im Spital zurück, wo sie zu ihrer Betrübnis erfuhr, daß Baldwin entlassen worden war, weil er dem Verwalter einen harmlosen Streich gespielt hatte. Die Narben an ihren Händen sind jedoch der sprechende Beweis dafür, wie tief sie diesem jungen Mann mit seinem unverwüstlichen Humor und Optimismus und seiner außergewöhnlichen Geschicklichkeit und Phantasie verpflichtet ist.

7
Auf nach Frankreich

Am Freitag der ersten Woche im Januar 1945 kehrte Elisabeth in das große Haus zurück, ohne zu wissen, daß ihr eine Begegnung bevorstand, die eine Wende in ihrem Leben bedeutete. Bei Tisch fragte sie ihr Vater, ob sie ihm helfen würde, die Fürlegihütte für zwanzig Mitglieder des Internationalen Friedensdienstes herzurichten. Der Name dieser Organisation war ihr unbekannt.

Sie hatte ein wenig Zeit, da der Flüchtlingsstrom vorübergehend versiegt war. Der Gedanke, ein Wochenende in den Bergen zu verbringen, lockte sie. Es war eine Gelegenheit zum Ausruhen, Kräftesammeln und zum Skifahren. Sie nickte. Ja, sie würde ihrem Vater gerne helfen, die Hütte herzurichten.

Kaum waren Elisabeth und ihr Vater am nächsten Vormittag in der Hütte angekommen, als auch schon die Gäste eintrafen. Die meisten von ihnen, Männer und Frauen, waren in den Zwanzigern oder Anfang Dreißig, aber einer, ein grauköpfiger Veteran, erzählte stolz, daß er schon achtzig Jahre alt sei.

Die Gesellschaft war offensichtlich nicht die übliche Gruppe ausgelassener Urlauber. Sobald sie ihre Rucksäcke abgestellt hatten, begannen sie mit der Hausarbeit. Die Köchinnen machten sich am Herd zu schaffen, andere nahmen den Besen zur Hand, wieder andere hackten Holz und brachten Wasser für den Kupfertank. Sämtliche Mitglieder der Gruppe legten viel mehr Interesse für das Wohlergegen der anderen an den Tag als für das Skilaufen oder die anderen Möglichkeiten, sich in den Bergen zu vergnügen. Die Freiwilligen waren nicht nur diszipliniert, sondern hatten offenbar auch ein gemeinsames Ziel vor Augen. Am Abend nahmen Elisabeth und ihr Vater an ihrer Mahlzeit teil und sangen mit, als danach Lieder angestimmt wurden.

Dann erzählten die Freiwilligen von der Arbeit ihrer Organisation, die nach dem Ersten Weltkrieg ins Leben gerufen worden war. Sie kamen aus verschiedenen kulturellen, religiösen und sozialen Milieus, aber was sie vereinte, war ihr Einsatz für den Frieden und die Hilfe für Notleidende in der ganzen Welt. Niemand wurde für seine Arbeit bezahlt. Einige Mitglieder arbeiteten einige Wochen, andere ein Jahr oder noch länger. Obwohl sie von keiner Regierung unterstützt wurde, diente die Organisation mit ihrer Struktur und Zielsetzung später als eines der Vorbilder für das amerikanische Peace Corps.

Es wurde wieder gesungen, und dann erzählten einige von ihren persönlichen Erfahrungen. Einer berichtete, wie er beim Wiederaufbau eines griechischen Dorfes geholfen hatte, das durch ein Erdbeben zerstört worden war. Der Älteste sagte, er habe in Indien mitgeholfen, Nahrungsmittel an hungernde Dorfbewohner zu verteilen. Die Leute erzählten diese Geschichten mit Humor und einer inneren Haltung der Demut.

Dann sprach einer der Männer von der unvorstellbaren Not des vom Kriege zerfleischten Europa. Sie waren auf der Fürlegi zusammengekommen, um zu beraten, wie sie sich für den Tag vorbereiten konnten, an dem die Schweiz ihre Grenzen wieder öffnete.

Mit untergeschlagenen Beinen hörte Elisabeth gebannt zu, wie zwei der älteren Mitglieder von dem schrecklichen Anschlag berichteten, dem das kleine französische Dorf Ecurcey nahe der östlichen Grenze zur Schweiz zum Opfer gefallen war. Das Dorf war durch einen Vergeltungsschlag der Nazis fast völlig zerstört worden aus Rache für einen erfolgreichen Angriff französischer Widerstandskämpfer in der Nähe des Dorfes.

Beim Schein der flackernden Öllampe betrachtete Elisabeth die Gesichter dieser Runde von Männern und Frauen. Es waren gewöhnliche Gesichter, wie man sie in Schweizer Dörfern und auf Bauernhöfen sieht, aber sie hatten etwas Besonderes, das sich schwer definieren ließ. Es war Freundlichkeit und wahre Selbstlosigkeit, dachte Elisabeth, und der Ausdruck einer tiefen inneren Zufriedenheit. Sie sah einen baumlangen Burschen mit gerötetem Gesicht und zerzaustem Haarschopf an, der jetzt von der Not der Kinder in einer Bergarbeitersiedlung in Belgien berichtete. Er sei Holzfäller, sagte er, und sie konnte sich gut vorstellen, wie er mit seinen groben, schwieligen Händen eine Axt schwang. Aber seine Stimme war die eines gütigen Onkels, als er von den Kindern sprach, die von dem Kohlenstaub krank wurden und starben.

Ihm zur Seite saß ein dunkelhaariges, elfenhaft zartes Mädchen, das Schneiderin war und sich bereit erklärte, sofort in jedes beliebige Notstandsgebiet zu gehen.

Elisabeth sah sie der Reihe nach an – den jungen bärtigen Musikprofessor, der die Lieder angestimmt hatte, einen Bauern aus der italienischen Schweiz, einen untersetzten Bankdirektor, einen der wenigen älteren Leute, der vermutlich so alt war wie ihr Vater, und ein bis zwei Dutzend Studenten. Sie fand Gefallen an diesen Leuten. Sie mochte sie alle.

Sie sah auch ihren Vater an. Er saß im Schatten, ein wenig abseits. Sie konnte den Ausdruck seines Gesichts nicht sehen.

Seitdem die Freiwilligen in der Hütte angekommen waren, hatte Herr Kübler die Rolle des liebenswürdigen Gastgebers gespielt, und niemand verstand sich besser darauf. Sie wußte, wie stolz er darauf war, Hüttenwart der Fürlegi zu sein. Es ging Elisabeth durch den Kopf, daß er sich vielleicht deshalb ein wenig abseits von der Gesellschaft hielt.

Ob ihr Vater wohl dieselbe Erregung, ja den Rausch verspürte, in dem sie sich jetzt befand? Es war eine Erregung, die ihre Muskeln spannte und ihren Puls beschleunigte. Diese Leute würden ihr Gelübde, den Polen zu helfen, verstehen!

Impulsiv wandte sie sich an den Studenten, der neben ihr saß – einen adretten jungen Mann, der als Reklame für eine Rasiercreme hätte posieren gehen können. Sie fragte ihn, wie sie dem Friedensdienst beitreten könne.

Der Student erwiderte, daß es ein Zweigbüro des Internationalen Friedensdienstes in Zürich gebe. Hilfe sei dort immer willkommen. Wenn der Krieg vorüber sei, könne man drangehen, beim Wiederaufbau von Orten wie Ecurcey zu helfen.

Elisabeth schlief wenig in dieser Nacht. Sie wälzte sich unruhig auf ihrem Lager, als sie an Polen und an Ecurcey dachte.

Am Montag eilte sie während ihrer Mittagspause zu dem Zürcher Zweigbüro des IFD. Sie füllte ein Formular aus, auf dem sie ihre bescheidenen Qualifikationen angab, und unterschrieb. Die jüngste und glühendste Rekrutin der Organisation war bereit, ihre ganze Freiheit einzusetzen, um Verbandsrollen zu wickeln, alte Kleider zu sammeln, Decken zu nähen und sonstige Vorbereitungen zu treffen, die erwünscht oder nötig waren für den Tag, an dem die Grenze wieder offen war.

Die praktische Vorbereitung bestand unter anderem darin, daß sie auf ihren Jahresurlaub verzichtete. Sie mußte Urlaubstage sammeln für das Ende des Krieges.

Die Nachricht, daß der Krieg in Europa zu Ende war, erreichte Zürich am 7. Mai 1945. Elisabeth machte Dienst in ihrem Labor, als jemand hereinstürzte und rief: »Der Krieg ist aus!« Alle jubelten und fielen sich um den Hals. Als Elisabeth zu den Krankenstationen hinauflief, begannen die Glocken des Münsters von Zürich zu läuten.

Spontan half das Personal den Patienten, sie stützend oder tragend, auf das flache Dach des Spitals zu gelangen. Fast jeder Kranke, auch die Schwerkranken oder Sterbenden, wollten in den Sonnenschein, wo sie das Getöse in den Straßen und den Klang von tausend Glocken besser hören konnten.

Elisabeth trug ein halbes Dutzend Kinder auf das Dach. Sogar ein schwerkrankes Dreijähriges schien die Bedeutung der Stunde zu begreifen. Für einige Patienten, die im Sterben lagen, wurden Betten herangeschafft. Eine Neunzigjährige flüsterte, daß sie nur ausgehalten habe, um diesen Tag des Friedens zu erleben. (Sie starb tatsächlich am folgenden Tag.) Wenige sagten etwas. Viele weinten.

Elisabeths unbändige Freude wurde noch durch den Gedanken gesteigert, daß sie jetzt nach fünf Jahren ihr Gelübde erfüllen könne. Sie würde sofort zu den Trümmerstätten des Krieges fahren.

Die Glocken läuteten noch immer, als sie wieder ins Untergeschoß hinabstieg und an die Tür des Arbeitszimmers von Dr. Weitz klopfte. Sie war im Begriff, ihre Bitte um sofortigen Urlaub herauszusprudeln, aber die Worte erstarben ihr, als sie den distanzierten und traurigen Ausdruck seiner Augen sah. Vielleicht hatte Dr. Weitz die Nachricht nicht mitbekommen, oder vielleicht wußte er nicht, was die Glocken bedeuteten, deren Klang nur gedämpft in sein Zimmer drang.

Dr. Weitz erklärte ihr, daß er an sein eigenes Volk dachte. Diejenigen, die überlebt hatten, müßten um die trauern, die den heutigen Tag nicht mehr hatten erleben dürfen.

Der Arzt nahm den Brieföffner von seinem Schreibtisch und drehte ihn langsam in seinen Händen. Es war, als spräche er zu sich selbst ebenso wie zu Elisabeth. Als Jude wußte er nicht, ob er noch einen einzigen Verwandten in Polen hatte. Sogar die kleinsten Kinder waren von den Nazis verschleppt worden.

Elisabeth erinnert sich genau an einen Satz von ihm: »Wir Überlebenden haben vielleicht nicht genug Tränen für unsere Heimkehr.« Sie fand keine Worte, die ihn hätten trösten können. Es wurde ihr schwer, ihre Jubelgefühle, die sie auf dem Spitaldach empfunden hatte, auf den Schmerz in diesem engen, vollgeräumten Arbeitszimmer umzustimmen.

Schließlich fragte sie ihn, ob er nach Polen zurückkehren würde. Er nickte. Es gäbe sicher Opfer des Krieges, denen er Trost und Hilfe bringen könnte.

Dann erzählte sie Dr. Weitz, was an dem ersten Tag des Krieges geschehen war, als sie mit dreizehn Jahren die Rundfunkmeldung vom Einmarsch der Deutschen in Polen gehört hatte. Der Arzt hörte ihr, ohne zu unterbrechen, zu. Dann sagte er, wie schön es wäre, wenn er und Elisabeth zusammen in Polen sein und wieder als Kollegen arbeiten könnten. Sie nahm dieses Kompliment lächelnd entgegen und wollte schon das Zimmer verlassen, als Dr. Weitz sie mit einer Geste bat, nochmals Platz zu nehmen.

Er sah Elisabeth mit solcher Offenheit an, daß sie vor Verlegenheit die Arme über der Brust kreuzte. Sie war sich bewußt, daß sie mit ihrer geringen Körpergröße und ihrer sehnigen, knabenhaften Gestalt sehr jung wirkte.

Der Arzt hob seinen Blick, sah ihr ins Gesicht und fragte sie nach ihrer Motivation. Warum war sie nicht wie andere Mädchen ihres Alters? Hatte sie kein Interesse für junge Männer, wollte sie nicht auch nach dem richtigen Mann Ausschau halten, heiraten und eine Familie gründen?

Die Fragen kamen unerwartet und trieben ihr die Röte in die Wangen. Sie erwiderte, daß sie die gleichen Gefühle habe wie andere junge Mädchen ihres Alters. Nur gab es so viele Dinge, die sie tun wollte, daß sie nie daran dachte, sich nach einem Mann umzusehen. Natürlich hoffe sie, daß sie eines Tages heiraten und Kinder haben würde. Aber im Augenblick denke sie nur daran, für den Friedensdienst zu arbeiten.

Sie erzählte dem Arzt von dem zerstörten Dorf Ecurcey. Sie sei bereit, sofort dort hinzugehen. Dann würde sie, sobald sich eine Gelegenheit böte, nach Polen fahren. Ja, sie war gekommen, um ihn wegen Ecurcey zu sprechen. Könnte sie sofort Urlaub bekommen? Sie erinnerte den Arzt daran, daß sie neun Urlaubswochen gespart hatte.

Dr. Weitz lächelte. Auch wenn er ihr Gesuch nicht erfülle, sagte er, würde sie trotzdem zur Grenze aufbrechen. Er holte ihre Personalakte hervor und bemerkte, daß sie nur noch ein Jahr bis zur Beendigung ihrer Lehrzeit hatte. An der Technischen Hochschule hatte sie immer die besten Noten gehabt. Er nehme an, daß sie im Spätsommer zurückkehren werde, um ihr letztes Lehrjahr zu vollenden. Elisabeth versprach, in der letzten Augustwoche nach Zürich zurückzukehren.

Daheim im großen Haus wurde an diesem Abend die Aufregung der Familie über das Kriegsende durch Herrn Kübler gedämpft, der Elisabeths Plan, sich sofort in die Kriegszone zu begeben, eine »Wahnsinnsidee« nannte. Wiederum war das Eßzimmer der Schauplatz ihrer Auseinandersetzung und ihres Zorns. Begriff Elisabeth denn nicht, daß es auch nach dem offiziellen Waffenstillstand noch Gebiete gab, wo verzweifelte Menschen Widerstand leisteten?

Herr Kübler übertönte Elisabeths Argumente mit seiner donnernden Stimme. Elisabeth sei ein junges Mädchen, das nichts vom Krieg wisse. Machte sie sich klar, daß ein Großteil des Territoriums jenseits der Grenze zweifellos immer noch vermint war? Außerdem gebe es in den europäischen Ländern einen akuten Mangel an Nahrungsmitteln. Wenn sie nicht von einer Mine zerrissen würde, dann würde sie wahrscheinlich verhungern.

Gewiß, er respektiere die Ideale des Friedensdienstes und das Kaliber der Männer und Frauen, die er auf der Fürlegi kennengelernt hatte. Aber die Vorstellung, daß ein naives Kind sich in die Kriegszone begeben wollte, sei heller Wahnsinn.

Als ihr Vater innehielt, um Atem zu schöpfen, erinnerte Elisabeth ihn daran, daß es nur noch ein knapper Monat bis zu ihrem neunzehnten Geburtstag sei. In ihrem Alter waren andere schon verheiratet und hatten Kinder. Manche der Männer und Frauen, die im Krieg gekämpft hatten, seien nicht älter gewesen als sie.

Herr Kübler versuchte eine andere Strategie. Was würde aus ihrer Lehre werden? Wolle sie ihre Chance, eine voll qualifizierte Laborantin zu werden, denn einfach wegschmeißen?

Sie erzählte ihm von ihrem Gespräch mit Dr. Weitz und ihrem Versprechen, im August zurückzukehren, ihre Prüfungen abzulegen und ihre Lehre zu vollenden.

Plötzlich bemerkte Elisabeth, daß ihr Vater gealtert war. Sechs Wochen zuvor hatte er sich bei einem Sturz in einem Kurort die Hüfte gebrochen. Er ging jetzt sogar im Haus mit Hilfe eines Stockes. Mit Klettertouren war es ein für allemal vorbei. Seine erhobene Stimme konnte ihr nichts mehr anhaben, und plötzlich überkam sie ein tiefes Gefühl der Zuneigung zu ihm. Sie wäre am liebsten um den Tisch herum zu ihm gegangen und hätte ihn umarmt und ihm gesagt, daß er, wenn er in ihrer Haut stecken würde, doch genau dasselbe getan hätte, was sie tun wollte. Aber zwischen ihnen lag noch immer ein Abgrund von Stolz und Eigensinn.

Als er dann resignierend die Hände hob und an seinen Schreibtisch in das andere Zimmer humpelte, war er ein alter Mann.

Elisabeth mußte nun noch den Widerstand ihrer Mutter besiegen. In der Vergangenheit war Frau Kübler in allen Auseinandersetzungen mit ihrem Vater auf der Seite Elisabeths gewesen. Doch jetzt tat sie es nicht. Ja sie war sogar noch mehr gegen Elisabeths Plan als Herr Kübler.

In delikaten Umschreibungen wies sie Elisabeth darauf hin, was jungen Mädchen passierte, die in die Hände roher Soldaten fielen. Elisabeth lächelte innerlich, denn sie wußte, daß ihre Mutter sich schon verunsichert fühlte, wenn sie nur fünfzig Kilometer von ihrem Haus entfernt war. Nach dieser Warnung empfand Frau Kübler wohl, daß sie alles getan hatte, was in ihrer Macht stand, und zog sich in die Geborgenheit ihrer Küche zurück.

Erika und Eva nahmen in diesem Streit eine neutrale Haltung ein. Eva dachte an ihre Verabredung mit einem neuen Verehrer. Die jungen Leute wollten sich alle am See versammeln, um den Frieden zu feiern. Sie verließ ebenfalls das Zimmer, und einige Augenblicke später sah Elisabeth durch das Fenster, wie Eva ihr Fahrrad bestieg.

Nun war nur noch Erika im Eßzimmer zurückgeblieben – Erika, die stille Träumerin, die jetzt halbtags als Sekretärin arbeitete. Ihre Zukunft ließ sich voraussehen. Elisabeth war sich bewußt, daß ihr Zwilling stellvertretend durch ihre, Elisabeths, Abenteuer lebte. Ihre immer noch etwas invalide Schwester war nicht tatkräftig genug, um aktiven Friedensdienst zu leisten, aber sie würde Elisabeth innerlich nahe sein.

Am nächsten Morgen meldete Elisabeth sich im Zürcher Zweig des Internationalen Friedensdienstes und erhielt provisorische Ausweispapiere. Diese bestanden hauptsächlich aus einem Dokument, das sie als Mitglied der Friedensorganisation identifizierte. Einen Paß erhielt sie noch nicht.

Zwei Tage später traf sie nach Vereinbarung mit zehn Schweizer Männern und einer jungen Frau zusammen, die sie an der französischen Grenze erwarteten. Die Frau war nur gekommen, um der Gruppe alles Gute zu wünschen, und so blieb Elisabeth als einzige Frau übrig. Außer zwei Männern mittleren Alters waren alle Mitte Zwanzig oder Anfang Dreißig. Einige von ihnen kannte sie schon von der Fürlegihütte.

Einer der Männer war zur Aufklärung bereits nach Ecurcey gegangen und hatte ein brauchbares Fahrrad mitgebracht, das er unter den Ruinen gefunden hatte.

Mit ritterlicher Gebärde und der Bemerkung, daß sie als Köchin »das wichtigste Mitglied ihrer Gruppe« sei, übergab der junge Mann Elisabeth das ergatterte Fahrrad. Die Männer marschierten die wenigen Kilometer nach Ecurcey zu Fuß, während Elisabeth in das Dorf fuhr, gegen eine steife Brise ankämpfend, daß ihr Rock um ihre Beine flatterte.

Elisabeth schützte ihre Augen gegen den Sand, der von der staubigen Landstraße hochwirbelte, und sah sich um. Sie war zum erstenmal im Ausland. Sie erinnert sich daran, wie ein Gefühl in ihr aufstieg, daß sie ihr Leben »da draußen« verbringen würde – jenseits der wehrburghaften Geborgenheit der Schweizer Alpen.

Sie hatte natürlich noch keine genaue Vorstellung, worin ihre eigentliche Lebensarbeit bestehen würde, doch sie war sich auf unerklärliche Weise sicher, daß sie Neuland erforschen, neue Menschen und Lebensanschauungen studieren würde, wie sie es einmal erträumt hatte.

Ecurcey war ein größerer Schock für sie, als sie erwartet hatte. Die einzig sichtbaren Bewohner waren Frauen, deren Rücken sich unter der Last des Brennholzes krümmte, Kinder mit abgrundtief traurigen Augen und einige Männer, darunter etliche Greise und andere mit verstümmeltem Körper.

Bevor die Nazis zum tödlichen Schlag gegen Ecurcey ausgeholt hatten, war Ecurcey ein schmuckes Dorf mit stroh- oder schindelgedeckten Häusern gewesen. Neun Häuser waren dem Erdboden gleichgemacht und achtunddreißig waren schwer beschädigt, konnten jedoch noch repariert werden. Die Arbeitsbrigade des Friedensdienstes, die bald durch neun Männer verstärkt wurde, begann unverzüglich mit der Arbeit des Wiederaufbaus.

Sofort nach ihrem ersten Erkundungsgang durch das Dorf richtete Elisabeth eine Feldküche ein, deren Mittelpunkt ein riesiger eiserner Kochtopf war, der über einem Holzfeuer hing. Ihre hauptsächliche Geschicklichkeit, die sie als Köchin bald entwickelte, bestand in der Variation des Menüs, indem sie den Geschmack des Gemüseeintopfs durch Gewürze veränderte.

Sie schlief auf einer Matratze unter einer groben Decke in einem kleinen Zimmer eines beschädigten Hauses. Die Männer schliefen in einem teilweise wiederaufgebauten Haus in der Nähe.

Sobald es am Tag nach ihrer Ankunft im Dorf hell wurde, begannen sie, wiederverwertbare Ziegelsteine und Bretter aus den Ruinen zu sammeln. Diejenigen, die keine Studenten waren, hatten akademische Berufe oder waren Handwerker, aber es gab keinen richtigen Baumeister unter ihnen, und außerdem besaßen sie keine Werkzeuge. Sie waren gesund und stark und angespornt von ihrem Enthusiasmus. Eine ihrer ersten Arbeiten bestand darin, Leitern zu bauen. Dann suchten sechzehn Männer und Elisabeth, wenn sie nicht gerade mit ihren Kochtöpfen beschäftigt war, in den rauchgeschwärzten Häusern nach Haken, Schrauben und Nägeln. Elisabeth hockte stundenlang auf dem Boden und bog Nägel gerade.

Sobald sich die Arbeit etwas eingespielt hatte, beteiligte Elisabeth sich an den Schichten auf den Baustellen. Manchmal stand sie in der Maurerkette und reichte Ziegelsteine weiter, manchmal kletterte sie auf ein Dach und deckte es mit Schindeln oder Stroh.

Ihr Rücken schmerzte, sie hatte bald Blasen an den Händen, und gelegentlich traf sie ihren Daumen statt des Nagels, aber sie nahm es mit Gleichmut hin. Die freiwilligen Helfer sangen immer während der Arbeit und halfen sich so über ihre Müdigkeit hinweg.

Drei Jahre lang hatten die Leute aus dem Dorf unter der Besetzung brutaler Feinde gelitten. Als die Dorfbewohner kamen, um sich den Wiederaufbau anzusehen, taten sie es anfangs eher aus Staunen und Neugier denn aus Bewunderung. Selbst die Kinder konnten nicht begreifen, warum Fremde gekommen waren, um ihnen einfach zu helfen, ohne eine Gegenleistung dafür zu erwarten.

Das Kochen der Mahlzeiten war immer die Hauptaufgabe Elisabeths, aber es wurde äußerst schwierig, Nahrungsmittel aufzutreiben. Jeden Tag wurden zwei Männer damit betraut, auf dem Lande

Lebensmittel zu hamstern und Nägel, Schrauben oder anderes zusammengeklaubtes Material gegen Kartoffeln, Kohl, Karotten oder vielleicht ein Huhn oder eine Ente einzutauschen. Um die Lebensmittel transportieren zu können, konstruierten sie einen Handwagen aus Brettern und Fahrradreifen. Auch Elisabeth beteiligte sich an dieser Nahrungssuche. Sie erntete allseitiges Lob, als sie von einem Beutezug mit einem zehn Pfund schweren Fisch wiederkam, den niemand identifizieren konnte und von dem keiner wußte, wo er geangelt worden war. Außerdem erwarb sie sich den Ruf, die beste Pilzsammlerin zu sein, vor allem deshalb, weil sie zeitig aufstand und die Wiesen absuchte, bevor es hell wurde.

An manchen Tagen, die zum Glück nicht häufig waren, gab es überhaupt nichts zu essen. Aber niemand wollte sich Nahrung von den Dorfbewohnern erbetteln, denn für diese war es ebenso schwer, in einem Gebiet zu überleben, das von den Deutschen auf ihrem Rückzug verwüstet worden war.

Der peinlichste Augenblick für Elisabeth kam eines Tages, als eine dankbare Frau aus dem Dorf ihr ein Einweckglas gab, dessen Inhalt sie für Kräuter hielt. Am Nachmittag bereitete sie einen Gemüseeintopf zu, und als die Männer von der Arbeit zurückkehrten, stieg ihnen der appetitanregende Duft in die Nase, und sie drängten die Köchin, sich zu beeilen. Elisabeth leerte das ganze Glas in den Topf. Erst als sie das Essen austeilte und der erste Empfänger vor Husten fast explodierte, kam sie drauf, daß in dem Glas Paprika gewesen war. Das Essen war ungenießbar. Witze über ihre Kochkunst halfen ihr aus ihrer Verlegenheit, aber an diesem Abend mußte das ganze Lager hungrig zu Bett gehen.

Eine andere Gruppe wurde im Dorf ebensosehr gehaßt, wie man die Helfer bewunderte. Es waren Deutsche, die man nach dem Waffenstillstand festgenommen hatte und nun im Keller der Dorfschule gefangenhielt. Jeden Morgen wurden die Gefangenen auf die umliegenden Felder geführt. Elisabeth bemerkte, daß an manchen Abenden zwei oder drei deutsche Soldaten weniger in ihr improvisiertes Gefängnis zurückkehrten, als am Morgen aufgebrochen waren. Zuerst nahm sie an, daß während des Tages einige Gefangene geflüchtet waren. Dann erkundigte sie sich, und der Bürgermeister des Dorfes klärte sie auf. Die Gefangenen wurden dazu benützt, die Felder von Landminen zu säubern.

Die deutsche Armee, sagte der Bürgermeister, hatte auch einige Holzminen unter die metallenen verstreut. Diese Holzminen konnte man mit den üblichen Mitteln weniger gut aufspüren. Mit den Gewehren der Gendarmen im Rücken mußten die deutschen Gefangenen die Minenfelder überqueren. An manchen Tagen wurden auf diese Weise zwei oder drei menschliche Minendetektoren in die Luft gesprengt. Dieses unmenschliche Vorgehen erweckte bei den Dorfbewohnern keinerlei Schuldgefühle, so erbittert war ihr Haß gegen die Nazis.

Doch Elisabeth war entsetzt. Sie erzählte ihren Kameraden von diesem Verfahren und dem Preis an Menschenleben.

Am nächsten Morgen legten sie ihre Werkzeuge nieder und marschierten an der Spitze der deutschen Gefangenen. Sie stellten sich vor das Kommando, als sie zur Überquerung einer verminten Wiese verteilt wurden. In ihrer Verlegenheit riefen die Gendarmen den Bürgermeister. Die Freiwilligen sagten ihm, daß sie an der Spitze der deutschen Gefangenen in die Felder marschieren würden, wenn er nicht sofort entsprechende Mittel einsetze anstelle der menschlichen Minendetektoren. Damit hatte die blutige Säuberung ein Ende.

Doch Elisabeth war noch immer bekümmert darüber, daß die Deutschen in dem dumpfen Keller der Schule eingepfercht waren. Der Raum war so gedrängt voll, daß die Gefangenen kaum Platz hatten, um sich auf den Boden zu hocken. Von der Dämmerung bis zum Anbruch des Tages mußten sie ohne ausreichende sanitäre Anlagen in fast völligem Dunkel verbringen.

Es fiel Elisabeth nicht schwer, die Feindseligkeit der Bevölkerung von Ecurcey gegen die Deutschen zu verstehen – die Gefühle der Witwen, der verwaisten Kinder und der Obdachlosen. Sie reagierte selbst mit einer Bitterkeit, die sie nie zuvor empfunden hatte, wenn sie unter den Trümmern eines Hauses kleine menschliche Knochen und Kinderkleider fand. Aber ihr Abscheu vor dem, was die Nazis unschuldigen Dorfbewohnern angetan hatten, wurde gemildert durch ihr Mitgefühl mit der elenden Lage von Menschen, die schlechter behandelt wurden als Vieh.

Mitte August zählte Elisabeth die Tage bis zu ihrer Rückkehr in ihre Lehre im Hospital. Sie kannte inzwischen die Gefangenen; es waren meistens junge Menschen mit tiefen Furchen des Leidens in ihren vorzeitig gealterten Gesichtern. Jeden Morgen, wenn sie auf dem Weg zu ihrer Arbeit – Straßenreparaturen oder Ausheben von Gräben – durch das Dorf marschieren mußten, warf sie ihnen ein scheues Lächeln zu. Manchmal sang sie bekannte deutsche Lieder. Die Gefangenen konnten das Essen riechen, das sie in ihrer improvisierten Küche in dem großen Eisentopf kochte, und sie widerstand mit Mühe der Versuchung, einen Laib Brot oder ihre Pilze mit ihnen zu teilen. Die Gefangenen sahen schrecklich unterernährt aus.

Auch die Gefangenen kannten sie. Sie hatten ihren Namen gehört – den Namen des Mädchens, das den mörderischen Zwangsüberquerungen der Minenfelder ein Ende gesetzt hatte. Manche winkten ihr zu, und weil sie eine Frau war, weckte sie in ihnen vielleicht Erinnerungen an zu Hause, an ihre Schwestern, Mütter und Freundinnen. Dieser kurze Anblick eines Mädchens mit einem freundlichen Lächeln morgens und abends erinnerte die Männer vielleicht daran, daß sie einmal irgendwo gelebt hatten, wo es Menschen gab, die sie liebten.

Die Sonne des Hochsommers brannte auf Ecurcey herab. Elisabeth blätterte in ihrem Kalender, eingedenk ihres Versprechens, nach Zürich zurückzukehren. Sie hatten ein Dutzend Häuser instand gesetzt, und es wurde fröhlich gefeiert, wenn eine Familie wieder in ihr Haus einziehen konnte.

Doch Elisabeth hatte keine Ruhe, bevor nicht noch etwas erledigt war. Sie mußte etwas für die Gefangenen tun, und plötzlich fiel ihr ein, was sie ihnen schenken könnte. Sie konnte ihnen nichts zu essen geben, denn die Helfer hatten selbst kaum genug. Sie sammelte einen halben Tag lang Schreibpapier und Bleistifte, die ihr zum Großteil der Dorfladen spendete, und einige Kerzen. Als es dunkel wurde, schlich sie aus dem Lager und fand im Schatten der Häuser zur Schule. Durch ein vergittertes Fenster im Erdgeschoß machte sie die unten zusammengepferchten Männer auf sich aufmerksam.

Sie mußte flüstern, weil ein schläfriger Gendarm nur wenige Schritte entfernt Wache hielt. Sie warf das Papier, die Bleistifte und die Kerzen durch die Gitterstäbe des Fensters und sprach die Gefangenen auf deutsch an.

Sie flüsterte, daß sie in drei Tagen in die Schweiz zurückkehren würde. Wenn die Gefangenen Briefe an ihre Familien schreiben wollten, so könne sie diese weiterleiten, wenn sie die Grenze überquert hätte.

Unten im Keller hörte sie Ausrufe des Staunens und Geräusche wie von unruhigen Rindern im Stall. Dann wurden die Kerzen angezündet. Elisabeth legte sich unter das vergitterte Fenster und wartete betend, daß der Gendarm die ungewohnte Geschäftigkeit nicht bemerkte. Nach etwa zwanzig Minuten kam einer der Gefangenen ans Fenster und reichte eine Handvoll Briefe hinauf. Seine Stimme verriet, daß er tief bewegt war. Dringender als alles andere – dringender selbst als gutes Essen – lag den Gefangenen am Herzen, ihren Familien in Deutschland mitzuteilen, daß sie noch am Leben waren.

Elisabeth war schon im Begriff fortzugehen, als noch ein Gesicht am Fenster erschien. Es war der Gefangene, den sie den »Alten« genannt hatte. Er sah wie ein von Arthritis geplagter Großvater aus, wenn er an ihrer Küche vorbeischlurfte. Der Alte reichte ein einfaches Blatt Papier hinauf und sagte ihr, daß dieser Brief für sie bestimmt sei.

Ins Lager zurückgekehrt, las Elisabeth den Zettel, der an die »kleine Köchin« adressiert war. Darin stand: »Sie haben uns den größten Dienst der Menschlichkeit erwiesen. Ich schreibe an Sie, weil ich keine eigene Familie habe. Ich möchte Ihnen sagen, daß wir Sie nie vergessen werden, ob wir überleben oder ob wir hier sterben. Bitte, nehmen Sie aus tiefstem Herzen unseren Dank und unsere Liebe von Mensch zu Mensch entgegen.«

Am Abend vor ihrer Abreise gelang es Elisabeth noch, einige notwendige Artikel zu den Gefangenen hineinzuschmuggeln. Sie trieb ein paar Stück Seife, einige Kerzen und Toilettenpapier auf und warf alles durch das Gitterfenster. Die Gefangenen flüsterten ihren Namen und ihren Dank. Diesmal sagte sie nichts, denn sie wußte, daß sie ihre Stimme nicht würde beherrschen können.

Am nächsten Morgen, als sie in Richtung der Schweizer Grenze aufbrechen wollte, verbreitete sich die Nachricht im Dorf, daß die »kleine Köchin« abreiste. Die Leute kamen gelaufen, auch der Bürgermeister kam, mit den Abzeichen seiner Würde. Er bat gestikulierend um Ruhe und hielt eine blumige Rede über die »ewige Dankesschuld gegenüber dem Engel, der sie besucht hatte«. Nachdem er Elisabeth auf beide Wangen geküßt hatte, überreichte er ihr eine eben verfaßte Ehrenurkunde. Alle beglückwünschten sie. Die Helfer hoben sie auf die Schultern und trugen sie im Triumph bis ans Ende des Dorfes, wo sie das Abschiedslied »Auld Lang Syne« sangen.

Mager und braungebrannt ging Elisabeth die staubige Straße zur Schweizer Grenze entlang. Als sie das Dorf etwa zwei Kilometer hinter sich gelassen hatte, winkte ihr aus der Ferne eine andere Gruppe zu. Die deutschen Kriegsgefangenen besserten dort eine

Brücke aus. Ein Windhauch trug mit dem Duft der Blumen ihre Abschiedsgrüße zu ihr herüber. Als die Gefangenen und das Dorf Ecurcey ihrem Blick entschwanden, füllten sich ihre Augen mit Tränen.

Die Schwalbe muß wieder fliegen

8

Elisabeth fuhr von der Grenze per Anhalter nach Meilen und fand das große Haus halb ausgeräumt vor. Herr Kübler hatte eine Wohnung in Zürich gekauft, weil er wegen seiner Hüftverletzung die tägliche Fahrt in sein Zürcher Büro nicht mehr vertrug. Die Familie befand sich mitten im Umzug.

Der Verkauf des großen Hauses war für Elisabeth keine Überraschung. Herr Kübler hatte diese Absicht schon vor ihrer Abreise nach Ecurcey geäußert. Trotzdem war es ein Schock für sie, daß die Hälfte der Möbel bereits abtransportiert war und ihre Schritte in den vorhanglosen, leeren Räumen widerhallten.

Ihre Schwestern waren nicht zu Hause – vermutlich waren sie in den Ferien –, und ihre Mutter mußte mit einer Rippenfellentzündung das Bett hüten. Elisabeth war gezwungen, den Umzug nach Zürich in die Hand zu nehmen, nach ihrem »netten Urlaub in Frankreich«, wie ihre Mutter sagte. Da Elisabeth nach der dramatischen Zeit in Ecurcey eine Ernüchterung empfand, war sie froh über die harte Arbeit des Packens.

Am nächsten Tag organisierte sie im Garten einen Verkauf der überflüssigen Möbel, Gartengeräte und ähnlicher Dinge und sah benommen zu, wie Möbelstücke, von denen die meisten mit irgendeiner besonderen Erinnerung verbunden waren, für ein paar Franken versteigert wurden.

Obwohl sie lernte, sich vor dem Schmerz der Wehmut zu schützen, war der Abschied von so vielen vertrauten Dingen keineswegs leicht. Die unschuldigen Freuden ihrer Kindheit schienen bei der Versteigerung unter den Hammer zu kommen. Die greifbaren Erinnerungen an die Tage ihrer Kindheit – Spielsachen vom Dachboden und Tierkäfige aus dem Keller – verschwanden in den Händen von fremden Leuten.

Bevor der Tag zu Ende ging, besuchte Elisabeth noch einmal ihren Sonnentanzfelsen, wo sie nach Art der Indianer ein letztes Mal ihre Arme der Sonne entgegenstreckte. Sie dankte dem Himmelsgeist für ihre glückliche Kindheit. Mit diesem Ritual zog wieder Frieden in ihr Herz ein, und sie spürte von neuem, daß ihr Leben ein Ziel hatte.

Nachdem der Umzug bewerkstelligt war, nahm auch Elisabeth Quartier in der geräumigen, gut eingerichteten neuen Wohnung, deren große Veranden von roten Geranien überquollen. Das Haus in der Klosbachstraße, etwas bergaufwärts vom See gelegen, befand sich in unmittelbarer Nähe der Obuslinien. Diese Lage war hauptsächlich zu Herrn Küblers Entlastung gewählt worden, der nun sein Büro in wenigen Minuten erreichen konnte.

Herr Kübler war besonderer Zuwendung bedürftig, da sein Gesundheitszustand ihm nicht mehr erlaubte, Touren zu unternehmen, und da er außerdem in seinem Büro zurückgesetzt worden war. Der Besitzer des Geschäfts, ein enger Freund von Elisabeths Vater, war plötzlich gestorben. Der neue Besitzer nahm Personalveränderungen vor und setzte seinen Sohn, einen jungen Mann, als Geschäftsführer ein – eine Handlung, die Herrn Küblers Stolz tief verletzte.

Auch Frau Kübler bedurfte der Pflege. Ihre Rippenfellentzündung sprach nur allmählich auf die Behandlung an, und daher mußte sie während des ersten Monats in der neuen Wohnung das Bett hüten. Elisabeth verschob ihre Rückkehr ins Spital, um ihre Mutter zu betreuen und den ganzen Haushalt zu führen.

Als sie aber im Oktober endlich in ihr Laboratorium zurückkehrte, fand sie schnell wieder in ihre alte Routine zurück. Dr. Weitz war nicht mehr da – vermutlich war er nach Polen zurückgekehrt –, aber ihre Kollegen hießen sie herzlich willkommen. Der Entlausungsstelle stattete sie einen kurzen Besuch ab. Es mutete sie fast unheimlich an, wie still es jetzt hier war. Noch vor verhältnismäßig kurzer Zeit waren diese Räume voll von Flüchtlingen gewesen.

Den größten Teil des Weihnachtstages verbrachte sie in diesem Jahr auf der Kinderstation des Spitals. Für einige blinde Kinder und andere, deren Augen nach einer Operation verbunden waren, dachte sie sich einen besonderen Weihnachtsbaum aus. Auf der Technischen Hochschule fabrizierte sie feine Glocken aus Glas und anderen Baumschmuck, und wenn die Kerzen unter den Glocken angezündet wurden, klingelte der Schmuck. Die blinden Kinder waren davon verzaubert.

Im neuen Jahr widmete sie sich mit Energie dem Studium für die Abschlußprüfung ihrer Lehre, die sie im Juni ablegte. Von den zweiunddreißig Schülern, die bestanden hatten, bekam sie das beste Zeugnis. Nun war sie eine qualifizierte Laborantin.

Die Versuchung war groß, wieder im Friedensdienst zu arbeiten und in das vom Krieg zerfleischte Europa zu gehen, aber sie hatte sich bereits erfolgreich um eine Assistentenstelle bei Professor Karl Köller, einem Hämatologen von internationalem Ruf, beworben. Sie erhielt die Auskunft, daß sie auf die Stelle verzichten müsse, wenn sie diese nicht im Juli antrete.

Es blieb ihr jedoch Zeit für einen kurzen Urlaub in den Bergen. Elisabeth erinnerte sich daran, weil sie dort eine Psychologin kennenlernte, Dr. Lisa Müller, die eine Expertin auf dem Gebiet des Szondi-Tests war. (Lipot Szondi, ein ungarischer Psychiater, hatte einen Test erfunden, durch den man verborgene dynamische Prozesse in der Persönlichkeit sichtbar machen konnte.) Frau Dr. Müller war interessiert, als Elisabeth den Vorschlag machte, den Szondi-Test auf sie und ihre Schwestern anzuwenden. Die Tatsache, daß die Drillinge seit ihrer Geburt zusammengelebt hatten, würde vielleicht ein neues Licht auf die Wirkung der Umwelt im Gegensatz zu den Erbfaktoren in der Persönlichkeitsentwicklung werfen.

Einige Wochen später wandte die Psychologin den Szondi-Test und einige andere psychologische Testverfahren tatsächlich auf die drei Schwestern an. Dabei stellte sich heraus, was Elisabeth bereits vermutet hatte: daß sie und Erika sich wirklich spiegelgleich ergänzten und daß Eva ein ganz anderes Wesen besaß.

Obwohl diese Tests nicht unmittelbar weiterverfolgt wurden, zeigte Elisabeth die Resultate später Professor Manfred Bleuler, dem berühmten Zürcher Psychiater. Die Begegnung zwischen Elisabeth und Professor Bleuler war der Auftakt zu einer lebenslangen Freundschaft.

Im Juli begann Elisabeth ihre Tätigkeit im Laboratorium von Professor Köller und stellte zu ihrer Enttäuschung fest, daß sie zwar mit einem Team arbeitete, das wissenschaftliches Neuland erforschte, daß sie jedoch hier gar keine Berührung mit Patienten hatte. Die Arbeit war durchaus interessant, und sie erkannte, daß es sich dabei um echte Forschung handelte, die immerhin zu einem wirklichen Durchbruch in der Medizin führen konnte. Aber daß sie ihre Tage damit verbrachte, Blutzellen von Plasma zu lösen, durch das Mikroskop zu schauen und tausend Präparate vorzubereiten und zu katalogisieren, war für sie ganz und gar unbefriedigend.

Sie respektierte Professor Köller, sie bewunderte seinen Eifer und seine völlige Hingabe an seine Arbeit. Sie mochte die Chemie, die mit ihrer Arbeit verbunden war, und sie arbeitete gerne neue Methoden aus. Sie gab zu, daß irgend jemand die anspruchsvolle Aufgabe, Blutfaktoren zu klassifizieren, erfüllen mußte, aber warum sollte ausgerechnet sie es sein? Ihre Unzufriedenheit stieg noch durch ihren Widerwillen gegen Medizinstudenten, die die Resultate ihrer, Elisabeths, mühsamen Arbeit im Labor in ihren Dissertationen als eigene Leistung ausgaben. Diese Art des Plagiats war, wie sie erfuhr, in den Forschungslaboratorien durchaus üblich, und sie verurteilte diese Ausbeutung, denn um eine solche handelte es sich.

Im Frühjahr 1946 ließ sie sich durch einen Bekannten dem Leiter der Abteilung für Ophthalmologie (Augenheilkunde) an der Universität Zürich vorstellen. Es war Professor Marc Amsler, ein Arzt und Gelehrter in vorgerückten Jahren aus dem französischen Teil der Schweiz. Auch er besaß wissenschaftliche Disziplin, aber er war außerdem ein Kliniker, dem die direkte Arbeit mit Patienten ein Anliegen war. Er besaß ungewöhnlich viel Charme, Wärme und Einfühlungsgabe.

Sie mußte in einem Vorzimmer auf ihren Termin beim Professor warten, dessen Ordination sich in einem alten Gebäude, der sogenannten »Augenklinik«, befand. Als die Türe sich öffnete, erschien Professor Amsler mit einem Patienten. Sie erkannte ihn. Es war Kaiser Haile Selassie von Äthiopien. Dann betrat der nächste Patient das Ordinationszimmer. Elisabeth erkannte auch sie, denn es war eine der Putzfrauen des Spitals. Es beeindruckte Elisabeth tief, daß der Professor die Putzfrau mit derselben altmodischen Höflichkeit behandelte wie den Kaiser.

Während ihres Gesprächs mit Professor Amsler erkundigte sich dieser nach ihrer Arbeit mit dem Internationalen Friedensdienst. Elisabeth erzählte ihm begeistert ihre Geschichten vom Wiederaufbau von Ecurcey. Erst nach dem Gespräch fiel Elisabeth auf, daß der Professor nicht eine einzige akademische Frage gestellt hatte. Später erfuhr sie von ihm, daß sie hauptsächlich aufgrund ihrer Lebendigkeit und Intensität den begehrten Posten im Laboratorium seiner Augenklinik bekommen hatte.

Elisabeths einzige Enttäuschung war, daß sie an der Klinik beginnen sollte, sobald sie ihr Jahr bei Professor Köller vollendet hatte. Sie hatte gehofft, daß sie im Sommer die Gelegenheit haben würde, in die zerstörten Länder Europas zu gehen. Noch einmal mußte sie ihre Reise nach Polen aufschieben.

In diesem Jahr gab es jedoch Entschädigungen. So brachte ihr die Arbeit an der Klinik den engsten Kontakt mit Patienten. Ihr kleines Zimmer befand sich im Kellergeschoß des baufälligen Gebäudes. Mit seinen Spaltlampen und anderen optischen Instrumenten glich das Labor Professor Amslers der Höhle eines Alchimisten.

Professor Amsler hatte eine komplizierte Methode für die Behandlung von Augenverletzungen erfunden, durch die in vielen Fällen das völlige Erblinden des Patienten verhindert werden konnte. Bei einer traumatischen Augenverletzung tritt nämlich häufig die Komplikation auf, daß das andere Auge ebenfalls erkrankt – ein Phänomen, das in der Medizin als »sympathische Ophthalmie« bekannt ist. Wenn nicht sofort eine wirksame Behandlung erfolgt, ist die Wahrscheinlichkeit groß, daß der Patient sein Sehvermögen auf beiden Augen verliert. Im Jahr 1946 gab es nur eine einzige prophylaktische Behandlung zur Verhinderung totaler Erblindung, wenn sympathische Ophthalmie als ein ernstes Risiko betrachtet wurde: die chirurgische Entfernung des verletzten Auges.

Der Professor instruierte Elisabeth über seine Methode, die darin bestand, daß man einen fluoreszierenden Farbstoff in die Blutbahn des Patienten injizierte und dann mit einer Spaltlampe und anderen Geräten zur Messung der Lichtintensität die Stärke der Fluoreszenz im Inneren des Auges feststellte. In einem gesunden Auge bewegt sich der Fluoreszenzgrad innerhalb bestimmter meßbarer Grenzen. In einem kranken Auge steigt der Fluoreszenzgrad über das normale Maß an.

Diese Methode erlaubte dem Arzt oder seinen Assistenten, das gesunde Auge zu überwachen. Nur wenn eine Verschlechterung des gesunden Auges bemerkt wurde, entfernte man das verletzte Auge mit einem chirurgischen Eingriff. So konnte das Sehvermögen des gesunden Auges meistens ohne Risiko erhalten und der genaue Zeitpunkt für die Entfernung, falls eine solche nötig war, ermittelt werden.

Das Überwachen des unverletzten Auges und das Messen der Fluoreszenz war eine außerordentlich heikle Prozedur, die nur einem vollkommen verläßlichen Menschen anvertraut werden konnte. Professor Amsler bemerkte bald, daß seine neue Laborantin peinlich genau und sorgfältig arbeitete.

Nachdem sie einige Monate im Labor gearbeitet hatte, entdeckte Elisabeth, daß die Überwachung eines Auges andere pathologische Erscheinungen, insbesondere Organerkrankungen, wie Lupus (tuberkulöse Hautflechte), zum Vorschein brachte. Sie teilte dem Professor ihre diagnostischen Funde mit, und er ermunterte sie lebhaft, diese Linie der Forschung weiter zu verfolgen.

Für Elisabeth lag der besondere Segen ihrer neuen Arbeit in ihrem Labor im Kellergeschoß darin, daß sie ihr die Möglichkeit gab, viele Stunden mit Patienten in einer direkten Beziehung zu verbringen.

Die Patienten, die in Elisabeths kleines, schwarz gestrichenes, fensterloses Zimmer – das sogenannte »Dunkelkammerlabor« – kamen, hatten Angst. Manchen drohte totale Erblindung. Andere befürchteten, daß sie ihre Stellen verlieren würden. Manche fürchteten um ihr Leben. Diese Patienten wurden in ein verdunkeltes Zimmer geführt von einer jungen Frau, die, wie sie oft sofort spürten, ihre Ängste vollkommen begriff. Innerhalb weniger Minuten nach Beginn dieser heiklen Untersuchungen waren die meisten Patienten bereit, Elisabeth ihre geheimsten Gedanken mitzuteilen. Viele sagten dann, daß sie so noch zu niemandem gesprochen hätten.

Elisabeths Labor wurde in der Tat so etwas wie ein Beichtstuhl. Kränkungen und Kummer, lang unterdrückte Zorn- und Schuldgefühle brachen in der Finsternis heraus.

Weil sie sich in die Menschen einfühlen konnte, weil sie ihnen zuhörte und nicht überlegen tat und sie nicht mit Klischeeantworten abspeiste, wurde Elisabeth durch ihre glückliche Hand zu einer Art von Psychotherapeutin. Das kam ihr selbst natürlich gar nicht so vor. Sie wußte nur, daß die Leute, die um körperlicher Betreuung willen zu ihr kamen, oft in tiefer emotionaler, geistiger und seelischer Not waren, und manchmal konnte sie ihnen helfen.

Die vielen Stunden, die diese Patienten in völligem Dunkel

verbrachten, waren vermutlich ein wichtiger Faktor bei diesen Aussprachen, denn niemand entsprach der volkstümlichen Vorstellung von einem Beichtvater weniger als Elisabeth. Gelegentlich protestierte ein älterer Patient, wenn er sie das erste Mal sah, man habe ihn der Obhut eines Kindes anvertraut. Der weiße Labormantel verlieh ihr zwar professionelle Würde, aber der erste Eindruck von ihr war trotzdem nicht sehr ermutigend, denn Elisabeth sah noch immer wie ein Teenager aus. Doch ohne Ausnahme erkannten sogar die anspruchsvollsten Patienten an, daß sie ihre Sache gut machte, und einige berichteten Professor Amsler, welch großes Vertrauen sie zu Elisabeth hatten.

Er war entzückt. Jeden Monat übertrug er seiner jungen Assistentin mehr Verantwortung, und dazu gehörte auch die Vermittlung schlechter Nachrichten. Die richtige Vermittlung von schlechten Nachrichten ist eine undefinierbare Kunst. Sie ist wirklich eine *Kunst*, wie Elisabeth heute betont. Nachdem sie anfangs einige Fehler gemacht hatte, wenn sie mit bester Absicht versuchte, eine negative Diagnose zu verschleiern oder abzuschwächen, erkannte sie, wie wichtig es war, mit absoluter Ehrlichkeit und Offenheit zu sprechen.

»Das Spielen mit Patienten«, wie sie es heute nennt, führt unweigerlich zu Tragödien. Wenn es zum Beispiel nötig war, einer Mutter zu sagen, daß das Auge ihres Kindes entfernt werden müsse, um die Sehkraft des gesunden Auges zu erhalten, oder – im Extremfall – daß die Prognose auf vollkommene Blindheit lautete, lernte Elisabeth bald, die schmerzliche Wahrheit in einer einfachen, unverblümten Weise auszusprechen.

Natürlich gab es da auch Tränen, und natürlich trauerten die Menschen um ihren Verlust. Aber neben dem Patienten oder dem Angehörigen des Patienten stand jemand, der den Schmerz und Kummer ganz verstand.

Nicht jeder hätte von angenehmen Arbeitsbedingungen gesprochen, wenn er wie Elisabeth bis zu zehn Stunden täglich in einem verdunkelten Labor im Kellergeschoß hätte zubringen müssen. Doch wegen der intimen Nähe zu den Patienten liebte sie ihre Arbeit bald so sehr, daß sie Professor Amsler zu seiner Erheiterung spontan sagte, sie würde auch für die Hälfte ihres bescheidenen Gehalts in seinem Labor arbeiten. Die Beziehung zwischen dem hochgewachsenen, etwas vornüber gebeugten, großväterlichen Arzt und der eifrigen zwanzigjährigen Laborantin entwickelte sich zu einer herzlichen Zuneigung.

Nachdem sie sechs Monate bei ihm gearbeitet hatte, erwies der Professor ihr die für eine Laborantin noch nie dagewesene Ehre, ihm bei einer Operation assistieren zu dürfen. Auch unter den fortgeschrittensten richtigen Medizinstudenten wählte der Professor sonst nur sehr wenige als Assistenten für den Operationssaal aus.

Bei ihrer ersten Operation, der Entfernung eines Tumors hinter einem Auge, mußte Elisabeth an der Schulter des Professors stehen. Er erläuterte ihr in allen Einzelheiten das chirurgische Verfahren. Nach einigen Operationen – die fast immer sehr heikel waren – handhabte Elisabeth Retraktoren und andere Instrumente, und der Professor behandelte sie oft als seine erste Assistentin. Bald war sie mit seiner Art, sowohl im OP als auch im Labor, so vertraut, daß sie seine Wünsche erriet, bevor er sie aussprach.

Sie hatte einmal zu ihm von ihrer Hoffnung gesprochen, eines Tages Ärztin zu werden. Der Professor nickte nachdenklich, ohne irgend etwas dazu zu sagen. Trotzdem gewann sie den Eindruck, daß er seit dem Tag, als sie ihm ihren Wunsch mitgeteilt hatte, sie für die Zeit trainierte, wenn er sein Skalpell niederlegen würde.

Doch bevor sie die erste große Hürde, ihre Zulassung zum Medizinstudium, in Angriff nehmen konnte, wollte Elisabeth ihren Schwur erfüllen, dem polnischen Volk zu helfen.

An einem der ersten Frühlingstage, als Elisabeth sich fertig machte, um Dr. Amsler bei einer Operation zu assistieren, spürte sie plötzlich, daß dies der rechte Zeitpunkt war, um ihm zu erzählen, was sie schon lange bewegte – daß es Zeit für sie war, fortzugehen und in das noch immer vom Krieg verwüstete Europa zurückzukehren.

Sie beeilte sich, ihm zu versichern, daß sie ihn und ihre Arbeit an der Augenklinik aus keinem anderen Grund im Stich lassen würde. Ihre Worte überstürzten sich. Wie sehr liebte sie ihre Arbeit! Wie dankbar war sie ihm, daß er ihr so viel Verantwortung übertragen hatte! Wenn bei ihrer Rückkehr im Herbst ihre Stelle an der Klinik noch frei wäre, würde sie nur zu gern wieder für ihn arbeiten. Wenn er sie aber nicht zurückhaben wollte, wenn jemand anders ihre Stelle bekommen hätte, würde sie natürlich Verständnis haben.

Eine Schwester band dem Professor die Gesichtsmaske um. Elisabeth sah nur seine Augen dreißig Zentimeter über sich und versuchte vergeblich, aus ihnen eine Antwort herauszulesen.

Dann sagte er in eher verdrießlichem Ton: »Der Winter ist vorbei, und die Schwalbe muß wieder fortfliegen!«

9

Zur Rettung der Kinder

Der Beamte im Zürcher Büro des Internationalen Friedensdienstes sah in seinen Akten nach. Ja, sagte er zu Elisabeth, in einem Dorf in der Nähe von Mons in Belgien sei eine Gruppe, die dringend eine Köchin brauche. Die jetzige Köchin für fünfzig freiwillige Helfer in diesem Lager sei dreiundachtzig Jahre alt und fühle sich durch ihre Aufgabe überfordert.

Der Beamte blickte von seinem Schreibtisch auf und sah die Enttäuschung in Elisabeths Augen. Hatte sie sich etwas anderes erhofft? fragte er voll Anteilnahme. Elisabeth bejahte, fügte jedoch eilig hinzu, daß sie gegen das Kochen nichts einzuwenden habe, denn sie koche gerne für große Gruppen. Aber sie hatte so sehr gehofft, daß sie in ein Lager nach Polen geschickt werden würde.

Der Beamte schloß seine Akten. Er erinnerte sie daran, daß die Stärke und Wirksamkeit des Friedensdienstes darin liege, daß jedes Mitglied bereit sei, dorthin zu gehen, wo die Not am größten sei. Ein Gesuch um sofortige Hilfe in Polen liege in seinen Unterlagen nicht vor.

Elisabeth versicherte ihm, daß sie volles Verständnis dafür habe.

Natürlich sei sie bereit, nach Belgien zu gehen, und sie würde nicht nur kochen, sondern wenn nötig auch Latrinen ausheben. Ihr Rucksack sei schon gepackt, und sie könne sofort abreisen.

Der Beamte schlug seinen Aktenordner noch einmal auf und trug Elisabeths Namen, die Namen ihrer nächsten Angehörigen und andere Einzelheiten ein. Er bot an, ihr eine Fahrkarte nach Mons zu kaufen, machte sie jedoch darauf aufmerksam, daß die Züge jenseits der Grenze nicht fahrplanmäßig verkehrten und sehr überfüllt seien. Es könne mehr als eine Woche dauern, bevor sie eine Fahrkarte bekomme.

Sie stimmte zu, dies sei zu lang. Sie würde sich zutrauen, per Anhalter nach Belgien zu gelangen.

Zu Hause stieß sie am Abend auf erstaunlich wenig Widerstand seitens ihrer Eltern. Herr Kübler sagte nur etwas von »rollenden Steinen, die kein Moos ansetzen«, aber er war durch die Tatsache besänftigt, daß Elisabeth in Belgien arbeiten wollte. Er erinnerte daran, daß Belgien sein Lieblingsland sei, und erzählte ausführlich über eine Reise, die er vor dem Krieg nach Belgien unternommen hatte. Es waren ihm niemals freundlichere Leute begegnet als damals.

Am nächsten Morgen schulterte Elisabeth einen großen Wanderrucksack, der Kleider zum Wechseln, ein Paar Reserveschuhe und einen Apothekerkasten enthielt mit Verbandszeug, Jodflaschen und Aspirin, einer antiseptischen Salbe, einer Injektionsspritze und Injektionsnadeln. Außerdem stopfte sie eine Schachtel mit der eisernen Ration und einen billigen Fotoapparat hinein. Sie erhielt ihren ersten Reisepaß. Obenauf, gegen ihre Schultern gelegt, packte sie eine zusammengerollte Militärdecke. In ihrem Portemonnaie hatte sie fünfzig Franken.

Auf den Rat eines Freundes vermied sie Deutschland. In einer Route über Basel, Nancy und Reims, wo sie eine Nacht in einer Jugendherberge zubrachte, erreichte sie Mons innerhalb von zwei Tagen. Ihr endgültiges Reiseziel war eine düstere, schmutzige Bergarbeitersiedlung einige Kilometer außerhalb der Stadt. Die dortige Gruppe des Friedensdienstes bestand aus Schweden, Dänen, Italienern, einigen Österreichern, zahlreichen Engländern, einem Spanier, einem halben Dutzend amerikanischer Quäker und ungefähr achtzehn Schweizern.

Die Arbeit hatte, wie sich herausstellte, nichts mit dem Krieg zu tun. Es handelte sich um ein Projekt, das schon vor dem Krieg vom

Friedensdienst geplant worden war. Die Gruppe erfüllte damit eine bereits in den dreißiger Jahren zugesagte Verpflichtung.

Die greise Köchin, die schon auf Elisabeth gewartet hatte, erzählte, daß die Leute im Dorf durchschnittlich mit vierunddreißig Jahren an Silikose und Staublunge starben, weil sie von Kindheit an Kohlenstaub einatmeten. Die Helfer waren dabei, einen Spielplatz auf einer der Lagerhalden in der reineren Luft über der allgegenwärtigen Staubglocke anzulegen. Ihr Ziel war es, den Dorfkindern die Chance einer normalen Lebenserwartung zu geben.

Am Tag nach ihrer Ankunft besichtigte Elisabeth die Siedlung und das Arbeitsprojekt. Der Kohlenstaub war überall und schwärzte die Spitzengardinen hinter den fast undurchsichtigen Fenstern der kleinen Häuser der Bergarbeiter. Elisabeth stellte sich in einem Gewitter unter die Türe eines dieser Häuser und sah, wie ein Strom von schwarzem Wasser die Gosse hinunterfloß. Kohlenstaub knirschte zwischen ihren Zähnen, rötete ihre Augen, verrußte ihr Haar.

Als der Himmel wieder klar wurde, blickte sie auf, um sich die pyramidenförmigen Halden anzusehen – riesige, häßliche Monumente menschlicher Plackerei, die neben der vergitterten Plattform der Schachtanlage aufragten. Die Freiwilligen hatten sich zur Aufgabe gestellt, die Spitze einer dieser schwarzen Pyramiden abzutragen, um hundert Meter über den schmierigen Straßen einen Spielplatz zu bauen.

Es war eine Herkulesarbeit, die Spitze des von Menschen gemachten Berges einzuebnen. Es gab keine Planierraupen, und so mußte die Arbeit mit Pickeln, Schaufeln und Schubkarren in Angriff genommen werden. Ungläubig sahen Arbeiterfamilien der Tätigkeit dieser Menschen zu, die für ihren Schweiß, ihre Blasen an den Händen, ihren Durst und ihre Müdigkeit keine Gegenleistung verlangten.

Innerhalb einer Generation hatte das Zechendorf zweimal eine militärische Invasion erlebt. Drei Generationen kannten das Donnern der Handgranaten und der Panzer und hatten auf ihren gepflasterten Straßen Ströme von Blut fließen sehen. Diese neuen Invasoren brachten keine Kanonen, sondern Grassamen, nicht Feindseligkeit, sondern Frohsinn, Lieder, Liebe und selbstlosen Dienst.

Das Dorf hatte einen natürlichen Anführer, einen jungen Pfarrer, der sein großes Pfarrhaus den Leuten vom Friedensdienst öffnete. Hier im Pfarrhaus richtete Elisabeth ihre Küche ein.

Eine ihrer ersten Pflichten bestand darin, die Gastfreundschaft der Dorfbewohner so zu organisieren, daß keine der hilfsbereiten Hausfrauen zu kurz kam. Sie rief die Frauen zusammen und schlug vor, daß sie der Reihe nach Kuchen backen und für die freiwilligen Helfer die Wäsche waschen sollten. Es sollte auch niemandem im Dorf verwehrt sein, Geschenke zu machen oder denen, die – wie man im Dorf sagte – »unseren Kindern die Sonne bringen«, einen Dienst zu erweisen.

Auch Elisabeth kam mit Pickel und Schaufel an die Reihe. Nach einer Schicht sah sie wie ein »Negerlein« aus, wie eine Frau im Dorf sagte. Jeder kannte die junge Schweizerin, die nicht älter aussah als ein Schulkind, doch Schulter an Schulter mit den Männern eine ganze Tagesarbeit leistete. Das Dorf gewann sie besonders lieb nach einem Zwischenfall, der sich auf einer Wiese in der Nähe des Pfarrhauses ereignete.

Sie war gerade beim Wäschewaschen, als sie aus dem Fenster sah und eine Kuh erblickte, die in kleinen Kreisen rückwärts ging. Das Tier schrie und hatte offensichtlich Schmerzen, aber es dauerte ein Weilchen, bevor Elisabeth begriff, daß die Kuh kalbte. Ihre Rufe: »Die Kuh bekommt ein Kind!« machten die Dorfgemeinschaft auf den Vorfall aufmerksam. Sie lief hinaus und versuchte, dem Kalb Geburtshilfe zu leisten. Da die Kuh jedoch immer noch rückwärts ging, war Elisabeth gezwungen, auf einem Bein zu hüpfen, während sie das andere Bein gegen die Flanken der Kuh stemmte. Eine Gruppe von Arbeiterfrauen und Kindern stand dabei und lachte. Bis sie das Dorf verließ, wurde sie danach von den Kindern gegrüßt, die ihr gutmütig nachriefen: »Die Kuh bekommt ein Kind!« und ihre einbeinigen Hebammendienste nachahmten.

Der schönste Teil des Tages war die Abendmahlzeit und das Singen in der Gruppe, zu dem die Dorfbewohner eingeladen waren. Jede Nationalität sang ihre Lieblingslieder und lehrte sie die anderen. Auf Volkslieder aus Dänemark und Österreich folgten Lieder aus Spanien und Italien, Schweizer Jodler, traditionelle Lieder aus England und heiße moderne Melodien aus Amerika.

Bei einem dieser Liederabende saß Elisabeth neben einem amerikanischen Quäker. Er hatte ein freundliches, offenes Gesicht, und Elisabeth schätzte ihn auf Ende Dreißig. Er stellte sich vor und nannte seinen Namen, David Ritchie. Da er merkte, daß Elisabeths Englischkenntnisse noch beschränkt waren, sprach er langsam.

Elisabeth war müde. Sie hatte die heißesten Stunden des Tages bei der Arbeitsbrigade verbracht, und während des restlichen Nachmittags hatte sie das Abendessen für fünfzig Personen gekocht. Sie sehnte sich danach, in ihr Bett zu fallen.

Trotzdem hörte sie höflich zu, als David ihr erzählte, daß er vor kurzem in einem Negergetto in Philadelphia gearbeitet hatte. Sie nickte immer wieder ein und wollte sich schon mit einer Entschuldigung in den Schlafsaal der Frauen zurückziehen, als David auf Polen zu sprechen kam.

Augenblicklich war sie hellwach. Sie bat ihn, noch einmal zu wiederholen, was er eben gesagt hatte. David sagte, daß er darauf warte, nach Polen zu fahren. Er werde sofort aufbrechen, wenn er seine Papiere bekäme.

Elisabeth packte seinen Arm. Mit einer Leidenschaft, die den sanften Quäker erstaunte, bat sie ihn, ihr zu helfen, auch nach Polen zu kommen. Sie sei bereit, auf allen vieren nach Polen zu kriechen, wenn sie nur irgendwie dorthin gelangen könne. In holprigem Englisch erzählte sie ihm von ihrem Gelübde, das sie nach den ersten Radiomeldungen über den Ausbruch des Krieges abgelegt hatte.

Sie war kein bißchen mehr müde, und im Schein des Lagerfeuers suchte sie in Davids Gesicht nach einer positiven Reaktion. Schließlich sagte er, daß er versuchen werde, sie zu rufen, wenn er in Polen angelangt sei. Elisabeth bat ihn, diesen Satz zu wiederholen. David lachte und sagte, daß ein Quäker ihr ein Versprechen gegeben habe, und das sei verbindlich. Er werde über das Zürcher Büro des Friedensdienstes mit ihr in Verbindung bleiben. Impulsiv fiel Elisabeth ihm um den Hals.

Doch zunächst wurde sie nicht nach Polen gerufen. Drei Tage später, am 1. Juni, erhielt sie einen Brief vom Zürcher Büro, in dem ihr mitgeteilt wurde, daß sie sofort in Schweden benötigt würde. In Stockholm war eben ein Trainingslager eingerichtet worden für eine Gruppe junger Deutscher, die zur Wiedergutmachung Hilfe leisten wollten, um das vom Dritten Reich verursachte Leid zu lindern. Der Friedensdienst hatte offenbar Schwierigkeiten, deutschsprachige Lehrer und Dolmetscher zu finden, weil man gegenüber Deutschen noch immer feindselig eingestellt war und ihren Motiven weitgehend mißtraute.

Elisabeth hätte nicht nach Schweden gehen müssen. Da sie als Freiwillige arbeitete, konnte niemand sie zu irgend etwas zwingen. Der Gedanke, in ein Land zu gehen, das nicht durch den Krieg gelitten hatte, war für sie nicht attraktiver als eine Rückkehr in die Schweiz. Außerdem hatte sie nicht die geringste Lust, mit Leuten zu arbeiten, die – wenn sie auch noch so von Reue erfüllt waren – verantwortlich waren für Brutalitäten, wie sie ihr in Ecurcey begegnet waren.

Dies war ihre erste Reaktion auf den Brief aus Zürich. Doch dann besann sie sich. Sie wollte mit ihren Gedanken allein sein und machte einen Spaziergang durch die Felder in der Nähe des Pfarrhauses. Sie sah die Ereignisse in ihrem Leben als »Glieder einer Kette«, in der jede Erfahrung ihren Sinn hatte. Selbst die schrecklichen neun Monate in Corsier-sur-Vevey hatten eine tiefere Bedeutung, indem sie ihre Kanten abschliffen und sie abhärteten für jede Aufgabe, die sie in Zukunft zu bewältigen haben würde. Es überkam sie plötzlich ein tröstliches Gefühl, daß »nichts durch Zufall geschieht«. Sie erinnert sich, daß es »eine Art von mystischer Erleuchtung« war, die ihr auftrug, in den zukünftigen Jahren ihrer »inneren Weisung« zu folgen. Die Aufforderung, nach Schweden zu gehen, schien plötzlich eine besondere Bedeutung zu haben. Sie hatte keine Ahnung, worin diese bestand, aber sie hatte ein »gutes Gefühl« bei der Sache.

An ihrem letzten Abend in Belgien hatte Elisabeth einen Unfall in der Küche. Sie half gerade beim Zubereiten der Abschiedsmahlzeit, als der Griff einer Pfanne brach, die sie in der Hand hielt. Siedendes Öl ergoß sich über ihr Bein und verursachte sofort Brandblasen.

Man salbte und verband ihr Bein, aber sie konnte bis in die frühen Morgenstunden vor Schmerzen nicht schlafen. Dennoch stand sie um fünf Uhr früh auf, nachdem sie vielleicht zwei Stunden geschlafen hatte, zog sich für die Reise an und schulterte den schweren Rucksack. Sie wollte sich eben leise aus dem Schlafsaal schleichen, als Gestalten aus dem Schatten traten und einen Kreis um sie bildeten. Alle Helfer, einschließlich der Neuankömmlinge, waren eine Stunde früher aufgestanden, um sich mit dem traditionellen Lied »Auld Lang Syne« von ihr zu verabschieden.

Nachdem sie alle umarmt, Adressen ausgetauscht und versprochen hatte zu schreiben, humpelte Elisabeth zur Bahnstation. Sie war im Besitz einer Fahrkarte nach Stockholm über Hamburg und Kopenhagen.

Durch das Fenster des überfüllten Waggons erhaschte Elisabeth einen ersten Blick auf Deutschland, aber die Schmerzen in ihrem Bein überlagerten ihre Eindrücke derart, daß sie wenig Erinnerungen an diese Fahrt hat. Auf dem Hamburger Bahnhof ging sie auf die unsaubere Toilette und wickelte den Verband ab. Der Anblick ihres Beins beunruhigte sie. Die Haut über ihrem Schienbein war scharlachrot und eiterte. Sie hatte Fieber. In ihrer Geldbörse hatte sie belgisches Geld im Wert von zehn Schweizer Franken, und seit acht Stunden hatte sie nichts gegessen. Deutschland war das letzte Land, in dem sie unterbrechen wollte, wenn auch nur aus dem Grund, weil es das hungrigste Land Europas war.

Ihre Notlage erweckte nagende Zweifel bei ihr, ob sie die richtige Entscheidung getroffen hatte, als sie Belgien verließ. Sie kannte keine Menschenseele in Deutschland, und alle waren so damit beschäftigt, zu überleben, daß niemand sich um ein durchreisendes krankes Mädchen kümmern würde. Aber es mußte etwas geschehen, da sie sich schwer krank fühlte und die Schmerzen ihr sehr zu schaffen machten.

Elisabeth humpelte aus dem Bahnhof, und sobald sie in eine Straße mit Wohnhäusern kam, ging sie von Tür zu Tür und klopfte an. Wenn ihr jemand öffnete, fragte sie nach einem Arzt. Ein dutzendmal erhielt sie nur einen kalten, leeren Blick. An der dreizehnten Tür stand eine Frau in mittleren Jahren und nickte. Ja, sie war Ärztin, aber für Psychiatrie. Elisabeth erklärte ihre Lage. Die Ärztin ließ Elisabeth eintreten und untersuchte die eiternde Wunde, schüttelte dann den Kopf und sagte, daß sie keine Medikamente, kein Verbandszeug und auch nichts zu essen habe. Sie ging jedoch an einen Schreibtisch und schrieb ein Rezept für 55 ccm Alkohol (die größte Dosis, die sie unter den geltenden Bestimmungen verschreiben durfte) und ging dann mit Elisabeth in eine Apotheke an der Straßenecke.

Es war klar, daß die Möglichkeit einer gefährlichen Infektion bestand, aber vielleicht – meinte die Ärztin – könnte sie mit Alkohol die Wunde säubern und verhindern, daß der Eiter das Schienbein angriff.

Der Apotheker maß den Alkohol ab, als wäre er Goldstaub.

Da Elisabeth Deutschland so rasch wie möglich verlassen wollte, bestieg sie einen Zug nach Kopenhagen und dort die Fähre nach Malmö am untersten Zipfel von Schweden. In Malmö fuhr sie per Anhalter ins nächste Krankenhaus.

Plötzlich umgab sie Luxus! Die Ambulanz war blitzsauber, und blonde Krankenschwestern in gestärkten Uniformen kamen sofort zu ihr gelaufen. Medikamente wurden verschrieben und angewendet. Mit Hilfe starker Betäubungsmittel begannen die pochenden Schmerzen, die sie so lange hatte ertragen müssen, nachzulassen.

Sie fühlte sich unendlich wohl, als das Personal des Krankenhauses sich so um sie bemühte, andererseits war ihr diese Sonderbehandlung ein Rätsel. Man brachte sie in ein Ruhezimmer, wo ihr Bein hochgestellt und mit Kissen gestützt wurde. Schwestern kamen herein und brachten Tabletts voll Essen von einer Qualität, die sie schon lange nicht mehr genossen hatte. Man sagte ihr, daß sie sich keine Sorgen zu machen brauche. Alle Vorbereitungen für ihre Reise nach Stockholm würden für sie getroffen werden. Am Bahnhof in Stockholm würde sie abgeholt und ins Lager gefahren werden. Es sei bereits ein Bote auf den Bahnhof von Malmö geschickt worden, um ihre Fahrkarte gegen ein Schlafwagenbillett erster Klasse umzutauschen.

Als sie am nächsten Morgen in Stockholm ankam, wurde sie in ein großes Jugendlager gefahren, wo sich Hunderte von Menschen zwischen barackenartigen Gebäuden tummelten. Die meisten erhielten Unterricht über verschiedene Arten der Friedensarbeit. Ein älterer schwedischer Beamter im Lager sagte ihr, Schweden wolle aus Dankbarkeit dafür, daß es vom Krieg verschont geblieben war, sich alle Mühe geben, den notleidenden Nachbarn zu helfen.

Während der nächsten Wochen hätte Elisabeth meinen können, sie sei auf einem anderen Planeten. Die Büfettische im Lager bogen sich vor Nahrungsmitteln, und nur wenige Stunden entfernt, in Hamburg, hatte Elisabeth zwei alte Frauen gesehen, die den Müll nach Eßbarem durchwühlten.

Elisabeth empfand dies fast als obszön, nicht nur die Mengen und die Qualität des Essens, das hier verzehrt, sondern auch die Mengen, die weggeworfen wurden. An ihrem ersten Freitagabend in Schweden wurde sie eingeladen, mit einer Gruppe nach Stockholm zu fahren. Fast jeder Mensch auf der Straße schien stockbetrunken zu sein. Man sagte ihr, daß dies eine schwedische Tradition sei. Marken für Alkohol wurden am Freitagabend ausgegeben, und an diesem Abend der Woche leisteten die Schweden sich ein kollektives Besäufnis. Elisabeth sah, an ein Brückengeländer gelehnt, wie eine Gruppe torkelnder Halbwüchsiger den Schnaps direkt aus der Flasche trank. Sie dachte an die 55 ccm Alkohol, die so sorgfältig für sie abgemessen worden waren, als sie in Deutschland war.

Sie dachte an ihr sparsames Elternhaus, wo die Familie beinahe einen Fetisch daraus machte, alles Eßbare aufzubewahren und die Überreste einzukochen, in Essig zu legen oder auf sonstige Weise wiederzuverwerten. Sie erinnerte sich auch an die hungrigen Nächte in Ecurcey.

Die schwedische Gastfreundschaft fand sie schier überwältigend. Nachbarn des Lagers luden die Ausländer ein, und Elisabeth war zu Gast in Häusern, wo sie Mahlzeiten mit sieben Gängen vorgesetzt bekam. Meistens konnte sie nicht mehr als zwei Gänge bewältigen. Ihr Magen, der so lange an winzige Portionen des einfachsten Essens gewöhnt war, konnte die üppigen Mahlzeiten einfach nicht verkraften. Oft wurde sie von Übelkeit befallen, wenn diese Gastmähler sich hinschleppten. Es gelang ihr jedoch, wieder ihr Gewicht zu erreichen, das sie vor Belgien gehabt hatte.

Außerdem gab es hier zuwenig zu tun. Bald nach ihrer Ankunft im Lager sollte sie sich »akklimatisieren« und die Sprache lernen. Dann sollte sie einer Gruppe von Deutschen Unterricht über jeden Aspekt der Leitung eines Arbeitslagers erteilen. Ihre Freizeit verwendete sie zum großen Teil dazu, Schwedisch zu lernen (was ihr als Deutschsprachiger mit Englischkenntnissen nicht schwerfiel), und bald konnte sie genug, um einen Vortrag aus dem Schwedischen ins Deutsche übersetzen zu können.

Viele der Deutschen im Lager blieben unter sich. Elisabeth war überzeugt davon, daß viele von ihnen, sicherlich die Arrogantesten, sich nur deshalb zur Friedensarbeit gemeldet hatten, um der Not in ihrem eigenen Land zu entkommen. Es war kein einziger unter den Deutschen, mit denen sie über den Krieg sprach, der nicht leugnete, für Hitler gewesen zu sein. Man solle die Vergangenheit doch vergessen und in die Zukunft blicken.

Sie führte ein langes Gespräch mit einem jungen deutschen Intellektuellen und erzählte ihm von Ecurcey und den Kinderknochen, die sie unter dem Schutt gefunden hatte. Der Deutsche zuckte nur mit den Schultern. Er war ein Kind gewesen, als Hitler an die Macht kam, wie könne er für Ecurcey verantwortlich gemacht werden?

Elisabeths Augen blitzten. War denn niemand verantwortlich für Ecurcey? fragte sie ihn. War niemand verantwortlich für all die Schrecken des Krieges! Der Deutsche stand auf und ging fort. Elisabeth tadelte sich, daß sie über andere ein Urteil gefällt hatte. Ihr Zorn verrauchte, als sie den Brief herausnahm, den der alte deutsche Kriegsgefangene ihr geschrieben hatte, in dem von der Liebe von Mensch zu Mensch die Rede war. Es gab ja noch so viel in ihren eigenen Anschauungen und Gefühlen, was sie erst lernen mußte zu verstehen.

Zum ersten Mal, seit sie die Schweiz verlassen hatte, empfand

Elisabeth Heimweh – Heimweh nach der Offenheit und Aufrichtigkeit ihrer Familie. Sie dachte liebevoll an ihren Vater. Er war starrköpfig und manchmal hatte er unrecht, aber in diesem Augenblick hätte sie viel darum gegeben, bei ihm sein zu können, mit ihm am Klavier zu singen, sein vertrautes, sonores Lachen zu hören, mit ihm im Gebirge zu wandern. Es war ein neues Gefühl in ihr – dieses plötzliche sehnsüchtige Verlangen nach der Gesellschaft eines starken Mannes, dem sie ihre Empfindungen nicht erst erklären müßte, sondern der sie verstehen würde. Sie erinnert sich, daß sie eine Sehnsucht hatte, sich an eine männliche Schulter lehnen zu können. Es war keine sexuelle Regung, sondern einfach das Bewußtsein ihrer Einsamkeit und ihrer Bedürftigkeit.

Sie hatte eben ihren einundzwanzigsten Geburtstag gehabt. Sie ließ den Tag vorübergehen, ohne irgend jemandem etwas zu sagen. Keine Botschaft hatte sie von zu Hause erreicht. Erika und Eva hätten daheim ein Fest gefeiert, Freunde wären gekommen, und sie hätten Geschenke ausgetauscht. Vielleicht war die Familie in die Berge gegangen und hatte den Geburtstag dort gefeiert mit einem Festmahl aus Walderdbeeren mit süßem Rahm.

Sie humpelte zu dem Vortragssaal, wo sie für einen schwedischen Arzt dolmetschen sollte, der ein Referat über Erste Hilfe hielt. Sie setzte sich auf einen Stuhl auf dem Podium. Ein Gewirr von Sprachen füllte den Raum. Plötzlich spürte sie, daß jemand sie beobachtete. Sie drehte sich um und sah in das gebräunte, wettergegerbte Gesicht eines alten Mannes. Die auf sie gerichteten Augen waren dunkel und tiefliegend, Augen voll Weisheit und Humor. Der Rücken des Mannes war kerzengerade. Er trug ein hochgeschlossenes Hemd, das am Hals zugeknöpft war, und einen tressengeschmückten roten Rock. Erst dachte sie, er sähe aus, als käme er vom Himalaja, beladen mit der Weisheit eines alten tibetischen Klosters.

Ein Funke sprang über zwischen ihnen. Sie dachte einen Augenblick, daß dieser alte Mann die Antwort hätte auf ihre sehnsüchtigen Fragen, daß er ihr als Schutz gesandt sei, eine verwandte Seele, die sie in einer anderen Zeit und an einem anderen Ort einmal gekannt hatte.

Nach dem Vortrag sprach Elisabeth den alten Mann an, der über achtzig Jahre alt gewesen sein mochte. Er begrüßte sie auf französisch. Er war, wie sie erfuhr, ein russischer Emigrant. Er sagte ihr nicht, warum er hier im Lager war, und sie fragte ihn auch nicht danach, aber während der folgenden Tage blieb er bei ihr wie ihr

Schatten. Er war einfach da – in den Vortragsräumen, am Büfett. Wenn sie in einem nahegelegenen Wald spazierenging, sah sie ihn schweigend auf einer Lichtung stehen, und er gab ihr Schutz und Trost ohne Worte.

Es war »eine Art Liebesbeziehung«, erinnert sich Elisabeth, eine Liebe ohne Ansprüche, ohne Forderungen. Die Wirkung des alten Mannes auf sie war, daß sie von ihrer negativen Haltung frei wurde. Sie sah jetzt selbst das potentielle Gute auch in den arroganten Typen unter den jungen Deutschen. Ebenso plötzlich wurde ihr die hinreißende Schönheit der schwedischen Landschaft bewußt, die weithin sich erstreckenden dunklen Wälder, die kalten, kristallklaren Fjorde und der Zauber der schmucken hölzernen Bauernhäuser.

Ein paar Tage, bevor sie Schweden verließ – der alte Russe schien instinktiv zu wissen, daß sie abreisen mußte –, kam der Alte auf sie zu, als sie gerade in ihr Tagebuch schrieb. Er fragte sie, ob er auch etwas hineinschreiben dürfe. Mit zittriger Hand, aber in makellosem Französisch, schrieb der Russe: »Ihre leuchtenden Augen erinnern mich an die Sonne. Ich hoffe, daß wir uns einmal wiedersehen und daß wir dann gemeinsam die Sonne begrüßen können. Leben Sie wohl.«

Über das gegerbte Gesicht des Alten breitete sich ein Lächeln, und dann ging er fort. Elisabeth sah ihm nach, bis er ihrem Blick entschwunden war. Dann las sie seine Zeilen noch einmal und merkte, daß er nicht unterschrieben hatte. Er hatte nie seinen Namen genannt, und sie hatte ihn nie danach gefragt.

Sie sah den Alten nicht wieder, obwohl sie sich im Lager etliche Male nach ihm erkundigte. Niemand wußte, von wem sie sprach. Sie begann sich zu fragen, ob nur sie ihn gesehen hatte, ob er einfach geschickt worden war, um sie in seine Obhut zu nehmen als ihr Schutzengel. Am nächsten und übernächsten Tag hatte sie das merkwürdige Gefühl, daß er noch in ihrer Nähe sei, daß sie ihn bei Tisch gegenüber sehen oder daß er plötzlich zwischen den Baracken um die Ecke biegen würde.

Dann kam das lange und sehnsüchtig erwartete Telegramm von David Ritchie, dem amerikanischen Quäker. Das Telegramm, das vom Zürcher Büro an sie umadressiert war, lautete kurz und bündig: »Kommen Sie so schnell wie möglich nach Polen. Große Not. Brief folgt.«

Sie zählte ihre geringe Barschaft. Sie reichte kaum aus für eine Bustour durch Stockholm. Dann fiel ihr ein, daß ein hiesiger Bauer, den sie bei einem Smörgåsbord in einem der gastlichen Häuser kennengelernt hatte, sich bitter beklagt hatte, daß er wegen Mangel an Arbeitskräften seine Obsternte nicht einbringen könne. Am folgenden Tag besuchte sie ihn, und er sagte ihr den gängigen Lohn und eine Extraprämie zu, wenn die junge Schweizerin wirklich, wie sie behauptete, sechzehn Stunden am Tag in seinen Obstgärten arbeiten und Heu machen könne.

Als sie ihre Lehrverpflichtung absolviert hatte, packte sie wieder ihren Rucksack. Die nächsten zwölf Tage arbeitete sie von fünf Uhr früh bis spät abends auf dem Bauernhof. Es war Mitte Juli, und die Sommertage im Norden sind lang. Aber Elisabeth liebte die Arbeit. Das Geld, das ihr der dankbare Bauer bezahlte, war mehr als genug für eine Schiffskarte von Stockholm bis Danzig.

Dann schickte David wie versprochen einen Brief und nannte darin die Adresse des Büros der Quäker in Warschau. Er gab ihr außerdem Instruktionen für die Reise. Sie sollte sich beim polnischen Konsulat in Stockholm ein Visum besorgen, wo sie bereits avisiert war. Ein Dampfer würde am 20. Juli von Stockholm nach Danzig fahren. Bei ihrer Ankunft in Danzig müsse sie beim Stationsvorsteher ihre vorausbezahlte Fahrkarte nach Warschau abholen. Von Danzig aus solle sie den Quäkern in Warschau telegrafieren, mit welchem Zug sie komme.

Elisabeth war überglücklich. Es ging alles wie am Schnürchen. Endlich war sie auf dem besten Wege, ihr Gelübde zu erfüllen.

Die Erfüllung des Gelübdes

10

Elisabeth verständigte die schwedische Lagerleitung von ihrer Abreise und hinterließ die Adresse der Quäker in Warschau, damit man ihre Post nachsenden konnte. Dann ging sie zu dem Bauern, um sich zu verabschieden und frisches Obst für die Reise zu pflücken. Er war mehr als großzügig gewesen, und ihre Börse war prall voll mit harter schwedischer Währung.

Sie war so gesund wie noch nie. Nach all den Tagen in den Obstgärten waren ihr Gesicht, ihre Arme und Beine braungebrannt, und die Sonne hatte ihr Haar gebleicht, so daß es um mehrere Schattierungen heller war als sonst. Sie schloß das Hoftor hinter sich, stellte sich an den Rand der Straße nach Stockholm und hielt den Daumen nach oben. Sie wollte erst ihr Visum auf dem polnischen Konsulat abholen und am Tag darauf den Dampfer nach Danzig besteigen.

Fast im gleichen Augenblick hielt ein Auto mit quietschenden Reifen an der Straßenseite an, und der Wagenschlag flog auf. Als sie, ihren Rucksack schleppend, zu dem Auto hinlief, prägte sie sich das Kennzeichen ein – eine Vorsichtsmaßnahme, die sie in Frankreich von einer erfahrenen Tramperin gelernt hatte, die einmal während einer Fahrt in Schwierigkeiten geraten war.

Ihr erster Eindruck von dem Fahrer war wenig ermutigend. Es war ein unrasierter Mann mittleren Alters, und in seinen Schweinsaugen und in der fast schleimigen Art, wie er sie aufforderte, sich neben ihn nach vorne zu setzen, war etwas Unheimliches. Elisabeth zögerte, unterdrückte jedoch eine instinktive Warnung gegen diese Fahrt und kletterte auf den Rücksitz.

Als der Fahrer von der Hauptstraße abbog und in eine von dichten Wäldern flankierte ungepflasterte Straße fuhr, steigerte sich ihre Unruhe immer mehr. Sie riß einige Blätter aus ihrem Notizbuch und kritzelte die Autonummer drauf und das Wort »Hilfe!« auf schwedisch und deutsch. Sie kurbelte das Fenster einen Spaltbreit hinunter und warf die Blätter in Abständen auf die Straße hinaus. Sie dachte, daß irgend jemand ihre Spur finden würde, falls sie wirklich entführt würde.

Nach einer Fahrt von etwa zwanzig Minuten blieb der Fahrer vor einem großen einstöckigen Haus mit einem hohen Zaun und einem vergitterten Tor stehen. Er lud Elisabeth ein, »echte schwedische Gastfreundschaft« kennenzulernen. Er versicherte ihr, daß sie noch eine Menge Zeit hätte, um nach Stockholm zu fahren.

Es blieb ihr nichts anderes übrig als auszusteigen, und als er sie in ein wohnlich eingerichtetes Zimmer führte und ein Tablett mit Gebäck hereinbrachte, schwankte sie, ob sie um Hilfe schreien oder sich bedanken sollte. Als der Mann jedoch versuchte, sie zu küssen, lief sie durch eine offene Fenstertür in den von einer Mauer umgebenen Garten. Sie bemerkte, daß sich die Vorhänge an einem Fenster im oberen Stockwerk bewegten. Drei junge Mädchen beobachteten sie.

Rückblickend ist Elisabeth heute nicht sicher, ob ihre Angst auf bloßer Einbildung beruhte, aber damals war sie überzeugt, daß sie in ein Bordell entführt worden war, und wenn sie nicht blitzschnell und umsichtig handelte, würde sie in das »älteste Gewerbe« eingeführt werden.

Sie kehrte ins Haus zurück und sagte dem Mann, daß sie Spuren auf der Straße hinterlassen hatte. Sie gewann den Eindruck, daß er darauf nervös reagierte. Er beteuerte seine Unschuld, warf ihr Undankbarkeit vor und fuhr sie nach Stockholm. Er bestand jedoch darauf, daß sie bei seiner Bäckerei in der Nähe der Docks stehenblieben, wo sie so viel Gebäck mitnehmen dürfe, wie sie tragen könne.

Zu Elisabeths Erstaunen gab es hier wirklich eine Bäckerei. Sie hatte eben eine Papiertüte gefüllt, als der Mann Anstalten machte, das Tor des Gebäudes zu schließen. Elisabeth rannte davon und hörte nicht auf zu rennen, bis sie bei einer Polizeistation angelangt war. Ihre Geschichte schien bei der Polizei Eindruck zu machen, zumal in den letzten Monaten, wie sie erfuhr, einige junge Ausländerinnen verschwunden waren. Es war die Rede von weißem Sklavenhandel.

Bevor die Polizisten sie in das Bauernhaus zurückfuhren, wollten sie mit ihrer Hilfe die Bäckerei bei den Docks ausfindig machen. Aber sie fand sich nicht mehr zurecht und konnte den Ort nicht wiederfinden. Sie erfuhr nie, ob die Mädchen im oberen Fenster in den Harem eines Ölscheichs verfrachtet werden sollten, oder ob sie einfach nur einem lüsternen Bäcker, der drei Töchter besaß, einen Kuß verweigert hatte. Das einzig Gute an der Episode war, daß sie immer noch die Tüte mit Gebäck hatte.

Nach einer letzten Nacht im Bauernhaus meldete sie sich am nächsten Tag auf dem polnischen Konsulat und begab sich von dort zum Kartenbüro, wo sie mit Hilfe der Beamten vom Konsulat eine einfache Schiffskarte für das Paketboot erstand, das am selben Abend nach Danzig ausfahren sollte.

Sie hatte einen schmucken weißen Dampfer erwartet wie auf dem Genfer See, und als sie das kleine verrostete Fahrzeug bestieg, dachte sie, daß es wohl nur deshalb nicht versenkt worden war, weil es die Mühe nicht lohnte. Das Postschiff hatte einige Kojen unter Deck, aber Elisabeth wollte ihr schwerverdientes Geld sparen und blieb lieber oben auf dem offenen Deck. Um zehn Uhr abends, als die milchige Sonne am westlichen Horizont unterging, sprangen die Motoren an. Kurbeln dröhnten, Taue wurden losgemacht, und das alte Fahrzeug tuckerte langsam durch das ölige Wasser des Stockholmer Hafens.

Elisabeth war offenbar die einzige Frau an Bord. Sie wickelte sich in eine Decke und legte sich zusammengerollt auf eine taufeuchte Bank. Vier Männer von hagerem Aussehen, von denen einer wohl über zwei Meter lang und so dünn wie ein Laternenpfahl war, standen an der Reling und unterhielten sich angeregt in einer Sprache, die sie nicht verstand.

Die Planken des Geisterschiffes (so kam es ihr vor) ächzten, als es sich in die Ostseebucht vorarbeitete. Bald war Elisabeth eingeschlafen.

Es muß mitten in der Nacht gewesen sein, als sie aufwachte, weil jemand ihr sanft übers Haar strich und ihre Decke zurechtlegte. Es war einer der ausgehungert wirkenden Männer, die sie vorhin gesehen hatte. Sie hätte schreien können, stellte sich jedoch schlafend. Durch ihre Wimpern erspähte sie das Gesicht des Mannes im milden Schein der Mitternachtssonne und sah, daß sein Ausdruck keineswegs lüstern, sondern behutsam, ja sogar zärtlich war. Der Mann entfernte sich und ging wieder zu seinen Kameraden an die Reling. Trotz ihrer Erfahrung am Tag vorher fühlte Elisabeth sich geborgen.

Sie schlief durch die lange Morgendämmerung des nordischen Sommers und rührte sich erst, als diejenigen Passagiere, die sich eine Koje geleistet hatten, die Kajütentreppe hinaufstiegen, um ihre Glieder zu strecken und frische Seeluft zu atmen. Als sie ihre Decke faltete, bemerkte sie, daß sie von den Männern beobachtet wurde, die wieder an der Reling standen. Der baumlange Mensch grüßte sie in einer Sprache, die sie für Polnisch hielt. Sie erwiderte den Gruß vorsichtig auf schwedisch. Sie stand ein wenig abseits und sah sich die Männer genau an. Alle vier schienen etwa gleichaltrig, vielleicht Mitte Dreißig, zu sein. Sie trugen zerknitterte, schlecht sitzende Anzüge. Einer von ihnen hatte einen geflickten, ausgefransten Mantel an. Wenn nicht ihre sensiblen, intelligenten Gesichter gewesen wären, hätte man sie für Arbeiter halten können.

Sie öffnete die Tüte mit dem Gebäck, die der lüsterne Bäcker ihr gegeben hatte. Es war mehr, als sie essen konnte. Schüchtern ging sie auf den Mann zu, der ihre Decke gerichtet hatte, und bot ihm und seinen Freunden, diesmal in deutscher Sprache, von den Backwaren an. Das Gesicht des Mannes verfinsterte sich, und sie begriff, daß sie wie bei ihrer Fahrt durch Dänemark erklären mußte, daß sie keine Deutsche, sondern Schweizerin sei. Die anderen drei Männer hörten ihre Erklärung, schnappten das Wort »Schweizerin« auf und wiederholten es. Sie strahlten und nahmen das ihnen angebotene Gebäck an.

Offensichtlich konnten sie nicht deutsch, und so sprach sie französisch. Zwei der Männer konnten französisch, jedoch nicht sehr gut. Während sie aßen, stellten sie sich vor. Sie waren alle Ärzte verschiedener Nationalitäten. Der übergroße Mann war Rumäne. Der Mann, der ihr über das Haar gestrichen und ihre Decke zurechtgelegt hatte, war ein aristokratisch aussehender Ungar. Der dritte war ein bärtiger Pole, und der vierte, ein rothaariger Mann mit breiten Backenknochen, war Tscheche. In französischer Sprache erläuterte der Pole, daß sie eben eine medizinische Tagung in Stockholm besucht hatten, die von einem schwedischen Philanthropen veranstaltet worden war. Wie Elisabeth waren auch sie über den üppigen Reichtum der Schweden verblüfft. Sie freuten sich darauf, nach Hause zurückzukehren, wo medizinische Versorgung dringend benötigt wurde, und interessierten sich lebhaft für Elisabeths Bericht von ihrem Friedensdienst und ihre Absicht, sich einem Arbeitslager in Polen anzuschließen.

Elisabeth wurde sofort mit ihnen warm und umgekehrt. Der polnische Arzt übersetzte Teile des Gesprächs ins Ungarische, und bald verständigten sie sich in einer Art Lingua franca. Sie brachen in helles Lachen aus über ihre Anstrengungen, einander zu verstehen, und sie beschlossen, auf der Fahrt nach Warschau zusammenzubleiben.

Es war ein denkwürdiger Augenblick, als Elisabeth in Danzig über die Landungsbrücke ging und zum ersten Mal polnischen Boden betrat. Als gutes Omen brach die Sonne durch die Wolken. Elisabeth ging ein paar Schritte allein auf dem Dock entlang. Eine steife Brise wehte landeinwärts, peitschte die dahineilenden weißen Wellen und preßte den verblichenen braunen Kordrock und die dünne grüne Baumwollbluse an ihren mageren Leib. Sie wollte diesen Augenblick im Gedächtnis behalten, die Gerüche, die Geräusche, die ganze Stimmung. Sie blickte über die Schulter und sah, daß die Männer ihr winkten, sich zu beeilen. Ihre Stimmung wechselte. Sie fühlte sich glücklich, ausgelassen, ja sogar hübsch trotz ihrer schäbigen Kleider und klobigen Schuhe. Sie hatte vier Kavaliere und freute sich auf eine abenteuerliche, heitere Reise.

Mit der Unterstützung eines der Ärzte holte Elisabeth ihre Fahrkarte beim Stationsvorsteher ab, der sie warnte, daß der Zug nach Warschau sehr voll sein würde. Das war eine Untertreibung, denn die Abteile waren nicht nur gedrängt voll Menschen, sondern auch voll Vieh. Gänse, Hühner, sogar Ziegen mischten ihre Stimmen in den kakophonischen Chor. Es gab nur eine einzige Möglichkeit, mit diesem Zug nach Warschau zu kommen, stellte der polnische Arzt fest, nämlich auf dem Dach.

Der Pole kletterte auf die Schultern des riesigen Rumänen und von dort auf ein Waggondach, und dann zog er die anderen hinauf. Alle fünf waren in bester Laune. Es kam Elisabeth vor, als spielten sie wie Kinder – allerdings ein gefährliches Spiel. Ihre Sicherheit, ja ihr Leben hing von der Stärke ihrer Arme und von der günstigen Lage eines Schornsteins ab, der über einen halben Meter über das Dach emporragte. Die Gruppe der fünf Leute setzte sich um den Schornstein und hielt sich gegenseitig an den Schultern fest.

Der Zug setzte sich in Bewegung und beschleunigte sein Tempo. Vom Bahnsteig aus entdeckte ein Bahnbeamter die Passagiere auf dem Dach. Er fuchtelte mit den Armen und rief ihnen zornig etwas zu. Aber es war zu spät! Die Fahrt hatte begonnen.

Der große Rucksack auf Elisabeths Rücken zog sie nach rückwärts, und mit großer Anstrengung klammerte sie sich an die Rockärmel der Männer zu beiden Seiten. Plötzlich wurden die Augen des langen Rumänen weit vor Schreck. Er deutete in die Richtung der Lokomotive, die auf einen Tunnel zufuhr. In ihrer Phantasie malte Elisabeth sich schon die entsetzlichsten Bilder aus – wie fünf Menschen ohne Köpfe, die Arme noch ineinander verschränkt, in Warschau ankommen würden!

Die letzten Sekunden, bevor der Zug in das Dunkel hineindonnerte, schienen wie eine kleine Ewigkeit. Doch zwei Minuten später tauchten die fünf Dachpassagiere, hustend vor Rauch und rußgeschwärzt, wieder im Tageslicht auf.

Elisabeth wußte, daß sie die Reise nach Warschau unmöglich auf dem Dach überstehen konnte. Bei jedem Ruck des Zuges wurden ihr die Arme fast aus den Gelenken gerissen. Glücklicherweise leerte sich der Zug zur Hälfte an einer Station, die nur eine Stunde von Danzig entfernt war. Ihre Kameraden kletterten vor ihr auf die Plattform hinunter, und Elisabeth sprang zerkratzt und erschöpft in ihre Arme. Die fünf Reisegefährten ließen sich in einem völlig leeren Abteil auf hölzernen Bänken nieder, die weitaus komfortabler waren als das Dach. Die Ärzte kauften Obst, Brot und Wurst von einem Mann, der Erfrischungen feilbot. Nachdem sie gegessen hatten, schlief Elisabeth ein. Als sie erwachte, war es schon dunkel. Einen Augenblick lang wußte sie nicht, wo sie war, denn es kam ihr vor, als liege sie auf einer Couch. Das stimmte zwar nicht ganz, aber während sie schlief, hatten ihre Kameraden sie über ihre Knie gelegt und hielten sie sacht wie ein kleines Kind.

Während der Zug durch die kurze Sommernacht ratterte und schaukelte, vertrieben die Reisegefährten sich die Zeit mit Volksliedern in ihrer jeweiligen Sprache. Als der Zug zeitig am nächsten Morgen in Warschau einfuhr, erklangen aus dem Abteil die seltsamen Laute eines Jodlers.

Der Warschauer Bahnhof schien halbwegs intakt oder wiederaufgebaut zu sein und ließ kaum ahnen, daß große Teile der Stadt zerstört waren. David Ritchie, ein breites Lächeln auf seinem Gesicht, und ein Ehepaar mittleren Alters, ebenfalls amerikanische Quäker, begrüßten Elisabeth auf dem Bahnsteig.

Noch einmal hieß es Abschied nehmen. Elisabeth hatte die vier Ärzte kaum länger als achtundvierzig Stunden gekannt und war in alle vier verliebt. Schmerzliche Abschiedsszenen, wenn sie von Freunden scheiden mußte, waren ein Luxus, den sie sich nicht mehr leisten konnte. Jeder Abschied von einem Menschen, den sie gern hatte, war ein »kleiner Tod«, wie sie jetzt sagt.

Sie umarmte jeden ihrer vier Kavaliere. Dann stellten die Ärzte sich auf und sangen vergnügt ein Schweizer Bergsteigerlied, das sie ihnen beigebracht hatte. Reisende und Bahnbeamte blieben stehen und starrten sie verwundert an, als die Jodler von den Mauern des Bahnhofs widerhallten.

Nachdem David und das Ehepaar Elisabeth in eine winzige Wohnung gebracht hatten, die auch als Büro diente, machten sie mit ihr im Jeep eine Rundfahrt durch Warschau. Sie fuhren kilometerweit durch eine fast völlig zerstörte Landschaft, die einmal eine der schönsten und vornehmsten Städte Europas gewesen war. Die Bevölkerung Warschaus von zwei Millionen Einwohnern war jetzt auf 300 000 reduziert. In den vergangenen zwölf Monaten, mehr als zwei Jahre nach Kriegsende, waren die Überreste von 150 000 Menschen, zum Großteil Zivilbevölkerung, aus den Ruinen geborgen worden. Die Ausgrabungen wurden noch fortgesetzt. Das einzige Zeichen, daß in manchen Ruinen tatsächlich noch Menschen lebten, war der Rauch aus unzähligen kleinen Schornsteinen.

Elisabeth war zutiefst bewegt vom Anblick Tausender von Menschen, darunter von vielen Kindern, die den Schutt durchsuchten in der Hoffnung, etwas zu retten, was sie zum Wiederaufbau der Stadt verwenden konnten.

Sie war besonders gerührt von den Kreuzen und Blumensträußen, die sie an verfallenen Hausmauern und eingestürzten Kirchen sah. Jedes Kreuz und jeder Strauß, erläuterte David, erinnerte an einen Menschen, der im Krieg umgekommen war. Die Blumen wurden zwei- oder dreimal in der Woche erneuert. Sie wurden vom Land hereingebracht, und die Trauernden opferten oft Geld, das sie dringend für Lebensmittel benötigten, um Kränze zu kaufen zum Gedächtnis an einen lieben Verstorbenen.

Die Quäker hatten Elisabeth in einem Lager in Lucima bei Lublin, in der Nähe der russischen Grenze, untergebracht, wo der Krieg besonders gewütet hatte. Nach einem zweiten Tag in Warschau, den sie damit verbrachte, in Ruhe Wäsche zu waschen und Briefe zu schreiben (die aus irgendeinem Grund ihre Familie und ihre Freunde in Zürich nie erreichten), fuhr David sie im Jeep in südlicher Richtung durch eine flache Steppenlandschaft entlang der Weichsel. Gelegentlich blieben sie in einem Dorf stehen und labten sich mit einem Trunk Wasser oder Milch.

Nach einer holprigen, staubigen Fahrt, die fünf Stunden dauerte, zeigte David auf eine Häusergruppe vor ihnen. »Lucima!« rief er, den Motorenlärm übertönend. Als sie näher an das Dorf herankamen, sah Elisabeth, daß viele Häuser Ruinen waren, denn das Dorf war durch die Panzer und Granaten fast dem Erdboden gleichgemacht worden. Trotzdem gab es Anzeichen, daß hier wiederaufgebaut und fleißig gearbeitet wurde. Vor einem Häuschen arbeitete ein Schneider flink auf seiner altmodischen Nähmaschine. Vor einem anderen Haus sah man einige ältere Frauen, die Decken webten. Am Rand des Dorfes, nahe am Fluß, standen zwei große Zelte, die fünfundvierzig freiwillige Helfer beherbergten.

David hupte, als er durch das Dorf fuhr. Kinder winkten, und Hühner stoben davon. Die Helfer, die gerade mit dem Bau einer neuen Schule beschäftigt waren, legten ihre Werkzeuge nieder und begrüßten den Neuankömmling.

Sogleich wurde Elisabeth in ihre neue Küche geführt. Sie war fast so primitiv wie die Küche in Ecurcey, hatte aber wenigstens einen altmodischen, gemauerten Herd und Kohle zum Heizen. Im Bewußtsein, daß sie gar nicht glücklicher sein könnte, krempelte sie die Ärmel auf.

Acht Jahre, nachdem sie ihren Schwur abgelegt hatte, konnte sie ihr feierliches Gelöbnis dem polnischen Volk gegenüber endlich einlösen.

11
Eine Handvoll geweihte Erde

Viermal war in der Endphase des Zweiten Weltkrieges das Kampfgeschehen mit Feuer und Stahl über Polen hinweggerollt. Viele konnten nur überleben, indem sie sich wie Tiere in den Boden wühlten. Tausende von Menschen in der Nähe der russischen Grenze waren verhungert. Zahllose andere waren, wie Elisabeth erfuhr, in den grimmig kalten Wintern erfroren. Für diejenigen, denen es gelungen war, am Leben zu bleiben, waren die freiwilligen Helfer aus fernen Ländern gekommen.

Elisabeth war verblüfft über die stoische Gelassenheit der Polen. Zu ihrem Staunen begegnete sie keinem Selbstmitleid und keiner Verbitterung. Entbehrungen, körperliche Leiden und Tod wurden einfach akzeptiert als Wechselfälle des Lebens. Keiner der Bauern schien Geld zu haben. Wenn eine Familie ein Schwein oder eine Gans schlachtete, so wurden selbstverständlich die Nachbarn eingeladen, mit ihnen zu teilen, oder man gab eine Portion Fleisch dem Dorfschneider für ein paar Hosen.

Im Lager von Lucima waren fünfzehn Nationen vertreten. Etwa die Hälfte kam vom britischen Roten Kreuz oder von den amerikanischen Quäkern. Die nächstgrößte Gruppe bestand aus Polen, und Elisabeth war die einzige Schweizerin. Sie weiß nicht mehr, wer sie zuerst »Peterli« nannte, aber der Spitzname bürgerte sich bald ein und blieb ihr für den Rest ihrer Zeit in Arbeitslagern in Europa erhalten.

Weniger deshalb, weil sie nur einen Meter fünfzig groß war, sondern vermutlich darum, weil sie jede Arbeit, vom Mischen des Zements bis zum Schleppen von Brettern, mit so viel Eifer anpackte und ihren Enthusiasmus nicht bremsen konnte, wurde sie oft, zumindest von den welterfahrenen und weitgereisten Männern, für einen Teenager gehalten. Es machte ihr nichts aus, und sie sollte bald beweisen, daß sie kein Lagermaskottchen war.

Wie in Ecurcey setzte sie ihren Ehrgeiz drein, Abwechslung in das Menü aus den Grundnahrungsmitteln zu bringen, die sie von den Bauern kauften oder eintauschten. Eine Familie, deren Haus wiederaufgebaut oder repariert wurde, ging einstweilen aufs Land hinaus, um zu hamstern, und bei ihrer Rückkehr ins Dorf brachte sie Säcke mit Äpfeln, Gurken, Tomaten, Eiern und Ziegenmilch in die Küche. Manchmal kam ein Lastwagen aus Warschau, der ihnen Konserven, getrocknetes Obst und Gemüse, Zucker, Kaffee und Tee brachte. Die Lebensmittel waren von amerikanischen Quäkern oder dem britischen Roten Kreuz nach Polen geschickt worden.

Die Arbeit konzentrierte sich in erster Linie auf den Bau der Schule, weil die Kinder in dieser Gegend noch gar keinen Unterricht erhalten hatten. Die Lehrer waren die ersten, die von den Nazis liquidiert worden waren. Die Friedensdienstler meinten, daß sie durch die Erziehung der jungen Generation der Kultur und Wirtschaft Polens am besten auf die Beine helfen und so dem furchtbar zerstörten Land einen Weg zu neuem Wohlstand weisen könnten.

Sie hatten sich vorgenommen, polnisch sprechenden Lehrern vor dem Ende des Sommers eine bezugsfertige Schule übergeben zu können. Lucima war dafür ausgewählt worden, weil der Ort mitten in einem landwirtschaftlich nutzbaren Gebiet lag und weil es für Polen am wichtigsten war, die Agrarproduktion wieder auf die Höhe zu bringen.

In der Küche hatte Elisabeth reichlich Hilfe von Leuten aus dem Dorf, und so konnte sie sich Zeit nehmen, am Bau mitzuhelfen. Ihre erste Arbeit bestand im Mischen von Mörtel. Sie und Karen, ein muskulöses Mädchen aus Dänemark, mischten abwechselnd Zement, Sand und Wasser, bis die Masse die richtige Konsistenz hatte. Wenn sie in der hochsommerlichen Hitze zwei Stunden Mörtel gemischt hatte, war ihre Bluse zum Auswinden naß, und jeder Muskel ihres Körpers schmerzte. Ihre Kameraden erbarmten sich dann ihrer, und für die nächsten ein, zwei Stunden durfte sie als Maurer oder Dachdecker arbeiten.

Innerhalb weniger Tage kannte Elisabeth die meisten der fünfundvierzig Leute im Lager und außerdem viele Dorfbewohner. Sie fühlte sich besonders zu Rita, einem krankhaft mageren polnischen Mädchen hingezogen, das nicht viel älter war als sie. Rita wußte, daß sie an Leukämie sterben würde, und nahm den Verfall ihrer Kräfte mit Gelassenheit hin. Sie konnte keinen Mörtel mischen oder Ziegelsteine heben, und so nahm sie es auf sich, die Kleider der Arbeiter zu waschen.

Elisabeth traf sich mit Rita jeden Tag vor Sonnenaufgang. Die beiden Mädchen sammelten vor den Zelten die Bündel mit Schmutzwäsche ein und trugen sie an die Weichsel hinunter. Meistens wuschen sie die Kleider ohne Seife (die noch ein seltener Artikel war) mit Hilfe altmodischer Waschbretter. Während sie schrubbte und spülte, trällerte Rita mit ihrer weichen, melodischen Stimme polnische Volkslieder.

Elisabeth erinnert sich lebhaft an diese Stunden im Morgengrauen am Ufer der Weichsel, insbesondere an die Augenblicke, wenn die Sonne über dem Flachland aufging – an Ritas klare Stimme, an das plötzliche Feuer des Sonnenaufgangs und an das kühle Wasser des Flusses, das um ihre Füße plätscherte. Mit Rita unterhielt sie sich stundenlang über Leben und Tod, über die Verletzlichkeit des Menschen, über Gott und den Sinn des Lebens. Rita lehrte sie die polnische Sprache, und bald setzte Peterli die älteren Leute im Lager in Erstaunen, weil sie einfaches Polnisch ins Deutsche, Englische und Französische übersetzen konnte und umgekehrt.

Wie in den früheren Lagern endete auch in Lucima der Arbeitstag mit einem Gruppensingen, und jede Nationalität steuerte Lieder bei. Es dauerte nicht lang, da hatte Elisabeth ihren Kameraden die Schweizer Alpenlieder beigebracht.

Nach einer Weile änderte sich jedoch ihre Arbeitsroutine. Die meisten polnischen Ärzte, Krankenschwestern und sogar Hebammen waren von den Nazis verschleppt oder liquidiert worden. Einige Krankenhäuser wurden in den größeren Städten wieder eröffnet, darunter eines in Lublin, an die zwanzig Kilometer von Lucima entfernt. Doch dieses Krankenhaus war sehr überlaufen und schickte ambulante Patienten fort. Daher hatten die Dorfbewohner ein Haus geräumt und es in eine Klinik verwandelt. (Genauer gesagt, die Klinik nahm nur die Hälfte des Hauses ein, denn der zweite Raum diente als Vorratskammer.) Mit ihrem Lehmboden und dem strohgedeckten Dach, mit ihrer Einrichtung, bestehend aus einem Holztisch, zwei Stühlen und einigen Regalen, hätte die Klinik kaum primitiver sein können, doch als sich die Kunde ihrer Existenz verbreitete, wurden bis zu fünfzig Patienten pro Tag behandelt.

Sobald sich herumgesprochen hatte, daß Elisabeth in einem Krankenhaus gearbeitet hatte und daß sie Injektionsspritze und Injektionsnadeln besaß, wurde sie gebeten, in der Klinik mitzuarbeiten. Diese unterstand zwei jungen Polinnen, die von allen Hanka und Danka genannt wurden. Diese beiden Frauen hatten bei den polnischen Widerstandskämpfern an der Front medizinische Erfahrungen gewonnen. Ihre Apotheke war auf ein Dutzend Grundmedikamente beschränkt, inklusive Aspirin und aus Kräutern hergestellter Brechmittel, aber sie waren bemerkenswert geschickte praktische Ärztinnen.

Obwohl Elisabeths medizinische Erfahrung auf ihre Assistenz bei Dr. Amsler beschränkt war, eignete sie sich das Nötigste schnell an. Bei Sonnenaufgang erschien eine Schlange von Patienten auf der staubigen Straße von Lucima. Manche kamen in Pferdefuhrwerken, andere kamen in kleinen Booten die Weichsel herauf, doch die meisten gingen zu Fuß, manchmal mehrere Tage und Nächte.

Die Kuren von Hanka und Danka würde man in einem modernen medizinischen Lehrbuch wohl nicht finden. Einem Patienten, der an einer chronischen Infektion litt, gaben sie zum Beispiel eine Injektion seines eigenen Blutes. Elisabeths Spritzen und Nadeln fanden gute Verwendung bei diesen Autotransfusionen, bei denen das Blut aus einem Arm abgezapft und in den anderen injiziert wurde. Obwohl dieses Verfahren wie Pfuscherei oder Hexerei aussah, tat es erstaunlich gute Wirkung. Elisabeth meint, daß der wichtigste Faktor der Genesung das vollkommene, kindliche Vertrauen war, das die Patienten zu ihren »Ärztinnen« hatten.

Das Vertrauen der Kranken war so grenzenlos, daß Elisabeth manchmal glaubte, daß sie einen Patienten schon gesund machen könnte, wenn sie ihm nur die Hand auf den Kopf legte! Manchmal konnte sie auch nicht mehr tun, denn es gab nur wenige Medikamente, und die Patienten, die in die Klinik kamen, litten manchmal an sämtlichen Gebresten, die man sich vorstellen kann.

Nicht ungewöhnlich waren Wunden, die von Schrapnellsplittern herrührten. Solche Patienten trugen jahrelang kleine Metallsplitter von Bomben und Granaten in ihrem Körper. Wenn der Splitter nicht sofort herausoperiert wurde, wanderte er meistens durch den Körper an die Oberfläche und verursachte eine Blutvergiftung.

Da die Klinik über keine Betäubungsmittel verfügte, mußten diese Patienten oft den Schmerz von etwa einem Dutzend Schnitte bei vollem Bewußtsein erdulden. Elisabeth erinnert sich an keinen einzigen erwachsenen Patienten, der außer Dankesworten auch nur einen Ton von sich gegeben hätte.

Bald handhabte sie das Skalpell Schulter an Schulter mit Hanka und Danka und mit ebensoviel Geschick. Sie tat einfach das Nötigste, oder was sie bei so primitiven Verhältnissen tun konnte, und lächelte den Patienten ermutigend zu und lobte sie wegen ihrer Tapferkeit.

Ihr chirurgisches Können wurde eines Tages auf die Probe gestellt, als die beiden ärztlich versierten Polinnen eilig aufs Land hinaus fuhren, um den Herd eines plötzlichen Ausbruchs von Typhus zu lokalisieren. Elisabeth wollte nach einem anstrengenden Tag eben die Klinik zuschließen, als eine hochschwangere Bäuerin an die Türe kam.

Die Frau erklärte, daß sie nicht wegen ihrer Niederkunft gekommen sei, und zeigte ihr eine kindskopfgroße Geschwulst in der Leistengegend. Sie sagte, daß sie fast fünfzehn Kilometer gegangen sei, um die »Ärztinnen« in Lucima zu konsultieren, weil sie (zu Recht) befürchtete, daß die Geschwulst eine Gefahr für ihr ungeborenes Kind bedeute.

Eine der Frauen aus dem Dorf befand sich in Rufweite. Elisabeth konnte sie in die Klinik rufen und bat sie, die schwangere Frau während der Operation auf dem Holztisch festzuhalten. Sie setzte das Messer an und preßte eine Menge Eiter und Flüssigkeit aus der Wunde. Sie riet der Patientin dringend, zwei Tage im Lager von Lucima zu bleiben, aber die werdende Mutter schüttelte den Kopf. Nein, sie mußte nach Hause eilen, um dort ihr Kind zu gebären. Tief beeindruckt von der Gelassenheit der Patientin, die während der Behandlung nicht einen Ton von sich gegeben hatte, sah Elisabeth ihr nach, wie sie die staubige Straße hinunter in die untergehende Sonne wanderte.

Einige Tage später kam ein anderer Patient aus derselben Gegend in die Klinik und berichtete, daß die Frau einen gesunden Jungen zur Welt gebracht habe.

Elisabeth war aus dem Frauenzelt ausgezogen, damit sie auf dem Erdboden unter den Sternen schlafen konnte. Nach der Hitze und dem Getriebe eines vollen Tages genoß sie die wenigen Minuten der Ruhe, bevor sie einschlief, den Raum und die Einsamkeit der »Quäkerstille«, wie sie es nannte, in der sie zu sich kommen und dem »Himmelsgeist« Dank sagen konnte für ihre Gesundheit und Kraft, für die vielen Freundschaften und die Arbeit, die sie so unendlich erfüllte. Dann blickte sie ein Weilchen voll Staunen in den sternenübersäten Himmel, bevor sie einschlief.

Einmal wurde sie um Mitternacht vom Weinen eines Kindes geweckt. Zuerst meinte sie, daß sie das Weinen im Traum gehört habe, aber dann sah sie im Mondschein eine Frau am Fußende ihrer Matratze sitzen. Die Frau wiegte ein greinendes kleines Kind in ihren Armen.

Die Frau bat um Entschuldigung, daß sie Elisabeth aufgeweckt hatte. Das in einen Schal eingewickelte Kind war Janek, ihr dreijähriger Sohn. Janek war krank und brauchte Hilfe von der »Ärztin«. Elisabeth streckte die Hand aus und fühlte Janeks Stirn. Sie war fieberheiß. Sein Atem zwischen den Klagelauten kam in kurzen, keuchenden Stößen. Die Symptome waren in Lucima nur allzu bekannt. Janek hatte Typhus.

Elisabeth ging mit der Mutter und ihrem Kind in die Klinik, wo sie eine Lampe anzündete und zwei Tassen Kräutertee bereitete. Sie hörte zu, wie die Frau ihr schlicht erzählte, daß sie drei Tage und zwei Nächte mit ihrem Sohn in den Armen gewandert sei. In ihrem Dorf hatte man ihr gesagt, daß die »Ärztinnen« in Lucima ihr krankes Kind gesund machen könnten.

Über den Rand ihrer Teetasse brachte Elisabeth der Frau schonend bei, daß es in der Klinik keine Medikamente für das kranke Kind gebe und daß sie umsonst von so weit her gekommen sei.

Die Frau hörte teilnahmslos zu, ihre kohlschwarzen Augen auf Elisabeth fixiert. Nach einem langen Schweigen neigte sie den Kopf ein wenig zur Seite, als lausche sie einer inneren Stimme, und sagte fest: »Frau Doktor, Sie werden das Leben meines Sohnes retten, weil er das letzte meiner dreizehn Kinder ist. Janek ist der einzige, der die Gaskammern von Majdanek überlebt hat.«

Das absolute Vertrauen der Mutter schnitt wie ein Messer in Elisabeths Herz. Wie sollte sie dieser Frau beibringen, daß die Überlebenschancen des abgezehrten Kindes sehr gering waren, sogar wenn es jetzt intensive medizinische Betreuung bekommen könnte?

Die Mutter trank einfach ihren Tee und wartete darauf, daß Elisabeth etwas tat. Die flackernde Lampe in der Mitte des Tisches warf groteske Schatten an die weißgestrichene Wand und die fast leeren Regale. Nur Janeks keuchender Atem unterbrach die Stille. Die Frau rührte sich immer noch nicht; sie wiegte nur dann und wann das Kind, das mit glasigen Augen in ihren Armen lag.

Elisabeth dachte verzweifelt nach, was sie tun könnte, und klammerte sich an einen Hoffnungsschimmer. Sicher könnte das überlaufene Krankenhaus in Lublin ein so krankes Kind nicht abweisen. Aber nach Lublin waren es mehr als dreißig Kilometer, und im Augenblick gab es im Lager kein Fahrzeug.

Sie stand vom Tisch auf und blies die Lampe aus. Dann machte sie sich mit der Mutter auf, abwechselnd mit ihr Janek tragend, und ging noch in dieser Nacht die holprige Straße nach Lublin. Unterwegs erzählte die Mutter, daß ihre ganze Familie zuerst in ein Lager zur Zwangsarbeit und dann, Ende 1943, in das Konzentrationslager von Madjanek verschleppt worden war, wo Janek auf die Welt kam. Als sie die grauen Steinmauern des Krankenhauses von Lublin erreichten, war es fast Mittag.

Sie gingen durch das schmiedeeiserne Tor, fanden jedoch den Eingang des Spitals verschlossen. Ein Mann in weißem Kittel mit einem Stethoskop, in dem sie einen Arzt vermuteten, bog um die Ecke des Gebäudes und trat ihnen entgegen. Ohne einen Gruß warf er einen Blick auf das Kind und fühlte den Puls an seinem Hals. Dann schüttelte er energisch den Kopf. Auch wenn es in dem Spital noch ein einziges Bett gäbe, sagte er, wäre es sinnlos, dieses sterbende Kind aufzunehmen.

Der Arzt drehte sich auf dem Absatz um und ging fort. Elisabeth lief ihm nach und faßte ihn am Arm. Sie sprühte vor Zorn. In einer Mischung aus Polnisch und deutschen Kraftausdrücken schrie sie den Arzt an, daß er überhaupt kein Herz habe. Sie, eine Schweizerin, würde der Welt von der Gefühllosigkeit der Polen berichten. Sie würde erzählen, daß ein polnischer Arzt in Lublin einem kleinen Kind, das wie durch ein Wunder ein Konzentrationslager der Nazis überlebt hatte, medizinische Hilfe verweigert habe. Manche Polen waren nicht besser als die Nazis! Das würde man ihr mit dieser Geschichte in der Welt auch glauben.

Wo Bitten versagt hatten, kamen die Drohungen und der Zorn Elisabeths ans Ziel. Der Arzt sagte mißmutig, daß er das Kind unter einer Bedingung aufnehmen würde: daß weder sie noch die Mutter des Kindes Janek während der nächsten drei Wochen besuche. In drei Wochen würde Janek entweder begraben oder so weit wiederhergestellt sein, daß sie ihn abholen könnten.

Der Arzt sprach so schnell, daß Elisabeth nicht alles verstand. Aber die Mutter hatte verstanden. Sie trat zu ihm und überreichte ihm einfach ihr Kind.

Während des langen Rückmarsches nach Lucima, durch die brütende Hitze des Nachmittags und den kühleren Abend, vergoß die Mutter nicht eine Träne und erwähnte ihren Sohn nicht ein einziges Mal. Als sie ins Lager zurückgekehrt waren, gab Elisabeth der Frau Arbeit. Sie machte die Klinik sauber, holte Wasser vom Fluß, kochte die Spritzen aus und wickelte Mullbinden. Nachts teilte sie Elisabeths Decke.

Als genau drei Wochen verstrichen waren, wachte Elisabeth eines Morgens auf und sah, daß die Frau fort war.

Eine Woche später fand sie ein zusammengeknotetes Taschentuch neben ihrem Lager. Das Taschentuch war mit Erde gefüllt. Sie nahm an, daß der Inhalt mit irgendeinem Aberglauben der Landbevölkerung zusammenhing. Sie trug das kleine Bündel in die Klinik, wo sie es auf ein Regal legte. Später am Vormittag, als sie einen Patienten vom Dorf behandelte, erwähnte sie das geheimnisvolle Päckchen. Der Patient drängte Elisabeth, das Taschentuch aufzuknüpfen. Darin, unter der Erde, fand sie einen mit Bleistift beschriebenen Zettel. Darauf stand auf polnisch: »Von Frau W., deren letztes von 13 Kindern Sie gerettet haben, geweihte polnische Erde zum Geschenk.«

Die Mutter hatte offensichtlich die Tage in Lucima genau gezählt und war zur festgesetzten Zeit in das Krankenhaus von Lublin zurückgekehrt, um ihren Sohn abzuholen. Das Kind hatte sich erholt, wie sie es zuversichtlich erwartet hatte. Nachdem sie Janek nach Hause gebracht und der Obhut von Nachbarn anvertraut hatte, ging sie in die Kirche und bat einen Priester, eine Handvoll Erde zu weihen. Dann wanderte die Frau noch einmal zwei Nächte und zwei Tage, um der »Frau Doktor« diese besondere Gabe zu bringen. Es war nicht nötig, Worte der Dankbarkeit zu sprechen oder Abschied zu nehmen. Mit dem kostbaren Geschenk der geweihten Erde war alles gesagt. Als sie ihre Dankbarkeit in dieser Weise ausgedrückt hatte, ging die Frau so still fort, wie sie gekommen war, und kehrte zu ihrem geretteten Kind zurück.

Am nächsten Morgen, als sie mit Rita wieder am Fluß Wäsche

wusch, erzählte Elisabeth ihr die Geschichte von der Dankbarkeit einer Mutter. Rita sang ein besonderes Lied vom Gottvertrauen und von der Geduld des polnischen Volkes und von dem neuen Samen, der in die Erde Polens gesät war, der gewiß reifen und Frucht bringen würde.

Es war jetzt September, und die Tage wurden kürzer und die Nächte erheblich kühler. In der langen Zeit, die Elisabeth fern ihrer Heimat verbracht hatte, war eine Menge geschehen. Im letzten Monat war sie mit einer Reihe von Krankheiten in Berührung gekommen und hatte von einfacher, oft unzulänglicher Kost gelebt. Trotzdem fühlte sie sich so gesund wie noch nie. Als sie mit Rita vom Fluß zurückkehrte, um beim Zubereiten des Frühstücks für das Lager zu helfen, überkam sie seltsamerweise ein starkes Gefühl, daß es jetzt Zeit für sie war, zu gehen, nicht, weil es Herbst wurde, sondern weil sie ahnte, daß eine Gefahr drohte.

Nach ihrem Vormittagsdienst in der Klinik ging sie zu David Ritchie und erzählte ihm von ihrer Ahnung. David sagte, daß das neue Schulhaus, ein einfaches Gebäude mit einem einzigen Klassenzimmer, jetzt fertig sei und daß viele der freiwilligen Helfer in der folgenden Woche Lucima verlassen würden. Am nächsten Tag sollte ein Fest zur offiziellen Eröffnung der neuen Schule stattfinden. David, der als Zeremonienmeister fungierte, forderte Elisabeth auf, eine kurze Rede auf polnisch zu halten. Das Fest sei eine gute Gelegenheit für Elisabeth, um sich von ihren Freunden zu verabschieden.

Sie hatte noch eine zweite Bitte an David. Bevor sie Polen verließ, wollte sie ein Konzentrationslager besichtigen. Sie mußte tiefer verstehen, was die Opfer des Holocaust gelitten hatten und wie groß die Fähigkeit des Menschen zu Haß und Grausamkeit war. David verstand sie und willigte sofort ein. Eben war ein Jeep aus Warschau gekommen. Nach der Feier würde er veranlassen, daß jemand mit Elisabeth nach Majdanek fuhr. Später würde das Büro der Quäker in Warschau ihr behilflich sein, die Heimreise anzutreten.

Elisabeth war schüchtern und nervös vor dieser ersten Rede ihres Lebens in einer Sprache, die sie kaum beherrschte. Obwohl Rita ihr mit einigen passenden idiomatischen Wendungen zu Hilfe kam, schlotterten Elisabeths Knie, als sie das provisorische Podium außerhalb der neuen Schule bestieg. Die Dorfbevölkerung, besonders die Frauen, trugen bunte Feiertagstrachten mit seidenen Kopftüchern, mit langen, gestärkten, durch die Unterröcke geblähten Röcken. Der

Dorfschneider hatte Überstunden gemacht und den Männern neue Hosen und Hemden genäht. Viele Frauen trugen Ketten und klirrende Armbänder, kostbare Familienerbstücke, die sie vor den plündernden Soldaten versteckt hatten. Ein Priester war aus Lublin gekommen, um die Schule zu weihen, und die Kinder stellten sich als Chor in Reih und Glied. Der erste polnische Lehrer war gekommen, und die Schule konnte mit dem Unterricht beginnen.

Elisabeth kann sich nicht mehr genau erinnern, was sie in ihrer Jungfernrede sagte, und weiß nicht, ob die Ovation, die ihr entgegengebracht wurde, ihrer Kühnheit oder ihrer Redekunst galt. Trotzdem war es ein glücklicher Tag, an dem bis in die Nacht hinein gesungen und zu einer Ziehharmonika-Kapelle getanzt wurde. Gesang und Tanz dauerten noch an, als Elisabeth in das Frauenzelt ging, um den Rucksack für ihre zeitige Abreise am nächsten Morgen zu packen.

Zuunterst in ihren Rucksack legte sie behutsam die in ein weißes Taschentuch geknüpfte polnische Erde.

Stacheldraht und Schmetterlinge

12

Die Tore von Majdanek standen klaffend offen, als wären sie von einem Panzer eingerannt worden (vielleicht war es auch so). Elisabeth ging langsam hindurch. Von beiden Seiten des Tores führten eingefallene, verrostete Stacheldrahtzäune rund um das Lager. Wachtürme, von denen aus das Lager Tag und Nacht bewacht wurde, standen, ihrem Zweck entsprechend, in Abständen aufgepflanzt. Als sie näher kam, ragte der hohe Schlot des Krematoriums, den man aus der Entfernung für einen bloßen Fabrikschornstein hätte halten können, finster und unheilvoll in den azurblauen Himmel.

Als sie einige Schritte gegangen war, hielt sie an und schloß die Augen. Sie hörte, wie Tausende von Juden, Bauern, Intellektuellen und Zigeunern hier hineinmarschierten – eine Heerschar unschuldiger Menschen, die hier verschwanden, um nie zurückzukehren. Im Geiste sah sie, wie die zerlumpte Kolonne der Todgeweihten sich eine trostlose, aschenbestreute Straße hinunterwand. Sie hörte die groben Schreie und Kommandos der SS-Wachen und Kapos. Sie hörte das dumpfe Geräusch von Gewehrkolben, die in menschliches Fleisch stießen.

Sie war dankbar, daß sie alleine sein konnte. Beim Tor hatte sie sich von Karen, dem dänischen Mädchen, verabschiedet, das sie nach Majdanek gefahren hatte. Karen hatte ihr angeboten, sie durch das Lager zu führen, aber Elisabeth hatte abgelehnt. Sie brauchte keine Führung. Sie kannte diesen Ort von Bildern und aus den schlichten Worten von Janeks Mutter.

Sie ging weiter und überquerte zwei rostige Eisenbahnschienen, die halb von Unkraut überwuchert waren. Sie blieb noch einmal stehen und ging dann die Schienen hinunter, wo zwei Waggons standen. Beim ersten hielt sie zögernd an, kletterte dann langsam die Leiter hinauf und sah hinein. Der Waggon war halb gefüllt mit Schuhen – großen Schuhen und Kinderschuhen, die eine amorphe, schimmlige Masse bildeten.

Sie blickte in den zweiten Waggon. Es dauerte eine Weile, bis sie in dem verfilzten Zeug auf dem Boden menschliches Haar erkannte.

Mit einem Gefühl der Übelkeit ging sie zur nächstliegenden Baracke. Einige andere Leute, manche in kleinen Gruppen, gingen schweigend die Wege entlang. Sie vermutete, daß es Verwandte oder Freunde derer waren, die hier ums Leben gekommen waren.

Nachdem ihre Augen sich an das Dunkel im Inneren der Baracken gewöhnt hatten, sah sie die Reihen von Holzpritschen, wo die Insassen zu fünft hineingepfercht wurden. Sie sah auch die Graffiti an den Wänden. Hunderte von Initialen waren in das Holz geritzt, herzzerreißende Botschaften, darunter Zeichnungen von Schmetterlingen. Überall sah sie diese eingeritzten Schmetterlinge.

In den letzten Tagen, vielleicht in den letzten Stunden vor ihrem Tod in den Gaskammern hatten diese todgeweihten Männer, Frauen und Kinder eine letzte Botschaft hinterlassen – keine Botschaft der Verzweiflung, sondern der Hoffnung, nicht des Schmerzes, sondern der Verheißung von Freiheit!

In stummer Erschütterung stand Elisabeth dort, und nur ihre Augen wanderten von einem Schmetterling zum anderen. Sie hörte kein Geräusch, doch plötzlich war ihr, als beobachte sie jemand. Sie drehte sich um. Ein schlankes junges Mädchen sah sie unverwandt an. Sie trug das dunkle Haar von ihrem blassen, herzförmigen Gesicht zurückgekämmt, und ihre Augen waren voll Trauer. Sie hätte das Modell für eine Madonna abgeben können. Das Mädchen lächelte und grüßte auf polnisch. Dann gingen sie zusammen aus der Baracke in die Sonne hinaus.

Das Mädchen stellte sich vor. Sie hieß Golda und war eine

deutschgebürtige Jüdin. Sie setzten sich ins Gras, aßen miteinander ihre Brote, und Golda erzählte auf deutsch, wie ihr Vater, ein bayerischer Kaufmann, eines Nachts von der Gestapo geholt wurde. Sie war damals zwölf Jahre alt und hat ihren Vater nie wiedergesehen. Als der Krieg ausbrach, wurden sie, ihre Mutter, ein älterer Bruder und eine Schwester zuerst nach Warschau verschleppt und 1944 nach Majdanek geschickt. Die ganze Familie war in die Gaskammer getrieben worden, aber weil sie von einem Kommandanten ans Ende der Schlange gestoßen wurde, schloß die Stahltüre sich vor ihr, und sie blieb draußen. Sie hatte es diesem glücklichen Zufall zu verdanken, daß sie gerettet wurde.

Golda deutete auf den Schlot des Krematoriums. »Dort stieg der Rauch meiner Mutter, meines Bruders und meiner Schwester auf«, sagte sie still.

Elisabeth schätzte, daß Golda so alt war wie sie, und fragte sie, was sie jetzt tue. Die junge Frau zögerte, als sei sie nicht sicher, ob Elisabeth sie verstehen würde. Sie arbeite in einem Kinderspital in Deutschland, sagte sie schließlich. Um ihre Verbitterung loszuwerden, hatte sie mit Absicht diese Wahl getroffen, deutschen Kindern zu helfen. Die meisten Kinder seien Opfer des Krieges, viele von ihnen querschnittgelähmt.

In dem darauffolgenden langen Schweigen versuchte Elisabeth, in den Geist und das Herz des Menschen hinabzuloten, der solcher Grausamkeit und solchen Hasses fähig war, daß Majdanek entstehen konnte, und andererseits solcher Vergebung und Liebe, wie Golda sie offenbarte. In all den Jahren bewahrte Elisabeth das Bild von Golda und den in die dunklen Wände der Lagerbaracken eingeritzten Schmetterlingen im Herzen.

Golda war mit einer kleinen Gruppe ausländischer Besucher, darunter zwei Vettern aus Amerika, nach Majdanek gekommen. Sie hatten einen Lastwagen gemietet und wollten nach Norden fahren und eine Gemeinschaft aufsuchen, wo einer von ihnen Verwandte zu finden hoffte. Sie boten Elisabeth an, sie nach Warschau mitzunehmen, aber sie hatte andere Pläne.

Eine Zeitlang trug sie sich mit dem Gedanken, nach Rußland zu fahren. Dieser Wunsch war nicht einfach eine Reiselaune, sondern er entsprang der Überzeugung, daß sie den Patriotismus und die Mentalität der Menschen in diesem riesenhaften Land besser verstehen würde, wenn sie Rußland besuchte. Sie hatte viel über die heroische Verteidigung Stalingrads und über die großen Opfer gelesen, die das russische Volk gebracht hatte, um die Eindringlinge zurückzuwerfen. Sie wußte, daß sie keine unmittelbare Gelegenheit haben würde, die Städte zu besichtigen oder auch nur einen Menschen kennenzulernen, aber vielleicht würde sie schon einen Einblick gewinnen, wenn sie nur die Grenze überschritt. Sie wollte all dies nicht erklären, als sie sich von Goldas Gruppe bis zum Rand von Bialystok, fünfzehn Kilometer vor der russischen Grenze, mitnehmen ließ.

Golda war die einzige, die nicht versuchte, sie davor zu warnen, in dieser Gegend allein zu reisen. Sie schien zu wissen, warum Elisabeth es tat, und offenbar auch, warum ihre Wege sich in Majdanek gekreuzt hatten.

Wieder allein, schritt Elisabeth die Straße entlang, die nach Bialystok führte. In ihrem Rucksack hatte sie wenig, was materiellen Wert besaß. Ein Quäker hatte ihr etwas polnisches Geld gegeben, aber außer diesem und ihrer abgetragenen, verwaschenen Kleidung besaß sie nichts, was sich zu stehlen gelohnt hätte. Sie hatte nicht einmal ein zweites Paar Schuhe. Sie trug natürlich eine Decke mit sich und auf dem Boden des Rucksacks die Handvoll polnische Erde.

Zunächst mußte sie einen Platz finden, wo sie schlafen konnte. Vielleicht würde sie Glück haben und einen Bauern finden, der sie im Heu schlafen ließ. Als sie an den Rand von Bialystok kam, schwenkte sie von der Straße ab und ging auf einen grasbedeckten Hügel zu. Da sie kein Bauernhaus sah, wo sie hätte anklopfen können, wollte sie sich schon hinter einer Hecke ihr Nachtlager bereiten, als plötzlich wie aus dem Nichts eine Frau vor ihr stand. Sie schien mittleren Alters zu sein und trug ein buntes Kopftuch und einen langen, weiten Rock mit vielen Rüschen. Als Elisabeth ihr forschend in das hübsche, nußbraune Gesicht sah, begrüßte die Frau sie in einer Sprache, die sie noch nie gehört hatte.

Dann faßte sie Elisabeths Hand und studierte die Linien ihrer Handfläche, und Elisabeth erriet, daß es eine Zigeunerin war. Lächelnd und mit Gebärden brachte Elisabeth ihr Gefallen an der Tracht und den Armreifen der Frau zum Ausdruck und gab ihr zu verstehen, daß sie ihr kein Geld geben könne. Auf keinen Fall, so sagte Elisabeth auf polnisch, sei sie an einer Vorhersage ihrer fernen Zukunft interessiert, sondern nur daran, wo sie in Sicherheit die Nacht verbringen könne. Die Zigeunerin schien sie zu verstehen, lächelte freundlich, setzte sich nieder und breitete etliche Karten auf ihrem Rock aus. Den Karten entnahm sie offensichtlich, daß sie

Elisabeth unter ihre Fittiche nehmen solle. Sie stand auf und winkte Elisabeth, ihr zu folgen.

Es war schon ziemlich dunkel, als sie eine Karawane von mehreren verzierten Wohnwagen erreichten. Ein Mann, der auf der Treppe eines Wagens saß, strich romantisch die Fiedel. Einige Frauen bereiteten das Essen zu, während Kinder jeglichen Alters diverse Arbeiten verrichteten oder sich am Lagerfeuer balgten.

Elisabeth erinnert sich an die erste Nacht in der Zigeunerkarawane als an ein »lebendes Märchen«. Unter einem so klaren Nachthimmel, daß die Sterne zum Greifen nahe schienen, lauschte sie den Weisen des alten, verhutzelten Fiedlers. Die Kinder brachten ihr Essen, lächelten ihr zu und tanzten ihr etwas vor, und die Frau, die sie hergeführt hatte, drängte Elisabeth ein Nachtlager in einem der Wagen auf.

Zwei Männer sprachen einigermaßen polnisch und ein wenig deutsch. Die Gruppe schien nur argwöhnisch, als sie fragte, woher die Karawane gekommen sei und wohin sie führe. Sie schüttelten auf diese Fragen verneinend den Kopf und sprachen etwas unter sich. Sie gewann jedoch den Eindruck, daß sie weit her aus Rußland kamen, und vermutete, daß sie deshalb Hitlers Ausrottung der Zigeuner in Osteuropa hatten entkommen können.

Sie blieb vier Tage bei der Karawane, während die Wagen auf den Landstraßen, meist in östlicher Richtung, dahinrumpelten. Die polnisch-russische Grenze war nicht markiert, aber Elisabeth meint, daß sie die Grenze zwei- oder dreimal auf dieser scheinbar ziellosen Fahrt überschritt. Wenn die Karawane in eine Siedlung kam, versuchten die Erwachsenen sofort, ihre Waren an den Mann zu bringen – vor allem Besen, billigen Schmuck und handgeflochtene Körbe – oder um Nahrungsmittel zu feilschen.

Elisabeth durfte sich mit ihnen zeigen, wenn sie unterwegs waren, aber wenn sie in einem Dorf hielten, mußte sie sich verstecken.

Als sie so an der Geselligkeit der Zigeuner teilnahm, ihre Gastfreundschaft und Musik genoß, in der sie das Echo von Klängen vergangener Jahrhunderte zu hören meinte, war Elisabeth unendlich wohl zumute. Sie wäre gern noch länger geblieben, wenn sie nicht wieder die Unruhe gepackt hätte, daß sie ihre Heimkehr nicht länger verzögern dürfe.

Seit vielen Wochen hatte sie gar keine Verbindung mehr mit ihrer Familie gehabt. Es beunruhigte sie, daß die Familie nicht wußte, wo sie war. Sie hatte von Lucima nach Hause geschrieben, jedoch keine

Briefe bekommen. Wenn sie in diesem entlegenen Grenzland einfach verschwinden würde (Hanka hatte warnend erzählt, daß Freunde von ihr an der russischen Grenze verschwunden seien), würde niemand erfahren, was ihr zugestoßen sei.

Als sie den Zigeunern sagte, daß sie weggehen müsse, setzten sie sie mit äußerster Vorsicht auf der Straße nach Warschau ab. Sie wußte, in welche Richtung sie gehen mußte, hatte jedoch keine Ahnung, wie sie ihr Ziel erreichen sollte.

Als sie eine Stunde marschiert war, sah sie ein altes Auto, das eine Panne hatte, und zwei Priester in Soutanen, die einen Reifen auswechselten. Der ältere von ihnen sprach deutsch, und Elisabeth teilte ihnen ihre Umstände mit. Jawohl, sagte der Priester, sie befänden sich auf dem Weg nach Wysokie und würden am nächsten Tag nach Warschau fahren.

An diesem Abend fuhren sie zu einem vom Krieg beschädigten Kloster, wo Elisabeth ein Nachtlager erhielt, und am folgenden Nachmittag traf sie wieder in Warschau ein.

Das Ehepaar im Büro der Quäker sagte ihr, daß die politische Lage sich in Europa verschlechtert habe, während sie in Lucima war. Da die Russen versuchten, der Auswandererflut, die von Osteuropa in den Westen strömte, Einhalt zu gebieten, könnte es schwierig, ja sogar gefährlich sein, wenn Elisabeth mit der Bahn in die Schweiz zurückfahren wollte. Die Quäker würden ihr statt dessen einen Platz in einem Militärflugzeug verschaffen, das in zwei Tagen von Warschau nach Berlin fliege. Von dort könne sie dann über Deutschland in die Schweiz gelangen.

Sie hatte kein Geld mehr, ließ sich jedoch nicht entmutigen. Sie hatte nie einen Pfennig von irgendeinem Menschen erbeten, und das wollte sie auch jetzt nicht tun, denn die Quäker lebten selbst äußerst eingeschränkt. Sie würde schon irgendwie durchkommen. Am Abend, bevor sie auf den Warschauer Militärflughafen fahren sollte, kam ein polnischer Geschäftsmann, der den Quäkern wegen seiner Großzügigkeit gut bekannt war, jedoch im Ruf stand, ein Vermögen mit Schiebergeschäften erworben zu haben, ins Büro und brachte ein Paket Butter mit. Als er hörte, daß Elisabeth am nächsten Tag abreisen wollte, und ihren abgetragenen Kleidern und Schuhen ansah, daß sie nichts hatte, schenkte der Pole ihr vier Pfund Butter, die damals fast mit Gold aufgewogen wurden. Dann steckte er ihr noch polnisches Geld im Wert von zwanzig Schweizer Franken zu.

Am nächsten Tag in der Frühe erfuhr sie auf dem Flughafen, daß der umgebaute Bomber, mit dem sie fliegen sollte, mit einem halben Dutzend amerikanischer Regierungsangestellter aus China gekommen war. Er hatte den Flug in Warschau unterbrochen, um zu tanken. Sie hörte außerdem, daß Besatzung und Passagiere verständigt worden waren, daß eine »distinguierte Schweizer Staatsbürgerin, die hervorragende Dienste in Osteuropa geleistet habe«, zusteigen würde. Niemand hätte weniger wie ein »VIP« aussehen können als das braungebrannte Mädchen mit den schweren Schuhen und dem geflickten Rock, ein Mädchen, dessen Rücken sich unter der Last des Rucksacks beugte und das ein Paket Butter umklammerte.

Im Cockpit saßen bereits sechs amerikanische Zivilisten einander auf Bänken gegenüber. Ihre Verblüffung war groß, als Elisabeth ihren Platz einnahm und auf englisch mit starkem Akzent in aller Unschuld fragte, wie man den Sicherheitsgurt anschnallt. Sie kümmerte sich nicht um die durch sie verursachte Aufregung, schob ihren verbeulten Rucksack unter die Bank und lächelte ihre Mitpassagiere glücklich an. Dies war ihr erster großer Flug, und sie wollte ihn genießen.

Der Flug nach Berlin dauerte ungefähr zwei Stunden. Elisabeth wechselte nur wenige Worte mit ihren Reisegefährten, denn sie war fasziniert von der Topographie, die sie durch ein tellergroßes Bullauge sehen konnte.

Als das Flugzeug in Berlin landete, mußte sie dringend eine Toilette aufsuchen. Die Amerikaner flitzten sofort in einem Wagen davon, und da die Besatzung noch zu tun hatte, legte sie das kostbare Butterpaket, das sie in Berlin verkaufen wollte, unter einen Flügel des Flugzeugs. Als sie von der Toilette wiederkam, war die Butter verschwunden. Nun besaß sie nur mehr das polnische Geld im Wert von zwanzig Schweizer Franken, und der Weg nach Zürich war noch sehr weit.

Über den amerikanischen, britischen und französischen Sektor Berlins war inzwischen von den Russen die Blockade verhängt worden. Damit machten die Sowjets es nichtautorisierten Zivilisten praktisch unmöglich, durch den sowjetisch besetzten Korridor nach Westdeutschland zu reisen. Jedes Fahrzeug wurde in diesem Spießrutenlauf durch die russischen Kontrollen registriert, und jeder Fahrer und Passagier mußte einen Haufen von Dokumenten mit Stempeln der höchsten Behörden vorweisen.

Elisabeth schulterte ihren Rucksack und machte sich zu Fuß auf den Weg durch den britisch besetzten Sektor zu dem schwerbewachten Grenzübergang. Eine Weile stand sie einfach am Checkpoint und beobachtete, wie die russischen Soldaten jeden Fahrer verhörten, der aus der einen oder anderen Richtung kam. Es war klar, daß sie sich hier nicht einfach anstellen und den Daumen hochhalten konnte.

Da blieb ein leichter Militärlastwagen auf derselben Seite in ihrer Nähe stehen. Ein Mann, in dem sie zuerst einen britischen Offizier vermutete, stieg vom Fahrersitz und zündete sich eine Zigarette an. Er schien eine Vollmacht zu haben und vertrauenswürdig zu sein. Elisabeth sprach ihn an und erklärte ihm ihre Notlage in gebrochenem Englisch. Ob er sie wohl durch den Berliner Korridor nach Westdeutschland mitnehmen könnte? Dann erzählte sie ihm ihre ganze Geschichte, daß sie Schweizerin sei und in Polen Wiederaufbauarbeit geleistet habe. Sie müsse jetzt dringend nach Hause. Der Offizier sah Elisabeth prüfend an, und seine britische Ritterlichkeit kämpfte mit dem Bewußtsein, daß er ein persönliches Risiko eingehen würde, wenn er einen Passagier illegal durch den Berliner Korridor schmuggelte.

Dann entschloß er sich unvermittelt, das Risiko einzugehen, wenn sie bereit sei, sich in eine Kiste einnageln zu lassen. Sie nickte. Wenn es nicht anders ginge, sei sie dazu bereit.

Der Offizier fuhr den Lastwagen an eine Stelle, wo die Wachen am Checkpoint ihn nicht sehen konnten. Dort hob er eine Zeltplane auf und zeigte Elisabeth mehrere Kisten. Eine davon, von einem Meter Länge und siebzig Zentimeter Breite, war mit persönlichen Sachen, vor allem Schallplatten, angefüllt. Diese leerte er auf den Boden des Laderaums.

Elisabeth zwängte sich in die Kiste hinein, und der Offizier nagelte den Deckel fest. Wenn es irgend möglich sei, solle sie »den Atem anhalten«, sooft der Lastwagen von einer russischen Kontrolle gestoppt würde. Ein Niesen, so warnte er sie, könnte sie ins Verderben stürzen.

Die äußerst ungemütliche Fahrt schien fast eine Ewigkeit zu dauern. Überall entlang des hundertfünfzig Kilometer langen Korridors gab es Kontrollen, und jedesmal öffneten die Russen den Laderaum und stocherten mit ihren Bajonetten darin herum. Jedesmal hielt Elisabeth den Atem an, bis ein barsches Kommando auf russisch sie passieren ließ.

Mit all diesen Unterbrechungen brauchten sie acht Stunden, bis sie Helmstedt in Westdeutschland erreichten. Dort öffnete der Offizier an einem britischen Militärstützpunkt die Kiste.

Jetzt sei sie in Sicherheit, sagte er. Sie könne aufstehen und ihre Glieder strecken. Aber Elisabeth war nicht in der Lage, sich zu bewegen. Lachend langte der Offizier in die Kiste und packte sie am Kragen ihrer Bluse. Ohne Umstände zog er sie heraus, als wäre sie eine junge Katze.

Elisabeth schämte sich wegen der verräterischen Nässe ihres Rockes. Aber der Offizier merkte offenbar nichts, und als sie wieder gehen konnte, führte er sie in eine Kantine und wollte sie zum Essen einladen. Aber schon der bloße Gedanke an Essen verursachte ihr Übelkeit.

Der Offizier wußte nicht, was er mit dem merkwürdigen, wortkargen Mädchen anfangen sollte, das sich nur mit Mühe ein Glas Milch aufdrängen ließ. Sein Geplauder verstummte, als er sich über eine nahrhafte Mahlzeit, bestehend aus Steak und Eiern, hermachte. Als er fertig war, gingen sie zusammen aus der Kantine. Der Offizier erkundigte sich, ob er ihr weiter behilflich sein könne, aber Elisabeth versicherte, daß sie jetzt allein weiterkäme, und dankte ihm für das persönliche Risiko, das er ihretwegen auf sich genommen hatte.

Der Offizier war offenbar um Worte verlegen. Er konnte sich vermutlich nicht vorstellen, wie dieses zarte Mädchen in den geflickten Klamotten ohne Geld in die Schweiz gelangen wollte. Nach einem peinlichen Schweigen riß er sich zusammen und salutierte.

Elisabeth ging in das Dunkel hinein. Sie war so steif, daß jeder Schritt für sie eine Anstrengung war. Als sie an einer Straßenlaterne vorbeikam, wurde sie von torkelnden Soldaten gesehen, die ihr Obszönitäten auf englisch nachriefen. Sie fühlte sich einsam und unsicher, und plötzlich überkam sie eine schreckliche Müdigkeit. Sie kam an einem Friedhof vorüber, und da tauchten aus dem Schatten vor ihr weitere finster aussehende Gestalten auf. Sie kletterte über eine niedrige Mauer und fand in der Dunkelheit, an die ihre Augen sich gewöhnt hatten, einen flachen Grabstein.

Hier fühlte sie sich sicher – denn in diesem verwüsteten Land war ein Friedhof vermutlich der einzige Ort, wo ein junges Mädchen wirklich in Sicherheit war –, zog ihre Decke heraus, wickelte sich hinein und legte sich nieder. Doch sie fand nur wenig Schlaf, denn die Kälte des Grabsteins drang ihr bis in die Knochen.

Bei Tagesanbruch war sie wieder auf der Straße und wurde von einem Auto bis zum Wald am Rande von Hildesheim mitgenommen. Nun tat ihr jeder Muskel so weh, daß sie rasten mußte. Sie ging einige hundert Meter in den Wald hinein und legte sich auf einen Haufen von Blättern. Trotz der wärmenden Strahlen der späten Septembersonne wurde ihr ganzer Körper von Fieberschauern geschüttelt. Sie dachte daran, ein Feuer anzufachen, aber als sie aufstehen wollte, strauchelte sie und fiel hin. Dreimal versuchte sie mit ihrer letzten Kraft, Holz zu sammeln, und jedesmal mißlang es ihr.

Sie wußte jetzt, daß sie sehr krank war. Das Fieber hatte sie beängstigend plötzlich überfallen. Sie rollte sich in die Decke ein und legte ihren schmerzenden Kopf auf den Rucksack. Teilnahmslos sah sie einer alten Frau zu, die Brennholz sammelte. Dann schlief sie ein.

Während der Nacht erwachte sie kurz durch ein seltsam kauendes Geräusch an ihrem Ohr. Sie spürte, daß sich etwas bewegte, und spähte ins Dunkel hinaus. Eine Kuh stand beinahe über ihr. Elisabeths Zunge war geschwollen, ihre Lippen vor Durst aufgesprungen. Sie faßte den vagen Gedanken, die Kuh zu melken, aber sie vermochte vor Schwäche kaum den Kopf zu heben.

Wieder sank sie zurück, diesmal in eine Ohnmacht.

Die Rückkehr der verlorenen Tochter

13

Elisabeth öffnete die Augen. Sie war stundenlang bewußtlos gewesen. Es dauerte einige Minuten, bis sie begriff, daß sie in einem Krankenhaus lag. Der Krankensaal war lang, kahl und überfüllt. Sie war sehr schwer krank. Die Diagnose war Typhus, wie sie später erfuhr.

Sie hatte keine Ahnung, wie sie aus dem Wald hierhergekommen war. Später erfuhr sie, daß sie ihr Leben der Frau verdankte, die sie beim Holzsammeln gesehen hatte, denn als diese Frau am nächsten Tag in den Wald zurückkehrte, fand sie Elisabeth, versuchte sie aufzurütteln und rief dann die Polizei.

In diesem Krankensaal befanden sich die Schwerkranken, und einige von ihnen lagen bereits im Sterben. Der Spitalsarzt und drei überarbeitete Krankenschwestern konnten sich vor Müdigkeit kaum noch auf den Beinen halten. Neben Elisabeth lag eine todkranke junge Mutter, deren kleine Zwillingssöhne sie besuchten und Elisabeth aus erschreckten Augen ansahen.

Die Tage gingen in unruhige, fiebrige Nächte über, und die Nächte wiederum in sonnenlose, trostlose Tage, während Elisabeth um ihr

Leben kämpfte. Sie wußte nie recht, ob sie wachte oder schlief. Die Gestalten, die sich um ihr Bett bewegten, sich manchmal über sie beugten und mit ihr sprachen, schienen ihren Träumen anzugehören, und ihr war, als seien die Gestalten ihrer Träume wirklicher.

Einmal hatte sie einen lebhaften, schrecklichen Traum, in dem sie sich in einer merkwürdigen Gesellschaft auf einem Schlitten befand. Es tobte ein Schneesturm, und sie und ihre Gefährten waren in Pelze und Decken gehüllt. Der ausgemergelte Gaul, der den Schlitten zog, zerrte und blieb stecken, denn seine dünnen Beine konnten gegen den tiefen Schnee nicht mehr ankämpfen. Kein Obdach war in Sicht, und das Land glich der Steppenlandschaft, durch die sie mit der Zigeunerkarawane gezogen war.

Plötzlich sprang aus dem finsteren Wald ein Rudel Wölfe auf den Schlitten zu. Die Wölfe heulten und zogen immer engere Kreise um sie. Einer ihrer Gefährten zündete eine Lampe an, aber es nützte nichts. Wenn die Reisenden den Schlitten nicht wieder in Bewegung setzen konnten, würden sie alle von den Wölfen zerrissen werden.

Schweißgebadet wachte Elisabeth auf. Der Alptraum prägte sich ihrem Gedächtnis so tief ein, daß sie in späteren Jahren versuchte, ihn zu interpretieren. Sie meint heute, daß dieser Traum eine Vorahnung war, daß es in ihrem Leben darauf ankomme, ihren Weg fortzusetzen. Gleichgültig, wie rauh die Umwelt, wie groß die Gefahr war, sie mußte vorwärtsgehen.

In manchen klaren Augenblicken dachte sie, daß sie sterben müsse. Sie hatte keine Angst. Sie wollte nur dringend ihrer Mutter eine Nachricht zukommen lassen, um ihr zu sagen, daß sie ihr Leben nicht weggeworfen hatte. Obwohl sie nur einundzwanzig Jahre gelebt hatte, war es doch ein volles Leben gewesen, und sie bereute nichts. Wenn sie ihr Leben noch einmal leben könnte, würde sie nichts daran ändern. Sie war froh, daß sie nach Polen gefahren war. Wenn ihre Mutter nur von Janek wüßte, würde sie nicht so sehr trauern.

Sie schrie und bat, daß jemand an ihre Mutter schreiben sollte. Weil sie an Lucima gedacht hatte, rief sie auf polnisch. Niemand kümmerte sich um sie. Manche Patienten kehrten ihr sogar den Rücken zu.

Sie rief ein zweites Mal um Hilfe. Wieder bekam sie keine Antwort. Sie fühlte sich hoffnungslos verlassen, als wäre sie in einem tiefen Graben oder in einer Gletscherspalte und blickte zu den Gesichtern empor, deren Umrisse sie oben im Licht sah. Aber keiner wollte ihr ein rettendes Seil zuwerfen.

Sie sank in ihr Bett zurück und weinte. Sie war zu erschöpft, um es nochmals zu versuchen. Sie war allein und im Stich gelassen. Sie war bereit zu sterben.

Etwas später, in den frühen Morgenstunden (so schien es ihr), krampften sich ihre Herzmuskeln zuckend und unter rasenden Schmerzen zusammen. Sie richtete sich steil im Bett auf, die Hände an die Brust gedrückt. Ihr Schrei weckte die ganze Station auf. Der diensthabende Arzt kam herbeigelaufen. Als er Elisabeths Not sah, fragte er, was dem »kleinen Schweizermädchen« fehle.

Sie fühlte den Stich einer Nadel und spürte, wie der Schmerz nachließ. Sie bekam alles mit, was um ihr Bett herum vorging, und hörte, wie die wachgewordenen Patienten fragten, ob sie wirklich eine Schweizerin sei, und ihr Erstaunen äußerten. Sie sagten, daß Elisabeth doch sicher eine Polin sei, weil sie polnisch gesprochen hätte. Hatte der Arzt nicht gesagt, daß man polnische Papiere bei ihr gefunden habe?

Ein Patient sagte: »Wir meinten, die sei nur eine polnische Sau! Deshalb wollten wir ihr nicht helfen.«

Elisabeth schlief eine lange Zeit. Als sie wieder erwachte, zeigten sich alle sehr bemüht um sie.

Ungläubig fragte sie, wie sie ihr einen Brief an ihre Mutter hatten verweigern können, da sie sahen, wie krank, vielleicht sterbenskrank sie war. Wollten sie ihr jetzt nur deshalb einen extra Teller Suppe bringen und ihre Kissen aufschütteln, weil sie eine Schweizerin und keine Polin war?

Zorn stieg in ihr auf. Diese Art von Rassenvorurteil hatte der Krieg verursacht, meinte sie, und es würde sicher einen neuen Krieg, einen neuen Hitler geben, wenn diese Vorurteile sich weiter fortsetzten. Sie wußte, daß sie am Leben bleiben, diesem Krankenhaus entkommen und mit anderen zusammenarbeiten mußte, damit diese Verbitterung, die sogar in einer Station für Sterbenskranke noch existierte, ein Ende hatte. Sie dachte viel an Golda.

Ihr erlittener Herzanfall war offenbar die Krise ihrer Krankheit gewesen. Sie fühlte sich immer noch sehr schwach, aber die Traumdelirien hörten auf, ihr Puls ging langsamer und das Fieber ließ nach.

Zwei Tage später schrieb sie selbst einen Brief an ihre Mutter. Sie würde bald heimkehren, vielleicht noch vor Ende Oktober. Sie sei krank gewesen, doch jetzt gehe es ihr schon viel besser. Sie sehne sich mehr als alles in der Welt danach, wieder zu Hause zu sein. Sie liebe alle in der Familie so sehr.

Mit eiserner Selbstdisziplin bemühte sie sich, wieder auf die Beine zu kommen. Erschrocken darüber, wie mager sie war (sie wog damals wahrscheinlich nicht mehr als fünfundsiebzig Pfund), aß sie alles auf, was man ihr gab. Manche Besucher auf der Station brachten ihr Blumen und Schreibpapier. Als sie jedoch um ihre Adresse baten und ihre eigene Adresse aufschreiben wollten, schöpfte Elisabeth Verdacht. Einige Besucher baten sie tatsächlich, ihnen Lebensmittelpakete, insbesondere Kaffee und Schokolade, aus der Schweiz zu schicken.

Sie nahm jede Gelegenheit wahr, über Lucima und Majdanek, über die Gaskammern und die Schmetterlinge zu sprechen, die sie an den Wänden der Baracken gesehen hatte. Die sterbende Mutter der Zwillinge schien als einzige die Bedeutung der Schmetterlinge zu verstehen. Als die Zwillinge das nächste Mal zu Besuch kamen, fragte Elisabeth ihre Zimmergenossen, was sie empfinden würden, wenn diese kleinen Kinder einer Sterbenden selbst dem Tod geweiht wären. Sie zog aus ihrem Rucksack das Taschentuch mit der polnischen Erde und erzählte die Geschichte von Janek. Eine polnische Mutter, sagte sie, fühle dasselbe wie eine deutsche.

Trotz der unzureichenden Kost machte Elisabeths Genesung so rasche Fortschritte, daß der erfahrene Arzt erstaunt war. Als sie den ersten Tag aufstand, versagten ihre Beine den Dienst, aber jeden Tag zwang sie sich, ein Stückchen weiter zu gehen. Als die deutsche Sektion des Internationalen Friedensdienstes erfuhr, wo sie sich aufhielt, schickte man ihr eine Fahrkarte, mit der sie nach Hause gelangen konnte. (Sie hatte ihre Eltern absichtlich nicht um Hilfe gebeten. Sie hatte sich vorgenommen, dies nie zu tun, weil sie meinte, sie würde dadurch ihre Unabhängigkeit gefährden.)

In der letzten Oktoberwoche, als sie kräftig genug war, um reisen zu können, präsentierte ihr der Krankenhausverwalter verlegen eine Rechnung. Ihr Arzt schlug vor, daß sie die Rechnung abzahlen könne, wenn sie einige Wochen im Krankenhaus arbeitete, und zwei Tage lang leerte sie tatsächlich Bettschüsseln und half beim Bettenmachen. Doch als er sah, wie selbst die leichteren Pflichten sie erschöpften, zerriß er die Rechnung. Das kleine Schweizermädchen sollte nach Hause fahren. Dort gehörte sie hin, in ihr Heim und in die Obhut einer Mutter.

Der Arzt fuhr sie selbst zum Bahnhof und setzte sie in den Zug nach Basel. Sie war von seiner Freundlichkeit und Fürsorglichkeit gerührt. Er hatte ihr unzweifelhaft das Leben gerettet. Sie sagte ihm, daß er der Typ eines Arztes sei, den sie sich zum Vorbild nehmen wollte. Sie weinte, als er ihr einige Kekse in die Hand drückte, sie umarmte und ihr wünschte, daß sie bald ganz gesund würde.

Wie der alte Soldat in Ecurcey, der ihr den Zettel mit Bleistift »von Mensch zu Mensch« geschrieben hatte, so milderte jetzt dieser Frankfurter Arzt ihre gemischten Gefühle über die Deutschen – diese Deutschen, die Majdanek gebaut hatten und sich auf einer Krankenstation nicht um ein sterbendes Mädchen kümmerten, weil sie meinten, sie sei eine Polin.

Nach den Formalitäten an der Grenze befand Elisabeth sich plötzlich in einer anderen Welt. Nachdem sie Monate in immer noch vom Krieg zerstörten Gegenden zugebracht hatte, erfüllte sie die Schweiz nicht weniger mit Staunen als Schweden. Auf der deutschen Seite der Grenze schienen die Menschen von ihrer Niederlage und von Hoffnungslosigkeit völlig gelähmt zu sein. Sogar die Gesichter der jungen Menschen waren von Hunger und Mühsal gezeichnet, und ihre Augen waren voll Selbstmitleid niedergeschlagen. Das war ihr Eindruck: eine Mischung von Bitterkeit, Resignation und Hunger.

Doch auf der Schweizer Seite der Grenze gingen die Menschen mit erhobenem Kopf und mit zielbewußtem Schritt. Sie kamen ihr alle so gut angezogen vor, daß Elisabeth zum ersten Mal seit Monaten sich ihrer schäbigen Kleider bewußt wurde. Auf den Bahnsteigen in Basel tauschten kleine Gruppen von Leuten Neuigkeiten aus und lachten. Sie konnte sich nicht erinnern, daß sie in Deutschland je Lachen gehört hatte.

In Basel mußte sie umsteigen und hatte noch genug Zeit, aus dem Bahnhof zu gehen und ein paar Häuserblocks weit die Straße hinunterzuwandern. Alles sah so sauber aus. Die Gebäude glänzten förmlich, und aus den Blumenkästen hingen Geranien die weißen Mauern hinab. Sie kam an einem Süßwarenkiosk vorbei und weidete ihre Augen an ganzen Platten voll Schokolade. Seit sie in Schweden war, hatte sie nichts Süßes mehr zum Verkauf angeboten gesehen. Es wässerte ihr den Mund, aber außer einigen praktisch wertlosen polnischen Banknoten hatte sie kein Geld, mit dem sie das Billigste hätte erstehen können. Sie überlegte ernsthaft, ob sie ihre Decke verkaufen sollte und genug dafür bekommen würde, um sich eine Tafel Schokolade zu kaufen. Aber es war unwahrscheinlich, daß jemand auf der Straße ihre ausgefranste, verschossene Decke würde kaufen wollen – nicht einmal für eine Hundehütte –, diese Decke, die monatelang ihr kostbarster Besitz gewesen war.

Als der Zug in Richtung Zürich durch die frische Schweizer Herbstlandschaft glitt, wurde Elisabeth aufgeregt und unruhig. Wie ein Kind sprang sie ans Fenster, als ihr Reiseziel näherrückte. Die vertrauten Namen hatten für sie einen zauberhaften Klang – Brugg, Baden, Dietikon. Sie versuchte sich das Wiedersehen mit ihren Eltern und ihren Schwestern vorzustellen. Sie roch schon den Duft der Mehlspeisen im Backrohr ihrer Mutter. Am Abend würde sie im Schein der brennenden Lampe von ihren Abenteuern erzählen. Dann würde sie in ihr mit einer Wärmflasche vorgewärmtes Federbett sinken. Wenn ihre Erregung die Lokomotive hätte antreiben können, so wäre der Zug sicher pfeilschnell durch die Luft geflogen!

Um sieben Uhr abends rollte der Zug fahrplanmäßig in Zürich ein. Sie sah aus dem Fenster, in der Erwartung, daß ein Mitglied der Familie gekommen wäre, um sie zu begrüßen, doch da sie kein Geld besaß, hatte sie nicht anrufen und ihre Ankunft niemandem mitteilen können.

Elisabeth strauchelte, als sie aus dem Zug stieg. Ihre erst kürzlich überstandene Krankheit hatte ihre Kräfte beinahe aufgezehrt. Sie wollte zum Haus der Küblers in der Klosbachstraße hinauflaufen, aber sie mußte sehr langsam gehen und manchmal anhalten, um zu verschnaufen.

Doch das Wiedersehen zu Hause entsprach voll ihren Erwartungen. Ihr Vater strahlte. Die verlorene Tochter sei also zurückgekehrt, meinte er. Ihre Mutter und Schwestern vergossen Tränen und gaben ihrem Entsetzen Ausdruck, daß Elisabeth so abgenommen hatte.

Es stellte sich heraus, daß der Brief, den sie vom Krankenhaus geschickt hatte, nie angekommen war. Sie nahm später an, daß der Patient, der sich erboten hatte, den Brief zur Post zu bringen, die Briefmarke geklaut hatte. Daher wußte die Familie nichts von ihrer Krankheit. Von Zeit zu Zeit waren geheimnisvolle Postkarten aus Belgien, Schweden und Polen angekommen. So wußten Herr und Frau Kübler nichts weiter, als daß ihre umherstreunende Tochter aus Gründen, die ihnen nicht ganz durchsichtig waren, eine gute Stellung aufgegeben hatte, um in verschiedenen Ländern zu arbeiten, die, wie sie meinten, sehr gut ohne sie zurechtgekommen wären.

Sie erzählte ihnen jetzt von Belgien und Schweden und von der lustigen Bahnfahrt nach Warschau. Sie erzählte ihnen von Hanka und Danka und berichtete stolz über ihre ärztlichen Erfolge. Sie erzählte die Geschichte von Janek und packte aus ihrem Rucksack das Taschentuch mit der polnischen Erde aus.

Während Elisabeth von ihren Abenteuern berichtete, brachte Frau Kübler unentwegt warme Gerichte herein, von denen Elisabeth mit dem sehr beschränkten Fassungsvermögen ihres Magens lediglich kosten konnte.

Trotzdem nahm sie innerhalb von zehn Tagen zwölf Pfund zu. Sie war noch nicht kräftig genug, um Ski zu laufen oder Bergwanderungen zu unternehmen, aber sie machte lange Spaziergänge den See entlang und spürte, wie ihre Kraft zurückkehrte. Sie hatte eine Menge Zeit, um die Familienneuigkeiten zu hören. Erika zeigte ihr voll Stolz ihre erste gedruckte Geschichte – eine Erzählung für Kinder, die gut angekommen war –, und Eva hatte eben ihre erste Stelle als Skilehrerin bekommen. Ernsts Briefe aus Indien berichteten von seinen geschäftlichen Erfolgen. Aber was er über seine Diener und über sein gesellschaftliches Leben schrieb, schien Elisabeth so irrelevant und so weit entfernt von den Dingen, die ihr am Herzen lagen, daß sie eine Kluft zwischen sich und ihrem Bruder fühlte wie nie zuvor. Sogar am häuslichen Herd hatte sie Schwierigkeiten, innerlich dabeizusein. Die Plaudereien ihrer Schwestern über Kleider, Partys und Ferien waren von ihren eigenen jüngsten Erinnerungen zu weit entfernt. Trotz der Freude des Wiedersehens kam es Elisabeth vor, als trennten ihre Erfahrungen sie vom fröhlichen Familienleben. Sie bezweifelte, daß selbst Erika oder Eva verstehen könnten, warum sie sich einer Bergarbeitersiedlung in Belgien und einer Dorfgemeinschaft in Polen innerlich mehr verbunden fühlte als alten Familienfreunden, die bequem und geborgen dahinlebten.

Kurz nach ihrer Rückkehr besuchte sie Professor Amsler in der Augenklinik. Der alte Arzt war entzückt, sie zu sehen, und sie mußte ihm gleich alle ihre Abenteuer erzählen. Sein Terminplan geriet durch ihren Besuch durcheinander, aber er versicherte ihr augenzwinkernd, daß er jetzt, da »die Schwalbe wieder heimgekehrt sei«, schon wieder aufholen würde. Damit ließ er durchblicken, daß er ihre Stelle für sie freigehalten hatte. Elisabeth hätte ihm um den Hals fallen können, aber trotz der gegenseitigen Achtung und Zuneigung war er für sie der ehrwürdige Mentor und Chef, und in ihrer langen Beziehung zu ihm blieb Dr. Amsler immer der »Herr Professor«.

Zu ihrem Erstaunen gelang es ihr mit Leichtigkeit, ihre Arbeitsroutine an der Augenklinik wieder aufzunehmen. Dr. Amsler forderte sie wiederum auf, seinen Augenoperationen beizuwohnen, besonders wenn es sich um ungewöhnliche Fälle handelte. Sie lebte weiterhin in ihrem Elternhaus, und ein- oder zweimal im Monat verbrachte sie ein Wochenende in den Bergen. Sie lief Ski, kletterte oder wanderte, je nach Jahreszeit und Witterung.

Als sie einmal im Winter auf der Fürlegi war, machte Eva sie mit ihrem Freund Seppli Bucher bekannt, einem Skichampion, der aus einer großen katholischen Familie aus dem Herzen der Schweiz stammte und in Zürich einen Handelskurs besuchte. Als die Teilnehmer der Skitour am Abend in die Hütte zurückkehrten, saß Elisabeth neben Seppli, und beide erzählten sich zwanglos und ohne Vorbehalte von ihren Träumen und Plänen. Dies war der Anfang einer ungewöhnlich innigen Beziehung, die tiefer ging als die üblichen Freundschaften und die zugleich anders und ruhiger war als eine Liebesbeziehung.

Äußerlich war Seppli ein blauäugiger, blonder Adonis, der besser Ski laufen und klettern konnte als irgendeiner, und trotzdem besaß er keinen Konkurrenzgeist. Er schien seine Kraft und die Anmut seines Körpers als Geschenk der Vorsehung hinzunehmen, und diese Haltung gab ihm eine natürliche Bescheidenheit. Seppli war ein Dichter, sensibel und hellwach, und in seinen Gedichten drückte er seine Liebe zur Natur aus, die Elisabeth aus dem Herzen sprach. Als tief religiöser Mensch und praktizierender Katholik lebte Seppli nach seinem persönlichen, von keinem kirchlichen Dogma eingeengten Glauben.

Es war Sepplis Selbstsicherheit, seine innere Stärke, die Elisabeth faszinierten – und darüber hinaus sein Lächeln, das ein ganzes Zimmer erleuchten konnte. Noch nie hatte sie sich in Gesellschaft eines jungen Mannes so wohl gefühlt.

Sie sah Seppli nur selten, etwa wenn Eva ihn nach Hause zum Essen oder zu einem Hausmusikabend einlud oder wenn sie mit Eva und anderen ein Wochenende in den Bergen verbrachte. Obwohl sie ihre Gefühle für Seppli damals nicht näher analysierte, war er für sie ein männliches Ideal, an dem sie die Qualitäten anderer junger Männer maß. Als Eva und Seppli sich verlobten, war Elisabeth voll damit einverstanden, daß er ein Mitglied der Familie werden und allmählich den Status eines Bruders erreichen sollte.

Ohne Unterbrechung arbeitete Elisabeth bis Juni 1949 in der Augenklinik. In ihrem verdunkelten Untersuchungszimmer übte sie weiterhin ihren Dienst als ungelernte Therapeutin aus und erwarb noch mehr Geschick in der psychologischen Beratung und lernte, wann es Zeit war zu reden und wann sie zuhören mußte. Sie liebte ihre Arbeit und fand Erfüllung darin, aber sie war sich ständig bewußt, daß sie nur ein Übergang zu ihrem ehrgeizigen Plan war, selbst Ärztin zu werden.

Mit ihrem Vater sprach sie nie mehr über diesen Plan. Sie wußte, daß er sein Wort nicht zurücknehmen würde, nachdem er einmal erklärt hatte, daß er sie finanziell nicht unterstützen werde. Sowohl Herr als auch Frau Kübler gaben ihren Töchtern von Zeit zu Zeit zu verstehen, daß ihr natürliches Lebensziel darin bestünde, sich passende Ehemänner zu suchen und zu gegebener Zeit Enkelkinder zu produzieren.

Erika war die erste, die sich verlobte, und ihr Zukünftiger war Ernst Faust, ein junger Geschäftsmann. Doch Elisabeth verlor ihr Luftschloß nie aus den Augen und legte Geld zurück, mit dem sie eines Tages Medizin studieren wollte.

Rational und objektiv betrachtet, waren ihre Aussichten ebenso kümmerlich wie früher. Bevor sie sich an der Hochschule für Medizin immatrikulieren konnte, mußte sie zuerst die Matura ablegen, die normalerweise ein dreijähriges Studium voraussetzte. Aber sie war zuversichtlich, daß es schon irgendwie gehen, daß irgendeine Tür sich für sie auftun würde. Ihr Gefühl würde ihr sagen, wann sie etwas unternehmen sollte, um der Verwirklichung ihres Traumes näherzukommen.

Sie stand weiterhin in enger Verbindung mit dem Büro des Internationalen Friedensdienstes in Zürich und beteiligte sich oft an der administrativen Arbeit. Gerade als sie ihren Urlaub antreten wollte, erhielt das Büro Nachricht von einer Arbeitsgruppe des Friedensdienstes an der italienischen Riviera. Dort wurde eine Zufahrtsstraße zu einem Hospital gebaut, und man brauchte dringend eine Köchin.

Ihre Eltern erhoben keinen Einspruch, als Elisabeth ihnen mitteilte, daß sie wieder fortfahre, diesmal nach Italien. Herr Kübler erklärte nachdrücklich, daß er nichts dagegen hätte, solange sie nicht beabsichtige, in ein Land hinter dem Eisernen Vorhang zu fahren.

Es lag Elisabeth auf der Zunge, ihm zu entgegnen, daß sie in einem Monat dreiundzwanzig Jahre alt werde und daß sie selbstverständlich nach Moskau fahren würde, wenn sie es wolle. Da sie aber keinen unnötigen Familienstreit heraufbeschwören wollte, hielt sie sich zurück. Sie verstand erst viel später, wie stark ihr Vater die Gefahr des Kommunismus empfand.

Es stellte sich heraus, daß das Straßenbauprojekt in Italien viel weniger lange dauerte als erwartet. Elisabeth arbeitete als Köchin und machte auch mit, wenn sie mit Pickel und Schaufel an der Reihe war. Da sie noch Zeit übrig hatte, unternahm sie eine rasche Rundfahrt durch Italien und fuhr mit einer Kameradin per Anhalter nach Pompeji, Neapel, Rom, Florenz und Venedig. In Venedig stellte sie fest, daß sie von bunten Glasfenstern und Statuen jetzt für eine lange Zeit genug hatte.

Sie kehrte nach Zürich zurück und meldete sich nach ihrer Ankunft sofort im Büro des Friedensdienstes. Man sagte ihr, man habe für den Rest ihres Urlaubs einen Sonderauftrag für sie, wenn sie noch am selben Abend aufbrechen könne. Eine Schweizerin, die mit einem Polen verheiratet war, hatte ihre beiden kleinen Kinder in der Schweiz zurückgelassen. Das Ehepaar hatte jetzt ein passendes Heim in einem wiederaufgebauten Vorort von Warschau gefunden und wollte die Kinder sofort zu sich holen. Ob Elisabeth die Kinder nach Warschau bringen könne? Die Fahrkarte würde man ihr zur Verfügung stellen. Elisabeth sagte mit Vergnügen zu und freute sich, wenn auch nur für kurze Zeit in das Land zurückzukehren, wo sie mit einem Teil ihres Herzens immer noch war.

Als sie am frühen Nachmittag nach Hause kam, traf sie niemanden von der Familie an. Sie badete, packte ihren Rucksack und hinterließ ihren Eltern Nachricht, daß sie in einem Sonderauftrag nach Polen gefahren sei. Sie faßte ihren Zettel beiläufig ab, weil sie damals keine Ahnung hatte, wie ihr Vater darauf reagieren würde.

Dann ging Elisabeth zur Bank und ließ sich ihre bescheidenen Ersparnisse auszahlen. Danach begab sie sich in bester Stimmung auf den Zürcher Bahnhof, wo sie ihre Schützlinge, einen achtjährigen Jungen und ein sechsjähriges Mädchen, in Empfang nahm. Der Mann, der die Kinder an die Bahn gebracht hatte, machte Elisabeth den Vorschlag, da sie auf der Hin- und Rückfahrt durch die Tschechoslowakei kommen würde, die Bedürfnisse eines Waisenhauses in Prag zu erkunden, das eine vage Bitte um Hilfe an den Friedensdienst gerichtet hatte.

Nach einer Reise ohne Zwischenfälle lieferte Elisabeth in Warschau den dankbaren Eltern ihre Kinder ab. Da sie schon einmal in Polen war, konnte sie der Versuchung nicht widerstehen, Lucima zu besuchen und zu sehen, wie es dem Dorf in den zwei Jahren ergangen war.

Diesmal fuhr sie mit dem Autobus. Zufällig stieg der Priester, der das Schulhaus bei der Eröffnungsfeier geweiht hatte, in Lublin in den

Bus zu. Er erkannte sie sofort und führte sie in Lucima stolz im Dorf herum. Viele der Dorfbewohner erinnerten sich an sie, und jeder wollte sie einladen. In der Schule stellte der Priester sie den Schülern als eine derjenigen vor, »die in ihrer Güte von so weit her aus dem Ausland gekommen waren, um unsere Schule zu bauen«. Die Kinder sangen ihrem prominenten Gast polnische Lieder vor und bekränzten sie mit Blumengirlanden. Elisabeth sagte ihnen, daß sie das Gefühl habe, nach Hause gekommen zu sein.

Als sie von einem Lehrer erfuhr, daß die Schule einen chronischen Mangel an Büchern, Bleistiften und anderen wichtigen Lehrmitteln hätte, leerte sie spontan ihre ganze Geldbörse bis auf wenige Münzen aus. Sie besaß eine Rückfahrkarte nach Zürich und vertraute darauf, daß sie ohne Geld nach Hause gelangen würde.

Zwei Tage später besuchte sie das Waisenhaus in Prag, das den Friedensdienst um Hilfe gebeten hatte. Augenblicklich wurde sie mit der kommunistischen Bürokratie und deren Argwohn konfrontiert. Jemand vom Personal des Waisenhauses warnte sie, daß sie unentwegt von der Geheimpolizei überwacht werde. Ein kommunistischer Parteifunktionär, an den sie verwiesen wurde, sagte ihr patzig, daß »verweichlichte, herablassende Kapitalisten« in der Tschechoslowakei nicht erwünscht seien.

Elisabeth war wütend. Sie hatte dem Waisenhaus etwas Gutes tun wollen, aber das einzige, was sie tun konnte, war, wie sich herausstellte, daß sie vor ihrer Abreise ihren Rucksack ausleerte. Irgendein Kind würde ihre Reserveschuhe und ihre Kleider gebrauchen können.

Als sie am nächsten Abend in Zürich ankam, besaß sie daher nichts als die Kleider auf ihrem Leib. Sie hatte nicht einmal genug Kleingeld für den Obus.

Trotzdem war sie zufrieden, weil sie ihre Aufgabe erfüllt hatte. Bald würde sie zu Hause sein, die hervorragende Küche ihrer Mutter genießen und in ihrem eigenen weichen Bett schlafen.

Der Eingang der Küblerschen Wohnung war jedoch versperrt, und der Schlüssel befand sich nicht an seinem Versteck unter einem Blumentopf. Hinter den Vorhängen des offenen Eßzimmerfensters ertönte das Geräusch von Stimmen und Tellergeklapper. Sie erkannte eine Stimme, die sie schon zwei Jahre oder noch länger nicht gehört hatte. Ernst war auf Urlaub von Indien gekommen, und die Familie feierte offenbar seine Rückkehr. Sie war genau zur richtigen Zeit gekommen, dachte sie, als sie die Klingel drückte.

Unerwarteterweise öffnete ihr Vater die Tür. Nach einer Sekunde des Erkennens fragte Herr Kübler ausdruckslos: »Was willst du?« Elisabeth lachte. Sie nahm an, daß ihr Vater sie zum besten hielt, wie er es oft getan hatte, als sie noch ein Kind war. Sie wollte zu ihm gehen, aber er schloß die Tür.

In einem Augenblick würde er sie wieder öffnen, meinte Elisabeth. Er würde mit seiner vertrauten sonoren Stimme lachen. Er würde sie an den Händen fassen, sie ins Eßzimmer hineinziehen und der Familie zurufen: »Ratet mal, wer gekommen ist!« Ihre Angehörigen würden vom Tisch aufspringen und ihr um den Hals fallen. So war es früher gewesen, und so würde es auch jetzt sein.

Aber die Wohnungstür wurde nicht wieder geöffnet – weder nach wenigen Sekunden, wie sie erwartet hatte, noch nach einer Minute. Langsam dämmerte ihr, daß ihr Vater nicht gescherzt, sondern absichtlich die Türe vor ihrer Nase geschlossen hatte.

Sie hörte, wie die Unterhaltung im Eßzimmer in etwas gedämpfterem Ton wieder aufgenommen wurde. Sie meinte ihren Namen zu hören. Dann vernahm sie, wie ihr Vater einen Toast auf Ernst ausbrachte.

Das Luftschloß rückt näher

14

Ohne zu wissen, was sie beginnen sollte, ging Elisabeth langsam von ihrem Elternhaus fort. Die Betäubung durch den anfänglichen Schock wegen ihrer Verbannung von zu Hause ließ allmählich nach, und ihre Empfindungen kehrten zurück. In kleinen Schüben überkam sie zuerst Zorn, dann eine Sturzflut von Schmerz und Wut.

Sie rief sich den Gesichtsausdruck ihres Vaters ins Gedächtnis zurück, wie er ihr im Licht des Hausflurs erschienen war, und fragte sich, was er eigentlich von ihr erwartet hatte. Hatte er wirklich gemeint, daß sie um Verzeihung bitten würde dafür, daß sie gegen seinen Wunsch hinter den Eisernen Vorhang gereist war? Er kannte sie gut genug, um zu wissen, daß sie das nie tun würde. Hatte Ernst eine Rolle dabei gespielt? Wollte ihr Vater ihm beweisen, daß er immer noch das Familienoberhaupt und Herr im Hause war?

Noch einmal überkam sie Zorn. Sie war doch eine erwachsene Frau und kein Kind mehr! Weder ihr Vater noch irgendein anderer Mensch konnte ihr etwas vorschreiben. Sie würde nie um Verzeihung dafür bitten, niemals, daß sie getan hatte, was sie für richtig hielt! Wenn der Preis für ihre Weigerung, reumütig zu ihrem Vater zu gehen, darin bestand, daß sie kein Zuhause mehr hatte, gut, dann wollte sie diesen Preis zahlen. Derjenige, der Schuldgefühle haben würde, wäre ihr Vater.

Sie dachte an ihre Mutter und den Schmerz, den sie wohl empfand. Sie hatte nie erlebt, daß ihre Mutter – oder ihre Schwestern – sich gegen den Willen Herrn Küblers aufgelehnt hatten.

Wenn Elisabeth der Dickschädel in der Familie war, wie ihre Eltern ihr oft vorgeworfen hatten, dann hatte sie diesen Charakterzug von ihrem Vater geerbt. Er hatte oft gesagt, daß er ein Mann sei, der zu seinem Wort stehe, aber hinter dieser Redensart verbarg sich oft Eigensinn. Jetzt hatte ihr Vater ihr nichts mehr zu sagen, und sie würde ihn nie wieder um irgend etwas bitten.

Sie blieb stehen und blickte zu einem Straßenschild hinauf. Sie war in der Seefeldstraße angelangt. Plötzlich hörte sie, wie jemand ihren Namen rief. Weiter unten auf der beleuchteten Straße winkte ihr eine junge Frau. Sie erkannte ihre Freundin Cilly Hofmeyr nicht gleich, die zur gleichen Zeit ihr Diplom als Sprechtherapeutin am Kantonsspital erworben hatte, als Elisabeth ihr Laborantenexamen ablegte. Sie und Cilly waren früher oft zusammengewesen.

Als sie auf dem Gehsteig unter einer Straßenlaterne standen, erklärte Elisabeth ihre Lage. Sie hatte kein Geld und brauchte ein Bett.

Cilly deutete auf ein Wohnhaus auf der gegenüberliegenden Straßenseite. Sie hatte selbst nach einer geeigneten Wohnung Ausschau gehalten. Nun hatte sie eine ideale Wohnung im obersten Stock gefunden, aber die Besitzerin des Hauses bestand darauf, daß sie noch einen zweiten Raum auf der anderen Seite des Korridors mietete. Cilly konnte den zweiten Raum, der sehr klein war, nicht gebrauchen. Vielleicht konnte er Elisabeth wenigstens vorübergehend als Quartier dienen.

Zwei Minuten später stiegen Elisabeth und Cilly die sechsundneunzig Treppenstufen in das oberste Stockwerk des Wohnhauses hinauf. Cilly führte sie in ein großes Zimmer, das sie für sich mieten wollte, und zeigte Elisabeth dann das Zimmer am anderen Ende des Ganges, das so winzig war, daß man hätte meinen können, es sei als Wäschekabinett oder Vorratskammer entworfen worden.

Als sie die Tür geöffnet hatte, brach Elisabeth in Entzücken aus. Mit der schrägen Decke unter dem Dach und dem winzigen Fenster sah die Mansarde wie ein Puppenzimmer aus. Die Miete betrug fünfzehn Schweizer Franken im Monat.

Elisabeth maß den Boden mit ihren Schritten aus. An einer Wand war gerade Platz genug für ein kleines Bett. An der anderen Wand konnte sie einen Tisch und eine elektrische Kochplatte unterbringen. Sie riß das Fenster auf. Wenn sie sich weit hinauslehnte, konnte sie die Lichter auf dem See sehen. Das hieß, daß sie bei Tageslicht auch die Berge würde sehen können. Draußen war eine Toilette für beide Zimmer, und neben der Toilette befand sich ein Waschbecken mit kaltem Wasser. Die Tatsache, daß es kein Badezimmer gab, dämpfte Elisabeths Begeisterung keineswegs. Das Zimmer sei ideal, erklärte sie Cilly.

Sie gingen ins Erdgeschoß und unterschrieben den Mietvertrag. Sie konnten sofort einziehen. Cilly lieh Elisabeth mit Freuden vierzig Franken. Nachdem sie in einem benachbarten Café gegessen hatten, schlief Elisabeth auf dem Fußboden ihres neuen Heims, dem ersten, das sie ihr eigen nennen konnte.

Am nächsten Morgen telefonierte Elisabeth mit ihrer Mutter, die beinahe weinte vor Erleichterung, daß ihre Tochter in so guter Stimmung war und die Nacht nicht auf einer Bank im Park hatte verbringen müssen. Elisabeth erklärte ihr in knappen Worten, daß sie ein eigenes Zimmer gemietet hatte. Wenn reine Luft war – und das hieß, wenn ihr Vater nicht zu Hause war –, würde sie vorbeikommen und ein paar Kleider holen. Sie erfuhr, daß Ernst im Begriff stand, nach England zu fliegen, wo er seine Frau treffen wollte, und schon unterwegs zum Flughafen war. Ihre Schwestern waren zur Arbeit gegangen.

Als sie in die elterliche Wohnung kam, sagte ihre Mutter, daß ihr Vater nicht zu überreden sei, seinen Hinauswurf zurückzunehmen, wenn Elisabeth sich nicht für ihren Verstoß gegen seinen Wunsch bei ihm entschuldigte. Nur dies könne die Familie wieder vereinen. Elisabeth erklärte ihrer Mutter, daß sie keine Entschuldigung für etwas heucheln könne, was sie nicht bereute. Sie finde es fabelhaft, ihr eigenes Zimmer zu haben. Sie steckte einige Kleider in einen Seesack und nahm ihre Steppdecke mit. Sie lud sich ihr Federbett und die Kleider auf den Kopf, und unbekümmert um die gaffenden Leute auf der Straße ging sie zur Seefeldstraße zurück und stieg die sechsundneunzig Stufen hinauf.

Im Lauf des Tages erstand sie eine gebrauchte Kochplatte, die nötigsten Küchenutensilien, etwas Geschirr und Lebensmittel. Sie wollte ihr Zimmer möglichst schnell nicht nur bewohnbar, sondern gemütlich herrichten, denn sie wollte ihrem Vater nicht die Genugtuung verschaffen, zu hören, daß sie im Elend lebte.

Sie kaufte ein paar Bretter, Schrauben, Holzbeize, Lack und einfache Schreinerwerkzeuge. Sie hatte sich die Anfangsgründe der Schreinerei in Ecurcey angeeignet und baute sich mühelos ein haltbares Bettgestell und einen Tisch, der sowohl als Arbeits- wie als Eßtisch dienen sollte.

In ihrem ersten Arbeitseifer machte sie Vorhänge für das Fenster und begann eine Tagesdecke zu weben. Bei ihrem zweiten Besuch in der Küblerschen Wohnung lieh ihre Mutter ihr zwei Leintücher, Handtücher und eine Decke. Elisabeth erfuhr später, daß ihr Vater äußerst ungehalten war über diese Leihgaben, wodurch, wie er sagte, »rechtmäßiger Küblerbesitz« aus seinem Haus entwendet wurde.

Als ihre Schwestern im Laufe der Woche sie zum ersten Mal besuchten, drückte die winzige Wohnung bereits Elisabeths Persönlichkeit aus. Erika und Eva waren entzückt von dem Zimmer, das, wie Eva sagte, sicher »von einem von Schneewittchens sieben Zwergen stamme«. Es mochte gut die kleinste menschliche Behausung in Zürich sein.

Erika hatte Kuchen mitgebracht, und Elisabeth kochte Tee. Die drei Schwestern saßen auf dem Bett und sprachen von alten Zeiten. Zwei Stunden lang war es ihnen, als ob sie im Kalender zurückgeblättert hätten und wieder Kinder in Meilen wären, die Erwachsensein spielten. Sie sahen ein altes Fotoalbum mit Familienbildern an und versuchten zu raten, wer auf den frühesten Fotos, die ihr Vater aufgenommen hatte, Erika und wer Elisabeth sei. Sie erinnerten sich an den Skandal, als Elisabeth ihr Gebetbuch dem sadistischen Pfarrer ins Gesicht geschleudert hatte, und sie überschlugen sich fast vor Lachen, als sie an den Schrecken des Pfarrers dachten.

Eva und Elisabeth spitzten sogar die Lippen und versuchten die Sprache von Higaland zu sprechen. Sie waren glücklich, daß sie sich noch immer so mühelos verständigen konnten wie vor fast zwanzig Jahren.

Der Besuch brachte die Schwestern einander wieder näher, nachdem sie begonnen hatten, sich durch die Verschiedenheit ihrer Laufbahn und Interessen voneinander zu entfernen.

Während der ersten Wochen kamen wenige Besuche, aber Cilly schaute gelegentlich bei ihr hinein, um zu sehen, wie Elisabeth weiterkam. Die beiden Mädchen teilten manchmal eine auf dem Kocher gewärmte Mahlzeit. Cilly war mit ihrem goldblonden Haar so auffallend hübsch, daß es ihr nie an männlicher Hilfe fehlte, wenn

schwere Möbelstücke die Treppen hinaufgeschleppt, wenn Vorhänge aufgehängt oder die Wände gestrichen werden mußten.
Als Cilly einzog, räumte sie ihrem Klavier den besten Platz des Zimmers ein. Sie pflegte die Musik, spielte selbst sehr gut Violine und richtete ihr Zimmer als Salon für musikalische Abende ein. Anstatt der Stühle schaffte sie sich eine Menge bunter Sitzkissen an. Elisabeth und Cilly waren glücklich, daß sie so gut miteinander auskamen. Sie hatten beide Verständnis für das Bedürfnis, allein zu sein, aber jede wußte, daß sie auf die Hilfsbereitschaft der anderen zählen konnte.

Als sie die Möbel baute (ein Büchergestell und ein Blumenkasten kamen noch dazu) und ihr Zimmer tapezierte, überlegte Elisabeth sich ihre Zukunftspläne. Die Unnachgiebigkeit ihres Vaters war ein Ansporn für sie. Sie würde ihm nicht nur beweisen, daß sie völlig selbständig war; sie würde ihm außerdem zeigen, daß sie den Grips, die Selbstdisziplin und die Kraft besaß, Ärztin zu werden. Es war an der Zeit, daß sie für die Matura lernte. Sie würde diesen Plan nicht herumerzählen. In diesem Stadium wollte sie vor der Familie geheimhalten, daß sie noch eine andere Beschäftigung als die Stelle an der Augenklinik hatte.

Als sie aber mit Professor Amsler sprach, der sie gleich wieder in seinem Arbeitsteam haben wollte, teilte sie ihm ihren Plan mit, für die Matura zu studieren. Sie mußte natürlich einige praktische Kurse in Physik und Chemie an der Technischen Hochschule besuchen, aber alles andere würde sie abends zu Hause büffeln und tagsüber in der Klinik arbeiten.

Professor Amsler schüttelte bedenklich den Kopf. Für die Matura würde außerordentlich viel verlangt. Er zählte die Prüfungen an seinen Fingern ab: höhere Mathematik, Chemie, Physik, Geographie, Geschichte, Latein, Deutsch, Französisch und Englisch. Sie müßte die klassische Literatur in den drei modernen Sprachen gelesen haben.

Ihre einzige Sorge war Latein. Sie hatte nämlich nie Latein gelernt, aber man hatte ihr gesagt, daß sie in einem Fach durchfallen durfte, wenn sie in den anderen hervorragende Noten hätte.

Dann machte der Professor sie darauf aufmerksam, daß sie mehrere Jahre lang sehr wenig Zeit für Geselligkeit haben würde. Nicht mehrere Jahre, sagte sie, sondern nur ein Jahr! Was normalerweise bei ganztägigem Studium drei Jahre dauerte, wollte sie in zwölf Monaten bewältigen.

Professor Amsler brachte seine Skepsis mit einer Gebärde zum Ausdruck. Er musterte sie genau und sagte nach einer langen Pause mit leiser Stimme, daß wohl sie einen Rekord aufstellen würde, wenn dies überhaupt jemandem gelänge.

Während eines ganzen Jahres konnte Elisabeth nicht ernsthaft mit ihrem Maturastudium beginnen, denn sie hatte kein Geld und mußte genug sparen, um ihre Kurse und ihren Unterricht bezahlen zu können.

Aber ab August 1950 brannte das Licht im kleinsten Fenster des obersten Stockwerkes in dem Wohnhaus in der Seefeldstraße noch lange, wenn die anderen Lichter schon ausgelöscht waren. Auf einem Kissen sitzend (für einen Stuhl war nicht Platz genug) und über ihren kleinen Tisch gebeugt, stürzte Elisabeth sich auf ihre Lehrbücher.

Am Tag arbeitete sie acht Stunden in der Augenklinik. Sie fand, saß sie nachts nicht mehr als vier, höchstens fünf Stunden Schlaf brauchte, und gestattete sich nicht mehr als einen Tag pro Monat in den Bergen.

Wenn sie für sich selbst kochte, waren ihre Mahlzeiten sehr einfach und leicht. Aber wenn ihre Mutter sicher sein konnte, daß Herr Kübler außer Haus war, schickte sie Elisabeth Nachricht, daß sie kommen und sich ordentlich sattessen konnte. Manchmal stiegen auch Erika und Eva die Treppen in ihre Wohnung hinauf und brachten ihr Freßpakete – manchmal schickte ihre Mutter ihr etwas, und manchmal kauften sie selbst Kuchen oder andere Köstlichkeiten.

Elisabeth traf ihren Vater gelegentlich auf der Straße in Zürich. Bei diesen unfreiwilligen Begegnungen nickte er ihr im Vorübergehen zu, redete aber nicht mit ihr. Einmal besuchte Elisabeth gerade die elterliche Wohnung, als ihr Vater unerwartet hereinkam. Sie grüßte ihn, aber ihr Vater war überrascht, drehte sich auf dem Absatz um und ging hinaus. Er sah nicht feindselig oder böse drein, aber seinem Charakter entsprechend mußte er bei seinem Wort bleiben. Was ihn betraf, so hatte Elisabeth am Tag ihrer Rückkehr aus Polen aufgehört, ein Mitglied seiner Familie zu sein.

In ihrem Zimmer am anderen Ende des Ganges führte Cilly ein geselliges Leben. Samstag und Sonntag abend hatte sie meistens Musiker eingeladen. Elisabeth half ihr immer, den Imbiß vorzubereiten, und gönnte sich von ihren Büchern eine Pause von ein oder zwei Stunden, um die Konzerte mitzuhören. Dann schlüpfte sie unbemerkt wieder hinaus.

Einmal ging Elisabeth nach Hause, um zwei Weinflaschen aus dem hervorragenden Keller ihres Vaters zu »borgen«, weil sie zu einer Party etwas beisteuern wollte. Sie hatte die Flaschen gerade an sich genommen, als plötzlich Herr Kübler eintrat. Sie warf sich unter ihr altes Bett, rutschte aus und zerbrach eine der Flaschen unter ihren Rippen. Während ihr Vater in der Wohnung umherstapfte, verhielt sie sich trotz ihrer Schmerzen still. Erst als er das Haus wieder verlassen hatte, kam Elisabeth aus ihrem Versteck. Weil sie immer mehr Beschwerden beim Atmen hatte und ihre Schmerzen anhielten, ging sie später in die Notaufnahme der Klinik. Das Röntgenbild enthüllte, daß sie drei Rippen gebrochen hatte.

Vorfälle wie dieser und die gelegentlichen Begegnungen mit ihrem Vater auf der Straße bestärkten Elisabeth nur in ihrem Entschluß, ihren Vater mit ihrer Leistung zu überraschen.

In der Mitte des Jahres 1951 meldete sie sich zu den Prüfungen der Matura an, die Anfang September stattfanden und fünf Tage dauerten. Sie war zuversichtlich, daß sie überall durchkommen würde außer in Latein, denn in diesem Fach hatte sie so gut wie nichts gelernt. Das Examen in Latein umfaßte eine schriftliche und eine mündliche Prüfung. Der Professor, der sie prüfte, wunderte sich über diese Schülerin, die laut seinen Unterlagen bisher in der Matura gut abgeschnitten hatte. Als sie nicht einmal in der Lage zu sein schien, elementare Fragen zu beantworten, fragte er sie, ob sie krank sei, und entschuldigte sich buchstäblich bei ihr, daß er sie durchfallen lassen mußte!

Elisabeth wußte, daß sie durch ihr absichtliches Versagen in Latein ein großes Risiko einging und daß ihre Noten in den anderen Fächern überdurchschnittlich gut sein mußten. Am 22. September 1951 kehrte sie von einem arbeitsreichen Tag in der Klinik in ihre Wohnung zurück und fand in ihrem Briefkasten ein grellfarbenes Kuvert vor. Die Nachricht verschwamm ihr vor den Augen: »Die Prüfungskommission freut sich, mitteilen zu können, daß Elisabeth Kübler die Matura bestanden hat.«

In dem Kuvert befand sich außerdem eine Notiz mit der Unterschrift des Professors, der ihre Deutschprüfung abgenommen hatte. Er gratulierte ihr zu ihrem Aufsatz mit der besten Note, die je einem Schüler zuerkannt worden war. Ihr Aufsatz trug den Titel »Geist, Seele und Körper der menschlichen Existenz«.

Sofort dachte sie daran, wie sie ihrem Vater die Neuigkeit am besten mitteilen sollte. Am nächsten Tag hatte er Geburtstag. Sie ging in ein Schreibwarengeschäft und verlangte einen Kalender von

1951 mit leeren Abreißblättern für jeden Tag. Die Verkäuferin wunderte sich und erinnerte Elisabeth daran, daß es schon spät im Jahr sei. Meinte sie nicht vielleicht einen Kalender für 1952? Nein, den wollte sie nicht. Nachdem die Verkäuferin hinten im Laden gesucht hatte, fand sie den Kalender, den Elisabeth wünschte. Die Blätter zum Abreißen waren an einer mit einer Berglandschaft bemalten Platte befestigt. Zu Hause schrieb sie auf das erste Blatt »Herzlichen Glückwunsch zum Geburtstag!« und auf das Blatt für den 23. September schrieb sie: »Matura bestanden!« Sie wollte das eingewickelte Päckchen nicht der Post anvertrauen und trug es selbst zur Küblerschen Wohnung. Dort schob sie es in den Briefkasten.

Am nächsten Tag stand sie vor dem Büro ihres Vaters und paßte ihn ab, denn um diese Zeit kam er zur Arbeit. Er ging langsam, schwer auf seinen Stock gestützt. Plötzlich sah er sie, und seine Augen verengten sich in der Helligkeit des Morgens. Bedächtig lächelte er ihr einen Glückwunsch zu.

An diesem Abend kam Erika zu Elisabeth und überbrachte ihr eine Einladung nach Hause zum Essen. Herr Kübler hatte seine Frau gebeten, zur Feier der akademischen Leistung ihres ältesten Drillings ein Festessen vorzubereiten.

Elisabeth fragte Erika, ob ihr Vater noch etwas gesagt habe. Doch, beim Frühstück. Herr Kübler hatte ihr Geburtstagsgeschenk ausgepackt und die Blätter des Kalenders abgerissen. Er schwieg lange, während er in seinem Kaffee rührte. Über den Rand seiner Kaffeetasse hatte er dann barsch verkündet: »Elisabeth ist zwar noch sehr jung, aber, verdammt noch mal, sie ist so zäh wie ich!«

15

Im Hörsaal der Anatomie

Sobald Erika weggegangen war, überkam Elisabeth, wie sie es heute nennt, ein »kaltes, graues, leeres Gefühl«. Es war das psychische Tief nach einem Hochgefühl, wie sie es auch oft in den Bergen erlebte. Wenn sie nach einem schwierigen Anstieg einen Gipfel erklommen hatte, erfüllte sie zuerst Euphorie, die Freude darüber, ihren Wagemut und ihre Willenskraft unter Beweis gestellt zu haben. Darauf folgte eine Art Vakuum, ein depressives Gefühl, während sie zu einem höheren Gipfel aufblickte, der noch zu bezwingen war und einen noch längeren, schwierigeren Anstieg erforderte.

Mit ihrem Maturazeugnis war sie nun berechtigt, jede Schweizer Universität zu besuchen und jedes Fach zu studieren. Sie hatte sich bereits entschieden, wohin sie gehen und was sie studieren wollte. Sie würde sich natürlich an der medizinischen Fakultät der Universität Zürich immatrikulieren lassen.

Nicht einmal das Familienfest zu Ehren ihres erfolgreichen Studiums konnte ihre trüben Gedanken ganz verscheuchen. Sie sah über den Tisch zu ihren Schwestern hin, deren Lebensläufe vorgezeichnet schienen. Ehe, Kinder, Sicherheit, ein Haus im Grünen, Mitglied-

schaft bei Sport- und Kulturvereinen – das war in der Schweiz die übliche Lebensbahn einer Tochter aus gutbürgerlichem Haus.
Warum konnte sie nicht auch diese Richtung einschlagen? Was war das für eine Flamme, die in ihrem Herzen brannte, diese Leidenschaft, zu neuen Ufern der Erkenntnis aufzubrechen, dieses rastlose, tiefe Verlangen nach der Wahrheit?

Erika war jetzt mit Ernst Faust verheiratet und würde bald nach Bern übersiedeln, wo ihr Mann geschäftlich tätig war. Eva hatte sich mit Seppli verlobt, und Elisabeth schrieb in ihr Tagebuch: »Seppli ist der schönste, reinste, aufrechteste und sensibelste Mann, den ich je kennengelernt habe.« Ihr abwesender Bruder Ernst, der ebenfalls geheiratet hatte, war auf dem besten Wege, ein Vermögen zu erwerben. Nur sie war ohne Rückhalt und ohne die Aussicht auf einen Lebenspartner. Als ihr Vater die Weingläser füllte und einen Toast auf ihre erfolgreiche Matura ausbrachte, empfand Elisabeth eine für sie ganz uncharakteristische Versuchung, den gängigen, den ausgetretenen Pfad zu beschreiten.

Obwohl ihre Mutter ein fabelhaftes Essen gekocht hatte und der Wein aus den besten Vorräten des Kellers kam, war die Atmosphäre nicht völlig gelöst. Es wurden zwar fröhliche Reden gewechselt, man lachte und erzählte sich Anekdoten, aber ein plötzliches Schweigen deutete an, daß immer noch eine Barriere zwischen Herrn Kübler und seiner ältesten Tochter bestand. Erst das traditionelle Singen am Klavier nach dem Essen half ihnen über ihre Verlegenheit und Spannung hinweg.

Wenn Stolz und Unnachgiebigkeit auch zu tiefe Wunden hinterlassen hatten, als daß ein Abend sie hätte heilen können, so dauerte Elisabeths Stimmungstief doch nicht lange. Ja es war eher eine Atempause als eine echte Niedergeschlagenheit.

Ihr Vater bot ihr keine finanzielle Unterstützung während ihres Medizinstudiums an, und sie hatte auch keine erwartet. Sie war für ihn jetzt ein erwachsener Mensch, auch wenn er noch so stolz auf ihre Leistungen war. So mußte Elisabeth weiterhin an der Augenklinik bleiben. Professor Amsler kam ihrem Vorschlag, abends zu arbeiten, bereitwillig entgegen. Wenn ihre Vorlesungen an der Universität begannen, so könnte sie, sagte er, von vier bis zehn Uhr im Labor arbeiten und notfalls auch samstags. Außerdem konnte sie in der Mittagszeit und in ihren Freistunden arbeiten. Der Professor wies darauf hin, daß es für manche berufstätigen Patienten angenehmer sei, am Abend oder am Samstag zur Untersuchung zu kommen.

Obwohl sie sich dessen nicht gleich bewußt war, bezog sie die Universität Zürich während der glanzvollsten Zeit der medizinischen Fakultät. Beinahe alle Abteilungen hatten internationalen Ruf. Professor Manfred Bleuler, den Elisabeth bereits kennengelernt hatte, war Direktor der psychiatrischen Universitätsklinik. Der glänzende Professor Löffler war Direktor der Klinik für Innere Medizin. Professor Fanconi leitete die berühmte Kinderklinik. Professor Schwartz, den die Zeitungen wegen seiner Kombinationsgabe den »Schweizer Sherlock Holmes« nannten, war Leiter des gerichtsmedizinischen Instituts. Professor Miescher war Direktor der dermatologischen Klinik. Natürlich lehrte auch Professor Amsler, der sich mit bahnbrechenden Forschungsarbeiten auf dem Gebiet der Ophthalmologie einen Namen gemacht hatte.

Trotzdem dauerte es noch ein weiteres Jahr oder etwas länger, bis Elisabeth bei diesen hervorragenden Medizinern studieren konnte. Mit allen anderen Medizinstudenten mußte sie zuerst die Prüfung ablegen, die das »erste Propä« (Propädeutikum) genannt wurde. In ihrem ersten Jahr mußte sie Physik, organische und anorganische Chemie, Botanik und Zoologie studieren.

Wenn sie das erste Propä bestanden hatte, würde sie zwei Jahre lang Anatomie, Histologie, Physiologie und Pathalogie studieren und am Ende dieser Etappe das zweite Propä ablegen. Dann folgte ein viereinhalbjähriges Klinikum, bevor sie zur Schlußprüfung antreten konnte.

Elisabeth legte sich einen neuen Stundenplan zurecht. Sie stand um sechs Uhr auf, machte sich ein bescheidenes Frühstück und kam per Obus um sieben Uhr (im Winter um acht Uhr) auf die Universität zu ihrer ersten Vorlesung. Zu Mittag aß sie ein Sandwich (oder ging gelegentlich in die Mensa) und eilte in die Augenklinik, um noch eine Stunde mit Patienten zu arbeiten. Wenn die Vorlesung um fünf Uhr (im Winter um vier Uhr) zu Ende waren, eilte sie nochmals die wenigen hundert Meter zur Augenklinik, um wieder Patienten zu untersuchen und ihre Berichte zu schreiben. Meistens blieb sie bis zehn oder elf Uhr in der Klinik. Dann fuhr sie mit dem Obus in ihre Liliputwohnung, wärmte sich auf ihrem Kocher das Essen und studierte danach. Meistens saß sie bis ein Uhr nachts auf und gönnte sich nicht mehr als fünf Stunden Schlaf.

Den Samstag verbrachte sie meistens in der Klinik, und am Abend genoß sie ein wenig Geselligkeit, oft in Form von Cillys Hausmusik. Am Sonntag konnte sie ihre Wäsche waschen, vielleicht noch etwas studieren oder in die Berge fahren.

Es war ein hektischer Tagesplan, in dem jede Minute zählte. Doch trotz ihrer Diät (meistens nur kleine Happen, die sie in einer freien Minute hinunterschlang), die allen gesundheitlichen Regeln widersprach, blieb sie bei bester Gesundheit und hielt ihr Gewicht von annähernd hundert Pfund.

Alle ihre Ausgaben mußte sie von ihrem kleinen Gehalt als Laborantin bestreiten. Die Universität Zürich war stark subventioniert, und die Kollegiengelder beliefen sich auf ein Minimum. Ihre Lehrbücher kaufte sie aus zweiter oder dritter Hand, oft um ein paar Pfennige. An Verkehrsmitteln brauchte sie nur den Obus und manchmal die Bahn, wenn sie in die Berge fuhr.

In ihrer Kleidung mußte sie sich buchstäblich darauf beschränken, ihre Blöße zu bedecken und sich im Winter warm zu halten. Kleider interessierten sie nicht mehr, als unumgänglich nötig war. Im Sommer trug sie bedruckte Baumwollkleider, von denen sie nie mehr als drei auf einmal besaß, und im Winter zog sie am liebsten strapazierfähige Kordröcke und selbstgestrickte Pullover an. In ihrem Schrank (eine Fehlbezeichnung, da dieser »Schrank« nur aus Haken und einigen Brettern neben dem Waschbecken auf dem Gang bestand) hatte sie eine Wanderhose, einen Regenmantel und einen dicken Wintermantel. Sie setzte nie einen Hut auf. Ihre zwei Paar Schuhe waren dem Schuster in ihrer Straße wohlbekannt, und Schuhleder war wenigstens billig.

Ihr geselliges Leben wurde lebhafter, besonders während der Semesterferien. So lernte sie einige junge Musiker kennen, die bei Cilly verkehrten. Sebastian, ein fünfundzwanzigjähriger Pianist, ein ehemaliges Wunderkind, der in Wien und Paris Konzerte gegeben hatte, verliebte sich hoffnungslos in Elisabeth. Wenn sie Zeit gehabt hätte, so hätte sie gerne den ganzen Tag und die halbe Nacht seinem gefühlvollen Spiel gelauscht (er beherrschte fast alle Klavierstücke von Mozart und Chopin), aber wenn er mit Liebesgedichten oder zärtlichen Briefen kam und ihre Hand halten oder sich an ihre Schulter schmiegen wollte, konnte sie ihn nicht ermutigen. Seine Liebe zu ihr war schmeichelhaft und gab ihr Bestätigung, aber er besaß bei weitem nicht die Eigenschaften, die sie sich bei einem männlichen Gefährten gewünscht hätte, auch wenn sie Zeit für eine solche Freundschaft gehabt hätte.

Nicht nur Musiker waren zu Gast in den beiden Zimmern im obersten Stockwerk des Mietshauses. Zürich war damals ein Zentrum für ausländische Studenten aus Dutzenden von Ländern, die hier die Universität oder die Technische Hochschule besuchten. Die meisten studierten Medizin, Musik, Architektur oder Technik, und die meisten hatten kein Geld. Viele litten unter ihrer Isolierung und Einsamkeit. Es sprach sich unter den Studenten herum, daß wenigstens am Wochenende nette Gesellschaft und ein fröhliches Mahl zu haben waren, wenn sie sechsundneunzig Treppenstufen in der Seefeldstraße hochstiegen.

Achtzehn Monate nach ihrem Einzug begannen Elisabeth und Cilly den Brauch einzuführen, daß sie wenigstens einmal im Monat ein internationales Essen für diesen kosmopolitischen Kreis von Studenten organisierten. Mit billigen Zutaten veranstalteten sie zum Beispiel ein türkisches Essen, das türkische Studenten bei ihnen kochen durften. Im nächsten Monat gab es vielleicht ein norwegisches Essen oder ein von einem Inder zubereitetes Curry. So präsentierten sie in abwechselnder Reihenfolge unter anderem polnische, russische, französische und österreichische Gerichte.

Da sie besonders gern für viele Leute kochte, übernahm Elisabeth die Hauptverantwortung für diese kulinarischen Feten. Sie mußte selten viel Zeit und Geld investieren, um einzukaufen, denn die Studenten brachten selbst die meisten Zutaten. Ein Schnorrer fand sich selten in ihrer Gesellschaft ein.

Wenn sie meinte, daß ein guter Wein den Wert der Mahlzeit steigere, schmuggelte sie einige Flaschen aus dem Keller ihres Vaters. Da dieser seinen Weinvorrat sorgfältig und regelmäßig kontrollierte, merkte er, wenn Flaschen fehlten, und erriet, wie Elisabeth viel später erfuhr, wer die Schuldige war. Aber er sagte nichts.

Bei diesen internationalen Festen profitierte Elisabeth besonders davon, daß sie sich mit einem breiten Spektrum von Kulturen, Weltanschauungen und politischen Ansichten auseinandersetzte. Sie und Cilly ermutigten und provozierten oft ihre Gäste, unbefangen ihre Meinung zu äußern, so daß die reservierte und höfliche Unterhaltung während des ersten Teils des Abends immer in eine angeregte Diskussion überging.

Sowohl die Musik als auch das Dekor spielte bei diesen Abenden immer eine Rolle. Es wurden Kissen verteilt und Kerzen angezündet, und jeder Student, der ein Instrument spielte, brachte es mit. Wenn die Debatten zu hitzig wurden, forderte man die Studenten auf, Lieder aus ihrer Heimat zu singen. Dann sangen sie bis in die frühen Morgenstunden, und nicht selten protestierte die Hausfrau, indem sie mit einem Besenstiel an die Decke klopfte.

Rückblickend stellt Elisabeth fest, wie sehr diese fröhlichen Studentenfeste dazu beitrugen, den Streß ihrer Arbeitswoche auszugleichen. Die gute Gesellschaft, die Entspannung, die Musik und das Lachen waren für ihr Gemüt die beste Therapie.

Für sie ergab sich diese wohltuende Wirkung nebenbei, aber viele Studenten kamen absichtlich deswegen. Zuerst einzeln, dann in größerer Zahl besuchten diese Studenten Elisabeth nicht nur um der Geselligkeit willen, sondern weil sie für persönliche Probleme Hilfe brauchten. In ihrem verdunkelten Untersuchungszimmer in der Augenklinik hatte Elisabeth erfahren, daß viele Patienten bereitwillig ihr Inneres enthüllten – daß sie gerne über ihre Ängste, ihre Wut, ihre Schuldgefühle und ihren Schmerz sprachen. Sie hatte gelernt, den Menschen zuzuhören und sie zu beraten. Nun erkannten Studenten, die Probleme hatten, schnell ihre Gabe, sich in andere einzufühlen, und Elisabeth fiel es zu, sich ihre Schwierigkeiten und Schmerzen anzuhören.

Cilly war mit einem Studenten verlobt, der sich auf Psychiatrie spezialisiert hatte. Er brachte Freunde, die schon Psychiater oder Psychologen waren, wenn ein Student professionelle Hilfe brauchte. Je nach Bedarf wurde die Wohnung in der Seefeldstraße eine improvisierte psychologische Klinik. Die Studenten, die sich verloren, einsam und deprimiert fühlten, die einen Kummer hatten und nicht selten suizidgefährdet waren, brauchten für ihre Konsultationen mit Fachleuten nie einen Heller zu bezahlen. Diese Gratishilfe der »psychologischen Klinik« dauerte all die Jahre hindurch, während Elisabeth Medizin studierte.

Sie bestand das erste Propä im September mit gutem Erfolg und bekam die beste Note in ihrem Lieblingsfach Chemie.

Das erste Semester des eigentlichen Medizinstudiums begann erst im März, und so kehrte Elisabeth zu einem normalen Arbeitstag an der Augenklinik zurück. Sie verbrachte viel mehr Zeit auf der Kinderstation, und manchmal übertrug Professor Amsler ihr die volle Verantwortung für seine kleinen Patienten.

Anfang März nahm sie an einem kurzen Urlaub in den Bergen mit einer Gesellschaft teil, zu der auch Eva und Seppli gehörten. Wenn sie Seppli so rasant die steilsten Hänge hinunterfahren sah und abends seiner schönen Baritonstimme lauschte, erkannte sie, daß er viele der besten Eigenschaften ihres Vaters besaß. Aber sie konnte sich Seppli unmöglich an einem Schreibtisch vorstellen. Sie sagte ihm, sie könne ihn nur in der freien Natur sehen, beim Skifahren,

Die Kübler-Drillinge an ihrem ersten Geburtstag am 8. Juli 1927

Geschmückt für das Zürcher Fest »Sechseläuten«

Familie Kübler mit den
achtjährigen Drillingen beim
Skilaufen

Elisabeth beim Arbeitseinsatz
in Belgien

Elisabeth auf dem Schiff zwischen Schweden und Polen mit vier Ärzten aus verschiedenen osteuropäischen Ländern

Wartende Patienten vor der Behelfsklinik in Lucima, Polen (1947)

Elisabeth mit der Zigeunerin in Bialystok (1947)

Elisabeth mit ihrer Freundin Cilly Hofmeyr, mit der sie zusammen wohnte, nachdem Vater Kübler ihr das Haus verboten hatte

Arbeit im Laboratorium der Augenklinik von Professor Amsler

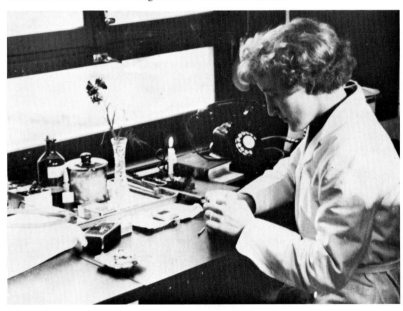

Evas Mann Seppli Bucher ein Jahr vor seinem Tode (1958)

Emanuel Ross als Medizinstudent in Zürich

Praxisvertretung für einen Schweizer Landarzt

Elisabeth bei ihrer Hochzeit neben Professor Amsler und Frau

Elisabeth mit ihrem Mann (ganz rechts) und Kollegen am Glen Cove Community Hospital (1958)

Das Ehepaar Kübler-Ross mit ihrem ersten Sohn Kenneth

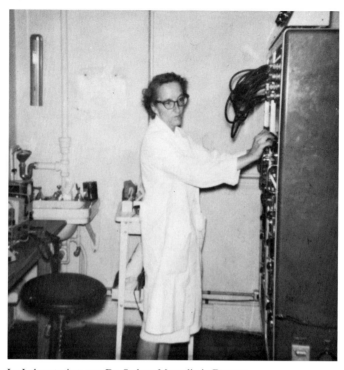

Im Laboratorium von Dr. Sydney Margolin in Denver

Barbara und Kenneth warten am Bahnhof von Chicago auf ihre Mutter

Mutter Kübler zu Besuch in den Vereinigten Staaten

Im Gespräch mit der an Leukämie erkrankten Patientin Eva (1968)

Elisabeth Kübler-Ross in Shanti Nilaya (1980)

beim Bergsteigen, beim Klettern mit Seil und Kletterhaken an Felswänden, an die sich kein anderer heranwagte.

Als sie im März an die Universität zurückkehrte, inskribierte sie und verbrachte die erste Stunde im Hörsaal in einiger Verwirrung. Die erste Vorlesung war in Anatomie. Sie vermutete, daß sie in einen falschen Hörsaal geraten sei, weil alle Studenten in ihrer Nähe in einer fremden Sprache redeten. Erstaunt erhob sie sich von ihrem Platz und wollte den Saal verlassen, aber der arrogante, hochgewachsene Professor rief sie zurück. Er erkundigte sich sarkastisch, was diese junge Dame in seiner Vorlesung zu suchen habe. Elisabeth erklärte errötend ihr vermeintliches Versehen. Höhnisch erwiderte der Professor, daß sie in der Tat ein Versehen begangen habe, wenn sie eine Medizinstudentin sei, denn ein Mädchen sollte sich lieber mit Hauswirtschaft beschäftigen als mit Medizin.

Bald fand sie heraus, warum die Studenten in ihrer Nähe alle in einer fremden Sprache redeten. Es war eine Gruppe Israelis, die ein Drittel der Hörerzahl betrug. Die Schweiz hatte eben mit der neuen israelischen Regierung ein Abkommen zur Ausbildung von Medizinstudenten geschlossen, da es in Israel damals noch keine vorklinischen Lehrveranstaltungen gab.

Elisabeth, die gewöhnt war, rasch zu arbeiten, war von den Vorlesungen oft gelangweilt. Sie entschädigte sich dadurch, daß sie bei der Aktion einiger israelischer Studenten mitmachte, die für ihre unbemittelten Landsleute Geld sammeln wollten.

Aus irgendeinem Grund machte der Anatomieprofessor heftige Einwände gegen diese außerakademische Tätigkeit geltend. Er erklärte nachdrücklich, daß die medizinische Fakultät nicht für wohltätige Zwecke da sei. Als er erfuhr, daß der Hauptverantwortliche für diese Aktion, ein israelischer Student, seinen Instruktionen zuwider handelte, verfügte er kurzerhand seine Ausweisung aus der Universität.

Elisabeth kochte vor Zorn, ließ alle Vorsicht fahren und legte schriftlichen Protest ein. Sie verlangte eine Unterredung, obwohl mehrere ältere Studenten sie warnten, daß sie damit ihre eigene Entlassung riskierte, denn damals besaß ein Professor beinahe den Status eines Alleinherrschers, und die Studenten zitterten vor ihm.

Als sie das Arbeitszimmer des Anatomieprofessors betrat, ignorierte er sie ungefähr fünf Minuten, während er sich ostentativ mit den Papieren auf seinem Schreibtisch beschäftigte. Schließlich sah er mit verächtlichem Stirnrunzeln auf. Er war offensichtlich völlig perplex, als Elisabeth ihm ihre Anklage entgegenschleuderte.

Die israelischen Studenten, so protestierte sie, beeinträchtigten in keiner Weise den ordnungsgemäßen Ablauf seiner Lehrveranstaltung oder die Würde der Universität. Die Studenten, die diese Sammelaktion organisiert hatten, insbesondere der Student, den er hinauswerfen wollte, waren lediglich von dem Wunsch motiviert, ihren Kameraden zu helfen. Hatte der Professor, als er sich für den Arztberuf entschied, nicht selbst feierlich gelobt, alles, was in seiner Macht stand, für seine Mitmenschen zu tun? Hatte die Schweizer Regierung, als sie die medizinische Fakultät den ausländischen Studenten öffnete, nicht aufgrund derselben Motive gehandelt, von denen auch die Sammelaktion inspiriert war?

Als sie geendet hatte, keuchte Elisabeth, und die Knöchel ihrer Hände waren weiß, als sie sich an den Schreibtisch klammerte. Sie hatte plötzlich das Gefühl, daß sie diese Szene – oder eine ganz ähnliche – schon einmal erlebt hatte. Sie erwartete halb, daß der Professor wie ihr Vater reagieren, daß er um Ruhe brüllen oder aus dem Zimmer stürmen würde. Der Professor tat nichts dergleichen, sondern verschanzte sich hinter beißendem Sarkasmus: Elisabeth sollte lieber in ihr Dorf zurückkehren und Schneiderin werden. Ihr Geschrei würde besser auf den Marktplatz passen. Er wiederholte seine Auffassung, daß die Medizin kein Beruf für eine Frau sei. Frauen seien zu emotional, wie Elisabeth eben unter Beweis gestellt habe.

Mit einer verächtlichen Handbewegung entließ er sie und wendete sich wieder seinen Papieren zu. Vierundzwanzig Stunden lang saß Elisabeth wie auf Kohlen und legte sich besorgt die Frage vor, ob sie wohl alle ihre Chancen, je Ärztin zu werden, vertan habe. Das erste Anzeichen, daß ihr Protest etwas genützt hatte, kam, als der hinausgeworfene Student fröhlich ein Kuvert schwenkte. Der Anatomieprofessor hatte ihm mitgeteilt, daß er seine Verfügung zurückziehe.

Elisabeth wartete mit angstvollem Herzen auf einen Brief mit anderslautendem Inhalt. Aber es kam keine Verordnung gegen sie. Sie hatte sich jedoch in der medizinischen Fakultät einen mächtigen Feind geschaffen, und weil ihre Antipathie gegen den Professor anhielt, haßte sie weitgehend aus diesem Grund die Anatomie.

Einige Wochen nach diesem Vorfall ereignete sich in der Anatomievorlesung etwas, das ihr Leben viel radikaler verändern sollte. Eines Morgens kam der Professor verspätet zur Vorlesung in den mit hundertfünfzig Studenten gefüllten Hörsaal. Um sich die Zeit zu vertreiben, zogen Elisabeth und ihre Freundin Gerta ihre männlichen Studienkollegen durch den Kakao. Elisabeth machte den scherzhaften Vorschlag, daß sie sich die Männer aussuchen sollten, die sie am ehesten heiraten würden.

Die hübsche Gerta kicherte und wählte einen großen, blonden Schweizer Studenten. Dann sah Elisabeth prüfend die Reihen entlang. Sie schwankte und faßte sodann einen gutaussehenden, dunkelhaarigen jungen Mann ins Auge, dessen braune Augen, wie sie meinte, sowohl Humor als auch Ernsthaftigkeit verrieten. Heimlich deutete sie ihre Wahl an.

Beide Mädchen lachten. Es war nur ein Scherz, den sie mit der Ankunft des Professors sofort vergessen würden. Elisabeth wußte ohnehin nicht, wer der von ihr erwählte Student war.

Einige Tage später bekamen die Medizinstudenten im Seziersaal ihre Leichen zugeteilt. Die Schweizer Studenten wurden absichtlich mit Ausländern zusammengespannt, je fünf oder sechs Studenten bei jeder Leiche. In Elisabeths Gruppe befanden sich drei Amerikaner. Sie war nicht unangenehm überrascht, daß einer von ihnen der gutaussehende junge Mann war, auf den sie im Hörsaal so beiläufig gedeutet hatte.

Jetzt sah sie ihn genauer an. Er war breitschultrig und ungefähr einen Meter achtzig groß. Er sah intelligent aus und schien ein oder zwei Jahre älter, auf jeden Fall reifer als die meisten ihrer männlichen Kollegen zu sein. Er fing ihren Blick auf, als sie ihn so offen unter die Lupe nahm. Sie schlug verlegen die Augen nieder.

Der Student lächelte, streckte ihr seine Hand entgegen und sagte mit New Yorker Akzent: »Ich heiße Ross – Emanuel Ross.«

16
Der amerikanische Gast

Ein Seziersaal mit verschrumpelten Leichen, die auf Tischen mit Marmorplatten liegen, ist nicht gerade die günstigste Szenerie für die Anbahnung einer Freundschaft. Aber die zwei Stunden täglich, in denen sie menschliche Gewebe sezieren, Muskelstränge bloßlegen und Blutgefäße und Nerven verfolgen mußten, erforderten Zusammenarbeit und Kommunikation zwischen Elisabeth und Manny Ross. Ein Hauptproblem für Manny und die meisten ausländischen Studenten waren ihre beschränkten Deutschkenntnisse, und Elisabeth übernahm sogleich wieder ihre alte Rolle als Dolmetscherin.

Der Seziersaal ist im allgemeinen ein Ort mit einer besonderen Aura. Die Leichname werden mit Ehrfurcht behandelt, und es kommt einem Sakrileg gleich, wenn ein Student seine Stimme über den Flüsterton erhebt.

Die drei Amerikaner (im ganzen Semester waren es fünfundzwanzig), die mit Elisabeth arbeiteten, kamen aus Milieus und aus Schulen, in denen ein sehr zwangloses Betragen gang und gäbe war. Sie waren sich nicht bewußt, daß der Geruch von Formaldehyd in einem Schweizer Seziersaal sozusagen als der Duft des Allerheiligsten galt. Elisabeth war entsetzt über ihr legeres Benehmen und ihre scheinbare Frivolität.

Während Manny sich eher zurückhielt, ließen seine beiden Kollegen Bill Swemmer und Art Chemally sich durch Elisabeths Ermahnungen nicht bremsen. Eines Morgens blickte sie von ihrer Leiche auf und sah, wie die beiden ein Stück Eingeweide hochhielten und lachend meinten, daß es eine gute Springschnur abgeben würde! Bevor der Professor ihnen seinen frostigen Blick zuwenden konnte, riß Elisabeth den Burschen die Eingeweide aus der Hand und stopfte sie in die Leiche zurück.

Dies war nur einer von mehreren Zwischenfällen. Sehr bald gewann Elisabeth als Dolmetscherin und »Betreuerin« die Zuneigung und Dankbarkeit der jungen Amerikaner, insbesondere von Manny.

Zuerst zeigten sich alle drei, dann nur noch Manny, erkenntlich, indem sie mit ihr ins Studentenheim zum Kaffee gingen oder sie gelegentlich in ein Kino einluden. Weder Manny noch Elisabeth hatten etwas anderes im Sinn als ein kameradschaftliches Verhältnis. Außerdem führte er regelmäßig noch eine andere Schweizerin aus, und sowohl er als auch Elisabeth hatten ein festes Ziel vor Augen. Beide waren fleißig und diszipliniert und hatten sehr wenig Zeit für geselliges Leben. Wenn sie hin und wieder einen Abend miteinander verbrachten, freuten sie sich über das Beisammensein trotz – oder vielleicht wegen – der Unterschiede in ihrer Persönlichkeit.

Drei Monate nachdem sie sich kennengelernt hatten, gingen sie eines Abends zusammen in einen Film und nachher in ein Restaurant, um sich mit Kaffee und Kuchen zu laben. Vielleicht wurde Manny von der amerikanischen Unterhaltungsmusik angeregt, von seiner Herkunft zu erzählen. Er war in Brooklyn, New York, als drittes Kind armer jüdischer Eltern geboren, die beide taubstumm waren. Sein Vater starb, als Manny sechs Jahre alt war, und so zogen er, seine Mutter, seine um vier Jahre ältere Schwester und sein geliebter, um acht Jahre älterer Bruder Charles zu einem wortkargen Onkel, der fast so arm war wie seine Mutter.

Mannys Erinnerungen an seine frühe Kindheit betreffen vor allem das stumme Zuhause und die bittere Armut. Er war fünf Jahre alt, als er sein erstes Spielzeug erhielt. Sein Vater hatte ihn wegen einer Mandeloperation ins Krankenhaus gebracht und ihm einen Luftballon in Form eines Tigers geschenkt. Eine Krankenschwester bewunderte diesen Luftballon und sagte, sie wolle ihn nur ihren Kolleginnen in der Säuglingsstation zeigen. Sie verließ seine Station mit dem ersten und letzten Geschenk, das er von seinem Vater bekommen hatte. Er bekam es nie wieder zu Gesicht.

Er lachte, als er diese Episode aus seiner Kindheit erzählte, aber Elisabeth spürte, wie sehr sie ihn verletzt hatte, und erzählte ihm von dem Trauma ihrer eigenen Kindheit, als sie gezwungen wurde, ihren Lieblingshasen Negerli zum Metzger zu bringen.

Dann erzählte Manny, wie sein Bruder vorzeitig die Schule verlassen hatte und zur Marine ging, in erster Linie deshalb, um zum Unterhalt der Familie beizutragen. Charles hatte darauf bestanden, daß Manny die Mittelschule beendete, und überredete ihn, ebenfalls zur Marine zu gehen.

Das war 1946, und Manny verpflichtete sich für zwei Jahre. Er wurde nach Norfolk, Virginia, geschickt und diente im Sanitätskorps auf einem Hilfsreparaturschiff, das nie den Anker lichtete. Sein Interesse für die Wissenschaft der Medizin und die freundschaftliche Zuwendung eines Marinearztes retteten ihn vor der Langeweile. Als er aus der Marine entlassen wurde, nutzte er das »GI-Gesetz«, inskribierte an der New York University und schloß 1951 mit einem Diplom in Biologie ab. Er bewarb sich an einer Reihe medizinischer Hochschulen, die damals jedoch von Veteranen aus dem Zweiten Weltkrieg überfüllt waren. Auf den Rat eines Freundes und aufgrund seiner in der Schule erworbenen Deutschkenntnisse bewarb er sich auch an der Universität Zürich. Im Mai 1952 wurde er zum Studium der Medizin in Zürich zugelassen.

Die neun Monate bis dahin füllte er aus, indem er als Kellner in einem Hotel in Florida arbeitete. Als er in Zürich ankam, quartierte er sich in einer Pension in der Nähe der Universität ein. Außer seinem Sprachproblem, so vertraute er Elisabeth an, hatte er obendrein ernste finanzielle Sorgen. Die Unterstützung durch das »GI-Gesetz« würde in zwei Jahren auslaufen. Sein Bruder schickte ihm zwar monatlich einen kleinen Zuschuß, aber er würde vermutlich nach Amerika zurückgehen und sich Ferienjobs suchen müssen, um das Nötigste dazuzuverdienen.

Elisabeth und Manny trafen sich weiterhin in den Hörsälen, aber in einem gegenseitigen Einverständnis, das keiner Worte bedurfte, legten sie es nicht darauf an, sich auch nach den Vorlesungen zu sehen. Überdies mußte Elisabeth an fünf Nachmittagen in der Woche nach dem letzten Kolleg eilig ihre Bücher zusammenpacken und schnurstracks in die Augenklinik laufen.

Trotzdem waren sie sich immer der Gegenwart des anderen bewußt und lächelten sich zu, wenn sie einen Blick voneinander auffingen. An einem Freitagnachmittag vor einem langen Wochenende lud sie Manny spontan ein, mit zum Skilaufen zu kommen. Er sagte ihr, daß er noch nie Ski gefahren sei. Dann sei es an der Zeit, daß er es lernte, wenn er die Schweizer je verstehen wollte, erwiderte sie lachend. Sie entlieh für ihn die Skier und Schuhe ihres Vaters und sah vergnügt zu, wie Manny sich auf den Hängen plagte. Später nahm Seppli ihn in die Schule, und innerhalb kurzer Zeit wagte er sich schon auf Pisten für Fortgeschrittene.

Als das zweite Propä näherrückte, steigerte sich die Nervosität der Studenten. Elisabeth hatte selbst mit der Anatomie zu kämpfen, hauptsächlich deshalb, weil das Fach sie nicht interessierte. Für sie war Anatomie weitgehend eine Sache des Auswendiglernens von Namen, wobei ihre Kreativität nicht angeregt wurde. Ihre Nemesis würde der Prüfer sein, und sie war überzeugt, daß der Professor ihre flammende Verteidigung des israelischen Studenten nicht vergessen hatte. Sie rutschte bei der Prüfung jedoch durch, bestand ihr zweites Propä (Manny ebenfalls) und verbrachte dann mit ihrer Familie einen Sommerurlaub in den Bergen. Ihr Bruder Ernst und seine englische Frau waren auf Urlaub aus Indien zurück und verlebten einige Tage mit ihnen. Elisabeth und Ernst hatten nur noch wenig, was sie verband. Sie lehnte seine »koloniale britische Einstellung«, wie sie sagte, den Indern gegenüber entschieden ab. Ernst schien seinerseits wenig Interesse an ihren Erfahrungen im Friedensdienst oder an ihrem Studentenleben zu haben.

Doch einige Tage lockerte Seppli den Familienkreis auf, und auch Erikas Mann, Ernst Faust, kam. Elisabeth war fasziniert von dem Kontrast zwischen der Persönlichkeit von Erikas Mann und derjenigen von Evas Verlobtem. Sie erkannte, daß sie die verschiedenen Seiten des Wesens ihres Vaters spiegelten: Der sportliche Seppli hatte die Liebe ihres Vaters zur freien Natur, und Ernst besaß seine gewissenhaften, logischen und pragmatischen Züge und seine streng konservative Haltung.

Manny war zu Beginn der Semesterferien nach Amerika zurückgekehrt, da ein Freund ihm zwei gutbezahlte Ferienjobs verschafft hatte, zuerst einen in einem Kurhotel in New Hampshire und dann, gegen Ende des Sommers, in einem Krankenhaus in der Bronx. Trotz der Auslagen für die Überfahrt hin und zurück konnte er fast 2000 Dollar sparen für die Zeit, wenn er sich selbst erhalten mußte.

Elisabeth kehrte nach ihren Ferien in die Augenklinik zurück. Sie konnte das Wintersemester kaum erwarten, denn dann würde sie endlich den Großen, den berühmten Professoren der medizinischen Hochschule von Zürich, zu Füßen sitzen und mit Patienten arbeiten dürfen anstatt mit Leichen.

Wenn Studenten in der Schweiz ihre klinischen Semester beginnen, gehen sie nicht wie in angelsächsischen Ländern mit ihren Professoren in die einzelnen Stationen eines Krankenhauses, sondern der ganze klinische Unterricht findet fast ausschließlich in Hörsälen statt. Ein Patient, der sich freiwillig dazu bereit erklärt, kommt auf ein Podium, wo über seine Symptome diskutiert und die Diagnose und Behandlung besprochen wird.

Der Professor griff gewöhnlich nach Belieben einige Studenten heraus. Um ihnen zu helfen, die richtige Diagnose zu stellen, ermunterte er sie, Fragen an den Patienten zu richten und, wenn nötig, ein Stethoskop zu verwenden.

Der Vorteil dieser demonstrierenden Lehrmethode vor einem größeren Publikum besteht darin, daß jeder Student den Patienten sehen und das Gespräch mithören kann. In dem beschränkten Raum um ein Krankenbett dagegen bekommen nur die Studenten etwas mit, die unmittelbar hinter dem Professor oder dozierenden Arzt stehen.

Elisabeth hatte bestimmte Fächer und Professoren, die sie besonders gern mochte. Professor Manfred Bleuler, der international berühmte Psychiater, beeindruckte sie tief. Seine offenbar grenzenlose Geduld mit Psychotikern erinnerte sie an die außergewöhnliche Höflichkeit von Professor Amsler. Doch die Lehrveranstaltungen, die ihr am besten gefielen, waren diejenigen von Professor Schwartz, dem Leiter des Instituts für Gerichtsmedizin.

Professor Schwartz präsentierte den Studenten oft makabre Überreste eines Mordes oder Selbstmords und aufschlußreiche Teile des Gewebes einer Leiche. Er sagte den Hörern, daß sie nun alles Nötige hätten, um davon ableiten zu können, wie das Opfer ums Leben gekommen war.

Elisabeth faszinierte die Herausforderung dieser wissenschaftlichen Untersuchung. In einem klassischen Fall zeigte der Professor den Studenten Gewebe aus der Lunge, der Leber oder aus dem Gehirn und verlangte von ihnen den Nachweis, ob das Opfer umgebracht worden, durch Selbstmord oder durch einen Unfall gestorben war. Die Lösung lautete etwa, daß jemand das Opfer vergiftet und dann in einer Badewanne unter Wasser gehalten hatte, um den Eindruck des zufälligen Ertrinkens zu erwecken.

Zu ihrer eigenen Überraschung wurde Elisabeth der Superdetektiv ihres Semesters. Sie liebte die Chemie, und diese Art der Untersuchung erforderte sowohl komplizierte chemische Analysen als auch genaue Beobachtungen unter dem Mikroskop.

Eines Nachmittags fand sie triumphierend die richtige Lösung in einem besonders schwierigen Fall und erklärte Professor Schwartz impulsiv, daß sie eine Laufbahn in der Gerichtsmedizin anstrebte. Der Professor nahm ihren Enthusiasmus lächelnd zur Kenntnis und meinte, daß ihre Kombinationsgabe ihr in jedem Zweig der Medizin zustatten kommen werde. Auf jeden Fall habe sie noch Zeit genug, zu entscheiden, worin sie sich spezialisieren wolle.

Aber eine Fachrichtung, der sie nie viel würde abgewinnen können, war Gynäkologie und Geburtshilfe. Wieder war es der Professor, der die Ursache ihrer Antipathie war. Seine distanzierte und unsensible Haltung den Patienten gegenüber erregte ihren Zorn und Abscheu.

Elisabeths niedrige Toleranzschwelle wurde an einem Nachmittag überschritten, als eine Bekannte von ihr, eine sehr empfindliche, zarte Dame mittleren Alters in das Auditorium gerollt wurde. Was den Professor betraf, hätte die Patientin ebensogut eine Gliederpuppe sein können. Elisabeth sah ein, daß Patienten für die Demonstration gebraucht wurden, aber man sollte ihnen doch ihre menschliche Würde lassen. Statt dessen erlaubte der Professor nicht weniger als vierzig Studenten, eine Vaginaluntersuchung an dieser Frau vorzunehmen.

Bebend vor Wut stürmte Elisabeth aus dem Hörsaal und schrieb einen erbitterten Protestbrief an den dickfelligen Professor. Sie forderte ihn auf, sich selbst einmal auf den Untersuchungstisch in den Hörsaal zu legen und sich von vierzig Studenten rektal untersuchen zu lassen!

Glücklicherweise kühlte während des Schreibens ihr Zorn ab, und der Brief wurde nicht abgeschickt. Hätte sie ihn abgeschickt, so wäre sie fast mit Sicherheit relegiert worden. Sie würde warten, bis sie selbst Ärztin wäre, und dann würde sie gegen alle Professoren und Ärzte zu Felde ziehen, die ihre Patienten nicht als sensible Menschen behandelten.

Sie kannte Manny Ross nun schon zwei Jahre und war immer öfter mit ihm zusammen. In ihren Anlagen waren die beiden polare Gegensätze. Während Elisabeth Stimmungsschwankungen unterworfen war, durch die sie vom Gipfel freudiger Erregung in tiefe Trauer und Depression fallen konnte, schien Manny ausgeglichen zu sein. Während ihre Phantasie leicht mit ihr durchging, war er mehr phlegmatisch und praktisch veranlagt. Er wollte Beweise haben und mißtraute der Intuition. Sie war Ariel, ein rebellischer Luftgeist; Manny dagegen stand mit beiden Beinen fest auf der Erde. Seine Fähigkeit, Ruhe zu bewahren und eine Situation gelassen zu prüfen, war ein Gegengewicht zu ihrer Impulsivität.

Zu Weihnachten ergab sich die Gelegenheit, Manny ihren Eltern vorzustellen. Es bekümmerte sie, daß er und seine beiden Freunde das Fest nicht im Kreise einer Familie feiern konnten, und so bat sie eine Woche vor Weihnachten ihre Eltern um Erlaubnis, die jungen Amerikaner zum Weihnachtsessen einladen zu dürfen.

Diese Bitte bedurfte besonderer Überlegung seitens ihrer Eltern, denn in der Schweiz ist, vielleicht noch mehr als in anderen Ländern, das Weihnachtsfest nach alter Sitte ausschließlich eine Familienangelegenheit.

Frau Kübler überließ selbstredend die Entscheidung ihrem Mann. Elisabeth hatte damit gerechnet, daß ihr traditionsbewußter Vater ihr die Bitte abschlagen würde. Die ausländischen Studenten, die Elisabeth hin und wieder nach Hause brachte, hatten ihn wenig beeindruckt. Vielleicht deshalb, weil er mit Amerikanern noch wenig Kontakt gehabt oder weil die Bitte seiner Tochter ihn gerührt hatte, erlaubte er ihr, die Studenten am Weihnachtstag nach Hause einzuladen.

Herr Kübler zeigte sich als Gastgeber immer von seiner besten Seite. Er empfing die jungen Amerikaner wie die Fürsten. Vor dem Essen ging er in den Keller hinunter und tauschte den Wein, den er ursprünglich vorgesehen hatte, gegen den besten Jahrgang aus, den er besaß, und brachte einen exquisiten Cognac herauf. Die fröhliche Atmosphäre bei Tisch war wie in alten Zeiten in Meilen, und Frau Kübler übertraf sich selbst als Köchin.

Elisabeth stellte mit Interesse und einigem Stolz fest, daß ihre Eltern vor allem von Manny angezogen schienen. Herr Kübler war offenbar besonders beeindruckt von seinem Verständnis der internationalen Politik, aber die Unterhaltung wechselte angenehm von Politik zu Picasso und vom Leben in Brooklyn zu Beethoven.

Elisabeth hatte ihren Vater schon lange nicht mehr bei so guter

Laune gesehen. Er fand in Manny einen aufmerksamen Zuhörer, als er von seinen Klettertouren erzählte.

Frau Kübler wiederum war davon angetan, daß Manny sich erbot, ihr beim Geschirrspülen zu helfen, als die anderen Gäste noch bei Zigarren und Cognac saßen. Während er die Teller zusammenstellte, sagte sie ihm, daß er der erste Gast sei, der seine Hilfe angeboten habe.

Der Abend zog sich bis in die frühen Morgenstunden, und Herr Kübler zeigte Manny und seinen Freunden seine Bibliothek und seine Briefmarkensammlung. Elisabeth bemerkte, daß Manny es genoß, in einem Haus von Kultur und Komfort zu Gast zu sein. Sie war von seinem natürlichen Charme und seiner Liebenswürdigkeit eingenommen, und sie mußte daran denken, daß sie im Hörsaal für Anatomie auf ihn als den Mann gedeutet hatte, den sie heiraten würde.

Nachdem die Amerikaner sich verabschiedet hatten, war Herr Kübler noch in leutseliger Stimmung. Er schloß seine Briefmarkenalben, und Elisabeth dankte ihm, daß er ihre Freunde so gut unterhalten hatte. Er erwiderte, daß er sich über ihre Gesellschaft gefreut habe, und fügte hinzu:»Dieser Manny ist bei weitem der netteste von allen Jünglingen, die du je ins Haus gebracht hast.«

Elisabeth hielt einen Augenblick inne. Sie wollte nicht zu erkennen geben, daß sie mit Manny eine besondere Freundschaft verband. Sie sagte überlegt und mit ruhiger Stimme:»Und denk dir nur, er ist ein Jude!«

Ihr Vater hatte gerade ein Streichholz entfacht, um seine Zigarre wieder anzuzünden. Er hielt das Streichholz in der Hand, bis es erlosch, während er Elisabeths ausdruckslose Miene studierte. Sie erriet seine Gedanken. Obwohl ihr Vater den Faschismus verurteilte und sich nie antisemitisch geäußert hatte, wußte sie, daß er für die jüdische Gemeinde von Zürich, aus der seine geschäftliche Hauptkonkurrenz kam, nicht viel übrig hatte.

Herr Kübler erhob sich, schob die erloschene Zigarre in einen Aschenbecher und knipste die Schreibtischlampe aus. Vielleicht wollte er sein Gesicht im Dunkel verbergen, als er ruhig sagte:»Du kannst diesen jungen Mann ins Haus bringen, sooft du willst.«

17
„Sie sind jetzt Ärztin!"

Elisabeth schlief diese Nacht in der Küblerschen Wohnung, und beim Frühstück am nächsten Morgen forderten ihre Eltern sie auf, ihr winziges Appartement in der Seefeldstraße aufzugeben und wieder zu ihnen zu ziehen. Sie würde Auslagen sparen, hielten sie ihr vor, und da Erika jetzt verheiratet war und in ihrem eigenen Haus wohnte, sei Platz genug. Auch Eva würde bald heiraten, und dann gäbe es drei extra Zimmer.

In ihren Umzug in die elterliche Wohnung mischten sich Gefühle der Trauer, weil sie ihr Zimmer verlassen mußte, mit dem so glückliche Erinnerungen verbunden waren. Es war, wie sie Cilly sagte, »wie wenn man sein eigenes Schloß und Königreich aufgibt«. Hier hatte sie den entscheidenden Sieg ihrer völligen Unabhängigkeit errungen. Vor allem in diesem Zimmer, bei Kerzenlicht, hatte sie die Matura geschafft, den ersten großen Schritt zur Verwirklichung ihres Wunschtraums.

An der medizinischen Hochschule ging ihr Studium den planmäßigen Gang, und 1956 begann sie ihr letztes Studienjahr. An der Augenklinik behandelte Professor Amsler sie wie eine echte Kollegin. Obwohl er nichts darüber sagte, schien er doch zu hoffen oder zu erwarten, daß seine Laborantin nach ihrem Ärztediplom die Ophthalmologie als Fachgebiet wählen würde.

Doch Elisabeth wollte nichts überstürzen und ließ alles an sich herankommen. Die Zukunft würde sich schon von selbst ergeben. Mit ihrem Verstand wußte sie, obwohl ihr Herz es nicht recht wahrhaben wollte, daß es keine Abkürzungen im Leben gibt. Sie hütete sich vor Zerstreuungen, aber ihre wachsende Zuneigung zu Manny machte ihren Widerstand durchlässig. Manny hatte nun eine ständige Einladung bei Küblers und kam zwei- bis dreimal unangemeldet zum Essen, auch wenn Elisabeth manchmal nicht zu Hause war. Er wurde von Herrn und Frau Kübler wie ein Mitglied der Familie behandelt und so herzlich empfangen, daß Manny Frau Kübler oft scherzhaft »meine Schwiegermutter« nannte. Als Eva mit Seppli in der Kirche getraut wurde, die seit Generationen von der Familie besucht wurde, war Manny einer der geladenen Hochzeitsgäste der Braut.

Mit Billigung ihrer Eltern unternahmen Manny und Elisabeth mit einem anderen Paar eine zehntägige Ferienreise und fuhren mit einem Mietauto die Westküste von Italien hinunter. Ein Hauptzweck der Reise war ein Besuch bei Mannys Bruder Charles, der in einem Marinestützpunkt in Neapel stationiert war. Auf dieser Fahrt teilte Elisabeth Manny ihren Wunschtraum mit, als Ärztin in Afrika zu wirken. Aber er erklärte, daß er bei einer »so unpraktischen, romantischen Idee« niemals mitmachen würde. Nein, er würde nach Amerika zurückgehen, und davon könne ihn nichts abbringen.

»Nicht einmal eine Heirat?« fragte sie ihn. Er schüttelte den Kopf. Wenn er also nicht nach Afrika gehen wollte, würde er dann erwägen, in der Schweiz zu bleiben? Sie könnten eine gemeinsame Praxis auf dem Lande eröffnen. Nach Amerika würde sie nie gehen, niemals! Als er über ihren leidenschaftlichen Ausbruch lachte, verdarb ihr Groll den Augenblick der Intimität, und ihr Zorn legte sich erst bei ihrer Ankunft in Neapel.

Es war Charles Ross, der sie wieder erheiterte. Er hatte eine ähnliche Gestalt wie Manny, war aber etwas größer und untersetzter, und Elisabeth fand ihn blendend aussehend in seiner Offiziersuniform. Er, seine Frau und ihre drei kleinen Jungen bereiteten ihr und Manny einen herzlichen Empfang. Charles schien Elisabeth bereits als seine Schwägerin zu betrachten. Sie konnte nachfühlen, warum Manny seinen Bruder so verehrte, und hätte ihm fast ihre Gefühle anvertraut, aber dann hielt sie etwas zurück – vielleicht der Gedanke, daß ihre Angst vor Amerika unvernünftig und kindisch klingen würde.

Die Begegnung mit Charles schwächte ebenfalls die Barrikade, die sie zur Verteidigung ihrer Unabhängigkeit und ihres Entschlusses errichtet hatte, ihren Traum von einer medizinischen Pionierlaufbahn zu erfüllen. Wenn Manny nur verstünde, wie tief ihre Überzeugung war, daß sie eine bestimmte Aufgabe zu erfüllen hatte, und wie unmöglich es für sie war, diese Aufgabe – so undefiniert und nebulos sie noch sein mochte – mit einem Leben in einem Land zu verbinden, das sie geringschätzig für das materialistischste der ganzen Welt hielt. Wenn er dies nur einsehen wollte, dann würde sie Manny schon am nächsten Wochenende heiraten! Denn sie konnte nicht leugnen, daß sie ihn liebte.

Einstweilen wollte sie auf einen Fingerzeig warten. Sie hatte immer Hinweise, immer eine intuitive Führung bekommen, die ihr half, einen Entschluß zu fassen.

Zu einer Art Wegweiser wurde die Bitte von Professor Amsler, ihm bei einem ungewöhnlichen Patienten Hilfe zu leisten. Ein junger Inder war von einem Schweizer Philanthropen, der in Neu-Delhi lebte, in das Kantonsspital von Zürich geschickt worden. Der junge Mann, der aus einem entlegenen Dorf am Fuße des Himalaja kam, war von einer Ratte in ein Auge gebissen worden. Er hatte sein Sehvermögen auf diesem Auge vollkommen verloren, und im anderen Auge hatte sich eine sympathische Ophthalmie entwickelt. Er hatte sich völlig in sich verkapselt, konnte nichts sehen und verweigerte die Nahrung. Niemand im Spital hatte sich mit ihm verständigen können.

Elisabeth schlug vor, daß einer der indischen Studenten an der Universität versuchen sollte, die Ursache der tiefen Verstörung des jungen Mannes herauszufinden. Mit dem Einverständnis des Professors suchte Elisabeth die Studenten der Technik auf, die einmal eine musikalische Soiree in ihrer kleinen Wohnung mitgemacht hatten. Sie führte sie an das Bett des Patienten, wo eine verzweifelte Krankenschwester ihnen sagte, daß der junge Mann seit fünf Tagen jede Nahrung verweigerte. Der Inder war fast in einem katatonischen Zustand, aber nachdem man ihn sanft in Urdu befragte, gab er zu verstehen, daß die Ursache seiner Depression seine entsetzliche Einsamkeit sei.

Sie erhielten die Erlaubnis, den Patienten mit Hilfe einer indischen

Mahlzeit zum Essen anzuregen. Die Studenten bereiteten Curry und Reis in der Küche ihres Mietshauses und brachten die Mahlzeit auf die Station, wo sie aufgewärmt wurde. Der Duft von Turmeric und anderen Gewürzen strömte durch alle Zimmer. Plötzlich hob der Kranke den Kopf und schnupperte. Als das Currygericht an sein Bett gebracht wurde, langte der Junge mit der Hand hinein und verschlang das Essen.

Zweimal am Tag bereiteten die Studenten nun unter Elisabeths Aufsicht heimische Mahlzeiten und brachten sie in das Spital. Der Junge erholte sich schnell, und obwohl er noch immer fast blind war, sprach er auf die besondere Pflege an. Als er das Bett verlassen konnte, verbrachte Elisabeth ihre Mittagspause bei ihm und schob ihn im Rollstuhl in die Sonne hinaus.

Kurz bevor der Patient entlassen wurde und der Plan bestand, ihn zu einem Bruder in Pflege zu schicken, unternahmen Jawaharlal Nehru, der damalige indische Premierminister, und seine Tochter Indira Gandhi eine Goodwilltour in die Schweiz. Nehru erfuhr von den erfolgreichen Bemühungen zur Rettung des jungen Inders, und Elisabeth erhielt eine gedruckte Einladung zu einem Botschaftsempfang in Bern. Sie rief die Botschaft an und erhielt Erlaubnis, die indischen Studenten mitzubringen, die ihr auf der Krankenstation geholfen hatten.

Einer der Studenten gab ihr einen seidenen Sari, so daß sie in passender Tracht mit ihren Freunden in der Botschaft erscheinen konnte. Indira Gandhi sprach zu Elisabeth von dem dringenden Bedarf an Ärzten in ihrem Land. Ein Mensch mit so viel Nächstenliebe, meinte sie, könne in Indien ein reiches Betätigungsfeld finden. Auch Nehru sagte ihr freundliche Worte und signierte für sie bereitwillig ein Exemplar seiner Autobiographie.

Bevor sie die Botschaft verließ, nahm Elisabeth eine Menge Literatur über Indien und die Namen verschiedener Gruppen mit, die moderne Medizin in indische Dörfer gebracht hatten. Es war eine herrliche Lektüre. Vielleicht, so dachte sie, sollte sie ihr Wunschziel nicht in Afrika, sondern in Indien finden.

Stürmisch teilte sie Manny diese neue Begeisterung mit. Sie konnte es ja versuchen – sie könnte für sechs Monate, vielleicht für ein Jahr nach Indien gehen. Vielleicht wäre dies genau die Aufgabe, die sie suchte, die Erfüllung eines dringenden Wunsches. Er solle sich nur vorstellen, daß Millionen von Menschenleben durch ärztliche Versorgung gerettet werden könnten. Sie würde ihm ausführliche

Berichte über ihre Arbeit schreiben. Sie würde ihn schon noch überzeugen, daß eine medizinische Praxis in Amerika öde und langweilig sei verglichen mit der Arbeit in Indien, wo die Not so groß war.

Sie wies darauf hin, daß diese Gelegenheit gerade zur rechten Zeit käme. Manny war ein Semester (praktisch ein ganzes Jahr) hinter Elisabeth zurück, hauptsächlich wegen seiner sprachlichen Schwierigkeiten. (Wo die Sprache keine Rolle spielte – in der medizinischen Technik –, hatte er sich als außerordentlich fähig erwiesen.) Er brauchte sich also nicht sofort zu entscheiden.

Manny beobachtete sie genau, während sie sprach. Als sie innehielt und auf seine Reaktion wartete, sah er weg, runzelte die Stirn und kaute an seinen Lippen. Er sagte mit ausdrucksloser Stimme: »Ich hatte gehofft, mit der Frau, die ich liebe, nach Amerika zurückzukehren.« Das war alles.

Nach diesem Gespräch gingen sie sich mehrere Wochen lang aus dem Weg. Um ihre Gefühle zu betäuben, stürzte Elisabeth sich noch eifriger in ihre Arbeit und absolvierte ihr Klinikum ungewöhnlich schnell. Lehrbücher langweilten sie, aber sie entdeckte, daß sie ein beinahe fotografisches Gedächtnis für klinische Vorgänge besaß. Sie erinnerte sich nicht nur an Gesichter von Patienten, die sie vor achtzehn Monaten gesehen hatte, sondern konnte wörtlich die Gespräche zwischen den Patienten und Professoren wiedergeben.

Als ein Professor sie zum Beispiel aufforderte, die Symptome der multiplen Sklerose zu beschreiben, sah sie im Geist eine gewisse Frau Schmidt vor sich. Sie sah ihre grünen Augen, die kleine Narbe seitlich auf ihrer Nase, erinnerte sich ihrer zögernden Art zu sprechen, in der sie ihre Sorge um das Wohlergehen ihrer Familie zum Ausdruck brachte. Sie entsann sich, wie die Lippen der Frau gezittert hatten, als sie gebeten wurde, über die Schwierigkeiten mit ihrem Bauernhaus zu sprechen. Weil sie dieses fast lückenlose Erinnerungsvermögen besaß, brauchte Elisabeth selten ihre Notizen nachzulesen, die sie viele Monate vorher gemacht hatte. Auf die Frage des Professors zitierte sie einfach aus dem Gedächtnis den Dialog und die anschließende Diagnose.

Im letzten Studienjahr dürfen Medizinstudenten in der Schweiz jeweils für kurze Zeit die volle Verantwortung für eine Allgemeinpraxis übernehmen. Diese Erfahrung entspricht dem obligatorischen Praktikum an einer Klinik in Amerika. Solche Gelegenheiten einer ärztlichen Vertretung ergeben sich daraus, daß in der Schweiz die männlichen Ärzte jedes Jahr mehrere Wochen zum Wehrdienst eingezogen werden. Die Studenten können meistens eine solche Vertretung einer Praxis in der Stadt oder auf dem Lande wählen.

Im Herbst 1956 war Elisabeth soweit, daß sie eine Vertretung übernehmen konnte, und selbstverständlich wählte sie eine Landpraxis. Diese befand sich in Wäggithal und betreute mehrere kleine Dörfer, in denen fast nur Bauernfamilien und ihre italienischen Landarbeiter lebten.

Sie erreichte das Haus des Arztes eine Stunde, bevor dieser zum Militär einrücken mußte. Es war ein noch junger Mann mit viel Enthusiasmus, der einen sportlichen Tweedanzug trug und stark nach Tabak roch. Er erläuterte eilig seine primitive Kartei und unterstrich die Namen der Patienten, die besonderer Betreuung bedurften. Dann zeigte er ihr seinen alten Röntgenapparat und die Apotheke, wo er seine Medikamente herstellte, wie Hustensäfte, diverse Zäpfchen und Pillen. Er führte sie auch in sein Labor und meinte, daß ihre Erfahrung im Krankenhaus ihr bei Blut- und Urinproben gut zustatten kommen werde. Dann, in den letzten Minuten, bevor er zur Bahn mußte, führte er ihr nonchalant sein einziges Transportmittel vor, mit dem er in seinem ausgedehnten Praxisbezirk umherfuhr – ein uraltes Motorrad.

Elisabeth hatte noch nie ein komplizierteres Fahrzeug gesteuert als ihr Fahrrad und besaß keinen Führerschein. Doch der Arzt fegte, die Pfeife in der Hand, den Einwand ihrer mangelnden Erfahrung vom Tisch. Solange sie den Motor zum Zünden bringen und zwischen Gashebel und Bremse unterscheiden könne, würde alles, wie er beteuerte, prächtig gehen.

Sie stürzte sich mit Vergnügen in das Abenteuer dieser neuen Aufgabe, bestieg die Maschine und machte sich eben mit der Kunst des Schaltens vertraut, als das Telefon der Praxis läutete. Der Arzt verabschiedete sich von seiner Frau und seinen vier Kindern und überließ das Telefon Elisabeth. Es war ein Notruf von dem am weitesten entlegenen der sieben Dörfer. Sie schnallte die Arzttasche auf das Motorrad und fuhr in Richtung der sinkenden Sonne.

Die neblige, kühle Herbstluft wehte ihr ins Gesicht und trug ihr den Geruch von brennendem Laub zu. Das Motorrad war viel leichter zu handhaben, als sie erwartet hatte. Der Gedanke erregte sie, daß sie zum erstenmal ohne Aufsicht einen Patienten besuchte. Es wurde bereits dunkel, als sie die Silhouette des Dorfes auf dem Gipfel eines steil ansteigenden Hügels ausmachen konnte.

Da sie nicht wußte, wie stark der Motor ihres Fahrzeuges war, nahm sie an, daß sie die Steigung nur mit der höchsten Geschwindigkeit bewältigen konnte. Sie drehte den Gashebel energisch, und die Abendluft erfüllte ein donnerndes Krachen. Sie hatte ein großes Schlagloch auf halber Höhe übersehen, und das Motorrad bockte wie ein Maulesel. Wie durch ein Wunder blieb Elisabeth auf dem Sitz, aber ihre Arzttasche wurde von der Maschine geschleudert. Sie spürte, daß etwas nicht in Ordnung war, und drehte sich um. Das war ihr zweiter Fehler. Das Motorrad sauste in ein zweites Schlagloch, und diesmal flog auch sie in den Dreck. Die fahrerlose Maschine raste noch zwanzig Meter weiter und erreichte fast den Gipfel des Hügels, bevor sie mit weiterrotierenden Rädern umfiel.

Die Dorfbewohner waren telefonisch verständigt worden, daß das »Fräulein Doktor« unterwegs sei. Elisabeth wußte nicht, daß sie fast von der ganzen Dorfgemeinschaft beobachtet wurde, bis sie schallendes Gelächter hörte. Die Leute liefen herbei, halfen ihr auf die Beine und befreiten sie vom Schmutz. Sie halfen ihr, die Instrumente einzusammeln und die Fläschchen zu sortieren, die aus der Tasche herausgefallen waren. Zwei Männer richteten den verbogenen Lenker gerade. Dann führten sie Elisabeth zu dem Kranken, einem älteren Mann, der an Angina pectoris litt und einen weiteren Anfall befürchtete. Der Patient verhehlte nicht seine anfängliche Besorgnis, als er sie sah, ein Schulmädchen, wie ihm schien, mit zerrissenen Strümpfen und einem blutenden Kinn.

Die Geschichte ihres Unfalls wurde in den Dörfern herumerzählt, und die Bewohner kamen ihr danach freundlich entgegen und riefen ihr aufmunternde Worte zu, wenn ihr Motorrad auftauchte und mit seinem Geräusch die Stille der Täler zerriß. Seit Polen war sie nie wieder so glücklich gewesen. Gelegentlich träumte sie davon, eines Tages ihre eigene Landpraxis zu haben.

Während der besten Zeit des Tages machte sie ihre Hausbesuche. Die Dorfbewohner zollten der kleinen, jungen Frau Anerkennung, weil sie, wenn es nötig war, die halbe Nacht bei einem Patienten wachte. Bald lernte sie, Zeit und Wege zu sparen, indem sie die Hausbesuche im entferntesten Dorf begann und sich nach Hause durcharbeitete.

Drei Patienten litten an einer tödlichen Krankheit, und Elisabeth stellte fest, daß ihr Verhalten ganz verschieden war.

Eine Patientin war eine verhutzelte, über achtzigjährige Frau mit wenig Schulbildung, die dennoch die Weisheit des Alters besaß. Sie war in vollkommenem Frieden und sprach mit Humor und Stolz von ihren Enkelkindern, von ihrem Mann, der vor dreißig Jahren gestorben war, und von dem Wiedersehen mit ihm, auf das sie sich freute.

Die alte Frau wußte, daß sie im Sterben lag, aber da sie jeden Augenblick wach durchlebte, beseelten sie der Anblick der Vögel auf ihrem Fensterbrett und die wechselnden Farben der herbstlichen Landschaft.

Elisabeth fühlte sich immer erfrischt, wenn sie eine Stunde bei ihr zugebracht hatte. Obwohl die Kranke wenig materiellen Besitz ihr eigen nannte, schien sie, wie Elisabeth in ihr Tagebuch schrieb, »so voll der Reichtümer« zu sein.

Elisabeth fand eine ganz andere Situation vor, als sie einen Mann in den Dreißigern, einen Schmied, besuchte, der an Lungenkrebs litt. Er war böse und haderte, und seine Familie war besonders bestürzt, als er sogar Gott verfluchte. Bei ihren ersten Besuchen fühlte Elisabeth sich unbehaglich, weil der Schmied so grob und unhöflich war. Dann begann sie, die Intensität seiner Gefühle aus seiner Bitterkeit heraus zu verstehen, weil er in seinen besten Jahren dran glauben mußte. Bei ihrem dritten Besuch ließ sie zu, daß der Schmied sich wütend gegen seine Krankheit und seine Ohnmacht auflehnte, und sagte dann sanft, daß sie verstehen wolle, wie schwer es für ihn sei. Hätte sein eigener Hammer ihn getroffen, hätte er nicht verblüffter dreinschauen können. Plötzlich brach er weinend zusammen und schüttete ihr sein Herz aus. Er war in Sorge um seine Frau und seine kleinen Kinder. Wie konnte es einen Gott der Liebe da oben geben, fragte er, wenn dieser Gott ihn so grausam seiner Lebenskraft und seiner Zukunft beraubte?

Bei ihren folgenden Besuchen hatte die Haltung des Schmieds sich gewandelt. Er hatte noch nicht den Frieden erreicht, er hatte den Tod noch nicht angenommen wie die alte Frau, war diesem Stadium aber schon viel näher.

Die dritte todkranke Patientin war ein junges Mädchen, das Leukämie hatte. Sie war tief deprimiert und gab nie Antwort, wenn Elisabeth etwas zu ihr sagte. Schließlich erkannte Elisabeth, daß diese Patientin nicht reden wollte, weil sie in der Phase der Depression steckte. Es war die »Trauer, die den Kranken auf den Tod vorbereitet«, wie Elisabeth das später nannte.

Sie besuchte das Mädchen weiterhin und saß still bei ihr. Nur am Druck der blassen Hand erkannte Elisabeth die Dankbarkeit des Mädchens, daß sie sie nicht allein ließ.

Diese Stunden, die Elisabeth mit todkranken Patienten verbrachte, vermittelten ihr die erste Einsicht in die verschiedenen Stadien des Sterbens, und sie bewahrte diese Erfahrungen in ihrem Gedächtnis. Als sie sich später daran erinnerte, sah sie in diesen drei Kranken ihre »Kindergartenlehrer der Thanatologie«. Eine Lektion, die sie lernte, war, daß ein Sterbender mit dem stereotypen Verhalten am Krankenbett, mit der fröhlichen Anrede und den geheuchelten Redensarten wie: »Heute sehen wir aber schon viel besser aus!« und: »Bald werden Sie wieder auf den Beinen sein!« nichts anfangen kann. Die Achtzigjährige hätte sie sicher ausgelacht, wenn Elisabeth ihr so etwas gesagt hätte, der Schmied hätte sie wahrscheinlich hinausgeworfen, und das junge Mädchen hätte ihr den Rücken gekehrt.

Daß Elisabeth jung und eine Frau war, wurde nicht immer begrüßt. Eines Abends, als sie die Apotheke aufräumte, hörte sie, wie ein Auto vorfuhr, und dann läutete die Glocke. Ein gut angezogener Mann trat ihr entgegen und verlangte sofort den Arzt zu sprechen. Sie erklärte, daß er abwesend sei. Der Mann wurde verlegen, trat von einem Fuß auf den anderen und schüttelte den Kopf. Er machte Anstalten fortzugehen, als Elisabeth ihn fragte, was ihm denn fehle. Er komme, sagte er, aus einem weit entfernten Dorf, das nicht zu dieser Praxis gehörte. Er hatte den Namen des Arztes dem Telefonbuch entnommen.

Erstaunt fragte Elisabeth, warum er von so weit hergekommen sei. Nach einem peinlichen Schweigen sagte er, daß er eine Infektion im Geschlechtsbereich habe. Nur zögernd erklärte er sich zu einer Untersuchung bereit. Es war ihr erster Fall von Tripper. Der Mann schämte sich für diese Krankheit und hatte sich mit Absicht einen Arzt aus einer anderen Gegend gewählt. Mit professioneller Miene nahm Elisabeth die Untersuchung vor und machte einen Abstrich. Die einzige Sorge des Patienten war, daß sie die Krankheit, wie es gesetzliche Pflicht war, der Gesundheitsbehörde melden würde. Er war ein Mann mit politischem Ehrgeiz und befürchtete, daß diese Meldung durchsickern könnte. Sie versprach ihm, daß sie der Behörde nicht Bericht erstatten würde, wenn er aufrichtig seine Kontakte angeben und regelmäßig kommen wolle, um sich Penicillin spritzen zu lassen. Als er ihr versicherte, daß nur eine Frau betroffen war, die schriftlich zur Behandlung aufgefordert werden konnte, erklärte Elisabeth sich bereit, das Gesetz zu umgehen. In ihrem Labor konnte sie die Diagnose bestätigen, und der dankbare Patient erschien regelmäßig und ließ sich seine Spritze geben.

Obwohl die Landpraxis sie die ganze Woche von Sonnenaufgang bis Sonnenuntergang in Atem hielt, zählte Elisabeth schon traurig die Tage bis zur Rückkehr des Arztes. Ihre einzige Sorge war, daß sie so viel zunahm. Zuckersüßer Kaffee erwartete sie auf dem Ofen jedes Hauses, das sie besuchte, und ein Apfelkuchen in jedem Backrohr. Sie gewann diese Bauern lieb, und offenbar hatten diese volles Vertrauen zu ihr, denn das Wartezimmer faßte kaum die Zahl von Patienten, die schon vor acht Uhr morgens kamen. Die jüngeren Frauen erschienen immer zuerst, dann folgten die Großeltern und Kinder, und zuletzt kamen als endgültiger Vertrauensbeweis gegenüber der jungen Ärztin die Männer. Diese verlangten, gleich vorgelassen zu werden, weil sie zur Arbeit mußten. Als der Arzt zurückkehrte, hatte die Zahl der Patienten sich verdoppelt.

Elisabeth übernahm später noch andere Vertretungen, aber an Aufregung und Freude kam keine ihrer ersten gleich.

Anfang des nächsten Jahres begannen ihre Abschlußprüfungen. Schweizer Medizinstudenten werden über einen Zeitraum von sechs Monaten sowohl in der Theorie als auch in der Praxis einzeln geprüft. Die Examina umfassen den Lehrstoff des vierjährigen klinischen Studiums in Chirurgie, innerer Medizin, Ophthalmologie, Hals-, Nasen- und Ohrenkrankheiten, Gynäkologie, Geburtshilfe, Dermatologie, Neurologie, Psychiatrie, Kardiologie, Pädiatrie, Gerichtsmedizin, Orthopädie und anderen Fachgebieten wie Allergien und öffentliches Gesundheitswesen. Während des ganzen klinischen Studiums nehmen die Schweizer Professoren auch die Persönlichkeit der Studenten unter die Lupe. In der endgültigen Beurteilung, die darüber entscheidet, ob ein Student die Prüfung besteht oder durchfällt, wird ebensoviel Wert auf Charakter wie auf akademische Zeugnisse gelegt. Das System will damit »kommerzielle Ärzte« ausschalten, nämlich Studenten, die aus Geldgier oder Snobismus eine medizinische Karriere anstreben.

Drei Fächer bereiteten Elisabeth ernste Sorgen: Geburtshilfe, Gynäkologie und Kardiologie; die beiden ersteren wegen ihrer Antipathie gegen den Dozenten und Kardiologie, weil Diagnose und Behandlung weitgehend technisch waren und weil sie die altmodische Kunst der Auskultation (des Abhörens von Körpergeräuschen) nur unsicher gemeistert hatte.

Während der sechs Prüfungsmonate stehen die Studenten unter

großem Druck, denn bis zu den letzten Examina wird kein Hinweis gegeben, wie ein Student abgeschnitten hat.

Nachdem sie den ganzen Tag über in innerer Medizin geprüft worden war, fühlte sich Elisabeth besonders erschöpft. Sie mußte abschalten, und so besuchte sie Eva und Seppli in ihrer kleinen Mietwohnung. Sie hatte die beiden einige Wochen nicht gesehen und wußte, daß sie bei ihnen immer aufgeheitert wurde. Sie fiel in einen Sessel im Wohnzimmer und erzählte ihnen von den drei Patienten im Prüfungsraum, die sie »aufarbeiten« mußte, und von den Fragen, die der Professor ihr gestellt hatte.

Als Eva das Licht andrehte, bemerkte Elisabeth, daß Seppli blaß und abgemagert aussah. Sie erkundigte sich nach seiner Gesundheit, und er gestand, daß er sich schon eine Weile nicht wohl gefühlt habe. Er hatte aber bereits einen Arzt aufgesucht, der seinen Magen geröntgt und ein Magengeschwür entdeckt hatte. Er mußte nun eine strenge Diät einhalten, und das war sicher der Grund, weshalb er abgenommen hatte.

Seppli und Magengeschwüre? Das war absurd! Bevor sie die Wohnung verließ, nahm Elisabeth Eva beiseite und sagte ihr, daß dies eine Fehldiagnose sein müsse, denn Magengeschwüre werden vor allem von Unruhe und Sorgen hervorgerufen, und Sepplis Wesen war das ausgeglichenste von der Welt.

Was könne ihrem Mann dann fehlen, fragte Eva. Da hatte Elisabeth eine »blitzartige Gewißheit, eine plötzliche Erleuchtung«, wie sie heute sagt. Sie zögerte, es Eva zu sagen, aber sie und ihre Schwestern hatten einander nie etwas verheimlicht, und so sagte sie leise, aber fest: »Ich fürchte, Seppli hat Krebs.«

Am nächsten Tag suchte Elisabeth mit Evas Einverständnis einen prominenten Chirurgen auf, einen außerordentlichen Professor der Universität, den sie sowohl seiner beruflichen als auch seiner menschlichen Qualitäten wegen hoch schätzte. Sie erklärte ihm, warum sie trotz des Röntgenbefundes mit der Diagnose nicht zufrieden war. Der Professor stimmte ihr zu, daß ein Eingriff zur Untersuchung nötig sei. Auf Evas dringende Bitte brachte Elisabeth selbst Seppli in die Klinik und war erstaunt, als der Professor ihr sagte, sie solle sich für die Operation vorbereiten. Sie war ihres Wissens die erste Studentin, die er je aufgefordert hatte, ihm zu assistieren, und so stand sie am Operationstisch, als Sepplis Bauch geöffnet wurde.

Der Eingriff bestätigte, daß Seppli wirklich ein Magengeschwür hatte, aber hinter dem Geschwür saß ein von den Röntgenstrahlen nicht erfaßter, bösartiger und inoperabler Krebs. Es war nichts zu machen. Elisabeth telefonierte mit Eva und sagte einfach: »Meine Diagnose war richtig.« Seppli war damals achtundzwanzig Jahre alt.

In ihrem Schock und ihrem Leid erlebte Elisabeth selbst die zwei Stadien des Sterbens, die sie bei den todkranken Patienten ihrer Landpraxis gesehen hatte. Sie wütete gegen die Ungerechtigkeit einer tödlichen Krankheit, die einen so jungen Menschen befallen hatte, der für sie makellos rein war, eine Seele, die sie bedingungslos liebte. Einige Tage lang durchlitt auch sie den Schmerz und die Traurigkeit, die sie auf den unvermeidbaren Tod Sepplis vorbereitete. In dieser Zeit zog sie sich zurück und mied jede Gesellschaft.

Sie war jetzt dankbar für ihr aufreibendes Leben. Am Abend arbeitete sie weiter in der Augenklinik, und untertags ging sie durch die Mühle ihrer medizinischen Abschlußprüfungen. In einigen Wochen mußte sie zwei oder drei Examina ablegen, und dann würden vielleicht zwei Wochen bis zur nächsten Hürde vergehen.

Der Druck verstärkte sich, als sie von neuem schwankte, ob sie Manny heiraten sollte oder nicht. Sie spielte ihren eigenen Advocatus diaboli und erhob oder erfand Einwände gegen eine Heirat oder gegen ein Leben in Amerika. Kritische Stellungnahmen zu Amerika in der Schweizer Presse bestärkten sie in ihren Zweifeln.

Sie hatte Amerikaner kennengelernt, die sie mochte, darunter die Quäker, aber waren diese nicht Ausnahmen? Wie stand es mit den »häßlichen Amerikanern«, denen sie begegnet war? Sie erinnerte sich an einen Vorfall in Frankfurt an dem Tag, als der deutsche Arzt sie von der Klinik an die Bahn gebracht hatte. Während der Fahrt hatte sie gesehen, wie einige freche, junge GIs mutwillig mit ihrem Jeep auf einen Gehsteig fuhren und dabei eine ältere Frau zu Boden stießen. Die Frau wurde nicht verletzt, aber das Gemüse war aus ihrem Korb in die Gosse gefallen. Die jungen Amerikaner rührten keinen Finger, um der Frau zu helfen. Sie lachten sogar noch und fuhren davon. Sie erinnerte sich an Geschichten, die ihr die Patienten des Krankenhauses in Frankfurt erzählt hatten – Geschichten von jungen Mädchen, die sich die Soldaten der Besatzungsarmee für eine Tafel Schokolade kauften. Waren nicht diese Soldaten die wahren Repräsentanten Amerikas, und nicht die Quäker?

Sie rief sich einen weiteren Vorfall ins Gedächtnis zurück, der sich ereignet hatte, als sie noch in ihrem Zimmer in der Seefeldstraße wohnte. Es hatte sich für sie einmal die Gelegenheit ergeben, nach Amerika zu fahren. Sie beantragte ein Visum und erhielt die

Aufforderung, sich in einem bestimmten Büro in der Stadt einzufinden, das ermächtigt war, die Antragsteller zu verhören. Dort sah sie sich mit vier sturen Männern konfrontiert, die zu ihrem Erstaunen viel über ihr Privatleben wußten. So hatten sie in Erfahrung gebracht, daß sie hinter dem Eisernen Vorhang gewesen war, und gaben zu verstehen, daß sie als junge Schweizerin einer »politischen Vergiftung«, wie sie es nannten, wohl nicht entgangen sein dürfte.

Es war die Ära von Senator McCarthy, und die Inquisitoren hatten offenbar ihre Hausaufgaben gemacht, denn sie wußten auch über die Besuche ausländischer Studenten in ihrer Wohnung Bescheid. Elisabeth beteuerte, daß diese ausländischen Studenten einfach nur einsam waren, daß manche Hunger und die meisten kein Geld hatten. Sicher, gab sie während des Verhörs zu, hätten sie auch über politische und ideologische Themen diskutiert, aber durch diese Debatten sei sie nicht zum Kommunismus bekehrt worden.

Die Inquisitoren wollten die Namen der Studenten wissen, die in ihre Wohnung gekommen waren. Elisabeth weigerte sich, irgendwelche Namen zu nennen, und ihr Antrag um ein Visum wurde abschlägig beschieden.

Im frühen Herbst 1957 legte Elisabeth ihre letzte Prüfung ab. Nach dem mündlichen Examen wartete sie in einem Gang zusammen mit einem halben Dutzend anderer Studenten, denen die Prüfung noch bevorstand. Die Spannung war groß, und niemand sagte ein Wort. Sie empfand keine Spannung mehr, sondern nur ein Gefühl der Leere, als sie darauf wartete, daß die Türe aufgehen und jemand, den sie kaum kannte, herauskommen würde, um ihr das Ergebnis ihres siebenjährigen Studiums mitzuteilen.

Es wurde ihr einen Augenblick warm ums Herz, als Manny auf seinem Weg zum Hörsaal um die Ecke bog und ihr ermutigend zuwinkte. Dann trat ein großer, gebeugter Mann mit grauem Haar auf den Gang hinaus und rief ihren Namen. Als sie sich meldete, sah er sie über den Rand seines Zwickers an. Er blickte auf eine weiße Karte in seiner Hand und wiederholte ihren Namen. »Elisabeth Kübler?« Er lächelte ein wenig und streckte ihr eine kalte, knochige Hand entgegen. »Ich beglückwünsche Sie! Sie sind jetzt Ärztin!«

18
Gedichte und Prioritäten

Der Hochschulbeamte entzog ihr seine Hand und schlurfte in sein Amtszimmer zurück. Die Gänge leerten sich plötzlich, und Elisabeth war ganz allein. »Ich beglückwünsche Sie! Sie sind jetzt Ärztin!« War dies wirklich der Augenblick ihres Triumphes? fragte sie sich. Hatte sie dafür so viele Jahre gekämpft und gerungen? Ihr Herz müßte höher schlagen. Sie müßte vor Freude schreien, weinen oder lachen. Es müßte jemand dasein, dem sie um den Hals fallen könnte!

Aber es regten sich keine Gefühle in ihr. Sie hatte Ähnliches empfunden, als sie die Matura bestanden hatte. Jetzt hatte sie wiederum einen Berg bezwungen und einen Gipfel erklommen, aber in der Ferne ragten noch höhere Gipfel durch den Nebel. Würde es immer welche geben?

Sie ging langsam den Gang entlang, die Treppe hinunter und betrat den Hof. Sie hatte ein schlechtes Gewissen, weil sie nicht gleich Manny gesucht hatte oder zu einem Telefon geeilt war, um die Eltern von ihrem Erfolg zu benachrichtigen. Sie ging die wenigen hundert Meter bis zur Augenklinik und klopfte zuerst an Professor Amslers Tür. Vielleicht konnte er die Gefühle erwecken, die sie empfinden sollte. Er würde von seiner »kleinen Schwalbe« sprechen und sie fragen, wohin sie wohl jetzt fliegen wollte.

Aber der Professor war nicht da. Vermutlich war er auf der Universität und prüfte noch Studenten. Ihr eigenes Arbeitszimmer war vor kurzem aus dem Kellergeschoß in einen neuen Anbau des Kantonsspitals verlegt worden. Das Laboratorium besaß einen kleinen Vorraum, von dem man einen Ausblick auf den Garten hatte. Sie stand versunken am Fenster und betrachtete die flammenden Chrysanthemen im Garten. Unter ihrem Fenster rechte der Gärtner das abgefallene Laub zusammen. Sie wäre vollkommen glücklich, so dachte sie, wenn sie für den Rest ihres Lebens einen Garten betreuen könnte. Sie dachte darüber nach, wie sie als Kind ihr Leben unbedingt der Erforschung neuer Wissensgebiete weihen wollte und in ihrem Schulaufsatz diese Worte niedergeschrieben hatte. Ihr fiel ein, mit wieviel Überzeugung sie gesagt hatte: »Ich will das Leben erforschen. Ich will die menschliche Natur erforschen.«

Zögernd wandte sie sich von dem Fenster und der herbstlichen Aussicht ab und arbeitete noch eine Weile an ihren Berichten. Doch bevor sie an diesem Abend die Klinik verließ, schrieb sie einen Brief an das indische Ärzteteam, von dem Indira Gandhi gesprochen hatte. Sie teilte ihnen mit, daß sie jetzt diplomiert und bereit sei, für einige Zeit mit ihnen zu arbeiten.

Obwohl sie keine echte Begeisterung für dieses Abenteuer empfand, dachte sie, daß diese Reise nach Indien ihr Zeit geben würde, über ihre Zukunft nachzudenken, über eine Ehe und die Aussicht, in Amerika zu leben. Auf jeden Fall würde Manny erst im nächsten Sommer fertig werden.

Nach einem kurzen Urlaub in den Bergen – der erste Schnee war gefallen, und man konnte schon gut Ski laufen – kehrte Elisabeth nach Hause zurück, wo sie einen Brief von der indischen Ärztegruppe vorfand, deren Hauptquartier in Sitapur, südöstlich von Delhi, lag. Die Gruppe würde neu organisiert, so hieß es in dem Brief, es würden ärztliche Teams geschaffen, die in die entlegenen Dörfer gehen sollten. Sie seien sehr erfreut, daß Elisabeth mitarbeiten wolle. Sie würden ihr demnächst das Geld für ihre Schiffspassage nach Bombay schicken.

Elisabeth begann, sich für die Reise vorzubereiten. Sie gab alle ihre Winterkleider und ihre Skiausrüstung fort. Innerhalb weniger Tage hatte sie ihren Besitz so reduziert, daß er in zwei Koffern Platz fand.

Als kein weiterer Brief aus Indien kam, schickte sie ein Übersee-Telegramm mit bezahlter Rückantwort und teilte der Gruppe mit, daß sie gepackt habe und aufbruchsbereit sei. Zwei Tage später erhielt sie Antwort. Das ganze Projekt sei ins Wasser gefallen, und die Gruppe könne ihr Angebot der Mitarbeit nun leider doch nicht brauchen.

Bevor sie das Telegramm Manny oder ihren Eltern zeigte, machte sie einen Spaziergang an den See. Sie prüfte ihre Motive noch einmal und mußte sich eingestehen, daß ihr Plan, nach Indien zu gehen, in Wahrheit eine Flucht davor war, in Amerika zu leben. Und dennoch, wie wollte sie das »Neuland«, von dem sie seit ihrer Kindheit geträumt hatte, in diesem am höchsten technisierten Land der Welt finden?

Sie brauchte eine klare Antwort in ihrer Verwirrung, und diese kam aus einer unverhofften Quelle. Als sie nach Hause zurückkehrte, traf sie einen Besuch in der Wohnung ihrer Eltern an. Es war Betty Frankenthaler, eine amerikanische Krankenschwester, die mit einem Schweizer Geschäftsmann verheiratet war. Die Frankenthalers waren gute Freunde, die Manny mit Küblers bekannt gemacht hatte. Betty lud Elisabeth und Manny zum Essen ein.

Nach dem Essen ließ Elisabeth ihren Gefühlen freien Lauf und gestand, welche Angst sie davor habe, in Amerika zu leben. Da sagte Betty leise: »Elisabeth, du willst also in einem Dschungel arbeiten?«

Elisabeth nickte heftig.

»Dann«, sagte Betty mit festerer Stimme, »arbeite doch in dem brutalsten Dschungel der Welt. Er heißt New York!«

Das war ein völlig neuer Gedanke. Ein Dschungel in Amerika – in einer riesenhaft wuchernden Stadt, wo die Sterne und die Sonne oft vom Smog verdeckt waren, wo das Getöse des Verkehrs niemals aufhörte und wo die Menschen in turmhohen Kisten wohnten! Das Wort berührte eine Saite tief in ihrem Herzen. In einen solchen Dschungel zu gehen, wo andere Werte galten als die ihrigen, schien jetzt die größte Herausforderung zu sein.

An der medizinischen Hochschule in Zürich gab es ein Stellenvermittlungsbüro für Studenten. Die Leiterin des Büros sah in Elisabeths Akte nach und fand einen Brief von dem Arzt aus Wäggithal, der ihr die höchste Anerkennung für ihre Vertretung aussprach, als er zum Militär einrücken mußte. Die Beamtin sagte Elisabeth, daß erst heute morgen ein dringender Hilferuf von einer Landpraxis in der Nähe von Langenthal, etwa sechzig Kilometer nordöstlich von

Bern, eingetroffen sei. Der Brief kam von der jungen Witwe des dortigen Arztes, der sehr plötzlich verstorben war. Sie schrieb, daß ihr Mann in seiner Gemeinde »Dr. Pestalozzi« genannt wurde, weil er nie Rechnungen an bedürftige Patienten schickte. Nun brauchte die verwaiste Praxis dringend einen neuen Pestalozzi.

Die Dame in dem Vermittlungsbüro sah Elisabeth über den Rand ihrer Akten an und rief: »Vielleicht sind Sie der neue Pestalozzi!«

Elisabeth erwiderte lachend, daß ihr Vater sie oft bei diesem Namen genannt hatte. Sie konnte sofort beginnen, aber die Sache hatte einen Haken. In dem Brief stand, daß die Praxis sich über ein großes landwirtschaftliches Gebiet erstreckte und daß der neue Arzt unbedingt ein guter Autofahrer sein müsse. Elisabeth biß sich auf die Lippen. Sie hatte noch nie chauffiert und besaß keinen Führersein. Doch dafür ließ sich unverzüglich Abhilfe schaffen.

Nach zwei Fahrstunden und gegen den Rat ihres Fahrlehrers meldete Elisabeth sich zur Fahrprüfung an. Der phlegmatische Inspektor wußte nicht recht, was er mit Elisabeth machen sollte, nachdem sie eine halbe Stunde lang mit ihm in dichtem Verkehr durch die Straßen gefahren war. Als er sich sorgenvoll über ihre Fahrkünste äußerte, schenkte Elisabeth ihm reinen Wein ein. Sie müsse in eine Praxis bei Langenthal, wo schon eine Menge Patienten auf sie warteten. Könnte er sie nicht durchlassen, da sie in einem Gebiet fahren würde, wo die größten Hindernisse auf den Straßen bestenfalls ein Heuwagen oder ein paar Hühner wären? Der Inspektor stellte ihr den Führerschein aus, brummte jedoch, daß er es nur getan habe in der Hoffnung, nie wieder neben ihr in einem Auto sitzen zu müssen, das sie steuerte.

Die ausgedehnte Praxis in Langenthal war keine Erholungskur. Elisabeth war so gut bei Kräften wie eh und je, und die Bewältigung eines Achtzehnstundentages machte ihr Spaß. In vieler Hinsicht, besonders in der Einstellung der Patienten und ihrer Dankbarkeit für die ärztliche Betreuung, hatte diese Praxis Ähnlichkeit mit ihrer ersten Vertretung. Mit der jungen Witwe des Arztes kam Elisabeth gut aus, und bald konnte sie auch die konservativen Bauern für sich gewinnen, die zuerst enttäuscht darüber waren, daß sie einen beliebten Arzt gegen eine gerade erst promovierte junge Frau eintauschen sollten, die wie ein Schulmädchen aussah.

Zu Weihnachten hängte sie ein Schild vor die Tür: PRAXIS GESCHLOSSEN, und fuhr mit dem Zug nach Zürich. Sie ging sofort zu Seppli und besorgte einen kleinen Christbaum, Kerzen und den üblichen Schweizer Weihnachtsschmuck.

Seppli war mager und abgezehrt, ein Schatten seines früheren Selbst, aber er freute sich maßlos, sie so überraschend zu sehen. Sie fielen sich um den Hals und standen lachend unter der Tür des bescheidenen Zimmers, aber schon das Zurechtrücken des Christbaumes an den kleinen Ofen erschöpfte ihn. Elisabeth redete ihm zu, sich in dem einzigen bequemen Sessel auszuruhen, während sie den Baum schmückte. Zuerst nahm er noch seine Geige heraus, und während sie den Christbaumschmuck aufhängte, spielte er Weihnachtsmusik und zuletzt, als sie die Kerzen angezündet hatte, ihr Lieblingslied »Heimweh«.

Dieser Augenblick, als die Kerzen brannten und die zauberhafte Melodie erklang, prägte sich unauslöschlich in Elisabeths Gedächtnis ein – wie »mit Fäden ruhiger Heiterkeit und Harmonie über Zeit und Raum gespannt«.

In ihrem Herzen nahm sie die Schönheit und den Frieden dieses Abends in ihre hektische Praxis nach Langenthal mit. Im Zentrum ihrer Ruhe stand die innere Gewißheit, daß ihr Leben irgendwie behütet war und daß sie, wie von einer starken Strömung getragen, unbeirrbar auf das ihr bestimmte Schicksal zusteuerte.

Die Aussicht zu heiraten mit dem unvermeidlichen Verzicht auf vollkommene Unabhängigkeit erschreckte sie nicht mehr. Sie war voll Zuversicht, daß ihr der Grund, warum sie in Amerika leben sollte, mit der Zeit aufgehen würde. Elisabeth kann sich nicht erinnern, daß Manny ihr einen formellen Heiratsantrag machte oder daß sie ihm ihr Jawort gab. Ihre Heirat schien sich aus dem Lauf der Dinge natürlich zu ergeben, aber ihr Entschluß, sich ohne Verzug standesamtlich trauen zu lassen, hatte einen sehr praktischen Grund. Die amerikanische Botschaft teilte Manny mit, daß es möglicherweise drei Monate dauern würde, bis seine Frau ihr Einreisevisum in die Vereinigten Staaten bekäme. Die Trauungsurkunde müßte schon ziemlich lange vor ihrem Abreisetermin eingereicht werden.

Elisabeth hatte ihren Eltern zwar versprochen, daß sie im Sommer, bevor sie und Manny abreisten, eine kirchliche Trauung über sich ergehen lassen würde, aber ihre Mutter wollte sich ein Hochzeitsbankett nach dem Standesamt nicht nehmen lassen. Elisabeth hatte beabsichtigt, sich nur einen halben Tag von der Praxis freizunehmen, denn die standesamtliche Trauung war doch nur eine reine Formalität, aber sie protestierte umsonst.

Widerwillig verbrachte sie den Vormittag ihres Hochzeitstages beim Friseur. Die Trauung selbst, die in einem nüchternen Amtszimmer von einem Beamten vollzogen wurde, der an einem argen Schnupfen litt, hätte nicht weniger stimmungsvoll sein können. Für Elisabeth wurde der Tag durch einen Regenguß bemerkenswert, der die Hochzeitsgesellschaft völlig durchnäßte, als sie alle von ihren Autos in ein Nobelrestaurant liefen. Elisabeth war besonders froh, daß sie sich das verschmierte Rouge und die Wimperntusche vom Gesicht wischen konnte. Ihre teure Frisur war ruiniert. Man ließ die Formalitäten beiseite, und mit Hilfe des erlesenen Champagners löste sich das sorgfältig geplante Zeremoniell von Reden und Trinksprüchen in fröhlichen Trubel auf.

Ein besonderer Gast bei der Hochzeitsfeier war Seppli. Er hatte um dieses Ereignisses willen seine Rückkehr ins Krankenhaus verschoben. Obwohl er offensichtlich Schmerzen litt, strahlte er die ganze Zeit. Am Tag nach der Feier ging er ins Krankenhaus und wußte, daß er es nie wieder verlassen würde.

Es fiel Elisabeth schwer, sich als verheiratet zu betrachten. Für sie war das Ganze die Sache einer Unterschrift, um ihr amerikanisches Visum zu bekommen. Manny war vollauf beschäftigt, für seine Schlußprüfungen zu büffeln, und sie hatte in ihrer Praxis in Langenthal alle Hände voll zu tun. Er war jedoch so zuversichtlich, daß er das Examen bestehen würde, daß er sich für sich selbst und seine Frau um Assistentenstellen am Glen Community Hospital in Long Island im Staat New York bewarb. Manny wollte zuerst an ein Krankenhaus in der Bronx gehen, aber aus Rücksicht auf Elisabeths Abneigung gegen das Stadtleben wählte er statt dessen eine Stelle in einem Vorort.

Einige Wochen nach ihrer standesamtlichen Trauung erhielt Elisabeth eines Morgens einen Anruf von Seppli, als ihr Wartezimmer voll Patienten war. Er bat sie, ihn so bald wie möglich zu besuchen. Sie war gerade dabei, eine Wunde am Bein eines Kindes zu nähen, als der Anruf kam. Atemlos erklärte sie Seppli, daß sie nicht gleich kommen könne. Das Wartezimmer sei voll, und sie hatte noch ein Dutzend Hausbesuche zu machen. Sie wollte es sich aber so einrichten, daß sie die Praxis am Wochenende verlassen und mit der Bahn nach Zürich kommen würde. Es waren nur noch drei Tage bis Samstag. Es war ein eiliges Telefongespräch. Das verletzte Kind auf dem Untersuchungsbett weinte, und sie nahm sich kaum Zeit, sich von Seppli zu verabschieden.

Für den Rest des Tages ging Seppli ihr nicht aus dem Sinn. Sie mußte sogar an ihn denken, während sie die Patienten verarztete. Als sie dann unterwegs war zu ihren Hausbesuchen, fiel ihr ein, daß er sie noch nie um etwas gebeten hatte. Aber außer zu Weihnachten und zu ihrer Hochzeit hatte sie die Ordination nicht einen einzigen Tag geschlossen. Sie sagte sich, daß sie ihrer Praxis die Erfüllung ihrer ärztlichen Pflichten schuldig sei. Aber dieser Gedanke tröstete sie nicht, und sie wurde ihre Niedergeschlagenheit nicht los.

Am nächsten Morgen kam wieder ein Anruf aus Zürich. Es war Eva, die ihr sagte, daß Seppli in den frühen Morgenstunden gestorben sei. Nie wieder in ihrem Leben empfand Elisabeth einen solchen Schmerz und solche Schuldgefühle.

Seelisch war Seppli ihr nähergestanden als irgendein anderer Mensch. Sie hätte alles hingegeben, um ihn noch einmal zu sehen, um in seiner Sterbestunde, als er sie am meisten brauchte, bei ihm zu sein.

Sie dachte an die Gründe, warum sie nicht sofort zu Seppli hatte fahren können, aber letztlich mußte sie die Wahrheit akzeptieren, daß es Prioritäten der Menschlichkeit gab, die wichtiger waren als andere Pflichten, daß sie, mit anderen Worten, hätte bei Seppli sein müssen, als er starb. Dies wurde ihr besonders bewußt, als sie am Wochenende zu Sepplis Beerdigung nach Zürich fuhr. Sie dachte zurück an die auch von ihm so geliebten Berge, an die Stunden des Kletterns und Skifahrens mit ihrer Schwester und Seppli, an die blumenübersäten Alpenwiesen, über die sie gemeinsam gewandert waren – und die Worte der Predigt und die traurigen, dunklen Gestalten bei der Bestattung kamen ihr unwirklich vor.

Erst später hatte sie Zeit und Ruhe, mit ihrer geliebten Schwester über all diese Dinge zu sprechen, und sie bewunderte Eva, wie sie den Mut hatte, weiter zu leben, weiter und allein in die Berge zu fahren, obwohl sie spürte, daß Seppli irgendwie immer bei ihr war.

Manchmal hatte sie in Langenthal das Gefühl, als ob Seppli neben ihr stünde. Oft spürte sie beinahe physisch seine Anwesenheit, besonders dann, wenn sie über Land fuhr. Es war, als veranlaßte er sie, das Auto anzuhalten, um einen Sonnenuntergang zu betrachten oder die Vollkommenheit der Natur in der Gestalt und der Farbe einer Blume zu würdigen.

In solchen bewegenden und unerwarteten Augenblicken begann Elisabeth, frei strömende Gedanken niederzuschreiben, die die plötzliche Erhellung ihres Gemüts wiedergaben.

Als sie eines Abends eine holprige Landstraße entlangfuhr, blieb sie, wie es ihre Art war, beim Anblick eines Büschels Wegwarte stehen, dieser kleinen blauen Blume, die in der Schweiz in so großer Menge wächst. Elisabeth schrieb in ihr Tagebuch:

»Ich habe eine besondere Vorliebe für die Farbe der Wegwarte und ihre Tapferkeit, mit der sie sich gegen Schmutz und Staub zur Wehr setzt. Wie sinnig ihr Name ist – er bedeutet: ›einer, der am Wegrand wartet‹. Die Wegwarte scheint an trockenen Stellen zu gedeihen und blüht, wo nur wenig oder gar keine Schönheit sie umgibt. Diese tapfere Blume scheint nie zu verdorren und blüht gewiß einzig zu unserer Freude!«

Ein anderes Mal erblickte sie eine knorrige, verwitterte Eiche, die ihr zum Gleichnis wurde. Sie schrieb in ihr Tagebuch:

»Wie ein Ungeheuer im Zwielicht reckt dieser Baumstamm seine knorrigen Äste zum Himmel empor. Wie erschreckend muß er wohl Kindern vorkommen, und dennoch gewährt seine verwitterte, rauhe Oberfläche kleinen Vögeln sicheren Unterschlupf. Ich glaube, daß die Art und Weise, wie wir diesen sterbenden Baum betrachten, weniger von der Gestalt des Baumes oder von Licht und Schatten abhängen, sondern davon, wer wir selbst sind. Wenn Angst unser Leben beherrscht, dann sehen wir nur düstere, verkrüppelte Äste und bemerken nicht, wie winzige Vöglein eilig zu dem Baum fliegen um Obdach.«

Bezaubert von der rosafarbenen Pracht wilder Heckenrosen, die an einem Zaun wuchsen, bemerkte Elisabeth:

»Manche werden euch als Rosen sehen, andere als wucherndes, dorniges Unkraut. Aber eure Schönheit wird gebührend gewürdigt, wenn eine Biene oder ein Schmetterling eure Blütenblätter berührt. Unkraut kann sich in Rosen verwandeln, wenn es liebevoll berührt wird!«

Ein Spatz, der auf ihr Fensterbrett hüpfte, erweckte liebe Kindheitserinnerungen. Sie nahm das Tagebuch von ihrem Nachttisch und schrieb:

»Mein Vater nannte mich manchmal ›Meisli‹, wenn er mich als ein einmaliges, winziges Geschöpf Gottes liebte. Die Erinnerungen an diese seltenen, besonders liebevollen Augenblicke mit meinem Vater

sind mir eine Hilfe, wenn ich den tobenden Stürmen ausgesetzt bin – Erinnerungen, die mich in den Stunden tragen, wenn kein Spatz es wagen würde, seine Flügel auszubreiten.«

Wenn sie in ihr Tagebuch schrieb, war es manchmal, als ob die Worte nicht von ihr kämen – als ob etwas ihre Hand führte, als ob die Gedanken von anderswoher kämen. In diesen Augenblicken spürte sie die Nähe Sepplis oder einer anderen Gegenwart, eines Schutzengels. Wenn sie diese Nähe spürte, war sie meistens im Sonnenlicht, denn im Geist sah sie Seppli immer im Freien, braungebrannt, anmutig und kühn.

In ihrem Tagebuch steht auch das folgende Gedicht, das sie einmal niederschrieb, als sie auf einem Platz in der Sonne saß:

»Sonne, meine goldene Sonne,
haben wir dich in längst vergangener Zeit verehrt?
Haben wir dich in Tempeln angebetet
und dich zur Zeit der Inkas besungen?
Entspringt die Quelle meiner Liebe
dem Königreich der Maya?
Oder Atlantis, oder Ägypten?
Sonne, meine goldene Sonne,
ob du über einem Berg aufgehst
oder in einen See versinkst,
meine Liebe zu dir ist uralt, tief und wahr.«

Elisabeth meint jetzt, daß diese und andere meditative Tagebucheintragungen aus dieser Zeit ein inneres Wachstum, ein sich vertiefendes spirituelles Bewußtsein bedeuten. Das mechanische Lernen an der Hochschule, der Druck und die Anstrengung während ihrer Studienjahre hatten sie zu einem verbissenen Leistungsdrang gezwungen. Hin und wieder hatte es Erholungspausen gegeben, kurze Wochen des Entspannens, aber im großen und ganzen hatte sie nicht wagen können, lockerzulassen. Außer Seppli hatte sie niemandem ihre tiefe Ahnung mitteilen können, daß ihr im Leben ein besonderer Auftrag beschieden sei, denn sie war sicher, daß ein Mensch, der ihr Wesen weniger gut verstand, ihre Überzeugung nur falsch deuten würde.

Im späten Frühjahr hielt Elisabeth nach einem geeigneten Käufer für die Praxis in Langenthal Ausschau, nicht nur um ihrer Patienten willen, sondern auch aus ihrer Verpflichtung gegenüber der Witwe des »Pestalozzi«.

Gemäß dem ihrer Mutter gegebenen Versprechen stimmte sie einer kirchlichen Trauung in der Kirche ihrer Familie am 3. Juni zu. Zehn Tage vorher hatte ein Arzt, der dem Pestalozzi-Vorbild entsprach, den Kaufvertrag für die Praxis unterschrieben, und am darauffolgenden Tag erfuhr Manny, daß er seine Abschlußprüfungen bestanden hatte.

Alles traf so zeitgerecht und so mühelos ein, daß Elisabeth in ihrem Tagebuch ihre Dankbarkeit über die »göttliche Fügung« zum Ausdruck brachte.

An dem Morgen im Mai, als sie Langenthal verlassen und nach Hause zurückkehren sollte – nachdem der neue Arzt eingetroffen war und die Praxis übernommen hatte –, sah sie durch das Fenster ihres Zimmers einen Schwarm Gänse in pfeilartiger Formation nach Norden fliegen. Wenn die Vögel jetzt auf Wanderschaft waren, dann verfehlte ihr Flug die Jahreszeit. Vielleicht waren die Gänse jedoch ein Zeichen, daß ihr eigenes Leben Richtung genommen hatte. Ein letztes Mal machte sie in Langenthal eine Eintragung in ihr Tagebuch:

»Woher wissen diese Gänse, wann sie zur Sonne fliegen müssen? Wer sagt ihnen die Jahreszeiten? Woher wissen wir Menschen, wann es Zeit ist weiterzugehen? Woher wissen wir, wann wir einen Schritt vorwärts tun sollen? Wie mit den Wandervögeln, so ist es sicher auch mit uns, und wir haben eine innere Stimme, wenn wir nur auf sie hören wollten, die uns mit Sicherheit sagt, wann wir uns ins Unbekannte wagen sollen.«

Es blieben noch einige Tage vor ihrer Hochzeit und ihrer Abreise, die Elisabeth zu einem Besuch in Meilen verwendete. Es war weniger eine empfindsame Reise als eine Gelegenheit, in einer Umgebung, die sie liebte, noch einmal allein zu sein. Sie ging die Hauptstraße des Ortes entlang, nickte Bekannten zu, begrüßte Freunde, lächelte Fremde an. Sie trauerte der Vergangenheit nicht nach. Sie empfand nur Dankbarkeit für erinnerte Freuden, für Schulung und Wachstum, doch vor allem für hier entstandene Hoffnungen und Träume, die ihrem Leben Sinn verliehen. Sie stattete auch dem Sonnentanz-Felsen einen Besuch ab. Ein Windhauch, voll vom Duft der Wiesen, strich ihr durchs Haar, als sie nach Indianerart die Arme hob und ein Dankgebet sprach.

Im Spital in Zürich gaben Professor Amsler, ihr geliebtes Laborpersonal und die Schwestern ein Abschiedsfest für sie. Zum ersten Mal, seit sie ihn kannte, schien der Professor in Verlegenheit zu sein. Es beunruhigte ihn, wie er ihr gestand, daß er nicht wußte, was für ein Abschiedsgeschenk er ihr machen sollte. Im Verlauf der Feier lief er mehrmals aus dem Zimmer und kam immer wieder mit einem Geschenk zurück, einer in Leder gehüllten Flasche von abgelagertem Sliwowitz oder einem Ophthalmoskop, das er selbst erfunden hatte und das nach ihm benannt worden war.

Bei ihrer kirchlichen Trauung erschienen ihre Schwestern als Brautjungfern. Elisabeth ließ sich die Haare legen, lehnte jedoch die Bitte ihrer Mutter ab, sich das Gesicht zu schminken. Als sie fertig angezogen war, umarmte ihr Vater sie mit einer Innigkeit, die sie seit ihrer Kindheit nicht mehr gespürt hatte. Er versicherte ihr, daß sie einen guten, verläßlichen Mann heiratete, der gut für sie sorgen würde.

Sie nickte und hielt ihre Tränen zurück. Es war dies ein besonderer Augenblick, den sie mit ihrem Vater erleben durfte.

Ernst kam per Flugzeug zur Trauung, so daß die ganze Familie Kübler beisammen war, was nicht mehr oft geschah.

So unkonventionell wie der Großteil ihres Lebens waren auch ihre Flitterwochen, denn am Tag nach der Hochzeit reisten ihre Eltern und ihr Bruder Ernst zusammen mit Elisabeth und Manny für eine Woche zur Weltausstellung nach Brüssel. Elisabeth erinnert sich an wenig in diesen sieben Tagen, außer daß sie darauf brannte, nach Amerika zu kommen.

Ernst verabschiedete sich in Belgien, aber Herr und Frau Kübler begleiteten die Jungvermählten nach Cherbourg. Dort bestiegen Elisabeth und Manny den Liniendampfer *Liberté* mit dem Ziel New York. Als sie auf der Landungsbrücke Abschied nahmen, steckte Herr Kübler Elisabeth ein Sträußchen Wegwarte ans Kleid.

19
Die Emigrantin

Elisabeth wurde zwar nicht richtig seekrank, aber sie vertrug die Schiffsreise nicht sonderlich gut. Die üppigen Mahlzeiten auf der *Liberté* lockten sie wenig, und sie hatte keine Lust, Decktennis zu spielen wie Manny, der dieses Spiel beherrschte, oder auf die abendlichen Partys zu gehen. Da sie aber seit Jahren daran gewöhnt war, jede Minute auszufüllen, fiel ihr die Muße an Bord schwer. Obwohl sie selbst nicht in bester Verfassung war, »adoptierte« sie schließlich zwei kleine Kinder, deren Aufsichtsperson vor den schlingernden Wellen des Atlantiks kapitulieren mußte. Sie brachte ihnen Schweizer Alpenlieder bei und die Ratespiele, die sie in Meilen als Kind gelernt hatte. Sie sagte Manny, daß sie sich mindestens sechs eigene Kinder wünschte.

In Zürich hatte Manny sie darauf hingewiesen, daß New York Ende Juni höchstwahrscheinlich vor Hitze dampfen würde, und so packte Elisabeth nur Sommerkleider in ihr Handgepäck. Am Abend vor ihrer Ankunft bügelte sie ihr Lieblingskleid, ein ärmelloses Modell aus Seide mit Blumenmuster, und weil sie Manny zuliebe einen möglichst guten Eindruck auf seine Verwandten machen wollte, drehte sie sich mit viel Zeitaufwand die Haare ein, eine Prozedur, die sie stets haßte.

Während ihrer letzten Nacht auf hoher See hatte sie einen so lebhaften Traum, daß sie ihn Manny erzählte. Sie war als eine Indianersquaw gekleidet und ritt auf einem Pferd über eine Prärie mit vereinzelten Kakteen und seltsam geformten Steinen. Die Sonne brannte auf sie herab. Der Horizont erstreckte sich in weiter Ferne, und sie war ganz allein, aber so wunderbar zufrieden, daß sie das Gefühl hatte, »als kehre sie heim«.

Mit breitem Lächeln erwiderte Manny, daß sie ihre romantischen Vorstellungen von Amerika lieber vergessen sollte, denn leider sei es ihm nicht gelungen, ihr Indianer zum Empfang ans Dock zu bestellen. Sie würde mit den dortigen Eingeborenen, einschließlich seinen Verwandten und geschwätzigen Taxifahrern, vorliebnehmen müssen, und wenn sie die sagenhafte Skyline von New York in der aufgehenden Sonne sehen wollte, müßte sie sofort auf das oberste Deck steigen.

Es gab jedoch weder einen Sonnenaufgang noch eine Skyline, als das Dampfschiff auf den Hudson River zusteuerte. Es war der kälteste und feuchteste Junimorgen, den New York in einem Vierteljahrhundert gesehen hatte. Sogar die Freiheitsstatue war unsichtbar.

Manny und Elisabeth wurden als die letzten Passagiere durch den Zoll geschleust. Als alle ihre Kisten und Koffer inspiziert waren, war es nach ein Uhr. Seit Morgengrauen hatten sie nichts im Magen, und von Mannys Verwandten trennte sie noch eine Sicherheitsschranke. Ein Zollbeamter schöpfte Verdacht, als er in Elisabeths Apothekerkasten einige Ampullen Morphium fand. Es hatte ihr niemand gesagt, daß Morphium als Medikament, das in Europa legal war, in Amerika als Schmuggelware galt. Sie wurden noch einmal aufgehalten, als andere Beamte kamen und ihr ganzes Gepäck noch einmal mit einem Geigerzähler untersuchten.

Als Manny seine junge Frau endlich seiner taubstummen Mutter, seinem Onkel Anschel und seiner Schwester und deren Mann vorstellen konnte, hing Elisabeths Haar in Strähnen herunter, ihr Kleid war zerknüllt, und ihre Schuhe waren schwarz von dem Öl in den Docks. Unter dem kritischen Blick der Verwandten spürte sie, daß sie gräßlich aussah, und fühlte sich entsprechend mies. Sie hatte so sehr gehofft, daß Charles, Mannys Bruder, hier sein würde. Als alter Bekannter wäre er sofort auf ihrer Seite gewesen. Doch jetzt, da alle sich um Manny scharten, beobachtete sie nur und hörte zu. Sie mochte die beiden Männer – den kleinen, drahtigen, stillen Onkel Anschel, einen »Parkbankphilosophen«, wie sie später in einem Brief nach Hause schrieb, und Mannys Schwager, Milton Arnold, einen Zahnarzt, der sie mit einem warmen Händedruck und herzlichen Worten begrüßte. Sie konnte ihre Schwiegermutter nicht verstehen, die in der schwer verständlichen Art der von Geburt an Tauben sprach, und sie faßte sofort eine Abneigung gegen die Schwägerin, zu deren Haus in Long Island sie jetzt fuhren.

Das Haus war prunkvoll eingerichtet und hatte so schwere Vorhänge, daß Elisabeth sich wie eingesperrt vorkam. Ein üppiges Essen zu ihrem Empfang, das durch die Komplikationen am Dock verspätet serviert wurde, kam auf den Eßtisch. Als sie sich hinsetzten, wurde Elisabeth gefragt, ob sie etwas zu trinken wolle. Da ihr kalt war und sie sich ausgeschlossen fühlte, hätte sie am liebsten um einen Brandy gebeten, aber in der Hoffnung, einen guten Eindruck zu machen, fragte sie ahnungslos, ob sie ein Glas Milch haben könne.

Die Konversation erstarb mitten im Satz, und Manny gab ihr unter dem Tisch einen Tritt ans Schienbein. Doch erst, als ihre Schwägerin aus der Küche zurückkam und das Glas Milch in der Hand hielt, als wäre es ein vergammelter Fisch, erkannte Elisabeth ihren Fauxpas. Dadurch, daß sie bei einem streng koscheren Essen um ein Glas Milch gebeten hatte, war sie bei der Familie nun unten durch.

Es war eine schwierige Woche, die sie und Manny im Hause seiner Schwester verbrachten, und die Spannung ließ nur nach, wenn sie nach New York fuhren, um die Stadt zu besichtigen. Außerdem suchten sie eine Wohnung in der Nähe des Glen Cove Community Hospitals, wo beide ihr Pflichtjahr als Assistenzärzte beginnen sollten. Es war ihnen hauptsächlich darum zu tun, eine Wohnung zu finden, die sie sich von ihrem gemeinsamen Monatsgehalt von 250 Dollar leisten konnten. Schließlich sahen sie ein Schild ZU VERMIETEN im Fenster eines Hauses in einer stillen Nebenstraße mit Bäumen, die nur wenige hundert Meter vom Krankenhaus entfernt war. Die Besitzerin, eine vollbusige, strahlende Mrs. Fischer aus Österreich, hieß sie überschwenglich willkommen und führte sie in ein hübsch möbliertes Zimmer im ersten Stock mit Ausblick auf einen schönen, mit einer Mauer umgebenen Garten. Elisabeth erklärte diese Wohnung, zu der noch eine saubere Kochnische und ein winziges Badezimmer gehörten, für genau das Richtige, obwohl die Miete von 100 Dollar ihnen nur etwas über 100 Dollar im Monat für Essen, Fahrtspesen, Wäsche und alles andere übrig ließ. Als

Manny die Federn des ausziehbaren Bettes prüfte, fragte er Elisabeth besorgt, ob sie wirklich von vier Dollar pro Tag leben könnten. Sie erinnerte ihn daran, daß sie einmal von Pfennigen gelebt hatte. Vier Dollar am Tag seien reichlich. Außerdem, meinte sie und deutete auf den Garten, könnten sie ihr eigenes Gemüse anbauen. Sie wußte noch nicht, wieviel Arbeit im Krankenhaus auf sie zukam. Sie würden nie genug Zeit für ausreichenden Schlaf haben, geschweige denn für Hobbys.

Das Glen Cove Community Hospital, eines der üblichen Vorortkrankenhäuser mit 350 Betten, beschäftigte sieben Assistenzärzte, und man einigte sich mit der Verwaltung, daß Elisabeth und Manny als eines von zwei Ehepaaren jedes zweite Wochenende zusammen arbeiten und dann die volle Verantwortung für die ganze Klinik übernehmen sollten. Von Montag bis Freitag arbeiteten alle Assistenzärzte in zehnstündigen Schichten.

An Werktagen kamen sie gut zurecht, aber an ihren Arbeitswochenenden, die Freitagmorgen begannen und Montagabend endeten, konnten sie von Glück reden, wenn sie sechs Stunden Schlaf bekamen. Wenn die ganze Klinik von Freitag 5 Uhr früh bis Montag 9 Uhr abends in ihrer Obhut war, versuchten sie, die Stationen und Arbeitsstunden unter sich aufzuteilen. Aber diese lockere Vereinbarung ließ sich nicht einhalten, wenn, was oft der Fall war, ein Rettungswagen an der Notaufnahme vorfuhr, während auf der Entbindungsstation eben ein Kind entbunden wurde oder bei einem älteren Patienten das Herz aussetzte.

Wenn Elisabeth die Wahl hatte, machte sie am liebsten Dienst in der Notaufnahme. Besonders am Samstagabend, wenn die Ambulanzwagen die Rampe hinauffuhren und die geschockten und verstümmelten Opfer eines Verkehrsunglücks oder Überfalls ausluden, verschwand ihre Müdigkeit schnell, und sie war augenblicklich voller Energie. Sie entdeckte, daß sie gern chirurgisch tätig war, und vermochte kaltblütige, schnelle Entscheidungen zu fällen, die Leben oder Tod bedeuteten.

Doch auf dem Gebiet, wo ihre besondere Stärke lag, war die Not am größten. Die Patienten, die in Ambulanzwagen mit heulenden Sirenen ankamen, waren immer geschockt und verwirrt. Der Schmerz – sogar der Schmerz gebrochener Gliedmaßen und Schußwunden – war meistens das geringere Übel. Es war die Angst, die den Opfern zu schaffen machte – Angst vor dem Tod, Angst um ihre Familien, Angst davor, eine Stelle zu verlieren, oder die Angst vor dem einfachen häuslichen Problem, wer das Baby füttern würde. Während sie Blutungen stillte, Wunden zunähte und Schmerzmittel verabreichte, redete Elisabeth mit den verschreckten Unfallpatienten – und hörte ihnen zu. Wenn sie eine Wange streichelte oder die Hand eines Patienten hielt und ihm sagte, daß alles gut werden würde, sah sie, wie die Angst nachließ. Sie fragte sich manchmal, ob ihr ausländischer Akzent eine Hilfe war. Ein Lächeln war immer hilfreich, ein Lächeln der Zuversicht und der Teilnahme.

Elisabeths erste Eindrücke von Amerika waren vorwiegend negativ. Später sah sie ein, daß dies weitgehend mit dem kulturellen Schock und dem unterschiedlichen Wertsystem zu tun hatte, aber anfangs war sie oft befremdet.

So war sie zum Beispiel von der lässigen Einstellung und vom Verhalten des Klinikpersonals von Glen Cove entsetzt. Die Schweizer Krankenschwestern, mit denen sie gearbeitet hatte, übten ihren Beruf im großen und ganzen so hingebungsvoll aus wie Nonnen. Sie waren der Heilkunst geweihte Vestalinnen in gesetzten Jahren. Aber in Glen Cove sahen die Schwestern wie Hollywood-Mädchen in weißer Uniform aus. Sie konnte sich nicht vorstellen, daß diese aufgedonnerten jungen Dinger mit ihrem Parfüm, ihrem Lippenstift und den lackierten Fingernägeln, ihrem Getratsche über Boyfriends, Tennis und Kinos im entferntesten so kompetent und zuverlässig sein konnten wie die scheinbar geschlechtslosen Schwestern in ihrer Heimat.

Die Ärzte teilte sie in zwei Gruppen: die Angeber und die Playboys. Als sie einmal Zeugin wurde, wie ein Chirurg während einer Operation mit einer Krankenschwester flirtete, schwor sie Manny, daß sie nach Zürich fliegen würde, wenn sie jemals eine Blinddarmentzündung bekäme oder sich auch nur einen Zehennagel entfernen lassen müßte, und wenn er ihr ganzes Hab und Gut versetzen müsse.

Nachdem sie einige Monate in Glen Cove gearbeitet hatte, mußte sie jedoch, wenngleich zögernd, eingestehen, daß die Tüchtigkeit der aufgedonnerten Krankenschwestern und die Kompetenz der meisten Ärzte den professionellen Qualitäten des Zürcher Klinikpersonals entsprach.

Elisabeth und Manny hatten sehr wenig Zeit für geselliges Leben, aber hin und wieder nahmen sie eine Einladung zu einer Cocktailparty an. Elisabeth waren diese allerdings verhaßt. In einem Brief an Erika schrieb sie:

»Die Cocktailparty ist das barbarischste aller amerikanischen Rituale. Man wird in einem überfüllten Raum in irgendeine Ecke gedrängt, wo man einen schauderhaften Drink schlürft und winzige Würstchen mit künstlichem Geschmack mit Zahnstochern ißt, während man einer neurotischen Person zuhören muß, die einem erzählt, daß sie sich in ihren Therapeuten verliebt hat. Es ist eine Welt, die mir fremd ist . . . Das Leben wird noch dadurch kompliziert, daß ich kein idiomatisches Englisch kann. Gestern abend brauchte ich zehn Minuten, bis ich verstand, was eine Krankenschwester meinte, die mich zu einem ›Baby shower‹ einlud. Warum sollte ich mir ein für Säuglinge konstruiertes Badezimmer anschauen? Es stellte sich heraus, daß ein ›Baby shower‹ eine Geschenkparty für eine schwangere Frau ist.«

Ein noch amüsanteres sprachliches Mißverständnis, das nicht so schnell in Vergessenheit geriet, passierte eines Tages, als sie bei einer Operation assistierte. Da sie die neckische Unterhaltung zwischen der Instrumentenschwester, einem »Hollywood-Mädchen«, und dem Chirurgen mißbilligte, schubste sie die Schwester fort und übernahm es selbst, dem Arzt die Instrumente zu reichen. Als es plötzlich zu einer unvorhergesehenen Blutung kam, blickte der Chirurg in die offene Wunde und rief: »Shit!« (Scheiße!)

Elisabeth suchte auf dem Instrumententeller und fragte dann perplex und in aller Unschuld: »Welches ist Shit?«

Der Operationssaal explodierte vor Lachen. Niemand wollte ihr den Grund der Heiterkeit verraten, und als sie Manny am Abend von diesem Vorfall erzählte, kugelte er fast aus dem Bett vor Lachen.

Doch vielleicht war es dieser Vorfall, der dazu beitrug – denn er wurde im ganzen Hospital herumerzählt –, die Barriere des gegenseitigen Mißtrauens zwischen ihr und dem Klinikpersonal zu durchbrechen, das ihre Scheu und ihre anfängliche kritische Haltung als Reserviertheit auslegte.

Sie und Manny konnten sich aufgrund ihrer fachlichen Kompetenz schnell Respekt verschaffen. Ja Elisabeth merkte von Anfang an, daß die Schwestern Manny oder sie ausrufen ließen, wenn sie ein besonderes Problem hatten oder extra Hilfe brauchten. Doch auch das Gelächter über Elisabeths sprachliche Ausrutscher, ihre »Bananenschalenepisoden«, wie Manny sie scherzhaft nannte, erwarb ihr die Zuneigung der anderen.

Sie gewann die Schwestern noch mehr für sich, als sie sich um eine vierzigjährige Oberschwester kümmerte, die nach ihrem ersten Kind eine Blutvergiftung bekam. Als sich ihr Zustand verschlechterte, ergriff Elisabeth jede Gelegenheit, sich zu ihr zu setzen. Als sie im Sterben lag, verlangte sie nach Elisabeth. Diese Krankenschwester war bei ihren Kolleginnen sehr beliebt gewesen, und das Personal war dankbar, daß die junge Schweizer Assistenzärztin sich der Sterbenden so liebevoll und ausdauernd annahm.

Zu Weihnachten überkam Elisabeth große Sehnsucht nach Zuhause. Ihrer Familie schickte sie handgestrickte Pullover und Schals, und in einem Brief an ihre Mutter schrieb sie:

»Du wärst entsetzt über die amerikanische Kommerzialisierung von Weihnachten. Du glaubst gar nicht, wie scheußlich die grellen elektrischen Lichter sind, mit denen sie ihre Häuser schmücken, und die Christbäume aus Plastik – mein Gott! Ich werde unseren Baum mit echten Kerzen und selbstgemachtem Schmuck aufputzen . . . Weihnachten hier scheint eine Gelegenheit zu sein, andere Leute zu erpressen, kostspieligere Geschenke zu kaufen, als sie sich leisten können. In diesem Land sind die Kinder so gierig und anspruchsvoll! Sie werden mit mehr Spielzeug überschüttet, als wir während unserer ganzen Kindheit bekommen haben. Manny und ich müssen am Weihnachtstag Dienst machen, und vielleicht ist es gut so.«

Da Elisabeth und Manny von ihrem Hungerlohn von der Hand in den Mund lebten, konnten sie sich für ihr Weihnachtsmahl um acht Uhr abends nur ein Steak und eine Flasche billigen Wein leisten. Weil Elisabeth so erschöpft war und weil Weihnachten in der Schweiz (mit der Ausnahme von Corsier-sur-Vevey) immer mit »altmodischem Glück« verbunden war, wie sie es nannte, kam ihre Stimmung in ein Tief, in dem sie ernstlich erwog, aus Amerika zu flüchten. Diese düstere, verzweifelte Stimmung hielt noch den folgenden Tag an.

Dann bemerkte im Hospital die Bibliothekarin der medizinischen Bücherei Elisabeths Niedergeschlagenheit und erkundigte sich nach deren Ursache. Elisabeth erzählte von ihren Kümmernissen – von ihrem Heimweh und ihrer Müdigkeit, von ihrer Sehnsucht nach echter Weihnachtsstimmung. Die Bibliothekarin hörte voll Anteilnahme zu und lud das Ehepaar Ross für den Abend zum Essen ein.

Das Mahl war besonders feierlich, es gab hausgemachten Strudel, und die Bibliothekarin und ihr Mann hießen die beiden so herzlich willkommen, und zu Elisabeths entzücktem Staunen brannten am Christbaum echte Kerzen. In ihrem nächsten Brief nach Hause schrieb sie:

»Ohne diesen echten Christbaum und die wunderbare Anteilnahme unserer neuen Freunde hätte ich dem neuen Jahr, glaube ich, nicht ins Auge sehen können . . . In der dunkelsten Nacht fand ich meine kleine Kerze.«

Zwei- oder dreimal im Monat besuchten Manny und Elisabeth Mannys Verwandte, manchmal im Haus seiner Schwester in Long Island, doch öfter in der bescheidenen Wohnung seiner Mutter und Onkel Anschels in Brooklyn. Obwohl diese Besuche für Elisabeth oft schwierig waren, so war das junge Paar doch dankbar für die nahrhaften Mahlzeiten, die ihnen unweigerlich vorgesetzt wurden.

Müdigkeit war ihr ständiger Begleiter. Elisabeths stärkste Erinnerung an dieses Jahr am Glen Cove Community Hospital war eine Erschöpfung bis ins Mark, die sie nicht einmal in Corsier-sur-Vevey kennengelernt hatte.

Im neuen Jahr schenkte ein dankbarer Patient, der Beziehungen zum Theater hatte, Elisabeth und Manny teure Karten für ein seit langem ausverkauftes Gastspiel des Bolschoiballetts. Sie zogen sich festlich an und fuhren nach New York. Elisabeth erinnert sich dunkel, daß sie den Vorhang aufgehen sah, und das nächste war, daß Manny sie weckte. Sie hatte die ganze Vorstellung hindurch geschlafen.

Im neuen Jahr mußten sie sich auch schlüssig werden, was sie im Juli anfangen wollten, wenn ihr Assistenzjahr zu Ende ging. Manny hatte bereits seine Entscheidung getroffen. Obwohl er seine Patienten gerne mochte und ein gutes Verhältnis zu ihnen hatte, hatte er kein Interesse daran, eine Privatpraxis aufzumachen. Er war so gewissenhaft, daß er eine Stunde mit einem Patienten verbrachte, den Elisabeth in fünf oder zehn Minuten behandeln konnte. Wo sie intuitiv handelte, ging er logisch und genau vor; in Zürich war er in Pathologie und Histologie sogar besser als jeder andere Student seines Semesters gewesen.

Manny stellte also fest, daß seine Stärke die Pathologie war, und da das Montefiore Hospital in der Bronx eine namhafte Abteilung für Neuropathologie besaß, die ein führender amerikanischer Neuropathologe, Professor Harry Zimmermann, leitete, fiel seine erste Wahl auf Montefiore.

Sollte Elisabeth eine Allgemeinpraxis eröffnen? Sie überlegte, daß dies wohl nicht schwierig wäre, wenn Manny einmal eine Anstellung als Pathologe gefunden hätte. Die anstehende Frage lautete also, wie sie sich darauf vorbereiten sollte, solange Manny seine dreijährige Fachausbildung am Hospital absolvierte.

Ein Ereignis in der Kinderstation am Glen Cove Hospital half ihr, eine Entscheidung zu treffen. Sie hielt sich zufällig in der Station auf, als eine Mutter an das Bett ihres genesenden Kindes kam. Der mürrische und verwöhnte kleine Junge begrüßte seine Mutter nicht, sondern raunzte sofort, daß sie ihm nichts mitgebracht hatte. Entsetzt sah Elisabeth mit an, wie die tyrannisierte Mutter in den Geschenkladen des Hospitals eilte, um diesen Fehler wiedergutzumachen, und mit einem überdimensionalen Teddybären zurückkehrte.

Elisabeth mochte diese verhätschelten Kinder nicht, die sie Manny gegenüber als die »am meisten benachteiligte Minderheit« bezeichnete, die ihr je begegnet war, weil sie so völlig wirklichkeitsfremd erzogen wurden. Wie konnte sie aber an eine Allgemeinpraxis denken, wenn eine große Anzahl ihrer Patienten Angehörige dieser »benachteiligten Minderheit« wären? Wenn sie mit diesen verzogenen Gören fertig werden wollte, mußte sie ihre Antipathie überwinden, wirklich mit Kindern arbeiten, so daß sie ihnen und ihren Eltern vielleicht den einen oder anderen Rat geben konnte. Als notwendige Vorbereitung für eine allgemeine Praxis mußte sie sich also auf Pädiatrie spezialisieren.

Ihr Supervisor in Glen Cove schlug ihr vor, sich um eine Stelle am Columbia Presbyterian Medical Center von New York mit seinem berühmten »Babyspital« zu bewerben, machte sie jedoch darauf aufmerksam, daß ihre Chancen gering seien. Es standen in jedem Jahr nur etwa zwanzig freie Stellen in Pädiatrie zur Verfügung, und Ausländer würden vermutlich zurückgestellt werden.

Elisabeth ließ sich nicht entmutigen, sandte ihre Bewerbung ein und wurde zu einem Gespräch bestellt. Hinter dem Schreibtisch saß kein hochnäsiger Verwaltungsbeamter, wie sie erwartet hatte, sondern ein freundlicher, großväterlicher Arzt, Dr. Patrick O'Neil, der Vorsitzende des medizinischen Aufsichtsrates des Hospitals. Sie fühlte sich sofort wohl bei ihm, und sie unterhielten sich zwei Stunden über die verschiedensten Dinge, unter anderem über Nachkriegshilfe in Europa.

Elisabeths offenes Eingeständnis, daß sie das Verhalten amerikanischer Kinder nicht tolerierte, belustigte ihn. Er könne sich an keinen anderen Fall entsinnen, sagte er ihr, in dem jemand aus einem so negativen Grund Pädiatrie als Spezialfach gewählt habe. Gegen

Ende ihres Gesprächs teilte er ihr mit, daß die Ärzte jeden zweiten Tag Nachtdienst hätten und die Stelle eine große Arbeitslast bedeutete, so daß eine Schwangerschaft nach den Bestimmungen des Hospitals eine Disqualifizierung wäre. Sie sagte Dr. O'Neil, daß ihr Mann und sie in der voraussehbaren Zukunft noch nicht an Nachwuchs dächten.

Auf ihrer Rückfahrt nach Long Island war Elisabeth in Hochstimmung, denn sie war zuversichtlich, daß sie die Stelle bekommen würde trotz der Tatsache, daß sie keine Amerikanerin war und nicht an einer amerikanischen Universität studiert hatte.

Während sie gespannt auf Nachricht wartete, traf Bescheid für Manny ein, daß er die Stelle am Montefiore Hospital bekommen hatte. Er konnte im Juli mit der Fachausbildung in Pathologie beginnen. Elisabeth wartete immer noch. Schließlich erreichte sie das schmale Kuvert an einem ihrer dienstfreien Tage, als sie sich eben zu ihrem Elfuhrfrühstück setzen wollte. Elisabeth schnitt das Kuvert auf und hielt Manny ihre Aufnahmebestätigung freudig erregt hin. Die düsteren Prophezeiungen hatten sich also nicht erfüllt!

Dann überkam sie plötzlich Übelkeit. Das sei natürlich die Aufregung, sagte sie Manny. Oder vielleicht war es der etwas zweifelhafte Fisch, den sie am Abend vorher gegessen hatten. Um eine mögliche Schwangerschaft auszuschließen, ließ Elisabeth den Froschtest machen. Das Resultat war positiv.

Bevor sie an Dr. O'Neil schrieb, um abzusagen, kaute Elisabeth lange an ihrer Feder. Es würde immerhin noch drei Monate dauern, bevor ihre Schwangerschaft sichtbar wäre. Sicher würde man sie nicht hinauswerfen, wenn sie einmal fest angestellt war.

Doch als sie an den gütigen alten Arzt dachte, der sicher gekämpft hatte, um ihre Anstellung vor amerikanischen Bewerbern durchzusetzen, bekam sie Gewissensbisse. Er hatte ihr vertraut; sie konnte ihn nicht enttäuschen. Sie schrieb ihm und bat um ein Gespräch.

Bei ihrer zweiten Begegnung schüttelte Dr. O'Neil bedauernd den Kopf. Er war ihr dankbar für ihre Aufrichtigkeit, aber er konnte die Bestimmungen nicht umgehen. Er konnte ihr lediglich versprechen, sich dafür einzusetzen, daß ihr die begehrte Stelle im nächsten Jahr nochmals angeboten würde.

Aber an das nächste Jahr dachte sie vorerst nicht. Was sollte sie tun, wenn ihr Assistenzjahr im Juni zu Ende ging? Jetzt, da ein Kind unterwegs war, konnten sie und Manny unmöglich nur von einem Gehalt leben. Sie brauchte eine Stellung, und zwar schnell.

Manny sagte ihr, daß die einzige Stelle, die sie so kurzfristig bekommen könnte, an einem staatlichen Krankenhaus wäre, an einer öffentlichen Nervenklinik, deren Stellen selbst in der Fachrichtung Psychiatrie bei den jungen amerikanischen Ärzten als die am wenigsten attraktiven galten. Unter den Zeugnissen, die sie aus der Schweiz mitgebracht hatte, war auch ein Brief von ihrem Professor für Psychiatrie, Dr. Manfred Bleuler. Mit diesem Brief bewaffnet, ging sie zum Manhattan State Hospital, einem riesigen, häßlichen, gefängnisartigen Gebäude auf dem Ward's Island. Der gleichgültige Mann, der das Gespräch mit ihr führte, beeindruckte sie ebensowenig wie das Gebäude und die Umgebung. Bevor sie jedoch das Hospital verließ, wurde ihr mitgeteilt, daß sie im Juli ihre Stellung antreten könne. Sie war nicht sicher, welche Pflichten sie zu erfüllen hatte. Es wäre Zeit genug, sagte der Arzt, ihren Dienst zu erläutern, wenn ihr Dienst anfing. Ihr Gehalt betrug 400 Dollar im Monat.

Als Elisabeth nach Glen Cove zurückkehrte, fand sie Manny strahlend am Steuer eines blitzenden neuen, türkisfarbenen Kabrioletts der Marke Impala. Er öffnete die Tür zum Beifahrersitz und lud sie zu einer Spazierfahrt ein. Er lachte, als sie besorgt nach den Kosten fragte. Ärzte, versicherte er ihr, gelten als außerordentlich kreditwürdig. Außerdem wollte er nicht, daß seine schwangere Frau zu Fuß zum Zug laufen müsse. Mit ihren beiden Gehältern könnten sie das Auto während der nächsten dreißig Monate leicht abzahlen.

Elisabeth unterdrückte ihre Zweifel und nahm den Job am Manhatten State Hospital an. Da sie nun beide eine Stellung in New York in der Tasche hatten, suchten sie eine neue Wohnung, die zu ihren neuen Arbeitsplätzen günstiger gelegen war. Sie fanden ein Einzimmerappartement in der East 96. Straße in New York City. Es war nicht gerade der Ort, den Elisabeth sich erträumte, aber es gab wenigstens einen Garten. Dieser war trostlos und öde, als sie ihn das erste Mal sahen, aber am folgenden Wochenende brachte Elisabeth eine Ladung Erde aus Long Island und säte Gemüse- und Blumensamen. Einzig und allein ein Garten, erklärte sie Manny, den ihr Eifer belustigte, könne ihr Überleben garantieren, wenn sie in New York City leben mußte.

Zwei Tage danach erlitt sie einen Schwächeanfall im Operationssaal – vielleicht weil sie sich überanstrengt hatte, als sie Samen pflanzte und Erde schaufelte, vielleicht weil sie einfach von ihrer

Achtzigstundenwoche am Hospital überarbeitet war. Eine Stunde später war sie selbst Patientin in der Entbindungsstation. Sie hatte eine Fehlgeburt.

Die Durchsagen an die Mütter über die öffentliche Sprechanlage – »Bitte bereitmachen zum Stillen« – stimmten Elisabeth noch trauriger, und als sie zu Mrs. Fischer zurückkehrte, erfuhr sie, daß deren Tochter mit ihrem neugeborenen Kind angekommen sei. Als Elisabeth in dieser Nacht das Schreien des Babys aus dem anderen Zimmer hörte, schluchzte sie in ihr Kissen hinein. Es dauerte lange, bis ihr Schmerz nachließ. Und erst nach Jahren begriff sie und akzeptierte die Tatsache, daß gerade die Ankunft eines Kindes, dem kein Atemzug vergönnt war, eine entscheidende Rolle in ihrer Karriere spielte. Es verhinderte, daß sie Kinderärztin wurde oder sich der Allgemeinmedizin zuwandte, und führte sie statt dessen in die psychiatrische Forschung.

Im Glen Cove Hospital war es Brauch, daß jedes Jahr zum Abschied sowohl die Patienten als auch das Personal den besten Assistenzarzt des Jahres wählten. Elisabeth und Manny erhielten zusammen die meisten Stimmen. Die ranghöheren Ärzte und die Verwaltung legten jedoch ihr Veto ein mit der Begründung, daß diese Ehre ausdrücklich einem in Amerika ausgebildeten jungen Arzt zugute kommen sollte, und schanzten den Preis dem Assistenzarzt zu, der auf den dritten Platz gekommen war und diese Bedingung erfüllte. Erst als zahlreiche Krankenschwestern und Patienten protestierten, wurde der Versuch gemacht, das schlechte Gewissen zu beruhigen, und Elisabeth und Manny bekamen Empfehlungsschreiben, die ihnen »die allerhöchste Anerkennung« aussprachen.

Weil ihr Assistenzjahr mit diesem Mißklang endete, räumten Elisabeth und Manny ohne Bedauern ihre Schränke im Hospital, und nachdem sie sich auf allen Stationen verabschiedet hatten, kehrten sie zu Mrs. Fischer zurück. Die liebenswürdige Hausfrau hatte ein spezielles Wiener Essen vorbereitet, doch die Feier wurde durch einen am gleichen Tag angekommenen mit Bleistift geschriebenen Brief von Herrn Kübler getrübt. Herr Kübler lag mit einer Lungenembolie im Krankenhaus und fühlte, daß er seinem Ende nahe war. Er hatte keinen sehnlicheren Wunsch, als Elisabeth und Manny wiederzusehen.

Als sie an diesem Abend zu Bett gingen, beschlossen sie, zu ihm zu fahren. Elisabeth erinnert sich voll Dankbarkeit, daß Manny, ohne zu zögern, anbot, sein kostbares Kabriolett zu verkaufen, damit sie ihre Flugbilletts bezahlen konnten. Innerhalb von achtundvierzig Stunden war das Auto verkauft, waren die Flugkarten besorgt, und sie befanden sich auf dem Weg nach Zürich.

Am Flughafen sagten ihnen Erika und Eva, daß es Herrn Kübler sofort besser ging, als er hörte, sie würden kommen. Als sie im Krankenhaus ankamen, konnte er sogar schon das Bett verlassen, und einige Tage später führte er wieder den Vorsitz bei Tisch als Oberhaupt der Familie.

Elisabeth verbrachte viele Stunden allein mit ihrem Vater. Obwohl er begierig war, Einzelheiten über das Leben in Amerika zu erfahren, lenkte er das Gespräch oft auf Religion und Philosophie. Sie spürte, daß es ihm ernsthaft um eine Antwort auf die Frage nach dem Sinn des Lebens zu tun war und daß ihn das engstirnige Dogma seiner eigenen Kirche nicht befriedigte. Sie kaufte ihm Bücher – einen Band von dem Theologen Paul Tillich, *Exodus* von Leon Uris, die Werke des indischen Dichterphilosophen Rabindranath Tagore. Sie sagte ihm, daß auch sie auf der Suche sei und diese Bücher nützlich gefunden habe.

Einmal erzählte Elisabeth ihrem Vater, daß Manny sein Auto verkauft hatte, um das Geld für die Flugtickets aufzubringen. Herr Kübler war tief bewegt und rang um Worte. Er sei nur deshalb am Leben, sagte er, weil sie zu ihm gekommen war. Wenn sie und Manny nur in Zürich lebten, würde er sicher hundert Jahre alt werden! Während er noch sprach, wußte sie, daß dies nie geschehen konnte. Es gab kein Zurück. Sie konnte ihm nur versprechen, daß sie kommen würden, wenn er sie dringend brauchte.

Als sie nach New York zurückkehrten und in ihre neue Wohnung in der 96. Straße einzogen, war die Stadt heiß und stickig. Manny sprach mit Wehmut von der reinen Luft in der Schweiz. Lachend erinnerte Elisabeth ihn daran, daß New York immerhin sein Dschungel war.

Aber es war Elisabeth, die sich anschickte, in das Innere dieses Dschungels einzudringen.

20
Im Dschungel

Am ersten Montag im Juli 1957 stand Elisabeth vor Tagesanbruch auf, goß ihren Garten, fütterte einige Spatzen mit einer Brotrinde und goß zwei Becher Kaffee auf. Sie brachte die beiden Becher ans Bett, wo Manny ruhig auf seine Uhr sah. Warum so früh? fragte er sie. Sie hätten noch eine Stunde schlafen können.

Heute nicht, entgegnete sie und wunderte sich, daß er nicht so aufgeregt wie sie darüber war, daß sie heute ihre neuen Stellen antreten würden. Neunzig Minuten später gingen sie getrennte Wege – Manny in das Montefiore Hospital in der Bronx und Elisabeth nach Ward's Island zu der abschreckenden Festung des Manhattan State Hospital.

Der Ort erinnerte sie an das Konzentrationslager von Majdanek, und sie nannte es in ihrem Tagebuch »einen Alptraum von Irrenanstalt«.

Sie war in der Erwartung nach Amerika gekommen, daß sie hier die fortschrittlichste medizinische Versorgung antreffen würde, eine Verbindung der besten Technik mit der größten Heilkunst. Was sie hier vorfand, war eine Institution, die einem früheren Jahrhundert anzugehören schien – »ein Ort«, so schrieb sie, »wo die Geisteskranken oft wie Tiere, wie Ungeheuer oder menschliche Versuchskaninchen behandelt werden«.

Ein Oberarzt, ein Mann in mittleren Jahren mit beginnender Glatze, mit tief zerfurchtem Gesicht, einem Raucherhusten und einer Stimme, die sich am Ende eines Satzes verlor, führte sie hastig durch das Gebäude. Er zeigte ihr die Verwaltungsräume im Zentrum der Institution, die Laboratorien, wo Biochemiker neue Drogen entwickelten, die medizinischen und chirurgischen Stationen und die verstreuten, trostlosen Stationen für Psychopathen, Schizophrene, Manisch-Depressive und rekonvaleszente Psychotiker. Die Hälfte der Patienten waren Schwarze; der Rest bestand hauptsächlich aus Puertorikanern und einheimischen Weißen.

Der Oberarzt führte sie schließlich in ein etwa fünf Meter langes und drei Meter breites Zimmer mit einem kleinen Schreibtisch und einem wackligen Holzstuhl. Dies sei ihr Arbeitszimmer, erklärte er. Das Krankenhaus sei ebenso überfüllt wie schlecht dotiert, und notgedrungen habe man Büroräume opfern müssen.

Auf dem Schreibtisch sitzend, mit dem Rücken gegen ein vergittertes, vor lauter Schmutz undurchsichtiges Fenster, beschrieb er ihre Pflichten. Elisabeth würde in einer Abteilung für weibliche Patienten arbeiten, von denen einige mit einer Reihe experimenteller Drogen behandelt wurden. Er nannte die Drogen nicht, aber sie erfuhr später, daß es sich unter anderem um LSD, Psilocybin, Meskalin und andere Halluzinogene handelte. Eine ihrer Hauptaufgaben bestand darin, die psychophysiologischen Reaktionen auf die Drogen zu vermerken, die er und das Personal für biochemische Forschung den Patienten verabreichten. Mit einem freudlosen Lachen fügte er hinzu, daß die Drogen, die von den pharmazeutischen Firmen gratis geliefert wurden, ungefähr das einzige seien, an dem sie keinen Mangel hätten. Bald stellte sich heraus, daß die Patienten als unzurechnungsfähig betrachtet wurden und daß ihre Einwilligung in die Behandlung nicht erforderlich war. Wenn Patienten protestierten, gab man ihnen Beruhigungsmittel oder bestrafte sie mit dem Entzug bestimmter Rechte. Elisabeth wandte ein, daß sie doch wissen sollte, was für Drogen ihren Patienten verabreicht wurden. Der Arzt winkte ab. Nein, für Drogen sei sie nicht zuständig.

Die meisten Patienten, fuhr er fort, würden nicht für potentiell gefährlich gehalten, aber natürlich müsse Elisabeth ständig auf der Hut sein. Sie solle jeder widerspenstigen Patientin Thorazin oder eine Behandlung mit Elektroschock geben oder ihm sofort Meldung erstatten.

Dann gingen sie zusammen durch die Stationen. Die Patienten schliefen in Löchern, die ungefähr so groß waren wie Elisabeths Arbeitszimmer. Am Ende eines Ganges öffnete der Arzt eine Tür in den sogenannten Aufenthaltsraum. Als sie eintraten, wurde Elisabeth beinahe überwältigt von dem Uringestank, der ihr entgegenschlug. Der Raum war voll Patientinnen, von denen die meisten nur halb angezogen waren, manche lagen auf dem Boden in Lachen ihres eigenen Urins, andere hockten mit angezogenen Knien da, andere saßen auf fleckigen Sofas oder in starrer Haltung auf harten Stühlen. Keine warf einen Blick auf die Besucher. Manche weinten laut, andere wiegten sich hin und her. Acht oder neun räudige Katzen, die der Oberschwester gehörten, trugen zu dem Gestank und der infernalischen Szene noch bei.

Elisabeth bekam die Abteilung für die sogenannten »unkooperativen« Patienten nicht zu sehen, aber man sagte ihr, daß die diensthabende Schwester dort mit einem Holzknüppel Ordnung schaffe. Neben der »Strafabteilung« lagen die »Therapiebäder«. Es hatte sich als wirksam erwiesen, widerspenstige oder gewalttätige Patienten mehrere Stunden lang in die »Therapiebäder« einzusperren.

Auf einer späteren Besichtigungstour mußte Elisabeth sich an die Wand drücken, um zwei Wärtern Platz zu machen, die einen schreienden Patienten zur Elektroschockbehandlung zerrten. Das Schauspiel entsetzte sie. Sie wollte fortlaufen und die Flinte ins Korn werfen. Sie hatte einen schrecklichen Fehler begangen, daß sie in dieses staatliche Krankenhaus gekommen war. Sie konnte nicht fassen, daß es außerhalb eines Konzentrationslagers solche entwürdigenden Zustände geben konnte.

Bevor er fortging, stellte der Oberarzt sie einigen Mitarbeitern auf ihrer Etage vor. Außer ihr gab es nur noch einen Arzt, Dr. Philippe Trochu, einen jungen Frankokanadier, der dünn war wie eine Bohnenstange und sandfarbenes Haar hatte. Er machte einen sehr stillen, angespannten und ernsten Eindruck und äußerte sich teilnahmsvoll, als Elisabeth ihm erzählte, wie angewidert sie von dem war, was sie gesehen hatte. Er habe eine Zeitlang in dieser Abteilung gearbeitet, sagte er, und für ihn sei alles noch deprimierender, weil er hier wohnte. Sie spürte, daß Dr. Trochu ein angeborenes Mitgefühl hatte, und deshalb mochte sie ihn.

Eine Mitarbeiterin, zu der sie ebenfalls sofort Zugang fand, war

Mrs. Grace Miller, eine schwarze Sozialfürsorgerin, eine Frau von Mitte Dreißig, die kompetent und gelassen war und trotz der harten Arbeitsbedingungen ihren Humor bewahrt hatte. Ihre braunen Augen leuchteten, als sie Elisabeth die Hand gab und sie willkommen hieß. Sie würde so dringend gebraucht! Wenn sie zusammenarbeiteten, könnten sie so vielen Patienten helfen, hier herauszukommen. Dieser Aufgabe widmete sich Mrs. Miller mit restloser Hingabe.

Elisabeth sah einen Hoffnungschimmer, und damit wurde ihr auch klar, warum sie hier war. Sie würde alles tun, was in ihrer Macht stand, um den Patientinnen zu helfen, gesund zu werden und diesem schrecklichen Ort zu entkommen. Mit diesem Ziel vor Augen hatte ihre Arbeit einen Sinn.

Sie lernte auch einige Krankenschwestern kennen, die in der Abteilung arbeiteten. Sie spürte, daß sechs von ihnen die Reformen, die sie im Sinne hatte, unterstützen würden. Es waren mütterliche, freundliche und fürsorgliche Frauen. Die anderen waren hier, um sich ihren Lebensunterhalt in einer sicheren staatlichen Anstellung zu verdienen, aus der sie nur entlassen werden konnten, wenn sie sich etwas Schwerwiegendes zuschulden kommen ließen.

Da Elisabeth noch mit dem Problem der fremden Sitten, der fremden Kultur und Sprache zu kämpfen hatte – die Dialekte von Harlem waren anfangs wie neue Sprachen für sie –, beugte sie sich während ihrer ersten Monate am Manhattan State den Regeln und der Autorität. Da sie aus der Schweiz gewöhnt war, die Professoren als Halbgötter zu betrachten und ihnen Respekt und unbedingten Gehorsam entgegenzubringen, fiel es ihr nicht leicht, sich mit dem Gedanken zu befreunden, daß sie ihren Vorgesetzten einmal herausfordern könnte.

Doch mit ihrer wachsenden Erfahrung nahm auch Elisabeths Fähigkeit zu, sich zu behaupten. Sie schob ihre Lehrbücher für Psychiatrie beiseite. Was in diesen veralteten Krankenstationen am dringendsten benötigt wurde, war kein Bücherwissen über Psychiatrie, sondern einfach menschliche Fürsorge und eine Atmosphäre des Vertrauens zwischen Patienten und Krankenhauspersonal.

Sie erfüllte gewissenhaft ihre Forschungsaufgabe und schrieb für die Ärzte die zumeist qualvollen Phantasien derjenigen Patienten auf, denen halluzinogene Drogen, fast immer gegen ihren Willen, verabreicht worden waren. Ihr Herz blutete, wenn ihre Patientinnen mit den Wahnbildern ihres durch die Drogen verzerrten Bewußtseins ringen mußten.

Es ging Elisabeth zutiefst gegen den Strich, daß den Patienten nichts über die starke Wirkung dieser Chemotherapie und der Schockbehandlung gesagt wurde. Sie selbst weigerte sich standhaft, Patientinnen zur Schockbehandlung zu schicken oder ihnen Halluzinogene zu verschreiben, aber sie konnte nicht verhindern, daß andere es taten. Sie konnte lediglich die Patientinnen trösten, wenn sie durch die Hölle ihres Bewußtseins gingen. Sie sollten wenigstens spüren, daß ihnen ein Mensch zur Seite stand, der sich ihrer wirklich annahm. Die Patientinnen begannen, auf die kleine Frau zu reagieren, die ihre Hände hielt, wenn sie in ihrem Schmerz aufschrien.

Elisabeths erste Neuerung bestand darin, daß sie den Aufenthaltsraum säuberte. Sie machte geltend, daß die Patienten weiter wie hilflose Schwachsinnige herumliegen würden, solange sie nicht motiviert waren, sich selbst zu versorgen, sich ordentlich anzuziehen und eine anständige Hygiene einzuhalten. Sie und ihr kanadischer Kollege gaben feste Anweisung, daß die tägliche Zuteilung von Zigaretten und Coca-Cola von nun an verdient werden müsse. Diese Luxusartikel durften nicht mehr automatisch an Patienten ausgegeben werden, die mit heruntergerutschten Strümpfen daherkamen oder sich in nassen Unterhosen auf den Boden oder auf die Stühle fläzten. Wenn sie Zigaretten und Getränke wollten, mußten sie sich ordentlich anziehen und die Toilette benützen, wie es sich gehörte. Sie mußten sich kämmen, ihre Zähne putzen und Schuhe anziehen.

Der Erfolg stellte sich fast augenblicklich ein. Sogar die schweren Psychotiker begriffen bald, daß es sich lohnte, etwas Würde zu bewahren. Als schließlich die Katzen aus den Stationen entfernt wurden, ließ auch der Uringestank nach, und damit verschwand der Sumpf aus Angst und Erniedrigung. Patienten, die einige Wochen zuvor einen unvorstellbar verwahrlosten Eindruck gemacht hatten, sahen jetzt wieder wie Menschen aus. Um 9 Uhr morgens standen sie ordentlich in der Reihe und gingen geschlossen in das Gebäude nebenan, wo sie als »Beschäftigungstherapie« Tausende von Augenbrauenstiften in Schachteln verpacken mußten. Die Arbeit war zwar geistlos, aber immerhin besser, als auf der Station herumzusitzen, und für den Lohn konnten sich die Patientinnen Zigaretten und Coca-Cola kaufen.

Elisabeth lernte, daß Psychotiker hypersensibel auf die Einstellung des Pflegepersonals reagieren. Weil die Welt eines eingesperrten psychisch Kranken auf die Klinikstation und den Klinikhof eingeengt ist, wird er nervös wie ein wildes Tier in der Jagdzeit. Er weiß instinktiv, wem er trauen kann, wer feindselig gegen ihn eingestellt ist und wer sich wirklich um ihn kümmert.

Dies wurde einmal deutlich, als Elisabeth bemerkte, wie manche Patienten sich buchstäblich an die Wand drückten, wenn eine bestimmte Angestellte aus der Küche auf sie zukam. Sie sprach mit dieser Frau, die zugab, daß sie ihren Job und ihre Kollegen haßte und vor allem ein fast krankhaftes Mißtrauen den Patienten gegenüber hatte. Elisabeth konnte sie dazu bewegen, sich eine andere Stelle zu suchen.

Am Abend, wenn sie zu Hause waren, tauschten Manny und Elisabeth wie immer ihre täglichen Erfahrungen aus. Manny hatte wieder ein Auto angeschafft, und am Wochenende fuhren sie gewöhnlich aufs Land hinaus, doch sonst verlief ihr Leben nach einer festen Routine. Als der Winter kam und die Tage kürzer wurden, machte Manny sich Sorgen darüber, daß Elisabeth durch Harlem fahren mußte, um nach Ward's Island zu kommen. Wenn sie am Abend im Dunkel heimkehrte und an der 125. Straße vom Bus in die U-Bahn umstieg oder auf einen anderen Bus wartete, war sie oft die einzige Weiße unter lauter Farbigen. Elisabeth kann sich nicht erinnern, daß sie je Angst hatte oder sich bedroht fühlte, auch dann nicht, wenn sie von Betrunkenen oder Landstreichern angepöbelt wurde, und sie lehnte Mannys Vorschlag ab, mit ihrem gemeinsamen Auto zur Arbeit zu fahren.

Als sie eines Tages im Frühjahr ins Krankenhaus kam, bemerkte sie ein junges Mädchen, das allein auf einer Bank im Klinikhof saß. Sie sah sie zum ersten Mal. Mit ihrem dunklen Haar und einem Teint wie Porzellan war diese junge Frau, die Anfang Zwanzig sein mochte, auffallend schön. Ihre Augen starrten in die Weite. Elisabeth grüßte sie, aber das Mädchen antwortete nicht.

Jeden Tag, wenn Elisabeth über den Hof ging, sah sie das junge Mädchen bewegungslos wie eine Statue und fast immer in derselben Haltung auf der Bank sitzen. Jeden Tag sagte Elisabeth ihr einen Gruß, ohne eine Antwort zu erhalten. Schließlich erkundigte Elisabeth sich nach der Patientin und erfuhr, daß sie Rachel hieß und an katatonischer Schizophrenie litt. Niemand wußte, wann sie zum letzten Mal gesprochen hatte, und ihr Zustand galt als »völlig hoffnungslos«.

Elisabeth bat darum, Rachel in ihre Abteilung zu überweisen. Vielleicht würde sie auf eine Behandlung ansprechen, die individueller als ihre jetzige war.

Elisabeths Vorgesetzter meinte, sie spreche wie ein Kind, das ein herrenloses Hündchen adoptieren möchte, und daß sie nie eine gute Psychiaterin werden würde, wenn sie in ihrer Beziehung zu Patienten nicht völlig objektiv wäre. Elisabeth brauste auf. Sie sei der Meinung, entgegnete sie, daß die unpersönliche Haltung des Personals gegenüber den Patienten genau der Grund sei, warum diese keine Fortschritte machten. Viele ihrer eigenen Patientinnen zeigten erst eine Reaktion auf die Behandlung, wenn sie mit ihnen bekannt geworden war, sich nach ihrem Lebenslauf erkundigt und mit ihnen über ihre Familien, ihre Gefühle, ihre Ängste und Hoffnungen gesprochen hätte. Sie brauchten einfach menschliche Zuwendung, keine Verordnungen nach irgendeinem Lehrbuch, keine Drogenexperimente und keine Schockbehandlungen.

Sie biß sich auf die Zunge. Sie hatte mehr gesagt, als ihre Absicht war. Doch ihr Ausbruch hatte eine unerwartete Wirkung. Der Oberarzt beendete das Gespräch mit einer Geste und sagte sarkastisch und mürrisch, daß Elisabeth Rachel für eine begrenzte Zeit in ihre Abteilung übernehmen könne, wenn sie sich unbedingt lächerlich machen wolle.

Elisabeth wußte, daß ihr ohnehin nur wenig Zeit zur Verfügung stand, weil sie Mannhattan State im Juni verlassen und die aufgeschobene Stellung am fortschrittlichen Columbia Presbyterian »Babyhospital« antreten wollte. Sie ließ Rachel sofort in ihre Abteilung überweisen.

Im Mai entdeckte Elisabeth, daß sie wieder schwanger war, und mußte ihre Stelle am Columbia Presbyterian ein zweites Mal absagen. Sie entschloß sich, im Manhattan-State-Krankenhaus zu bleiben, wo ein chronischer Personalmangel herrschte. Im Hochsommer hatte sie nochmals eine Fehlgeburt. Wieder hatte ein Kind, das sie nicht austragen konnte, ihrer beruflichen Karriere eine andere Richtung gegeben und zum zweiten Mal ihren Plan, Kinderärztin zu werden, durchkreuzt.

Zweimal in der Woche verbrachte sie jeweils eine Stunde mit Rachel. Sie redete allein, weil Rachel nie ein Wort sagte. Manchmal glaubte Elisabeth fast, daß ihre Vorgesetzten recht hatten und daß es für Rachel, die ganz in sich verkapselt war, keine Rückkehr gab. Aber gerade dann, wenn sie an Rachels Genesung zweifelte, entdeckte sie in diesen traurigen, schönen Augen einen Funken des Verständnisses. Und dann machte sie weiter.

Rachels Geburtstag war ein günstiger Augenblick, den Elisabeth nützen wollte. Sie hatte einen Kuchen gebacken und glasiert, und als die Kerzen angezündet waren und die Patienten im Chor »Happy Birthday« sangen, sah sie deutlich, wie ein Lächeln über dieses Gesicht huschte, das sonst wie eine exquisite Marmorskulptur aussah.

Im Dezember jedoch teilte der Oberarzt Elisabeth unverblümt mit, daß sie ihre Zeit vergeude und dadurch das Hospital schädige, wenn sie sich weiterhin mit einer Patientin abgäbe, die, wie schon früher festgestellt, ein völlig hoffnungsloser Fall sei. Elisabeth verhalte sich eigensinnig, und er würde diese Therapie, die eine Farce sei, nicht länger dulden. Rachel müsse wieder in die Abteilung für Unheilbare überstellt werden.

Elisabeth räumte ein, daß diese Argumente etwas für sich hatten. Vielleicht war sie wirklich eigensinnig; andererseits hatte sie nie genug Zeit, um jedem einzelnen Patienten genügend Aufmerksamkeit zuzuwenden. Ihr Kollege, der junge Kanadier, wurde selbst immer deprimierter und war krankheitshalber oft abwesend. War es gerecht, mehr Zeit mit Rachel zu verbringen, wenn andere, zugänglichere Patientinnen sie ebenfalls brauchten?

Doch sie hielt an ihrer Überzeugung fest, daß Rachels Zustand nicht hoffnungslos war. Ihre Zuversicht war intuitiv und konnte sich auf keine Beweise stützen. Sie glaubte, daß Rachel gelernt hatte, ihr zu vertrauen. Nochmals bat sie, ihr etwas mehr Zeit zu geben, aber ihr zynischer Vorgesetzter wollte nicht mit sich reden lassen. Rachel solle sofort zurücküberwiesen werden. Doch Elisabeth weigerte sich, das Zimmer zu verlassen, bis er schließlich einwilligte, Rachel wenigstens bis nach Weihnachten in ihrer Obhut zu belassen. Zögernd gab er seine Erlaubnis. Wenn die Patientin aber bis zum Weihnachtstag nicht zumindest ein Wort gesprochen hätte, dann müsse Elisabeth die Therapie abbrechen. Diese Entscheidung sei unwiderruflich.

Die nächsten zwei Wochen kam Elisabeth jeden Tag eine Stunde früher ins Krankenhaus, um mehr Zeit mit Rachel verbringen zu können, aber das Mädchen blieb stumm.

Allzuschnell rückte Weihnachten heran. Elisabeth war voll Kummer, denn jetzt müßte geradezu ein Wunder geschehen. Eines Tages ging sie mit Rachel während der Mittagspause in den Hof hinaus. Es war gerade Neuschnee gefallen, aber der Himmel hellte sich auf, und plötzlich brach die Sonne durch die Wolken. Elisabeth wischte den Schnee von der Bank, auf der sie neun Monate vorher Rachel zum ersten Mal gesehen hatte, und sie setzten sich beide. Elisabeth hatte erfahren, daß Rachel früher eine begabte Malerin gewesen war, und so sprach sie über die Schönheit des Schnees, über die Schatten und die Sonne, die kristallklare Luft und das ganze Bild, das bei ihr Erinnerungen an die Schweiz wachrief. Dann drehte sie sich zu Rachel und faßte sie an den Schultern.

»Du brauchst nur ein einziges Wort zu sagen«, flehte Elisabeth, »und dann begleite ich dich, bis du wieder ganz gesund bist. Wenn du verstehst, was ich sage, dann antworte mir mit einem Wort. Sag einfach: ›Ja.‹«

Rachels Gesicht und ihr Körper zuckten vor Schmerz, und ihre Schultern bebten unter Elisabeths Händen. Sie öffnete den Mund, und der Tiefe ihrer Seele entrang sich ein Laut – das erste Wort, das sie seit Jahren gesprochen hatte. Es war ein deutliches »Ja«!

Elisabeth umarmte die Patientin und drückte ihre Wange an ihr eigenes tränenüberströmtes Gesicht.

Da sie überzeugt war, daß niemand ihr glauben würde, wenn sie behauptete, daß Rachel gesprochen hatte, machte Elisabeth keine Meldung. Statt dessen führte sie ihre Patientin zu den beiden teilnahmsvollsten und sensibelsten Mitarbeiterinnen – der Beschäftigungstherapeutin und der künstlerischen Therapeutin. Die erstere ging restlos in ihrer Arbeit auf, und die letztere arbeitete als Freiwillige und war eine gebildete und kultivierte Frau. Elisabeth schreibt es der Geduld und dem Geschick dieser beiden Frauen zu, daß Rachel zunehmend Fortschritte machte.

Am Weihnachtsabend forderte Elisabeth den Oberarzt auf, die Räume der Beschäftigungstherapie zu besuchen. Rachels schönes Gesicht war über eine Leinwand gebeugt. Elisabeth drängte den Arzt, die Patientin nach dem Bild zu fragen, an dem sie arbeitete. Rachel blickte zu ihm auf, lächelte und sagte mit belegter, aber deutlicher Stimme: »Gefällt es Ihnen?«

Rachel ging tapfer den langen Weg bis zu ihrer völligen Genesung, und noch heute hält sie von ihrem New Yorker Atelier, wo sie als erfolgreiche Seidenmalerin tätig ist, Kontakt mit Elisabeth.

Am Weihnachtstag wollte Elisabeth für ihre Patientinnen ein Fest veranstalten, das sie nicht vergessen sollten. Die meisten von ihnen hatten keine nachweisbaren Verwandten oder waren von ihnen verlassen worden, und so ging Elisabeth Anfang Dezember als Ersatz-Nikolaus auf die Stationen und fragte die Patientinnen, was sie sich wünschten. Fast alle wünschten sich Kleider, eine zum

Beispiel einen grünen Mantel, eine andere einen karierten Rock und so fort. Ausgerüstet mit einer Wunschliste fuhr sie an den folgenden Wochenenden nach Long Island und besuchte die wohlhabenden Familien ihrer früheren Patienten von Glen Cove. Sie hatte ganz bestimmte Wünsche. Der grüne Mantel mußte Größe zwölf sein, der karierte Rock Größe vierzehn. Die Familien mit reichhaltiger Garderobe gaben ihr gerne, was sie brauchte.

Die Sozialarbeiterin und die Schwestern halfen ihr mit dem Verpacken und Beschriften von fast sechzig Paketen, und am Weihnachtstag gab es im Flügel für experimentelle Chemotherapie einen außergewöhnlich freigebigen Santa Claus. Fast jede Patientin erhielt genau das Kleidergeschenk, das sie erbeten hatte, genau nach Farbe und Größe, ohne daß irgend jemandem Kosten entstanden waren.

Girlandengeschmückte Tische im Aufenthaltsraum bogen sich von Limonaden, Kuchen und Weihnachtsplätzchen, die Elisabeth in ihrer Wohnung gebacken hatte – selbstverständlich nach Schweizer Rezepten. Es wurden Weihnachtslieder gesungen, Toaste ausgebracht und gegen die strenge Vorschrift des Hospitals Kerzen angezündet. Für einige vergnügte Stunden vergaßen Patientinnen und Personal die Gitter an den Fenstern.

Als das Frühjahr kam, arbeiteten die Sozialarbeiterin, die Beschäftigungstherapeutin, der kanadische Arzt und Elisabeth als eine richtige therapeutische Gemeinschaft und hatten zu den Patientinnen, denen es stetig besser ging, ein vertrautes, ja familiäres Verhältnis.

Dann wurde Elisabeth wieder schwanger. Trotz ihrer früheren Fehlgeburten war sie zuversichtlich, daß sie diesmal ihr Kind austragen würde. Im Frühjahr und zu Anfang des Sommers fühlte sie sich so gesund wie noch nie. Ihre Arbeit befriedigte sie ungemein. Die sichtbare Rückkehr der Patientinnen zu psychischer Gesundheit war Belohnung genug für die vielen Stunden, die sie in der unerquicklichen Umgebung des Hospitals verbringen mußte. Sie arbeitete auch während der letzten Monate ihrer Schwangerschaft und fuhr trotz der Besorgnis ihres Mannes weiterhin in den überfüllten U-Bahnen und Bussen eine Dreiviertelstunde nach Ward's Island und zurück. Sie fühlte sich sogar dann noch wohl, als die Temperatur bei fast hundertprozentiger Luftfeuchtigkeit auf fünfundvierzig Grad stieg.

Sie arbeitete ständig daran, ihre therapeutischen Methoden zu verbessern und noch stärker zu individualisieren. Wenn in den Personalversammlungen die verschiedenen Behandlungsweisen diskutiert wurden, sprachen manche Kollegen über die Wirksamkeit ihrer Freudianischen, Adlerschen oder Jungschen Therapie. Elisabeth dagegen erklärte lachend, daß sie nur nach ihrem Hausverstand vorgehe. Sie müsse bei ihrer Therapie ein »gutes Gefühl« haben. Einige Mitarbeiter begannen, sich für ihre unorthodoxe Methode zu interessieren. Dr. Ben Israel, dem die Assistenzärzte unterstanden, war besonders beeindruckt von der hohen Zahl von Patientinnen, die jetzt entlassen werden konnten. Elisabeth hielt Dr. Israel für den einzigen hervorragenden Arzt des Hospitals. Sie erkannte in ihm einen Mann von klugem Einfühlungsvermögen und überzeugte ihn, daß ihr therapeutischer Erfolg in direktem Verhältnis zu der Zeit stand, die sie mit jeder einzelnen Patientin in ihrem winzigen Arbeitszimmer verbringen konnte. Erst wenn sie die Ursache eines psychischen Zusammenbruchs herausgefunden hatte, konnte sie die Behandlung auf die Bedürfnisse der Patientin einstellen.

Ebensowenig, wie man eine epidemische Bindehautentzündung heilen kann, indem man eine Augensalbe vom Balkon in die Menge hinunterwirft, so kann man auch Nervenkranke nicht en masse kurieren. Dr. Israel ermutigte sie, diesen Weg weiter zu verfolgen.

Eine Patientin mit paranoider Schizophrenie, mit der Elisabeth viel Zeit verbrachte, war Sarah, eine kräftig gebaute Schwarze. Elisabeth gelang es allmählich, ihre Lebensgeschichte herauszubringen. Als Kind war sie als unbezahltes Dienstmädchen zu sogenannten Pflegeeltern gekommen. Dreimal mußte das Mädchen aus diesen Häusern flüchten, nachdem sie von den weißen »Pflegevätern« sexuell belästigt worden war. Als sie sich einmal mit dem Messer gegen einen weißen Mann wehrte, der sie vergewaltigen wollte, wurde sie aufgrund eines Gerichtsurteils in diese Anstalt für Geisteskranke eingeliefert.

Elisabeth gelang ein Durchbruch, als sie Sarah überzeugen konnte, daß es Menschen gab, gleichgültig welcher Hautfarbe, die sie wirklich gern hatten. Sie versicherte ihr, daß sie, Elisabeth, immer eine offene Tür für sie haben und zur Verfügung stehen würde, wenn Sarah über ihre Probleme mit ihr sprechen wollte.

Kurz nach dieser Sitzung hielt Elisabeth sich in ihrem Zimmer auf und sprach mit einer anderen Patientin, der es bereits besser ging, die jedoch immer noch sehr verschlossen war, als Sarah an der Tür erschien. Elisabeth bedeutete ihr mit einer Geste, daß sie fortgehen solle, und bemerkte nicht den Zorn in Sarahs Augen, als sie das Zimmer verließ.

Eine Viertelstunde später kam Sarah zurück, als Elisabeth allein war, ging an den Schreibtisch und packte sie an der Kehle. Elisabeth konnte nicht um Hilfe rufen und wollte unter den Schreibtisch rutschen, aber ihr schwangerer Leib hinderte sie daran. Gerade als ihr schwarz vor den Augen wurde, sah sie Rachel an der Tür. Später erfuhr sie, daß Rachel auf die Schwesternstation gelaufen war und eine Schwester holte, um Elisabeth zu helfen.

Die paranoide Sarah wurde festgenommen und in die Strafzelle gebracht. Als sie wiederkam, war sie außer sich und sah aus, als ob sie geprügelt worden wäre. Elisabeth geriet in Wut und stürmte in das Zimmer ihres Vorgesetzten. Begriff er denn nicht, daß Sarah eben erst begonnen hatte, einem Menschen Vertrauen zu schenken? Sah er denn nicht ein, daß Sarah sie nur attackiert hatte, weil sie sich von dem Menschen im Stich gelassen fühlte, dem sie unter so vielen Schmerzen ihre Leidensgeschichte anvertraut hatte? Begriff er denn nicht, daß die ungerechtfertigte Strafe Sarah um Monate, vielleicht um Jahre zurückwarf?

Nein, das begriff er nicht. Er deutete auf die blauen Flecken an Elisabeths Hals. Sie könne von Glück reden, daß sie mit dem Leben davongekommen sei. Sie sei selbst daran schuld, weil sie keine Vorsichtsmaßnahmen ergriffen hatte, als sie sich mit einer Patientin, die zu verbrecherischem Wahnsinn neigte, einschloß. Wollte sie denn umgebracht werden? Wollte sie eine öffentliche Untersuchung heraufbeschwören – das letzte, woran dem Hospital gelegen sei?

Im Gegenteil, schrie Elisabeth, eine öffentliche Untersuchung der Zustände am Manhattan-State-Krankenhaus sei genau das, was nötig wäre! Und wenn der sadistischen Krankenschwester, der die Strafabteilung unterstand, nicht gekündigt würde, dann würde sie ein übriges tun und der Presse von den überbelegten Stationen, von dem unzureichenden Personal, von den Drogenexperimenten und der sadistischen Praxis erzählen, wie schreiende Patienten zur Schockbehandlung geschleift wurden. Sie würde alles auspacken!

Zum ersten Mal, seit sie ihren Vorgesetzten kannte, schien er von ihrem Ausbruch aus der Fassung gebracht zu sein. Er zitierte steif die Vorschriften, die das Personal vor Entlassungen schützten, versprach jedoch, Abhilfe zu schaffen. Elisabeth erwirkte dadurch wenigstens, daß die Verwaltung Anweisungen gab, welche die Anwendung von Gewalt gegenüber den Patienten untersagte.

Heute sieht Elisabeth den befriedigendsten Teil ihrer Arbeit am Manhattan State Hospital darin, daß sie den Patienten helfen konnte, sich wieder an die Außenwelt zu gewöhnen, von der sie so lange abgeschnitten waren. Zusammen mit Grace Miller, der Sozialfürsorgerin, führte sie den »Tag der offenen Tür« ein. Gemeinsam gingen sie nach Harlem und in andere Stadtteile, um Familien zu bitten, einzelne Patienten zu »adoptieren« und sie regelmäßig zu besuchen. Oft waren es die ärmsten Familien, die am bereitwilligsten halfen.

Dieses Adoptionsprogramm führte zu einem außergewöhnlichen Vorfall. Alice, eine ältere Patientin, die neunzehn Jahre in dem Krankenhaus zugebracht hatte, konnte nun nach einer erfolgreichen Behandlung entlassen werden. Alice wußte nicht, wo ihre Verwandten waren. Als sie in das Hospital eingeliefert wurde, hatte man ihren kleinen Kindern gesagt, daß sie gestorben sei. Mrs. Miller gelang es, die Kinder, die inzwischen natürlich erwachsen waren, ausfindig zu machen, und ohne ihnen zu sagen, daß Alice ihre Mutter war, veranlaßte sie die Kinder, eine »einsame alte Dame« zu adoptieren, die denselben Familiennamen hatte wie sie.

Die Kinder erschienen an einem »Tag der offenen Tür« und schlossen sofort eine herzliche Freundschaft mit der alten Frau, die sie an ihre »verstorbene« Mutter erinnerte.

Elisabeth weiß nicht mehr genau, wie die Kinder schließlich entdeckten, daß Alice ihre »wiederauferstandene« Mutter war, doch bald nach dieser Begegnung nahmen sie Alice ganz in den Familienkreis auf.

In enger Zusammenarbeit mit Mrs. Miller organisierte Elisabeth Ausflüge für Patienten, deren Entlassung bevorstand. Dabei sollten sie unter anderem lernen, mit Geld umzugehen und mit ihrem Budget hauszuhalten. Es war eine Versuchung für Menschen, die längere Zeit im Krankenhaus verbracht hatten, ihr Geld sinnlos hinauszuwerfen. Um ihnen beizubringen, ihr Geld vernünftig auszugeben und sich in der großen Stadt zurechtzufinden, unternahm sie mit kleinen Gruppen von Rekonvaleszenten kurz vor ihrer Entlassung Einkaufsexpeditionen.

Macy's Kaufhaus war ein beliebtes Ziel, und die anderen Kunden und die Verkäuferinnen müssen wohl über den Anblick der kleinen Frau mit ausländischem Akzent gestaunt haben, die einer kunterbunten Gruppe von Erwachsenen einen Vortrag über Wareneinkauf und Hauswirtschaft hielt. Sie hätten wohl kaum erraten, daß einige Mitglieder der Gruppe bis vor kurzem nichts anderes zu erwarten hatten, als den Rest ihres Lebens hinter den vergitterten Fenstern und hohen Mauern einer Anstalt für Geisteskranke zu verbringen.

Wenn sie an die zwei Jahre am Manhattan State Hospital zurückdenkt, so ist Elisabeth heute dankbar dafür, daß sie dort so viel lernte, vor allem von den Patienten selbst. Sie entdeckte, daß es mit Geduld und Vertrauen möglich ist, in die Welt der Psychotiker einzudringen und sie zu verstehen, und sie vertritt die Auffassung, daß ohne dieses Verständnis, das nur durch echte Anteilnahme und Fürsorge zu erreichen ist, die meisten Versuche, Geisteskranke zu behandeln, zum Scheitern verurteilt sind.

Sie lernte, daß Psychotiker ermutigt und motiviert werden müssen, die Fesseln ihrer eigenen Ängste zu durchbrechen, vor allem die Angst, in der Wirklichkeit der geschäftigen, auf Konkurrenz eingestellten, oft sehr harten Arbeitswelt, von der sie in der Anstalt abgeschirmt wurden, nicht zurechtzukommen. Die Geisteskranken sind auf dem Weg zur Gesundung, wenn sie erkennen, daß das Leben wohl eine Herausforderung, aber keine Drohung ist.

Sie lernte unter anderem von Rachel, daß kein Fall als hoffnungslos zu betrachten ist, solange keine physiologische Ursache der Geisteskrankheit vorliegt.

Sie lernte außerdem, daß nicht jeder, der einen heilenden Beruf ausübt, psychologisch geeignet ist, Geisteskranke zu behandeln, denn dies ist ein Zweig der Medizin, der besondere Eigenschaften des Herzens erfordert. In ihren Augen erfüllten an diesem Krankenhaus für 2000 Patienten nur zwei Ärzte wirklich diese Voraussetzungen.

Sie gelangte zu der Überzeugung, daß chemische Beruhigungsmittel, die in der Therapie zwar ihren Stellenwert haben, häufig zu oft verabreicht werden, nicht zugunsten des Patienten, sondern aus Bequemlichkeit für das Pflegepersonal, das nicht bereit ist, schwierigen Patienten die nötige Zeit und Energie zur Verfügung zu stellen.

Sie lernte, daß ein Therapeut sich nur die Zeit nehmen muß, einem Patienten zuzuhören, anstatt sich wörtlich an die Behandlungsmethoden der Lehrbücher nach den verschiedenen psychiatrischen Schulen zu halten, wenn er herausfinden will, was für eine Therapie ein Patient braucht.

Sie lernte, daß kein Patient einem anderen genau gleicht und daß jeder einzelne individuell behandelt werden muß.

Elisabeth besaß die Autorität, diese Überzeugungen zu formulieren, denn mehr als zwei Drittel der Patientinnen, die sie ursprünglich übernommen hatte, waren so weit geheilt, daß sie entlassen werden konnten, als auch sie das Krankenhaus verließ, und die meisten waren in der Lage, ein normales Leben zu führen. In der Geschichte des Hospitals gab es keinen Präzedenzfall für eine so hohe Quote von Heilungen bei Patienten, die als »chronisch schizophren« galten. Besonders stolz war sie auf das medizinische Team, das sie gebildet hatte, vor allem auf die Schwestern und zwei oder drei Ärzte, die durch ihre Erfolge und ihre Auffassung zu einer individualisierten Therapie bekehrt worden waren.

Sie wußte, daß es jetzt an der Zeit war, zu neuen Aufgaben überzugehen, aber sie hatte noch einige Monate Zeit, sich den nächsten Schritt zu überlegen. Die nächstliegende Aufgabe war eine rein familiäre – die Geburt ihres Kindes.

Geburt und Tod in der Familie

21

Im Juni 1960, zwei Wochen vor Elisabeths Niederkunft, erschien Frau Kübler aus der Schweiz, gerade zur rechten Zeit, um bei der Auflösung der Wohnung in der East 96. Straße und dem Umzug in eine Dreizimmerwohnung in der Bronx zu helfen. Der neue Wohnsitz befand sich in einer fast ausschließlich jüdischen Gegend. Elisabeth schien die einzige Nichtjüdin zu sein in einem Wohnkomplex, der an die vierhundert Menschen beherbergte.

Zuerst war sie enttäuscht über diese »Eierkistenexistenz« ohne die Entschädigung eines Gartens. Manny hatte sich für diese Wohnung entschieden, weil sie in der Nähe des Montefiore Hospitals gelegen war und einen zusätzlichen Raum als Kinderzimmer hatte.

Einen Ausgleich fand Elisabeth allerdings in der außergewöhnlichen Freundlichkeit ihrer neuen Nachbarn.

Erika hatte sie insofern überflügelt, als sie das erste Kübler-Enkelkind zur Welt gebracht hatte – einen Sohn. Elisabeth gratulierte ihr und schrieb in diesem Brief:

»Mir sind noch nie so unglaublich gastfreundliche Menschen begegnet. Es klopft an der Tür, und vor mir stehen völlig unbekannte Leute, die Geschenke bringen – Obst oder gesalzene Heringe, sogar warmen Kuchen. Was das Verschenken von Essen angeht, so müssen die Juden wohl die freigebigsten Menschen der Welt sein. Vielleicht haben sie durch diese Art der gegenseitigen Hilfe – sie müssen mich für eine Jüdin halten, weil ich mit Manny verheiratet bin – Jahrtausende der Verfolgung überlebt. Es hat mich niemand nach meinem Glauben gefragt, aber ich habe das Gefühl, einer riesigen Familie anzugehören . . . Ich bin es so wenig gewohnt, Freizeit zu haben, daß ich mich wieder mit dem Fotografieren beschäftige. Ich habe die Küche in eine Dunkelkammer verwandelt und entwickle meine eigenen Fotos . . . Das Kind ist längst überfällig. Schnäggli (der Kosename der Mutter) und Manny werfen mir prüfende Blicke zu und können es offenbar nicht erwarten, daß die Wehen einsetzen.«

Im Juli, als das Baby drei Wochen überfällig war, wandte Manny ein altes Hausmittel an, um das freudige Ereignis zu beschleunigen. Er setzte seine Frau ins Auto und fuhr mit ihr unter abruptem Starten und Halten über die größten Schlaglöcher in den Straßen New Yorks, daß es sie nur so schüttelte. Doch das Baby wollte sich nicht drängen lassen. Als die Geburt fast einen ganzen Monat überfällig war, beschloß ihr Arzt gegen ihre Einwände, die Wehen einzuleiten.

Weil sie sich so wohl fühlte und das Kind in ihrem Leib so fröhlich strampelte, hatte sie gar keine Sorgen um das Befinden des Ungeborenen.

Sie war erstaunt und empört darüber, daß alle Frauen hier – außer den Schwarzen, die sich das Verfahren nicht leisten konnten – die Wehen einleiten ließen, und zwar nicht aus medizinischen Gründen, sondern um der Bequemlichkeit des Arztes oder ihrer trivialen Familienrücksichten willen. Eine Mutter gestand ihren sentimentalen Wunsch, daß die Geburt ihres Kindes mit ihrem Hochzeitstag zusammenfallen solle, und eine andere Frau sagte rundheraus, daß sie die Wehen beschleunige, damit ihr Mann seinen Golfurlaub antreten könne! Elisabeth war nicht weniger erstaunt und schockiert, als sie erfuhr, daß fast alle Mütter ihre Kinder unter Vollnarkose zur Welt brachten. Sie konnte nicht verstehen, warum diese Frauen sich um die intimste und reichste aller menschlichen Erfahrungen bringen wollten.

Doch nach fünfzehnstündigen Wehen wurde es auch ihr versagt, die Geburt ihres Kindes bewußt zu erleben. Der Arzt wollte einen Kaiserschnitt nicht riskieren, weil es zu spät dazu war, und bereitete sie rasch für eine Vollnarkose vor, um eine Zangengeburt vorzunehmen.

Elisabeth war halb betäubt, als ihr ein neuneinhalb Pfund schwerer Sohn in den Arm gelegt wurde. Sie schenkte dem Arzt wenig Beachtung, der ihr sagte, daß ihr Gebärmutterhals während der Geburt eingerissen war. In diesem Augenblick war ihr nur wichtig, daß sie ein gesundes Kind hatte, das bereits nach Nahrung schrie.

Manny hatte schon früher beschlossen, seinen Sohn Kenneth zu nennen. Elisabeth wandte ein, daß sie niemanden kenne, der so hieß. Außerdem, wie sollte ihr Sohn je auf sie hören, da sie doch Schwierigkeiten mit der Aussprache des englischen »th« hatte? Trotzdem blieb es bei Kenneth, der, wie Elisabeth noch heute behauptet, das schönste Baby war, das sie je gesehen hatte.

Vor ihrer Heirat hatten Elisabeth und Manny sich geeinigt, ihre Kinder weder christlichen noch jüdischen Ritualen zu unterziehen. Kenneth sollte also weder getauft noch rituell beschnitten werden, und zu gegebener Zeit würde das Kind selbst wählen können, welcher Religion und kulturellen Tradition es angehören wollte.

Doch Mannys Mutter und Onkel, die zwar nicht orthodox waren, aber sich der jüdischen Tradition verpflichtet fühlten, drangen auf die rituelle Beschneidung des ältesten Sohnes eines jüdischen Vaters. Als Manny mit einem großen Blumenbukett auf die Entbindungsstation kam, teilte er Elisabeth mit, daß er aus Rücksicht auf seine Verwandten eingewilligt habe.

Elisabeth regte sich darüber auf. Sie fürchtete nämlich, daß die Beschneidung unweigerlich zu Bar Mizwa führen würde, so daß Kenneth unfreiwillig in den jüdischen Glauben aufgenommen würde. Weil sie aber diesen glücklichen Tag nicht mit einem Streit verderben wollte, betete sie um Hilfe und Führung. Ihr Gebet wurde augenblicklich erhört, denn einige Minuten nachdem Manny fortgegangen war, um einen Rabbiner zu suchen, der die Operation vornehmen sollte, kam ein Kinderarzt des Hospitals herein und riet ihr, Kenneth sofort beschneiden zu lassen, da er Schwierigkeiten mit dem Urinieren hatte. Elisabeth willigte ein und unterschrieb ein entsprechendes Formular. Als Manny mit seiner Mutter und dem Rabbiner zurückkehrte, war Kenneth seiner Vorhaut bereits ohne Ritual entledigt worden und pinkelte gesund und munter in seine Windeln.

Frau Kübler blieb noch zwei Wochen bei ihnen und half Elisabeth mit dem Neugeborenen, aber sie verstand nicht, warum ihre Tochter weiterarbeiten wollte, da sie nun ein Kind zu versorgen hatte. War die Betreuung von Kenneth jetzt nicht das Wichtigste? Elisabeth lachte über die Sorgen ihrer Mutter. Wenn sie Drillinge bekommen hätte, dann würde sie erwägen, ein oder zwei Jahre zu Hause zu bleiben, sagte sie, aber sie hatte nicht so viele Jahre studiert, um sich jetzt auf die Rolle einer Mutter zu beschränken. Natürlich würden Kenneth und jedes andere Kind, das sie vielleicht noch bekäme, immer Vorrang haben, und außerdem würde sie ein Kindermädchen ins Haus nehmen. Frau Kübler gab sich zufrieden. Sie wußte sogar schon ein sehr tüchtiges Schweizer Mädchen, die Tochter eines Ehepaares aus Zürich, das gerne nach Amerika fahren und Englisch lernen wollte.

Zwei Tage nach Frau Küblers Rückkehr in die Schweiz kam die siebzehnjährige Margit, ein großgewachsenes, häusliches Mädchen mit rosigen Wangen, in New York an. Sie erwies sich als so tüchtig, wie Frau Kübler versprochen hatte.

Die Wohnung in der Bronx war, wie sich herausstellte, für die Familie Ross durchaus passend. Margit und Kenneth teilten ein großes, helles Zimmer, und Elisabeth und Manny schliefen auf einem Ausziehbett im Wohnzimmer. Die Mahlzeiten nahmen sie meistens gemeinsam in der großen Küche ein. Zum ersten Mal hatten sie Platz, ihre Hochzeitsgeschenke unterzubringen, Bilder von Schweizer Gebirgslandschaften aufzuhängen und die Tische und Regale mit verschiedenen Schweizer Sachen zu schmücken. Sie hatten keinen Garten, aber Elisabeth sorgte dafür, daß die Wohnung nie ohne Blumen und Blattpflanzen war.

Margit widmete sich ganz dem kleinen Kenneth, den sie vergötterte, und nach einem Monat Karenzurlaub konnte Elisabeth ohne Bedenken an ihren Arbeitsplatz im Manhattan State Hospital zurückkehren. Während sie Kenneth stillte, fällte sie ihre Entscheidung für die Zukunft. Ihre beiden Jahre als Forschungsbeauftragte galten so viel wie eine zweijährige Fachausbildung in Psychiatrie. Um die psychiatrische Ausbildung abzuschließen, benötigte sie nur noch ein Jahr als Klinikärztin. Sie überlegte, daß es Unfug wäre, die Psychiatrie jetzt aufzugeben, da ein Abschluß bevorstand. So schlug sie sich endgültig den Gedanken aus dem Kopf, an das Columbia Presbyterian Kinderhospital zu gehen.

Sie hatte jetzt bewiesen, daß sie sich auf die Behandlung von

Psychotikern verstand. Sie sagte Dr. Israel sogar, daß sie sich in diesem Gebiet Psychiatrie »supergut« fühle. Aber in der Behandlung von Neurotikern war sie beklagenswert unerfahren. Sie beabsichtigte nicht, den Rest ihres Berufslebens in einer Nervenheilanstalt zu verbringen, doch die Vorstellung, Jahr für Jahr »die Geschichten verwöhnter Neurotiker« anhören zu müssen, von der Sorte, die sie auf den Cocktailpartys in Long Island kennengelernt hatte, war noch weniger verlockend. Wenn sie eine Allgemeinpraxis eröffnen wollte – was sie immer noch am stärksten erwog –, würden wahrscheinlich Neurotiker, und nicht Psychotiker, das Gros ihrer neuropsychiatrischen Patienten ausmachen. Sie brauchte nur noch ein drittes Jahr zur Fortbildung in Psychiatrie an einem allgemeinen Krankenhaus zu absolvieren, wo sie ein breiteres Spektrum von Patienten haben würde.

Die naheliegende Wahl war Montefiore. Wenn sie dort eine Anstellung als Fachärztin für Psychiatrie bekäme, könnten Manny und sie ihre Fachausbildung gleichzeitig und an derselben Klinik abschließen. Da ihre Wohnung sich in unmittelbarer Nähe von Montefiore befand, würde sie Fahrzeit sparen und konnte, was noch wichtiger war, bei einer Entfernung von nur drei Minuten mittags nach Hause gehen und Kenneth selbst füttern.

Als sie zu ihrem ersten Gespräch mit dem Leiter der psychiatrischen Abteilung in die Klinik kam, staunte sie nur so über das Büro, das von sämtlichen medizinischen Arbeitszimmern, die sie je gesehen hatte, gewaltig abstach. Es war getäfelt und wie das Büro eines Generaldirektors eingerichtet. Ihre Schuhe versanken in dem dicken Veloursteppich. Hinter einem prunkvollen, geschnitzten Schreibtisch saß ein verbindlich aussehender Herr in einem dunklen Maßanzug mit Nadelstreifen.

Nach den üblichen einleitenden Worten begann das Interview. Der Psychiater blickte zur Decke und fragte sie, was sie über die Meiersche Psychologie wisse. Elisabeth runzelte die Stirn. Sie bekannte, daß sie diesen Terminus noch nie gehört hatte.

Ihr Interviewer verzog den Mund, tippte mit seinem goldenen Bleistift auf einen schneeweißen Notizblock und sagte, er nehme an, daß Professor Meiers Theorien sicher auch in der Schweiz anerkannt wären. Elisabeths Miene hellte sich auf. Professor Meier, natürlich! Ja, sie hatte allerdings seine Arbeiten studiert.

Der Interviewer notierte etwas, blickte wieder in die Höhe und forderte Elisabeth auf, ihre Ansichten über die depressive Neurose des Klimakteriums zu äußern. Sie schüttelte den Kopf und erwiderte unbefangen, daß sie dazu nichts zu sagen habe. Wieder machte er eine Eintragung mit seinem goldenen Stift. Vielleicht würde sie dann die Güte haben, etwas über die Reichschen Variationen zu sagen. Elisabeth starrte ihn an. Der Leiter der Abteilung strich sich über seine Adlernase. Könne Elisabeth sich über die Libidoverlagerung auf frühere Stadien der Persönlichkeitsentwicklung äußern?

Was Elisabeth betraf, so hätte ihr Interviewer ebensogut einen der weniger bekannten Dialekte von Neuguinea sprechen können. Aber jetzt reichte es ihr. Ob sie die Stellung bekam oder nicht, sie würde diesem Mann, der sie ansah wie eine leblose Puppe, sagen, was sie während der letzten zwei Jahre getan hatte und wie viele Manisch-Depressive und Schizophrene, die sie betreut hatte, jetzt ein normales Leben führen konnten. Zehn Minuten lang erzählte sie ihm, was sie im Manhattan State Hospital erlebt hatte. Ihre Augen blitzten, und ihre Wangen waren gerötet, als sie sich von ihrem Stuhl erhob und sich umdrehte, um wegzugehen. Sie war sicher, daß sie die Stelle nicht bekommen würde, aber wenigstens hatte sie ihr Leben und ihre Arbeit verteidigt.

Zu ihrem Erstaunen erhielt Elisabeth zwei Tage später die Mitteilung, daß sie die Stelle in der Abteilung für Psychiatrie am Montefiore Hospital bekommen hatte.

Im Juni 1961 verließ sie Manhattan State, und im Juli begann sie am Montefiore Hospital, wo sie in der psychopharmakologischen Poliklinik eingesetzt wurde. Der Chefarzt dieser Klinik ließ ihr freie Hand. Ihr einziger Kummer war, daß sie nicht genug zu tun hatte. Sie fand es unerträglich, herumzusitzen und auf Patienten zu warten und sich eine Stunde Mittagspause zu nehmen, wenn ihr ein Sandwich genügte. Worauf sie gehofft hatte und was sie am liebsten wollte, war, zu den Kranken auf die Stationen gehen zu dürfen. Sie bat um zusätzliche Aufgaben und bekam sie auch. Am Nachmittag begutachtete sie geisteskranke Kinder, und um ihren Tag auszufüllen, machte sie psychiatrische Beratungen auf der chirurgischen und der medizinischen Station.

Die unorthodoxen Ansichten der neuen Psychiaterin wurden im Kreis der ärztlichen Kollegen bald diskutiert und kritisiert. Die meisten Psychiater waren entschiedene Anhänger der verschiedenen psychiatrischen Schulen und Methoden. Wenn Elisabeth überhaupt einer Schule folgte, dann war es nur ihre eigene oder bestenfalls eine Mischung, wie ihre Kritiker einwandten, der Gedanken und Methoden der Meister. Einer der ranghöheren Psychiater meinte, daß ihre Methoden einfach zu simpel seien. Wie konnte sie eine Therapie verschreiben ohne stundenlange freie Assoziation und Gespräche mit den Patienten? Elisabeth beantwortete diese Art der Kritik, indem sie auf ihre intuitiven Einfälle verwies. Sie handelte immer nach ihrem Gefühl. Auch wenn ihre Kollegen und Vorgesetzten ihre Methoden kritisierten, so mußten sie doch zugeben, daß sie ungewöhnlichen Erfolg hatte.

Es gab zum Beispiel eine reiche, neurotische Patientin, die mit jedem verfeindet war, auch mit sich selbst. Fast jeder in der Klinik kannte sie und ging ihr nach Möglichkeit aus dem Weg. Sie hatte einen Psychiater nach dem anderen fertiggemacht, und schließlich schob man sie an Elisabeth ab. Bevor sie erschien, machte Elisabeth sich mit den Unterlagen über die Patientin vertraut.

Die Frau hatte kaum Platz genommen, als sie zu schimpfen begann, daß das Klinikpersonal immer schlechter werde. Ja sie bedauere, daß sie dem Montefiore Hospital je eine Stiftung gemacht habe, weil jetzt sogar »Ausländerschweine« als Ärzte angestellt würden.

Elisabeth hob die Brauen. Die Patientin plapperte weiter und sagte, daß sie eben den Lift mit einem Arzt in blutbesudeltem Kittel, der mit so einem häßlichen mitteleuropäischen Akzent sprach, hatte teilen müssen.

Ihren Schweizer Akzent absichtlich übertreibend, erwiderte Elisabeth, daß sie »auch so ein Ausländerschwein« sei. Der Frau blieb der Mund offen stehen, aber Elisabeth nahm sie gleich in die Zange. Vielleicht habe die Frau gerade wegen solcher irrationalen Vorurteile und vorschnellen Ansichten keine Freunde und könne sich mit ihrer Familie nicht verständigen.

Elisabeth deutete auf die medizinischen Unterlagen auf ihrem Schreibtisch. Es verwundere sie nicht, sagte sie mit fester Stimme, daß die Patientin alle Menschen vor den Kopf gestoßen habe durch ihr negatives Verhalten und ihre Arroganz, mit der sie doch nur ihr tiefes Minderwertigkeitsgefühl und ihre Einsamkeit verbergen wolle.

Die Frau fuhr zusammen. Niemand hatte je gewagt, so mit ihr zu sprechen. Was für eine Unverschämtheit! Sie würde dem Leiter der Abteilung von dieser Konsultation Bericht erstatten. Elisabeth lächelte verständnisvoll über den Zorn der Patientin. Da sie nie von jemandem angelächelt wurde, blieb die Frau sitzen; Elisabeth ließ ihr ein wenig Zeit, um sich zu beruhigen, und meinte dann, daß sie wohl den Mut aufbringen könne, ihr Familienleben zu retten. Sie solle damit anfangen, daß sie eine Liste aller Eigenschaften zusammenstellte, die ihr an anderen Leuten mißfielen. Auf dieser Liste würde sie die meisten Fehler ihrer eigenen Persönlichkeit finden. Wenn sie ihre Mängel einmal eingesehen hätte, dann könnte sie auch gegen sie angehen.

Ungewöhnlich nachdenklich und gedämpft verließ die Patientin das Zimmer. Elisabeth sprach noch einige Male mit ihr und stellte Fortschritte fest. Etwa fünf Wochen nach ihrem ersten Gespräch mit ihr wurde Elisabeth von dem Leiter der Abteilung gerufen, der von ihr wissen wollte, was für eine Therapie sie dem »Schrecken der Klinik« verschrieben hatte. Die Frau war einmal seine Patientin gewesen, aber er sei mit ihr nicht weitergekommen. Heute morgen habe sie ihn jedoch liebenswürdig angelächelt und davon gesprochen, daß sie dem Hospital wieder eine Stiftung zukommen lassen wolle.

Elisabeth erzählte von ihrer Methode mit der Liste und konnte sich die Bemerkung nicht verkneifen, daß in den Meierschen Lehrbüchern vermutlich nichts darüber zu finden sei.

Sie vermochte ihre Kollegen nicht immer von dem Wert ihrer gefühlsmäßigen Diagnosen zu überzeugen. Ihre Eingebungen trafen auch nicht immer ins Schwarze. Sie war von der Richtigkeit ihrer Diagnose jedoch völlig überzeugt, als sie Ende August von einem Neurologen gebeten wurde, ein Gutachten über einen jungen Mann abzugeben, der an Symptomen einer progressiven Paralyse und extremer Depression litt.

Der Neurologe war sicher, daß die Symptome psychosomatisch bedingt seien und daß der Patient nur ein Beruhigungsmittel brauche, um über diesen krankhaften Zustand hinwegzukommen.

Elisabeth stellte fest, daß der Patient bis zum Hals gelähmt und tief deprimiert war. Sie sprach eine Stunde mit ihm und hatte danach das Gefühl, daß der junge Mann wußte, daß er sterben mußte. Sie schrieb einen Bericht, wie das bei einer solchen Beratung üblich ist, und meinte, daß der Patient die »Vorbereitungstrauer« durchlitt. Seine Krankheit sei eine amyotrophische Lateralsklerose (A.L.S.), keine psychosomatische Paralyse, und sein Tod stünde bevor.

Der Neurologe wollte von dem Befund nichts wissen. Wie könne ein Patient seinen Tod so genau voraussehen, und wer hätte je gehört, daß ein Mensch um seinen eigenen Tod traure? Er sagte nochmals, daß man auf den morbiden Gemütszustand des Patienten mit Beruhigungsmitteln einwirken müsse, und dann würde sich auch sein physiologischer Zustand bessern.

Drei Tage später starb der Patient. Der Neurologe ging Elisabeth aus dem Weg und forderte sie nie wieder zu einer Konsultation auf. Nach diesem Vorfall wurde ihr klar, daß viele Ärzte den Tod eines Patienten als Beleidigung und als persönliches Versagen empfinden. Sie ahnte, daß der Neurologe die Richtigkeit ihrer Diagnose in Wirklichkeit akzeptiert hatte, sie jedoch wegen seiner eigenen Angst vor dem Tod oder wegen eines ungelösten Kummers nicht wahrhaben wollte. Andere Vorfälle auf anderen Stationen bestärkten ihr Unbehagen, denn sie spürte, daß die Ärzte eine schlechte Prognose viel schwerer verkraften als die Patienten.

Dies waren erst Ahnungen, noch keine Überzeugungen, aber sie ließen ihr keine Ruhe. Warum war der Tod – das einzige, was im Leben eine Gewißheit war – ein solches Tabu? Paradoxerweise schien eine Gesellschaft den Tod um so mehr zu meiden, je höher zivilisiert sie war.

Dann brach plötzlich der Tod in den engsten Kreis ihrer Familie ein.

An einem Spätsommerabend traf ein Telegramm von ihrer Mutter aus Zürich ein mit der Nachricht, daß ihr Vater mit einer ernsten Krankheit in der Klinik liege und nach Elisabeth verlange.

Sie fuhr Kenneth eben in dem Park in der Nähe ihrer Wohnung in der frischen Luft spazieren, als Manny ihr das Telegramm brachte. Elisabeth erinnert sich genau an diesen Augenblick, an das plötzliche Verebben des Straßenlärms, das Aufwirbeln fallender Blätter zu ihren Füßen, an Mannys besorgtes Gesicht und ihre Gewißheit, daß sie ihren Vater zum letzten Mal sehen würde. Sie ging mit Manny direkt aufs Telegrafenamt und kabelte nach Zürich, daß sie kommen würde, sobald sie den Flug buchen konnte. Am nächsten Morgen ersuchte sie den Chef der Psychiatrischen Klinik um Urlaub und erklärte ihm ihre Gründe. Er machte sie darauf aufmerksam, daß eine Unterbrechung ihrer Dienstzeit, nachdem sie erst ein paar Wochen gearbeitet hatte, ihre Aussichten ernsthaft gefährde, sich innerhalb von einigen Monaten als Fachärztin für Psychiatrie qualifizieren zu können. Sie erwiderte, daß sie dieses Risiko eingehen wolle, weil sie ihrem Vater versprochen hatte, zu ihm zu kommen, wenn er sie brauchte.

Sie beschlossen, daß Manny diesmal nicht in die Schweiz mitfahren würde, aber dafür wollte sie Kenneth mitnehmen. Ihr Vater hatte ihr früher geschrieben, wie sehr er sich danach sehne, sein Enkelkind zu sehen.

Sie buchte einen Nachtflug und kam mit Kenneth am nächsten Morgen in Zürich an. Erika holte sie am Flughafen ab und berichtete ihr, was geschehen war. Herr Kübler hatte sich eine Schleimbeutelentzündung am Ellbogen zugezogen, und die simple medizinische Behandlung war verpfuscht worden, so daß die Entzündung sich zu einer Blutvergiftung ausweitete. Die Schwestern fuhren sofort ins Krankenhaus, wo Elisabeth mit dem Arzt ihres Vaters sprach. Die Prognose war schlecht; Herr Kübler reagierte nicht auf Antibiotika. Er hatte eine Reihe von Abszessen bekommen, und seine Kraft verfiel immer mehr.

Elisabeth trat in das sonnige Krankenzimmer ihres Vaters und drückte ihr Gesicht an seine eingefallenen Wangen. Trotz seiner entwürdigenden Hilflosigkeit und des geräuschvollen Apparats, der den Eiter aus den Abszessen in seinem Unterleib absaugte, schien Herr Kübler anfänglich bei guter Laune zu sein. Doch bald furchte er die Stirn und sprach von dem Anliegen, das ihm am meisten am Herzen lag. Er wollte zu Hause sterben.

Elisabeth wich seiner Bitte aus, denn sie sah, welch einer komplizierten Pflege er bedurfte. Er mußte rund um die Uhr betreut werden. Dann aber beichtete er ihr etwas, wovon er früher nie gesprochen hatte. Als sein eigener Vater infolge einer gebrochenen Wirbelsäule völlig hilflos gewesen war, hatte er ihn in ein Pflegeheim gebracht, wo er starb. Damals war es üblich, daß man Sterbende nach Hause nahm, damit sie von Angehörigen und Freunden gepflegt werden konnten. Herr Kübler hatte seinem Vater ein solches Ende versagt, und die Erinnerung daran kam jetzt in ihm hoch und quälte ihn.

Dieser erste Besuch Elisabeths war nur kurz, denn die Aufregung des Wiedersehens hatte ihren Vater angestrengt. Zu Hause fand sie ihre Mutter erschöpft von Sorge und von der Belastung der Fahrten ins Krankenhaus, die sie seit zwei Wochen ständig unternommen hatte. Frau Kübler wußte, daß ihr Mann zu Hause sterben wollte, und unterstützte diesen Wunsch, vorausgesetzt, daß er die nötige Pflege bekommen konnte.

Der Oberarzt der Klinik erhob jedoch energischen Einspruch: Elisabeth riskiere das Leben ihres Vaters, wenn sie ihn fortbrächte. Es sei ein Wahnsinn, ihn nach Hause zu nehmen.

Sie besprach die Bitte ihres Vaters mit Erika und Eva, die etwas außerhalb von Zürich wohnten und sich einer Meinung enthielten. Als Ärztin sei Elisabeth die einzige in der Familie, die wisse, was das Beste sei.

Als Elisabeth allein war, schob sie Kenneth in seinem Kinderwagen im Park spazieren. Es war kalt, und ein scharfer Wind wehte die letzten Blätter von den Bäumen. Der Anblick spielender Kinder erweckte in ihr die Erinnerungen an Meilen und an Bergpartien mit ihrem Vater. Sie gedachte der Zeit, als sie und ihr Vater angeseilt Gletscher überquert hatten, wie er vorangegangen war, um tückische Schneebrücken aufzuspüren, und ihr sein Leben anvertraut hatte. Das Vertrauen, das er jetzt in sie setzte, war jenem vergangenen nicht unähnlich. Er war hilflos und rief sie um Hilfe an.

Was hielt sie denn zurück? War es nicht, so fragte sie sich, ihre Angst vor der Verantwortung? War es ihre Sorge, daß sie nicht imstande sein würde, ihm die nötige Pflege zu geben?

Als sie sich dieser Angst stellte, wußte sie, was sie zu tun hatte. Sie rief eine Firma für Krankenhausbedarf an und mietete einen Infusions- und Saugapparat und ließ die Geräte im Elternschlafzimmer der Küblerschen Wohnung installieren. Dann bestellte sie einen Krankenwagen.

Sie half selbst mit, ihren Vater aus seinem Bett zu heben. Sie schob ihn auf der Bahre durch die Gänge und in den Krankenwagen. Das Klinikpersonal blickte finster drein, aber auf dem Gesicht ihres Vaters spiegelte sich ein freudiges Lächeln.

Eine halbe Stunde später lag Herr Kübler zu Hause in seinem eigenen Bett, in dem Elisabeth, ihre Schwestern und Ernst gezeugt worden waren. Sie schloß den Saugapparat mit dem pfeifenden Geräusch an, ließ die Infusionen jedoch beiseite, da er Flüssigkeiten zu sich nehmen konnte. Als sie ihm Morphium anbot, lehnte er ab und verlangte statt dessen nach einem Glas Wein.

Als er so von seinen Lieben und von den ihm vertrauten Dingen – Bildern von den Bergen und Skitrophäen – umgeben war und von seinen Kissen denselben Ausblick auf die Kirche hatte, die er so viele Jahre beim Erwachen gesehen hatte, und die Kirchenglocken hören konnte, war er vollkommen zufrieden.

Elisabeth stellte eine Krankenschwester an, die ihr bei der komplizierten Pflege helfen sollte, aber ihren Vater irritierte die klinikmäßige, nüchterne Art, wie sie ihren Dienst versah, und so ließ ihn Elisabeth selten allein, außer wenn sie Kenneth versorgen mußte.

Trotz seines abgezehrten Körpers, trotz des Geräuschs des Saugapparats, des Eitergestanks und seiner Hilflosigkeit besaß er menschliche Würde und eine Geborgenheit, die auf der sterilen Klinikstation vollkommen fehlte.

Wenn ihr Vater schlief, ruhte Elisabeth auf einer Couch, die sie ins Schlafzimmer gestellt hatte. Wenn er jedoch munter war, wollte er mit ihr über die spirituellen Dinge reden, die ihn beschäftigten. Sie sprachen über die Bücher, die sie ihm vor drei Jahren gegeben hatte – über die Lebensanschauung der Buddhisten und die Religion des Zarathustra, über die Schriftrollen vom Toten Meer, über den Glauben und die Kämpfe der Juden sowie über den christlichen Glauben. Sie staunte über seine Belesenheit in philosophischen und religiösen Dingen, über eine neue Toleranz und seinen Humor, der plötzlich zum Vorschein kam, wenn sie über die abgründigsten Dinge sprachen.

Der starre Dogmatiker, der er in ihrer Kindheit gewesen war, schien weit entfernt von diesem unvoreingenommenen Menschen, der keine Urteile mehr fällte.

Er lehnte resolut jedes schmerzstillende Mittel ab. Der Frieden seines Gemüts, mit dem er seinen körperlichen Verfall gelassen hinnahm, schien ihn über die Schmerzen zu erheben. Er konnte nichts mehr essen, denn sein Magen war jetzt durchlöchert wie ein Sieb, aber manchmal bat er um Wein, wobei er den Jahrgang nannte und den Ort im Keller bezeichnete, wo er gelagert war. Er schmunzelte, als er Elisabeth erzählte, daß er immer gewußt habe, wer die Weinflaschen aus seinem Keller entwendet hatte, als sie noch in der Seefeldstraße wohnte.

Für eine kurze Weile übernahm ihre Mutter die Wache am Krankenbett, aber ihr Kummer wirkte sich deutlich auf Herrn Kübler aus. Elisabeth erkannte, daß es unmöglich war, vor einem Sterbenden das Unbehagen und die Unruhe der Menschen geheimzuhalten, die ihn umgaben.

Am Abend seines zweiten Tages zu Hause verebbte seine Lebenskraft sichtlich. Herr Kübler wehrte sich nicht mehr gegen die Strömung, die ihn seinem Ende entgegentrug.

Am dritten Tag begann er mit jemandem zu sprechen, der nicht anwesend war. Elisabeth erkannte nach einer Weile, daß er ein Zwiegespräch mit seinem Vater hielt. Dabei blieb er vollkommen vernünftig und ihrer Gegenwart immer bewußt. So unterbrach er zum Beispiel das Gespräch mit seinem längst verstorbenen Vater, wandte sich zu ihr und bat sie, sein Kissen zu richten oder die Vorhänge vorzuziehen.

Elisabeth war überzeugt davon, daß es sich nicht um Halluzinationen handelte, denn die unsichtbare Wesenheit war für Herrn Kübler so wirklich wie sie selbst. Hier machte sie zum ersten Mal die Erfahrung, die sich später vertiefen sollte, daß Sterbende die Fähigkeit besitzen, sich mit den Toten zu verständigen – fast immer mit denjenigen, die der Sterbende am meisten geliebt hatte.

In der dritten Nacht bestand kein Zweifel mehr, daß ihr Vater friedlich seinem Ende entgegenging. Sie schlief unruhig auf ihrem Lager neben seinem Bett und wachte jede Stunde auf, um auf seinen Atem zu horchen oder ihm etwas zu reichen. Als der Morgen dämmerte, stand sie auf und küßte ihn. Er war zu schwach zum Sprechen, und so setzte sie sich zu ihm und hielt seine Hände. Sein Gesicht war nun wie verklärt und ohne die Furchen des Schmerzes und der Angst. Eine Stunde später würde die bezahlte Krankenschwester in ihrer gestärkten Uniform mit ihrer unsensiblen Kompetenz eintreffen. Elisabeth wünschte um ihres Vaters willen, daß sie diese Frau nicht angestellt hätte. Sie beugte sich über ihn und gab ihm einen letzten Kuß, während eine Welle der Liebe, Zärtlichkeit und Dankbarkeit in ihr hochstieg.

An der Türe des Zimmers sagte sie, daß sie nur rasch einen Kaffee trinken wolle. Sie sprach mit ihrer Mutter und mit Erika, die eben gekommen war. Sie sagte ihnen, daß der Tod des Vaters bevorstehe, überredete jedoch ihre Mutter und Erika, nach einem kurzen Besuch am Krankenbett mit Kenneth spazierenzugehen. Sie war allein im Haus, als sie das Krankenzimmer wieder betrat. Von der Tür aus bemerkte sie schon, wie reglos die Gestalt ihres Vaters im Bett lag. In den wenigen Minuten, in denen sie das Zimmer verlassen hatte, war er gestorben.

Sie stand wohl eine Viertelstunde an seinem Bett und sann darüber nach, wie dieser starke, stolze, unabhängige Mann sich auch im Tode treu geblieben war. Körperlich hätte gewiß niemand mehr leiden können als er – bis ihm sein letzter Wunsch erfüllt wurde, bis er nach Hause zurückgekehrt war. Doch als er in seiner gewohnten Umgebung war und seinen eigenen Tod sterben durfte, hörten die körperlichen Qualen auf, und die Unruhe seines Geistes legte sich.

Als sie vorhin, nach vollzogenem Abschied, kurz das Zimmer verlassen hatte, war auf dem Bett ein Mensch zurückgeblieben, den sie intim kannte und liebte. Doch der Leichnam, den sie jetzt sah, war so wenig ihr Vater wie sein Wintermantel, der im Schrank hing, war so wenig der erprobte Bergsteiger wie seine Skier und Skistiefel, die im Keller verstaubten. Innerhalb eines einzigen Atemzuges hatte sich eine Verwandlung vollzogen. Es war nur der Kokon übriggeblieben, aus dem der Schmetterling entflogen war.

Dann kam die Krankenschwester, und Elisabeth war dankbar, daß diese Frau, die ihr Vater an seinem Sterbebett nicht um sich haben mochte, weil ihr die Einfühlsamkeit fehlte, während seines Endes nicht zugegen war.

Plötzlich war ihr die Vorstellung widerwärtig, daß diese Frau den Leichnam berühren sollte, und sie schickte die Krankenschwester fort. Als sie in Anbetracht der Pflichten, die sie an dem Toten zu erfüllen hatte, ein Gefühl der Erschöpfung überkam, läutete das Telefon. Es war Dr. Bridgette Willisau, eine Ärztin, die sie kaum kannte. Elisabeth sagte ihr, daß vor wenigen Minuten ihr Vater gestorben sei. Frau Dr. Willisau erwiderte, daß sie irgendwie gespürt habe, daß sie gebraucht würde. Deshalb habe sie angerufen. Sie wolle sofort nach Zürich fahren und in weniger als einer Stunde bei ihr sein.

Mit Umsicht und Zartgefühl half Frau Dr. Willisau Elisabeth, den Leichnam ihres Vaters zu waschen. Sie kleideten ihn in seinen Lieblingsanzug und überzogen das Bett und die Kissen mit frischer Wäsche. Dann verständigte Dr. Willisau ordnungsgemäß die Gesundheitsbehörden der Stadt. (In der Schweiz stellen die Behörden den Sarg, den Leichenwagen und das Fahrzeug für die Trauernden kostenlos.) Kurz danach erschienen zwei Beamte, die den Tod offiziell bestätigten. Sie erklärten, daß die Krankheit Herrn Küblers den unverzüglichen Abtransport des Leichnams erfordere, während normalerweise der Verstorbene bis zum Begräbnis im Haus aufgebahrt werden durfte.

Elisabeth war gerührt, als einer der beiden Herren sie fragte, ob sie ihrem Vater nicht eine Blume in die Hand geben wolle. Sie wußte zwar, daß Herr Kübler eine solche Geste als sentimental empfunden hätte, aber es erstaunte sie, daß ein Beamter daran gedacht hatte.

Sie ging in den Garten hinunter und pflückte Chrysanthemen, die sie ihrem Vater in die gefalteten Hände legte. Die Männer trugen ihn die Stiegen hinab, und sie stand auf dem Balkon, als sie ihn in den Leichenwagen luden, und sah ihnen nach, als der Wagen längst verschwunden war.

Elisabeth konnte ihrem Schmerz freien Lauf lassen, bevor ihre

Mutter und Erika zurückgekehrt waren. Als sie wiederkamen, war das Haus sauber, und der Geruch war entfernt. Sie sagte ihnen, daß der Leichnam von den Beamten nicht in eine Leichenhalle, sondern in einen besonderen Kühlraum neben der Kapelle, wo die Begräbnisfeier stattfinden sollte, transportiert werden mußte. Ein Trost in ihrer Trauer war für Frau Kübler der Beistand ihrer drei Töchter.

Drei Tage später erwies eine Schar von Freunden und Verwandten dem Toten die letzte Ehre in der kleinen Kirche, in der die Familie Kübler so oft den Gottesdienst besucht und in der Elisabeth und ihre Schwestern getraut worden waren. Als Elisabeth in den Chor einstimmte und eines der Lieblingslieder ihres Vaters sang, war sie von tiefer Dankbarkeit erfüllt, daß sein Leben bis in die letzte Einzelheit so vollkommen abgerundet war.

An diesem Abend schrieb sie in ihr Tagebuch: »Mein Vater lebte wirklich, bis er starb.«

22 „Ich habe schon früher hier gelebt!"

Heute kommt Elisabeth dieses Jahr am Montefiore Hospital, als sie in der Bronx lebte, beinahe unwirklich vor, denn zum ersten Mal seit ihrer Schulzeit war ihre Arbeitszeit von Kalender und Uhr begrenzt. Manchmal fühlte sie sich geradezu schuldbewußt, daß ihre Abende und ihre Wochenenden frei waren.

Ihre wichtigste und befriedigendste Aufgabe am Montefiore Hospital war die Arbeit mit psychisch gestörten Kindern. Sie entdeckte ihre natürliche Gabe, sich unmittelbar mit Kindern verständigen zu können, auch mit solchen, die als psychotisch und unzugänglich galten. In einem Brief nach Hause schrieb sie, daß die therapeutische Arbeit mit Kindern ist, »als würde man nach einem altvertrauten Rezept kochen«. Familiendynamik, die wechselseitigen Beziehungen der Familienmitglieder faszinierten sie, und der einzige Teil ihrer Arbeit, den sie nicht mochte, waren die Gutachten, die sie schreiben mußte. Wenn sie klar erkannte, was einem Kind fehlte, schien dieser ganze Papierkram nur Zeitverschwendung, ebenso wie die endlosen Diskussionen in den Personalversammlungen.

»Kinder werden nicht durch einen Wust von Papier oder Fachsimpeleien geheilt«, erklärte sie, »sondern dadurch, daß man ihnen zuhört, sie versteht und ihr Vertrauen gewinnt, manchmal mit einem Lachen oder einer Umarmung und manchmal mit Tränen.« Sie gewann diese Kinder, die durchwegs aus bürgerlichen oder reichen Familien stammten, mit der Zeit lieb. Sie waren nicht von Haus aus die frechen Gören, für die sie sie einmal gehalten hatte. In den meisten Fällen gingen die Ungezogenheiten, soweit sie vorkamen, auf eine falsche Behandlung durch die Eltern zurück.

Sie nahm die umständlichen Gutachten, Personalversammlungen und den ganzen Papierkram als eine Übung in Geduld (die nicht ihre Stärke war) und in logischem Denken in Kauf. Ihre kleinen Patienten liebte sie fast ohne Ausnahme. Sie schrieb an Erika:

»Wenn ich wirkliche Fortschritte bei diesen Kindern sehe, dann muß ich immer an meine Arbeit mit den Freiwilligen in der Bergarbeitersiedlung in Belgien denken, als die Kinder auf ihren Spielplatz auf dem planierten Kohlenberg kletterten – aus dem stickigen Ruß und Staub in die Sonne, die ihnen rechtmäßig zusteht.«

Obwohl sie nach ihren eigenen Maßstäben nicht ausgelastet war, genoß Elisabeth doch ihre Freizeit, die sie mit Manny und Kenneth verbrachte. Sie konnte mehr Zeit für das Kochen verwenden und Freunde einladen, sie konnte aufs Land hinausfahren und neue Bekanntschaften anknüpfen und ihr Hobby, das Fotografieren, in ihrer provisorischen Dunkelkammer in der Küche pflegen.

Ihre Arbeitsroutine war fast bis auf die Minute genau eingeteilt. Wenn sie um fünf Minuten nach fünf Uhr aus dem Hospital zurückkehrte, führte sie Kenneth im Kinderwagen in den nahe gelegenen Park spazieren. Manchmal begleitete sie auch Manny. Sie lernte eine Reihe von Nachbarn kennen, darunter verschiedene Mütter, mit denen sie sich über Babynahrung, Windeln und das Zahnen unterhielt. Außer einem gelegentlichen kleinen Schnupfen war Kenneth jedoch ganz gesund. Elisabeth war überzeugt, daß er mit Abstand den ersten Preis gewonnen hätte, wenn sie ihn an einem Babywettbewerb hätte teilnehmen lassen.

Mit dem Inhaber eines Gemischtwarenladens an der Ecke freundete sie sich besonders an. Da auch er vor kurzem aus Europa eingewandert war, fühlte Elisabeth sich ihm speziell verbunden. Er sprach mit ihr jiddisch, und Elisabeth antwortete ihm immer auf schweizerdeutsch, doch irgendwie gelang es ihnen, sich zu verständigen – zur großen Erheiterung von Manny und den anderen Kunden. Der Kaufmann ließ sie nie fortgehen, ohne ihre Einkaufstasche mit schwarzen Rettichen vollzustopfen, die Manny so gerne mochte.

Mindestens einmal in der Woche hatten sie Gäste. Am häufigsten waren junge japanische Mediziner eingeladen, die sich in Neuropathologie spezialisierten und wegen des internationalen Rufes von Professor Zimmermann ans Montefiore Hospital gekommen waren. (Dem Professor wurde später von Kaiser Hirohito ein Verdienstorden verliehen aus Dankbarkeit dafür, daß er so viele japanische Studenten in Neuropathologie ausgebildet hatte.)

Elisabeth war besonders angetan von ihren japanischen Gästen und dachte sich für sie eine Vielfalt von orientalischen Mahlzeiten aus. Nach dem Essen, während Manny und seine japanischen Kollegen Fachgespräche führten, reichte sie ihren Gästen und deren Ehefrauen den Nachtisch, unter anderem ihre selbstgemachte Schweizer Schokoladentorte. Kenneths erste Spielkameraden waren japanische Kinder. In einem Brief an Eva schrieb Elisabeth:

»Ich führe jetzt ein völlig bürgerliches Leben, in dem die spektakuläre Länge von Kenneths Wimpern eine Unterhaltung zehn Minuten lang bestreiten kann. Auch wenn ich meinen Mutterstolz abrechne, so ist er doch das schönste Kind im ganzen Wohnblock! Da die tüchtige Margit ihn versorgt, ist es eine Mutterschaft ohne Schmerzen... Manny versucht, mich in der Oper zu bilden. Wir gehen demnächst wieder in die Met und hören ›La Traviata‹... Ich freue mich schon sehr auf unser baldiges Wiedersehen.«

Eva hatte sich nämlich wieder verlobt. Ihr Bräutigam war Peter Bacher, der eine Anstellung bei der Swissair in New York bekommen hatte. So konnte die Hochzeit in den Vereinigten Staaten stattfinden, ohne daß traurige Erinnerungen an Seppli geweckt wurden. Das Brautpaar wollte anschließend eine Hochzeitsreise um die Welt unternehmen.

Im November traf Eva zu ihrer Hochzeit in Connecticut auf dem Gut ihres Paten ein, eines aus der Schweiz stammenden reichen Industriellen. Elisabeth und Manny fuhren zur Trauung nach Connecticut und hatten verabredet, daß sie das Hochzeitspaar nach der Feier per Auto nach New York lotsen würden, von wo es die Weltreise antreten sollte. Unterwegs kamen sie in einen heftigen Regen. Manny, der in seinem Auto voranfuhr, bremste etwas, das

Auto der Bachers kam ins Schleudern und prallte mit dem vorderen Fahrzeug zusammen.

Manny und Peter war nichts passiert, aber Elisabeth war einige Minuten lang bewußtlos, und Evas Gesicht war durch Glassplitter von der Windschutzscheibe übel zugerichtet. Obwohl Elisabeth noch Anfälle von Schwindel hatte, konnten sie und Manny in der Unfallstation des nächsten Krankenhauses als unverletzt entlassen werden. Eva mußte einige Tage im Krankenhaus verbringen und erholte sich danach zwei Wochen in der Rossschen Wohnung, die wegen der Flut von Gästen in der Familie »Hotel Ross« genannt wurde. Evas Gesicht verheilte schließlich fast ohne Narben nach einer Operation, die ein hervorragender Spezialist in kosmetischer Chirurgie vorgenommen hatte.

Nach dieser Verzögerung traten Eva und Peter endlich ihre Hochzeitsreise an. Doch als Elisabeth wieder zu arbeiten begann, konnte sie kaum ihren Hals bewegen. Noch unangenehmer als dieses ständige Zerren am Hals war ihr häufiger Gedächtnisausfall.

Beunruhigt und frustriert, daß ihr die Namen ihrer Patienten entfallen waren, suchte sie einen Arzt des Hospitals auf, der ihr für die Schmerzen im Rücken und im Hals Streckübungen verordnete, im übrigen jedoch andeutete, daß ihr Gedächtnisschwund doch wohl eine Einbildung sei – »vielleicht um bei der Versicherungsgesellschaft Eindruck zu machen«.

Da ihr Schwager den Unfall verursacht hatte und sie ja ohne Verletzung davongekommen war, wurde Elisabeth wütend über diese Unterstellung, daß sie eine Verletzung mimte, um Geld einzustreichen – ein häufig praktizierter, einträglicher Sport der Amerikaner, wie ihr später ein Bekannter mitteilte. Sie schrieb an ihre Mutter:

»Ich fühle mich jetzt wirklich mehr zu Hause in Amerika, und einiges, was ich anfangs so sehr kritisierte, habe ich nun selbst angenommen. Zum Beispiel gehe ich jetzt gern in den Supermarkt, ich mag Hamburgers, ›Hot Dogs‹ und die verpackten Frühstücksflocken. Du wirst froh sein zu hören, daß ich noch nicht Kaugummi kaue! Reg Dich nicht allzusehr darüber auf, daß ich ebensooft Hosen trage wie Röcke, sogar wenn ich einen Besuch mache . . . Aber das eine, an das ich mich wahrscheinlich nie werde gewöhnen können, ist die wichtige Rolle, die hier das Geld spielt. Amerika ist eine Art ›Dollarokratie‹.

Wenn jemand Geld hat, hält man ihn für bedeutend und erfolgreich. Wenn er keines hat, gilt er nichts . . . Nach dem Unfall versuchten einige Leute, mich zu trösten, indem sie mir sagten, daß ich aufgrund meines steifen Halses und einer Gehirnerschütterung viel Geld herausschinden könne. Es ist doch nicht zu fassen! . . . Genieße Deine Reise nach Indien und denk daran, daß im Sommer Dein Besuch bei uns fällig ist.«

Bei der Anspielung auf eine Reise nach Indien handelte es sich um einen Besuch der Mutter bei Ernst. Nach Herrn Küblers Tod hatten Elisabeth, Ernst, Eva und Erika vereinbart, daß sie ihre Mutter regelmäßig einladen würden. Sie redeten ihr zu, die Wohnung in der Klosbachstraße als Absteigequartier für die Familie zu behalten. Mit vier Schlafräumen war die Wohnung natürlich zu groß für eine alleinstehende ältere Dame, aber die Geschwister versprachen ihr, daß die Zimmer hin und wieder von ihren Kindern und Enkeln bewohnt würden. Elisabeth und ihre Geschwister waren außerdem überzeugt, daß ihre Mutter sich leichter an ihr Witwendasein gewöhnen würde, wenn sie in der ihr vertrauten Umgebung blieb und weiterhin ihren Haushalt versorgte. Außerdem versprachen sie, daß Frau Kübler keine finanziellen Sorgen haben sollte.

Elisabeth und Manny hofften, daß sie im Westen der Vereinigten Staaten eine Anstellung als Fachärzte bekommen würden, und luden Frau Kübler ein, im Sommer mit ihnen diesen Teil des Landes zu besichtigen, den noch keiner von ihnen kannte. Als sie im Januar begannen, sich nach geeigneten Posten umzusehen, stellten sie jedoch fest, daß es schwieriger war, als sie gedacht hatten: erstens, weil Mannys Fachgebiet ein eher ausgefallener Zweig der Medizin war mit wenig Stellenangeboten in den Universitätskliniken; und zweitens, weil sie natürlich Stellen am selben Ort brauchten. Eine Reihe von Hochschulen und Universitätskliniken antworteten, daß sie einen Neuropathologen, aber keinen Psychiater brauchen konnten oder umgekehrt. Schließlich erhielten sie ein Doppelangebot von der Universität von Colorado und sollten sich im Mai in Denver vorstellen.

Sie sparten für ein Haus und rechneten sich aus, daß es billiger wäre, wenn sie zu viert – samt Kenneth und Margit – mit dem Auto führen, anstatt das Flugzeug zu benutzen. Sie brachen an einem Sonntag auf und waren drei Tage und zwei Nächte mit ihrem Oldsmobile unterwegs, bis sie Denver erreichten. Sie sparten Geld, indem sie in billigen Motels abstiegen und sich weitgehend von Hamburgers ernährten.

An der Medizinischen Fakultät der Universität von Colorado stellte sich heraus, daß man zwar auf Mannys Vorstellung am Mittwoch eingerichtet war, daß Elisabeths Termin wegen der Abwesenheit einiger Professoren für Psychiatrie jedoch auf Freitag verschoben werden mußte. Mit einer solchen Verzögerung hatten sie nicht gerechnet. Elisabeth lag sehr daran, daß sie am Dienstag nach dem Gedächtnistag* an ihren Arbeitsplatz zurückkehrte, um den Vorstand ihrer Abteilung nicht noch einmal an die Anzahl von Tagen zu erinnern, an denen sie wegen der Krankheit und des Todes ihres Vaters ihren Dienst nicht hatte erfüllen können. Manny war besser dran, weil Professor Zimmermann ihm wohlgesinnt war und ihn schätzte.

Am Freitag wurde Elisabeth endlich von dem stellvertretenden Institutsleiter interviewt, der mit seinen Gedanken offenbar noch bei seinen Angelferien war. Seine Fragen kamen ihr irrelevant vor, und sie war überzeugt, daß er ihren Antworten gar nicht richtig zuhörte, obwohl sie diesmal viel besser Auskunft geben konnte als bei ihrem ersten Interview am Montefiore Hospital. Sie wurde außerdem einem der Administratoren der Medizinischen Fakultät vorgestellt, und sie verließ die Universität wenig beeindruckt und uninspiriert. Wenn die Berge von Colorado nicht so schön und Manny nicht so zuversichtlich gewesen wäre, daß er genau die Stellung bekommen hatte, die er sich wünschte, hätte Elisabeth sich lieber anderswo umgesehen.

Ihre Heimfahrt, die sie am Freitagnachmittag antraten, steigerte ihre Frustration noch mehr, denn wegen des Autorennens von Indianapolis, zu dem alle Welt unterwegs war, gerieten sie in dichten Verkehr. Die Autobahnen waren verstopft, die Hotels und Motels überfüllt, und als es so aussah, daß Elisabeth nicht rechtzeitig nach Hause kommen würde, um am Dienstagmorgen ihren Dienst zu versehen, bestieg sie in Indianapolis ein Flugzeug nach New York, während Manny, Margit und Kenneth die Reise per Auto fortsetzten.

Elisabeth erinnert sich sehr genau an die drei Abende, die sie in ihrer Wohnung in der Bronx allein verbrachte, denn es war in über

---

* Amerikanischer »Memorial Day«, Gedächtnistag für gefallene Soldaten, am 30. Mai.

drei Jahren das erste Mal, daß sie ganz allein war. In ihrem Tagebuch findet sich eine lange Eintragung über »das Gefühl der Befreiung und der absoluten Notwendigkeit, einen Raum für sich zu haben«. Etwas weiter heißt es:

»Ich weiß, wenn ich meinem Leben wirklich auf den Grund gehen und seinen Sinn finden will, muß ich einen Ort und eine Zeit für mich haben, wo ich absolut alleine sein kann – auf meinem Gipfel, wo ich nachdenken und der inneren Stimme lauschen kann. Ich weiß noch immer nicht, warum ich in Amerika bin, aber es muß einen Grund dafür geben. Ich weiß, daß es hier Neuland gibt, und irgendwann werde ich in das Unbekannte eindringen. Wenn ich dieses Neuland jedoch entdecke, dann werde ich mich von Zeit zu Zeit isolieren und die Wegweiser suchen müssen.«

In der Nacht vor der Rückkehr ihrer Familie hatte sie noch einmal denselben Traum, den sie vor ihrer Ankunft in Amerika geträumt hatte. Sie sah sich in indianischem Gewand auf einem Pferd über die Prärie reiten, auf ein Pueblo zu, dessen Umrisse sie in der Ferne erblickte. Sie erkannte wieder die sonderbar geformten Felsen und den rötlichen Schimmer des flachen Hochlands. Wiederum erlebte sie den Traum als ungemein wohltuend, und sie wachte erfrischt auf, befreit von ihren Gefühlen der Frustration.

Ende Mai schloß Elisabeth ihre Fachausbildung in Psychiatrie ab und erhielt Nachricht von der Universität von Colorado, daß sie beide eine Dozentenstelle bekommen hatten, Manny im Institut für Pathologie und Elisabeth in der psychiatrischen Abteilung der Medizinischen Fakultät. Beide sollten Lehrverpflichtungen übernehmen. Manny würde Vorlesungen über sein Fachgebiet halten und als Neuropathologe des Hospitals wirken. Elisabeth bekam zwei Aufgaben: Am Vormittag sollte sie in der therapeutischen Gemeinschaft mit psychotischen Patienten und am Nachmittag mit psychisch gestörten Kindern an der Klinik für Kinderpsychiatrie arbeiten.

Manny nahm ein Bankdarlehen auf und flog allein nach Denver, um ein passendes Haus zu suchen. Er wollte nicht viel Zeit aufwenden, und nachdem er ein Haus besichtigt hatte, unterschrieb er gleich den Kaufvertrag. Es war ein älteres, gut instand gehaltenes Ziegelhaus in der 17. Avenue. Als er nach New York zurückgekehrt war, drängte Elisabeth ihn, ihr erstes richtiges Heim zu beschreiben. Vor allem wollte sie wissen, wie groß der Garten war, und Manny hatte

Mühe, sich an die Ausmaße des Wohnzimmers, der Küche, der drei Schlafräume und an den Zustand der Rasenfläche vor dem Haus und des großen Gartens hinter dem Haus zu erinnern. Es befinde sich in einer ruhigen, mit Bäumen besetzten Straße in der Nähe der Universität, versicherte er ihr, und die Nachbarn sähen freundlich aus.

Im Juni kam Frau Kübler nach New York und meinte lachend, daß ihre Besuche ja immer in auffallender Weise mit Übersiedlungen zusammenfielen. Sie packten ihre Möbel in einen gemieteten Anhänger. Eine kleine Schar von Nachbarn aus der Bronx, darunter der freundliche Kaufmann und die japanischen Mediziner mit ihren Frauen, waren gekommen, um sich von ihnen zu verabschieden. In letzter Minute mußten sie im Gepäckraum ihres Oldsmobile noch für Geschenke Platz schaffen, unter anderem für einen japanischen Kimono und einen Sack schwarzer Rettiche.

Mit fünf Insassen und einem schwankenden Anhänger wollte Manny sich am Steuer Zeit lassen, und der einzige Zwischenfall auf ihrer Fahrt durch Pennsylvania, Ohio, Indiana, Illinois, Missouri und Kansas war ein Strafmandat, das Manny bekam, weil er zu langsam fuhr und den Verkehr aufhielt.

Als sie in Denver ankamen, stellte sich heraus, daß ihr Haus noch besetzt war. Da sie vorläufig nicht einziehen konnten, beschlossen sie, sich in den Staaten des Westens noch etwas weiter umzusehen. Am nächsten Tag, als sie durch Monument Valley fuhren, wo die Bundesstaaten Colorado, Neu-Mexiko, Arizona und Utah zusammenstoßen, wurde Elisabeth sich plötzlich bewußt, daß sie sich auf vertrautem Gelände befand. Es war ein merkwürdig erregendes, rätselhaftes Gefühl, denn sie war noch nie so tief im Westen gewesen. Unter dem Vorwand, daß es Zeit wäre für ein Picknick, bat sie Manny, das Auto anzuhalten. Dann ging sie etwa hundert Meter allein von der Straße fort.

Dies war der Ort ihrer zwei lebhaften Träume. Hier war die rote Erde des Hochlands, das sich bis zu dem dunstigen Horizont erstreckte. Sie erkannte den Pueblo in einiger Entfernung und die bizarren Felsformationen. Ihre Träume waren buchstäblich Fotografien dieser Landschaft gewesen, haarscharfe Abbilder. Alles in diesem ausgedorrten Land – die gleißende Sonne in dem metallisch blauen Himmel, der Anblick und der Duft der Prärieblumen, die von den Sandkegeln geworfenen Schlagschatten – war ihr bekannt.

Einige Minuten stand sie wie angewurzelt da. Erst dann bemerkte sie in einer Entfernung von etwa vierhundert Metern eine junge Indianerin auf einem Pferd. Das Mädchen hielt die Zügel locker in der Hand und blickte weder links noch rechts, während sie auf den Pueblo zuritt.

Elisabeth überkam ein Gefühl, als befinde sie sich außerhalb ihres Körpers, und beobachtete sich selbst, wie sie in Indianerkleidern nach Hause ritt.

Ein unbekanntes Gefühl des Friedens, das Gefühl einer Zeit und Raum, Mensch und Natur umfassenden Harmonie erfüllte sie ganz.

In diesem Augenblick drangen die Rufe von Manny und ihrer Mutter an ihr Ohr. Sie drehte sich um und mußte sich zwingen, in die Wirklichkeit ihrer Familie zurückzukehren.

Als Elisabeth zum Auto kam, fragte ihre Mutter, was mit ihr los sei. Warum sah sie so merkwürdig aus? Aber Elisabeth konnte es nicht erklären. Wie hätte sie ihnen sagen können, daß sie weit in die Vergangenheit zurückversetzt worden war, daß sie mit Sicherheit schon einmal an diesem Ort gewesen war, daß der Duft und das Geräusch des Windes, die Formen und Schatten der Felsen, die Weite des Hochlands und die Sonnenhitze ihr so vertraut waren wie das Gesicht ihres Mannes oder die Stimme ihres Kindes? Wie hätte sie Manny, dem Wissenschaftler, von einer Erfahrung erzählen können, die bestimmt nicht wissenschaftlich zu erklären war? Was war schon dabei, daß sie sich an einem Ort befand, der das genaue Abbild eines Traumes war? Ihr kam vor, als habe sie noch andere Erinnerungen, wenngleich verschwommen, die über ihre Träume hinausgingen. Bestimmt hatte sie früher einmal hier gelebt. Sie war in ihre wahre Heimat gekommen.

Am späten Nachmittag besuchten sie einen Pueblo und sahen einigen Indianern bei ihren Tänzen zu. Ihr Gefühl, daß sie hierher »gehörte«, hielt an. Obwohl sie in einem weit von hier entfernten Land geboren war, spürte sie eine starke Verwandtschaft mit diesen Menschen. Ihre Kunst und ihr Kunsthandwerk waren ihr altvertraut, und die Tanzschritte, die eindringlichen, monotonen Töne ihrer Gesänge kannte sie so gut, daß sie in die Lieder der Indianer einstimmte. Sie sah drei Kindern zu, die im Schmutz an einer Lehmwand spielten. Sie war sicher, daß diese Kinder aufblicken und sie erkennen würden, wenn sie ihnen etwas zuriefe.

Sie fuhren zum Grand Canyon weiter, und in der Nacht blieb sie in ihrem Hotelzimmer bis in die frühen Morgenstunden wach und dachte über diese »höchste Vision der Harmonie und Einheit mit der Natur, diese Augenblicke vollkommenen Glücks und Friedens« nach, wie sie in ihr Tagebuch schrieb. Eine weitere Eintragung lautet:

»Ich weiß sehr wenig über die Philosophie der Reinkarnation. Ich habe diese Vorstellung immer mit merkwürdigen Leuten in Zusammenhang gebracht, die über ihr früheres Leben in einem weihrauchgefüllten Zimmer diskutieren. Ich bin anders erzogen. Ich fühle mich im Laboratorium zu Hause. Aber ich weiß, daß es Mysterien des Geistes und der Seele gibt, die weder durch Mikroskope noch durch chemische Reaktionen zu erforschen sind. Einmal werde ich mehr wissen. Einmal werde ich diese Dinge verstehen.«

Da sie noch zwei Wochen zur Verfügung hatten, bevor sie ihre Stellen an der Universität von Colorado antreten mußten, beschlossen sie, nach Los Angeles weiterzufahren und Mannys Bruder Charles zu besuchen. Elisabeth war so begeistert von allem, was sie sah, daß ihre Mutter ihr lachend vorwarf, sie sei ganz amerikanisiert. Aber sie versicherte ihrer Mutter, daß sie ihre Schweizer Herkunft nicht vergessen hatte. Wenn Frau Kübler wieder zu Besuch käme, würde sie den Garten des Hauses in Denver voll Blumen aus der Schweiz, den Keller voll eingemachter Früchte finden und Steppdecken und Tischtücher mit den gleichen Stickereien wie die Tischtücher in Meilen. Sobald sie nach der unvorhergesehenen Verlängerung ihrer Ferien nach Denver zurückgekehrt waren, widmete Elisabeth sich der Aufgabe, ihr Haus in einer amerikanischen Vorstadt in eine kleine Schweizer Insel zu verwandeln. Als Frau Kübler wieder nach Zürich abreiste, äußerte sie sich darüber mit Befriedigung.

Innerhalb kurzer Zeit hatte die Familie sich eingelebt. Kenneth krabbelte im Garten umher und konnte schon ein paar Brocken sprechen, und Manny freute sich ungeheuer darüber, daß er zum ersten Mal in einem richtigen eigenen Haus wohnte. Nur Margit, die sich an New York gewöhnt hatte und die Großstadt liebte, war etwas unzufrieden.

An der Universität entdeckte Manny zu seiner Genugtuung, daß er ein guter Dozent war. Er hatte erst an seiner Fähigkeit, Vorlesungen zu halten, gezweifelt, aber er überwand sein anfängliches Lampenfieber durch äußerst gewissenhafte Vorbereitung, und bald lernte er, seinen trockenen Gegenstand mit Humor zu würzen. Mannys Kompetenz als Neuropathologe wurde sofort anerkannt.

Elisabeth dagegen war in ihrer beruflichen Arbeit nicht so glücklich. Ihr unmittelbarer Vorgesetzter war ein unerfahrener junger Mann, ein Psychiater »nach dem Lehrbuch«, der nicht sonderlich aufgeschlossen gegenüber seiner älteren weiblichen Kollegin war, die sich Mühe gab, in die therapeutische Gemeinschaft einige der Methoden einzuführen, die sich am Manhattan State Hospital als so wirksam erwiesen hatten. Die therapeutische Gemeinschaft war etwas relativ Neues in der Psychiatrie; dadurch sollten die Patienten angeregt werden, die Form ihres gemeinschaftlichen Lebens mitzubestimmen.

Es gab dreißig Patienten auf ihrer Abteilung, von denen die meisten schizophren waren. Elisabeth war der Ansicht, daß die Chemotherapie einer individuellen Therapie untergeordnet sein müsse, und sie war überzeugt von der großen Bedeutung von Einzelsitzungen mit den Patienten. Sie argumentierte, daß die Patienten Ziele brauchten, nach denen sie sich ausrichten konnten.

Die Krankenschwestern und das übrige Personal versuchten, eine gute Zusammenarbeit auf den Stationen aufrechtzuerhalten, aber sie sagten Elisabeth oft, daß sie zwischen ihr als Außenseiterin der Psychiatrie, die sich auf ihre »gefühlsmäßigen Reaktionen« berief, und dem streng orthodoxen, konservativen Boss in Konflikt gerieten. Es konnte nicht einmal der Schein einer Teamarbeit gewahrt werden, und Zusammenstöße zwischen den beiden Ärzten verursachten ständig Spannungen im Personal.

Eingezwängt von Maßnahmen und Vorschriften, fand Elisabeth die Arbeit in der therapeutischen Gemeinschaft nicht nur frustrierend, sondern auch langweilig. Doch wie im Montefiore Hospital erlebte sie auch in Denver ihre Arbeit mit psychotisch gestörten Kindern als anregend und befriedigend. Meistens widmete sie sich am Nachmittag ihrer psychiatrischen Kinderklinik. Hier konnte ihr niemand etwas dreinreden. Sie hatte praktisch freie Hand und konnte nach ihrer eigenen Methode vorgehen, die kein Geheimnis und keine Geheimformel war. Wenn der psychische Zustand ihrer jungen Patienten sich besserte und ihre davon beeindruckten Kollegen sich nach ihrem therapeutischen Rezept erkundigten, sagte sie, daß sie Kopf und Verstand einsetze, ihre Intuition und ihren Hausverstand gebrauche, daß sie zuhöre und sich um ein Verständnis, insbesondere der Familiendynamik, bemühe, denn die meisten Psychosen haben ihre Wurzel zu Hause in den familiären Verhältnissen. Nur in den seltensten Fällen – zum Beispiel bei schweren Depressionen – verschrieb sie Psychopharmaka.

Während die Kinderklinik sie geistig anregte, fand sie ihre Erholung in den Bergen. Obwohl Kenneth noch zu klein zum Klettern oder Skilaufen war, nahm sie ihn oft auf Bergwanderungen mit. So klein er noch war, schien er doch die Bergwelt mit dem gleichen entzückten Staunen wahrzunehmen wie sie in ihrer Kindheit in der Schweiz. Manchmal nahm sie Margit zur Gesellschaft mit, aber Manny konnte sie nie zu ihrer Kletterleidenschaft bekehren. Wenn sie ihn einmal überredet hatte, bis zu den Ausläufern eines Berges mitzufahren, blieb er lieber mit einem Buch im Auto sitzen oder hörte Radio, während sie, oft mit Kenneth auf dem Rücken, über die Felsen kletterte.

Bald nach ihrer Ankunft in Denver geriet sie in den Bann der Pionierarbeit von Professor Sydney Margolin. Dieser grauhaarige, würdevolle Riese, ein aus Wien stammender Jude, wurde in der Universität allgemein als Exzentriker betrachtet. Seine radikal unkonventionellen Methoden in der psychophysiologischen Forschung und seine Zerstreutheit forderten humorvolle Kommentare seiner Kollegen heraus, aber diejenigen, die ihn kannten, wußten, daß er ein Genie und ein Mann von hoher Kultur und großer Weisheit war. Er war ausgebildeter Psychiater, ebenso wie seine Frau, die Tochter eines Mitarbeiters von Sigmund Freud.

Elisabeth erlebte ihn das erste Mal in einer seiner stets überfüllten Vorlesungen und war sofort fasziniert. Sie schrieb in ihr Tagebuch:

»Er hat den besten Kopf, den ich je gesehen habe. Nach seiner Vorlesung wäre ich am liebsten aus dem Auditorium gerannt und hätte mich mitten ins Leben gestürzt. Ich möchte neue Gedankengänge entdecken und mich in Gewässern bewegen, die noch niemand erforscht hat. Dieser Mann wird mein Lehrer sein. Dr. Margolin ist sicher der Grund, warum ich in Denver bin!«

Sie suchte ihn in seinem unaufgeräumten, mit Büchern vollgestopften Arbeitszimmer in der Universität auf. Sie unterhielten sich auf deutsch, und sie staunte über die Vielseitigkeit seiner Interessen. Bevor er auf seine berufliche Arbeit zu sprechen kam, erzählte er von den Bräuchen und der Kultur der Indianer. Da erzählte ihm Elisabeth ohne die geringste Verlegenheit von ihrem merkwürdigen Erlebnis in Monument Valley. Er lachte nicht, wie sie halb erwartet hatte, sondern hörte ihr aufmerksam zu, ohne zu unterbrechen. Als sie ihn schließlich fragte, was er von diesem Erlebnis halte, äußerte er keine Meinung, sondern sagte nur, daß sie selbst dahinterkommen müsse. Vielleicht sei es ihr eine Hilfe, wenn sie sein Laborseminar besuchte.

Er nahm den Grund ihres Besuches vorweg, indem er ihr vorschlug, als Assistentin bei ihm zu arbeiten. Er quittierte ihre Begeisterung mit einem Lächeln und warnte sie, daß er den Ruf habe, kein einfacher Boss zu sein, und daß sie vielleicht enttäuscht sein würde, wenn er ihr die Arbeit zuteilte. Dann schilderte er ihr sein Forschungsvorhaben. Er hatte eine eigene Abteilung für Psychophysiologie gegründet und konzentrierte sich in seiner Forschung auf das Gebiet der psychosomatischen Medizin, also auf den engen Zusammenhang zwischen körperlichen und seelischen Leiden.

Ohne ihren Enthusiasmus und ihre Hochachtung vor Dr. Margolin als Mensch wäre Elisabeth sicher ernüchtert gewesen, als sie im Juli 1963 in seinem Laboratorium zu arbeiten begann. Ihre Aufgabe bestand darin, ausrangierte Polygraphen, allgemein bekannt als »Lügendetektoren«, zu reparieren und oft völlig neu zu basteln. Diese Geräte benutzte er zur Bestimmung der Rolle, welche die Emotionen bei der Verursachung physiologischer Störungen spielen, um die direkte Beziehung zwischen psychischen und körperlichen Zuständen nachzuweisen.

In einer typischen Demonstration, an der Elisabeth beteiligt war, wurde eine Patientin von krankhafter Dickleibigkeit vorgestellt. Die Studenten wurden aufgefordert, die Frau über ihre Symptome und ihre Motivation zu befragen. Um die Theorie des »Pickwick-Syndroms«, als welches der Fall dargestellt wurde, zu verifizieren, wurde die Patientin an einen Polygraphen angeschlossen und mit einer Mahlzeit auf einem Tablett allein gelassen. Die Beobachter im Nebenzimmer kontrollierten die polygraphischen Aufzeichnungen der Gehirnwellen, des Blutdrucks und der Herz- und Atemtätigkeit. Diese wurden sodann mit den Kurven einer Frau mit Normalgewicht verglichen. Ähnliche Versuche wurden in Zusammenarbeit mit Patienten vorgenommen, die an Asthma, Arthritis oder anderen Krankheiten litten.

Dr. Margolin, der mit seinen physiologischen Meßapparaten nie zufrieden war, bemühte sich stets um genauere Methoden. Ein Grund, weshalb er an der Universität als Exzentriker verschrien war, lag darin, daß er viel Zeit damit verbrachte, alle Winkel der Vorratsräume des Labors und sogar den Abfall aus Militärbeständen zu durchstöbern auf der Suche nach alten elektronischen Geräten, die er fortschleppte, um daraus die merkwürdigen Apparate zu basteln, die er für seine Forschung brauchte.

Aber Elisabeth ließ nichts auf ihren Professor kommen, auch wenn er ihr den Auftrag erteilte, diesen Trödel zu reinigen. Diese niedrige Arbeit war in Margolins Labor ihre erste Aufgabe. Es war eine Zeit der Prüfung für sie, denn in den ersten Monaten hockte sie meistens auf dem Boden und war mit Bürsten, Putzlappen und Reinigungsmitteln zu Gange, um die neuesten Schätze Dr. Margolins von Schmutz und Rost zu befreien.

Im Laboratorium Dr. Margolins befaßte man sich auch mit der Erforschung veränderter Bewußtseinszustände – ein Begriff, der heute geläufig ist, damals jedoch noch neu war. Im Mittelpunkt stand das Studium der Hypnose. Der Professor hielt eine Reihe von Vorlesungen über Hypnose und vermittelte einige einfache Techniken. Dann stellte er Elisabeth und etwa einem Dutzend ausgewählter Studenten die Aufgabe, verschiedene Aspekte des Gegenstands zu erforschen.

Sie stellte fest, daß sie ebensoleicht zu hypnotisieren war, wie sie andere hypnotisieren konnte. In einer Arbeitsgruppe wurde versucht, die Verhaltensweise der einzelnen Teilnehmer besser zu verstehen, indem man sie mittels Hypnose in ihre frühesten Erlebnisse zurückversetzte. Als Elisabeth auf diese Weise zurückversetzt wurde, sprach sie von einem Leben als Indianerin im Südwesten der Vereinigten Staaten. Etwas später erzählte sie in tiefer Trance von einem schrecklichen Erlebnis. Sie berichtete, wie ein Indianer eines anderen Stammes versucht hatte, sie in einem Fluß zu ertränken. Der Mann warf sie aus einem Kanu und hielt mit Gewalt ihren Kopf unter Wasser. Sie sprach auf Tonband, wie es ihr gelungen war, zu fliehen und sich über das Flußufer zu retten. Weil dieses Erlebnis für sie offensichtlich so qualvoll war, holte der Hypnotiseur sie schnell wieder aus ihrer Trance heraus.

Im Nebengebäude wurde ein anderer Student ihres Forscherteams hypnotisiert. Am folgenden Abend versammelten sich alle Teilnehmer im Hause von Dr. Margolin, um ihre Experimente auszuwerten, und Elisabeth spielte das Tonband vor mit dem Bericht von dem Mordversuch an ihr. Der Student, der zur selben Zeit hypnotisiert worden war, sprang erregt auf. In seiner Trance hatte er gesehen, wie er im Kanu einen Fluß hinunterfuhr und einer Frau aus einem anderen Stamm begegnete. Er hatte das Kanu der Frau umgestürzt und versucht, sie zu ertränken, indem er ihren Kopf unter Wasser hielt!

Aufgeregt fragte Elisabeth, was dieser außerordentliche »Zufall« zu bedeuten habe, aber Professor Margolin lächelte nur und weigerte sich, einen Schluß daraus zu ziehen. Er wollte wissen, was Elisabeth selbst davon hielt und wie sie über den Begriff der Reinkarnation dachte. In seinen Vorlesungen und seinen Seminaren wandte Dr. Margolin stets die sokratische Lehrmethode an, um die Studenten in die Mysterien der Psyche einzuführen.

Elisabeths Verhältnis zu Dr. Margolin war nun ähnlich wie ihr schönes Verhältnis zu Dr. Amsler an der Augenklinik in Zürich. Er war viel mehr als nur ihr Vorgesetzter. Er war ihr geliebter Mentor, eine Vaterfigur – sie konnte sich ihm gegenüber jederzeit über ihre Hoffnungen und Träume, über ihre Gefühle der Erregung und Dankbarkeit aussprechen.

Sie und Manny waren oft bei Margolins zu Hause eingeladen, manchmal zu einem Abendessen im kleinsten Kreise, bei dem ihr Gastgeber ihnen seine eindrucksvolle Sammlung seltener indianischer Kunstgegenstände zeigte, manchmal in Gesellschaft der hervorragenden Gelehrten, die er immer um sich versammelte – Intellektuelle von der Universität oder Gastprofessoren aus Europa, Philosophen, Wissenschaftler und Literaten. Elisabeth hatte sich geistig noch nie so angeregt gefühlt. Der Professor forderte sie oft mit Absicht zu einer Diskussion heraus, etwa über die Theorien von Freud, Einstein oder Darwin oder über verschiedene metaphysische Begriffe.

Dr. Margolin hatte außer seiner Forschungsarbeit noch eine Passion, nämlich die Musik. Er war am glücklichsten und als Gastgeber in seinem wahren Element, wenn es ihm gelang, ein Quartett – mehr als einmal sogar das halbe Symphonieorchester von Denver – in sein schönes Heim einzuladen und seinen Gästen ein Konzert zu geben. Insbesondere für Manny waren diese Musikabende ein Genuß.

Am Ende des Studienjahres forderte Dr. Margolin Elisabeth auf, als Lehrbeauftragte in Psychiatrie in seinem Team zu bleiben. Oft war er von der Universität abwesend – auf einer anthropologischen Expedition im Südwesten oder im Ausland –, und er erwartete von Elisabeth, daß sie ohne besondere Anweisungen das Labor leitete. Er gab ihr den Schlüssel zu seinem wissenschaftlichen Archiv, und sie entdeckte in den Ordnern eine solche Fülle an Material über

Psychophysiologie und andere Forschungsgebiete, daß sie, wie sie Manny erzählte, am liebsten ein ganzes Jahr damit verbracht hätte, seine Aufzeichnungen zu studieren.

In seinen Vorlesungen und Seminaren hatte Dr. Margolin Schwierigkeiten, sich verständlich für seine Studenten auszudrücken, und eine Aufgabe, die Elisabeth sich selbst stellte, bestand darin, die »Perlen« seiner Ausführungen in eine verständliche Sprache zu übersetzen. In ihrem Tagebuch hielt sie fest:

»Er ist Mose, und ich bin sein Aaron. Er ist das Superhirn, und ich bin sein Interpret. Ich entdecke, daß ich eine überraschende Begabung für Kommunikation habe. Ich kann mich einfach und konkret ausdrücken, auch wenn ich mit einem merkwürdigen Akzent, einer Mischung aus Schweizerdeutsch und dem Dialekt von Harlem, spreche! . . . Das Labor von Margolin ist die kreativste und aufregendste Ecke auf dem ganzen Campus. . . . Wie ich diesen Mann liebe!«

Während ihres ersten Jahres bei Dr. Margolin beschränkten sich Elisabeths Vorlesungen und Seminare auf die Studenten, die im Margolin-Labor arbeiteten. An einem Nachmittag im Herbst, als sie gerade den neuesten Polygraphen aus Altmetall reinigte, spazierte Dr. Margolin ins Labor und fragte sie beiläufig, wie sie zurechtkäme. Sie griff nach dem Reinigungsmittel und sagte, daß der Apparat gleich blitzblank sein würde. Er sah ihr eine Weile schweigend zu und erwähnte dann, daß er am Freitag, an dem Tag, an dem er für achtzig Medizinstudenten der höheren Semester eine Vorlesung zu halten hatte, nicht da sei. Ob Elisabeth ihn bitte vertreten wolle? Er drehte sich um, um gemächlich in sein Büro zurückzugehen.

Einen Moment setzte ihr Herz aus. Dann brachte sie, vor Aufregung stammelnd, vor, daß sie noch nie zu einem so großen Auditorium gesprochen habe. Sollte sie einfach seine vorbereitete Vorlesung aus seinem Manuskript lesen? Über seine Schulter hinweg sagte er, daß er nichts vorbereitet hätte. Elisabeth könne sich ein beliebiges Thema wählen. Sie stand auf, wischte sich das Öl von den Händen und folgte ihm in sein Arbeitszimmer. Sie wandte ein, daß die Studenten ihr nicht zuhören würden. Sie erwarteten, daß er die Vorlesung hielt, und würden den Hörsaal verlassen, wenn sie aufs Podium käme. Dr. Margolin zuckte mit den Schultern. Sie hätte Zeit genug, ihren Vortrag vorzubereiten. Er deutete auf sein Archiv: hier sei genügend Material, aus dem sie wählen könne.

In ihren eigenen Begegnungen mit Medizinstudenten und bei Vorlesungen, die andere Psychiater hielten, hatte Elisabeth bemerkt, daß Medizinstudenten sich wenig mit Psychiatrie abgeben. Die meisten von ihnen wollten sich auf ein bestimmtes Fach spezialisieren. Angehende Chirurgen oder Internisten langweilten sich bei Vorlesungen über manisch-depressive Psychosen oder die therapeutischen Grundsätze bei der Behandlung von Schizophrenie.

Während der nächsten zwei Tage verbrachte sie die meiste Zeit damit, sich ein geeignetes Thema für ihre erste Vorlesung auszudenken. Irgendwie mußte sie das Interesse der Studenten gewinnen. Sie mußte irgendwie zeigen können, daß die Psychiatrie für alle Zweige der Medizin relevant ist, daß sie als Wissenschaft von der menschlichen Psyche sich um ein Verständnis bemüht, wie die destruktiven Kräfte der Angst, der Schuld- und Schamgefühle einen Nervenzusammenbruch verursachen und manchmal zu unheilbaren physischen Schädigungen führen können.

Sie brauchte ein Thema von umfassendem Interesse, einen Gegenstand, bei dem niemand gähnen würde. Sie hielt sich an einem Sonntagmorgen in ihrem Garten auf und fegte das herabgefallene Laub fort. Dabei dachte sie an den kommenden Winter und den ersten Frost, der bald die letzten Blumen hinwegraffen würde, und dann kam ihr plötzlich eine Idee.

Der Gedanke nahm langsam Gestalt an, wie »eine Fotografie, die in der Dunkelkammer entwickelt wird«, schrieb sie später in ihr Tagebuch, wie ein Thema, das sich in ihrem Geist allmählich festsetzte.

Natürlich, darüber würde sie ihre Vorlesung halten! Sie würde zu den Medizinstudenten über den Tod sprechen.

23

Ein Beruf mit Herz

Mit dem Besen in der Hand lief Elisabeth ins Haus, um Manny, der gerade eine Spielzeugeisenbahn für den zweieinhalbjährigen Kenneth aufbaute, zu erzählen, was für ein Thema sie gewählt hatte. Er blickte auf und sagte lachend, daß sie mit ihrem Besenstiel, einer schwarzen Katze auf dem Buckel, einem spitzen Hut und diesem Thema ihre Medizinstudenten wenigstens amüsieren würde.

Einige Minuten lang versuchte sie, ihn zu überzeugen, daß sie im Ernst gesprochen hatte, aber er machte weiterhin Einwände geltend. Der ärztliche Beruf hatte es mit dem Leben zu tun, nicht mit dem Tod, lautete sein Argument. Unter Ärzten sei es gang und gäbe, Fehler unter den Teppich zu kehren. Der Tod sei gewiß das Thema, das sie am allerwenigsten im Tempel der Heilkunst diskutieren wollten.

Sie entgegnete, daß gerade deshalb, weil keiner auf den Medizinischen Hochschulen je vom Tod redete, dieses Thema zur Sprache gebracht werden müsse. Niemand erwähnte es, so daß sie den Verdacht hegte, daß die ganze ärztliche Gilde eine Kollektivangst vor dem Tod hatte – vermutlich eine noch größere Angst als die

Öffentlichkeit. Begriff Manny denn nicht, wie wichtig es war, die Verschwörung des Schweigens zu brechen, welche die Sterbenden in den Krankenhäusern umgab? Sah er denn nicht ein, daß es an der Zeit war, ein Thema anzuschneiden, über das man gewöhnlich nur hinter vorgehaltener Hand sprach? Was den Umgang mit dem Tod betraf, so war Amerika mit Sicherheit das rückständigste Land der Welt. In der Schweiz und in den meisten anderen Ländern wurde der Tod viel häufiger mit gelassener Würde hingenommen.

Mannys Einwände bestärkten sie nur in ihrer Überzeugung, daß sie das richtige Thema für ihre Vorlesung gewählt hatte. Sie könnte den Studenten helfen, mit ihrer eigenen Angst vor dem Tod fertig zu werden. Sie konnte über Sterbebräuche und die Einstellung zum Tod in anderen Ländern und Kulturen sprechen und sie mit der Art und Weise vergleichen, mit der die Amerikaner ihre Leichen konservierten und verniedlichten, indem sie ihnen Rouge auf die Lippen und Wangen legten, damit die Trauernden sich der Illusion hingeben konnten, daß der Tote nur schlief und gar nicht wirklich tot war. Vor allem wollte sie die Studenten davon überzeugen, daß ein Sterbender immer ein Mensch ist, der Verständnis und besondere Pflege braucht.

Sie verbrachte den Nachmittag damit, ihre Vorlesung auszuarbeiten. Sie würde sie in zwei Teile gliedern. Zuerst würde sie von den Riten und Bräuchen in anderen Kulturen sprechen und über die amerikanische Art, mit dem Tod fertig zu werden. Dann würde sie, wie es in den Medizinischen Hochschulen in der Schweiz üblich war, eine Person ins Auditorium bringen, die wirklich dem Tod ins Auge sah, und den Studenten die Möglichkeit geben, dem Patienten Fragen zu stellen.

Als sie Manny während des Abendessens ihre Gedanken darlegte, war er diesmal viel mehr davon angetan. Er meinte jedoch, daß es schwierig sein dürfte, einen Sterbenden zu finden, der sich bereit erklären würde, öffentlich Fragen zu beantworten.

Am nächsten Montag ging Elisabeth gleich in die Bibliothek der Medizinischen Fakultät. In den Lehrbüchern und Fachzeitschriften über Psychiatrie und innere Medizin fand sie keine brauchbare Literatur über Thanatologie (die Wissenschaft vom Tode oder die Sterbeforschung). Über tödliche Krankheiten und ihre letzten Stadien, über die körperlichen Verfallserscheinungen und dergleichen wurde viel geschrieben. Manche Bücher enthielten Kapitel über die Behandlung mit schmerzlindernden Mitteln, aber nirgends fand sie etwas über die emotionalen Aspekte des Sterbens, über die Ängste der Sterbenden und ihre besonderen Bedürfnisse. Offensichtlich hatte nie jemand zur Rolle des Arztes oder der Krankenschwester Stellung genommen, die mit den Gefühlen des sterbenden Patienten konfrontiert werden.

In der allgemeinen Universitätsbibliothek fand sie schon mehr nützliche Literatur. In den anthropologischen und soziologischen Abteilungen gab es Bücher über Todesrituale, die zum Beispiel erläuterten, warum trauernde Witwen einen schwarzen Schleier tragen und warum Steine auf das Grab gelegt werden. Sie nahm fasziniert zur Kenntnis, wie sehr die Poesie und die Musik vom Tod inspiriert worden waren. Sie las über die Todesrituale der Konfuzianer, Taoisten, Buddhisten, Hinduisten und über die Riten der Bewohner von Alaska und der Indianer, über die Einstellung des Judentums zum Tode und die Sitten und Auffassungen anderer Kulturen und Rassen.

Dann machte sie sich auf die Suche nach einem sterbenskranken Patienten. Schließlich fand sie ein bildhübsches sechzehnjähriges Mädchen, das an Leukämie litt. Lindas grüne Augen blitzten vor Zorn, als Elisabeth in ihr Krankenzimmer trat, und mit geballten Fäusten schlug sie auf einen Stapel von hundert oder noch mehr Briefen ein. Als Elisabeth näherkam, fegte Linda plötzlich mit der Hand diese Briefe von ihrer Decke auf den Boden.

Unbefragt erzählte sie, was sie zu diesem Ausbruch veranlaßt hatte. Fast alle Kuverts enthielten kitschige rosa Geburtstagskarten, die ihr in sentimentalen Phrasen eine rosige Zukunft verhießen. Vor etwa einer Woche hatte Lindas Mutter in einer Tageszeitung von Denver bekanntgegeben, daß ihre Tochter ihren nächsten Geburtstag nicht mehr erleben würde, und die Öffentlichkeit gebeten, ihr Geburtstagsgrüße und Genesungswünsche zu schicken.

Die Karten lösten die entgegengesetzte Wirkung aus als die von den Absendern beabsichtigte. Linda wußte, daß sie sterben mußte, und wehrte sich erbittert gegen diese Verschwörung des Schweigens in ihrer Gegenwart und die triefende Sentimentalität, die kitschigen Bilder von Rosen, Sonnenaufgängen und den überschwenglichen Ausdruck von Zuneigung von ihr völlig fremden Menschen.

In einem zweiten Wutanfall tobte Linda, daß sie überhaupt nicht das unschuldige, lammfromme junge Mädchen sei, mit dem diese Karten sie identifizierten. Im Augenblick hasse sie jeden Menschen, samt ihrer Mutter und Gott. Warum mußte ausgerechnet sie sterben?

Womit hatte sie den Tod verdient? Mitleid von Fremden und sentimentale Wünsche waren das letzte, was sie haben wollte. Sie wollte nur schreien und um sich schlagen und hassen.

Elisabeth hörte zu. Erst als Linda sich erschöpft in ihre Kissen zurücklegte, sprach sie: »Es muß schwer für dich sein«, sagte sie leise, »sehr schwer.«

Da drehte sich das Mädchen um und sah Elisabeth an. Dann begann sie zu weinen.

Elisabeth verbrachte mehr als eine Stunde an Lindas Bett, meistens schweigend, und in diesem Schweigen knüpfte sich ein Band des Vertrauens. Dann fragte sie Linda, ob sie einigen angehenden jungen Ärzten helfen wolle zu verstehen, was eine solche Krankheit wirklich bedeute. Sie könnte diesen Medizinstudenten eine große Hilfe sein, damit sie Ärzte würden, die wirklich erfaßten, was ein Mensch wie sie dachte und fühlte, wie sie hoffte und haßte. Wäre Linda bereit, den Studenten zu helfen, daß sie bessere Ärzte werden? Würde sie mit ihnen reden und ihre Fragen beantworten? Linda nickte.

Während der nächsten beiden Tage bereitete Elisabeth ihre erste große Vorlesung vor. Sie wußte, daß sie ihren Stoff meisterte, doch am Freitagnachmittag, als sie vor achtzig Medizinstudenten das Podium bestieg, schlotterten ihr die Knie, und ihre Hände waren kalt und feucht von Schweiß.

Die Studenten gähnten und kauten Kaugummi. Sie spürte die Enttäuschung, als die Studenten sie erblickten statt des berühmten Professors Margolin. Sie kündigte den Gegenstand ihres Vortrags an, und mit einer vor Nervosität wie zugeschnürten Kehle sprach sie über die Einstellung zum Tod in den verschiedenen Rassen und Kulturen. Sie sagte, daß die amerikanische Gesellschaft den Tod verleugne, daß man den Tod ausblende und in sterilen Krankenhäusern verstecke, daß die Toten schleunigst in Leichenhallen geschafft und durch Bestattungsunternehmen fortgebracht würden.

Nach zehn Minuten konnte sie mit Befriedigung feststellen, daß die Studenten gebannt zuhörten. Auch die Lässigen lehnten sich auf ihren Plätzen aufmerksam nach vorn. Ihre Nervosität ließ nach, und sie sprach mit freierer Stimme. Am Ende ihrer Übersicht über die diversen Rituale und Einstellungen sagte sie, daß diese anerzogene, allgemeine Angst vor dem Tod sich auf die Pflege der Sterbenden tragisch auswirke, da die Angehörigen der heilenden Berufe selbst den Tod ablehnten und sogar verleugneten, und daß durch diese Angst und diese Ablehnung die Ärzte und Krankenschwestern keineswegs in der Lage seien, ihren Patienten die Pflege zukommen zu lassen, die ihnen zusteht und die sie nötig haben.

Dann verkündete sie, daß die Studenten nach einer Pause die Gelegenheit haben würden, mit einem Patienten im letzten Stadium einer tödlichen Krankheit zu sprechen, einem Menschen, der ihnen nichts vormachen, sondern wahrheitsgemäß ihre Fragen über die Gefühle eines Sterbenden beantworten würde.

Vor der Vorlesung hatte Elisabeth dafür gesorgt, daß Linda in einem Rollstuhl von ihrem Krankenzimmer in das Auditorium geschoben wurde. Sie empfing sie hinter dem Podium. Das Mädchen lächelte ihr zu wie einer alten Bekannten. Sie hatte ihr Haar gewaschen und gelegt und ein wenig Rot auf ihre hohen Backenknochen gelegt. Sie trug einen weißen Rollkragenpullover und einen hellgrünen Hosenanzug, der mit der Farbe ihrer Augen harmonierte. Durch diese Kleidung konnte sie kaschieren, wie abgezehrt ihr Körper bereits war. Elisabeth fand, daß sie bezaubernd aussah.

Als die Studenten in das halbkreisförmige Auditorium zurückgekehrt waren, schob Elisabeth Lindas Rollstuhl auf das Podium. Alle hielten den Atem an, und ein ungläubiges Flüstern ging durch die Reihen. Die Studenten hatten selbstverständlich einen alten Mann oder eine alte Frau erwartet, einen runzligen Greis, aber nicht, wie manche später gestanden, dieses reizende Mädchen, das einige Jahre jünger war als sie selbst, mit dem sie gerne tanzen oder Ski fahren oder sogar ins Bett gegangen wären, wenn sie zwei Jahre älter gewesen wäre.

Elisabeth stellte Linda vor und dankte ihr für die Bereitschaft, zur Anschaulichkeit dieser Lehrveranstaltung beizutragen. Das Mädchen lächelte scheu. Dann sagte Elisabeth, daß nun einige Studenten auf das Podium kommen könnten. Aber niemand rührte sich. Diese jungen Männer und Frauen, die normalerweise so keck, arrogant und selbstsicher waren, schienen wie vor den Kopf gestoßen. Manche von ihnen waren sogar zynisch, und Elisabeth wußte, daß einige sich auf ihren überlegenen Intellekt etwas einbildeten, und doch hatten sie alle einen Beruf gewählt, in dem es um Heilen und das Spenden von Trost ging.

Schließlich mußte Elisabeth selbst einige Studenten aufrufen und sie bitten, aufs Podium zu kommen und Linda zu befragen. Sie kamen langsam und zögernd und stellten sich im Halbkreis um das Mädchen im Rollstuhl. Elisabeth machte den Anfang und forderte Linda auf, über ihre Krankheit zu sprechen. Welche Gefühle erweckte in ihr das Schwinden ihrer körperlichen Kraft? Was hatte sie empfunden, als man ihr mitteilte, daß sie an Leukämie litt? Welche Gefühle hatte sie ihrer Familie gegenüber? Kamen ihre Freunde sie noch besuchen? Was waren ihre Hoffnungen und Träume?

Zuerst antwortete sie leise und schüchtern, doch dann ging sie mit kräftigerer Stimme und mehr Selbstsicherheit auf diese persönlichen, intimen Fragen ein. Ihre Krankheit machte sie müde. Sie spielte gerne Tennis, aber eines Tages merkte sie, daß sie nicht richtig atmen konnte, und mußte von einem Turnier zurücktreten, worüber sie sehr traurig gewesen war. Sie wußte zuerst nichts von der Leukämie, aber sie schloß, daß ihr etwas Ernstes fehlte, weil ihre Mutter anfing, ihr ungewöhnlich viele Kleider und andere Sachen zu kaufen. Außerdem küßte und umarmte sie sie plötzlich sehr oft. Ihre Freunde besuchten sie jetzt sehr selten oder gar nicht, und wenn sie kamen, taten sie so, als ob nichts los sei. Es wäre ihr lieber, sie würden gar nicht kommen, als sich bei ihr so unbehaglich zu fühlen. Zwei oder drei ihrer engeren Freunde kamen sie immer noch besuchen. Das war schön. Ihre größte Hoffnung sei, daß sie den Abgang von der High School schaffen würde. Sie gab sich Mühe, ihre Schularbeiten zu machen, aber es fiel ihr nicht leicht, weil sie immer so müde war.

Lindas Zorn flammte wieder auf, als sie erzählte, wie ihre Mutter ihren Geburtstag und ihre Krankheit in der Zeitung veröffentlicht hatte. Ihre Mutter hatte sie nicht einmal um Erlaubnis dafür gefragt! Diese kitschigen rosa Karten von all den fremden Leuten waren ihr ein Greuel. Wie unecht das alles war!

Elisabeth entfernte sich ein wenig von Lindas Rollstuhl und forderte die Studenten auf dem Podium auf, Fragen an die Kranke zu richten. Zuerst traten sie nur von einem Bein auf das andere. Als sie zu fragen begannen – meistens waren es irrelevante klinische Fragen über ihre Symptome –, erkannte Elisabeth, daß sie ihr eigenes Unbehagen und die eigenen Ängste hinter einer steifen Haltung und akademischen Fachausdrücken verbargen und auf diese Weise eine emotionale Distanz zwischen sich und dem Mädchen wahrten. Was sie sagten, klang kalt, unbeteiligt und gefühllos. Die Studenten verfolgten die Demonstration mit gespanntem Schweigen.

Elisabeth nahm außerdem wahr, daß Linda freier, weitaus sicherer schien als die gesunden jungen Männer und Frauen, die um sie herumstanden. Es stellte sich deutlich heraus, daß nicht Linda, sondern die Studenten eine tiefe Angst vor dem Sterben hatten.

Als Linda die ersten Anzeichen von Ermüdung zeigte, schickte Elisabeth die Studenten an ihre Plätze zurück und winkte den Pfleger heran, um Linda ins Krankenhaus zurückzubringen. Sie umarmte sie herzlich und dankte ihr, daß sie so mutig ihre Gefühle mitgeteilt hatte. Bevor sie weggerollt wurde, drehte Linda sich noch einmal um, lächelte und winkte den Studenten.

Als sie verschwunden war, herrschte im Auditorium absolutes Schweigen. Elisabeth ließ die Stille wirken, bevor sie die Diskussion eröffnete. Die Studenten ließen nun die Maske der Überlegenheit und professionellen Distanz fallen. Einer nach dem anderen stand auf, um sich zu äußern. Manche konnten vor Bewegung kaum sprechen. Die meisten gestanden, daß sie noch nie in ihrem Leben so aufgewühlt worden seien.

»Aufgewühlt wovon?« warf Elisabeth dazwischen.

»Von Lindas Mut«, sagte ein Student. »Von ihrer Jugend und Schönheit und der Aussichtslosigkeit, daß ihre Hoffnungen je in Erfüllung gehen würden«, sagte ein anderer.

Elisabeth gab zu bedenken, daß sie, die Gesunden und Selbstsicheren, zum ersten Mal ihrer eigenen Sterblichkeit ins Auge gesehen hatten, der Tatsache, daß auch sie in der Blüte ihrer Jugend dahingerafft werden könnten. Wenn sie sich nun ihrer eigenen Angst vor dem Tod stellen und diese dadurch überwinden könnten, dann würden sie viel besser verstehen können, was in den Menschen vorgeht, die an einer tödlichen Krankheit leiden. Durch Lindas Mut und ihre selbstlose Bereitschaft, mit ihnen zu sprechen, würden sie vielleicht begreifen, daß die Pflege der Sterbenskranken nicht nur eine intellektuelle Herausforderung bedeutet, sondern auch ein Akt der Menschlichkeit und der Herzenswärme sein muß. Das volle Maß ihrer Tauglichkeit als Ärzte würde nicht nur von ihren wissenschaftlichen Kenntnissen, sondern auch von ihrem Einfühlungsvermögen abhängen.

Nach Beendigung ihrer Vorlesung sagte Elisabeth dem gebannt schweigenden Auditorium noch folgendes: Wenn Linda den Studenten geholfen habe, die Barriere ihrer größten Angst – der Angst vor dem Tode – zu durchbrechen und zu verstehen, daß die Heilkunst ebensosehr eine Kunst des Herzens wie des Verstandes ist, und wenn das junge Mädchen ihnen zu einem neuen, wahrhaften und würdigen Verständnis von Liebe verholfen habe, dann würde Lindas Leben, obgleich es so kurz schien, sich als weitaus fruchtbarer erweisen, als sie gegenwärtig ahne.

24

Die drei Weisen

Die Studenten verließen das Auditorium, und Elisabeth blieb mit einem alten Hauswart zurück, der darauf wartete, daß er die Lichter auslöschen und zusperren konnte. Sie entschuldigte sich, daß es so spät geworden war. Viele Studenten waren noch zu ihr gekommen, um Fragen zu stellen, ihr Verhalten zu begründen und sie um eine Kopie ihres Vorlesungsmanuskripts zu bitten. So hatte die Sitzung wesentlich länger gedauert, als sie vorgesehen hatte.

Sie stopfte ihre Notizen in ihre Tragtasche, und anstatt Manny zu telefonieren, daß er sie mit dem Auto abholen sollte, beschloß sie, zu Fuß nach Hause zu gehen. Es bewegten sie so viele Gedanken, es gab so viel zu überlegen.

Sie trat in die Herbstdämmerung hinaus, in die frostklare Luft mit dem scharfen Geruch brennenden Laubes und dem zarteren Duft des vergangenen Sommers. Sie ging rasch über das Universitätsgelände und durch die Straßen des Villenviertels mit seinem beschaulichen Vorstadtleben. Vor einem Haus packte eine Familie gerade das Auto für einen Ausflug in die Berge und geriet in gutmütigen Streit über die Frage, zu welcher Zeit man am nächsten Tag aufbrechen solle.

Durch das Fenster eines anderen Hauses sah sie eine Familie rund um den Eßtisch sitzen, und in der erleuchteten Garage eines dritten stand ein Mann mit seinem halbwüchsigen Sohn an einer Drehbank und werkte mit einer Säge.

Sie müßten mit ihrem Leben an diesem geborgenen und angenehmen Ort eigentlich zufrieden sein. Mit ihren beiden Gehältern hatten Manny und sie jetzt keine finanziellen Sorgen mehr. Kenneth war gesund und gedieh prächtig. Sie besaß ein gemütliches Heim und hatte Freude an Küche und Garten. Sie hatten auch genügend Kontakte – warmherzige Nachbarn und intellektuelle Freunde. Ihre Arbeit war immer anregend, und wenn Dr. Margolin zurückkehrte und von ihrer erfolgreichen Vorlesung hörte, würde er ihr sicher mehr Verantwortung übertragen und ihr noch mehr Gelegenheit geben, ihre Anschauungen und Erfahrungen den Studenten zu vermitteln. Sie konnte sich außerdem in die Berge zurückziehen, sie konnte den Südwesten erforschen und vielleicht wieder das seltsame Gefühl erleben, daß sie in dieser Ecke des Planeten schon einmal gelebt hatte. Woher kamen dann diese beunruhigenden Gedanken, daß sie ihr Lebensglück noch nicht gefunden hatte, daß sie von dem noch immer undefinierten Ziel ihres Lebens entfernt war?

Sie bog in die 17. Avenue ein, und als sie die Lichter in ihrem Haus sah, schaltete sie diese Gedanken zögernd ab und wandte sich häuslichen Problemen zu. Sie hatte eben ein neues Hausmädchen angestellt, nachdem sie in den sechs Monaten seit Margits Rückkehr in die Schweiz bereits vier Mädchen hatte kündigen müssen. Außerdem hatte sie Besuch von ihrer Schwiegermutter, die immer eine gewisse Spannung erzeugte. Die taubstumme, ältliche Frau war von einer unbezähmbaren Neugier, was familiäre Angelegenheiten betraf. Erst am letzten Abend hatte Elisabeth einen Zusammenstoß mit ihr, als sie entdeckte, daß ihre Schwiegermutter in den Schränken ihres Schlafzimmers herumgewühlt und offenbar persönliche Briefe gelesen hatte. Einige Tage vorher, als sie Gäste zum Abendessen hatten, war wieder Krach gewesen, als Elisabeth eine Vase mit Plastikblumen wegwarf, die ihre Schwiegermutter als Schmuck auf den Eßtisch gestellt hatte. Es war ihr peinlich, der alten Frau zu erklären, daß sie Plastikblumen und Plastiktischtücher, ja fast alles, was aus Plastik war, nicht ausstehen konnte.

Auf dem Gehweg zu ihrer Haustür blieb Elisabeth stehen und überlegte, ob ihre Rastlosigkeit, ihr Gefühl, auf dem Weg zu ihrem, wenngleich noch undefinierten, Ziel aufgehalten zu sein, der Grund dafür war, daß sie auf vergleichsweise harmlose Irritationen so stark reagiert hatte. Aber der Ärger, den sie bei zwei oder drei Gelegenheiten empfunden hatte und den sie hätte vergessen müssen, sobald die Sache bereinigt war, stachelte ihre Ungeduld nur weiter an, sich in das Neuland zu begeben, das für sie bestimmt war, wie sie schon als Kind wußte. Vor allen Dingen mußte sie um jeden Preis der Versuchung standhalten, sich von den Annehmlichkeiten des amerikanischen Vorstadtlebens einlullen zu lassen. Als sie auf dem rasengesäumten Weg zu ihrer Haustür ging, sah sie plötzlich im Geist Bergsteiger vor sich, die in der Schweiz steile Hänge hinaufkletterten – winzige, an den Felsen geklammerte Gestalten, die ihre Kraft und Geschicklichkeit mit der Gewalt der Natur maßen, die aus der Wärme und Sicherheit der Schutzhütte ausgezogen waren, um ihren Mut und ihre Entschlußkraft auf den vereisten, windigen Gipfeln auf die Probe zu stellen. Sie waren ein Symbol dessen, was Elisabeth für sich ersehnte – das Wohlleben hinter sich zu lassen, um die schmerzhafte Dehnung ihrer Sehnen und den schneidenden Bergwind zu spüren.

Lange lag Elisabeth in dieser Nacht wach, als Manny schon schlief, immer noch bedrückt von dem Gefühl des Unbefriedigtseins, von der Angst, abgelenkt oder durch zu große Verwöhnung aufgehalten zu werden. Sie brauchte dringend Hilfe und Rat und dachte zuerst an Dr. Margolin. Sie fühlte sich ihm jetzt so nahe wie eine Tochter, aber gerade dieses enge Verhältnis zu ihrem Mentor konnte ein Hindernis für einen objektiven Ratschlag sein. Daher wandte sie sich an zwei andere Männer, Dr. René Spitz und Dr. Benjamin, beides Weise, die ihr vielleicht helfen würden, ihr Gefühl des inneren Stagnierens zu verstehen. Beide waren Fakultätsmitglieder des Instituts für Psychiatrie.

Dr. Spitz, ein Schweizer, Autor des international berühmten Buches *Die Entstehung der ersten Objektbeziehung**, war Gastprofessor für Psychiatrie an der Universität von Colorado. Er verbrachte jeweils sechs Monate in der Schweiz und sechs Monate in Denver, wo er ein schönes Haus in europäischem Stil führte. Elisabeth hatte vor kurzem zwei Vorlesungen bei ihm besucht, und die Weisheit dieses kleinen Herrn mit dem weißen Bart, der sie an Bilder von Sigmund Freud erinnerte, hatte sie tief beeindruckt. Sie schrieb ihm und bat ihn um ein Gespräch.

* E. Klett, Stuttgart, 3. Aufl. 1973.

An einem bitterkalten Tag mitten im Januar wurde sie von Dr. Spitz mit Herzlichkeit empfangen und in seine Bibliothek geführt, einen Raum von ausgewogenen Maßen und voll Bücherregalen vom Fußboden bis zur Decke. In dem prachtvollen Kamin knisterten Holzscheite. Als sie in einem bequemen Polstersessel Platz genommen hatte, legte er seine goldumrandete Brille ab und sah sie forschend an. Er hatte warme Augen und eine sanfte, freundliche Stimme.

Sie sprachen halb auf deutsch und halb auf englisch. Vielleicht fühlte sie sich deshalb so wohl bei diesem distinguierten Professor und fühlte sich fast nach Zürich zurückversetzt. Sie unterhielten sich zuerst über Zürich, über bestimmte Gebäude, Straßen, Gasthäuser und Berge, die ihnen beiden vertraut waren, über Menschen, die sie beide kannten, darunter Professor Bleuler, den Dr. Spitz sehr schätzte.

Es war Elisabeth, als hätte sie Dr. Spitz schon jahrelang gekannt, und als sie ihm ihre Lebensgeschichte erzählte und von ihren gegenwärtigen Hoffnungen und ihrer Unruhe sprach, spürte sie ein tiefes Verständnis. Ihr Gespräch dauerte sieben Stunden und wurde nur von der Haushälterin unterbrochen, die Sandwiches und frischen Kaffee brachte.

Er erzählte von seinen Erinnerungen an Freud, Jung und Adler. Auch er hatte um eine befriedigende Lebensanschauung gerungen, aber die Suche nach dem Sinn des Lebens ist ohne Ende. Er warnte sie davor, sich auf einen Standpunkt festzulegen. Hatte nicht selbst der alternde Freud viele seiner früheren Theorien widerrufen? Auch er, Dr. Spitz, der jetzt im neunten Jahrzehnt seines Lebens stand, sei immer dabei, Meinungen zu revidieren, die er in seinen jungen Jahren energisch vertreten hatte.

Elisabeth müsse noch sehr viel lernen. Sie könne Tausende von Büchern studieren und zu Füßen von Dutzenden von Meistern sitzen, doch die wichtigste Lücke in ihrem Wissen sei die Kenntnis ihrer selbst. Sie müsse begreifen, wie ihre Persönlichkeit zusammengesetzt sei, sie müsse ihre Reaktionen und Motivationen, ihre Sympathien und Antipathien sowie ihre Unruhe und ihr Gefühl der Harmonie verstehen lernen.

In der jetzigen Phase ihrer beruflichen Laufbahn wäre es am besten für sie, auch die scheinbar trivialsten Erlebnisse ihrer frühen Kindheit, die das Gewebe ihrer Persönlichkeit ausmachten, unter die Lupe zu nehmen. Kurz gesagt, Elisabeth würde am meisten von einer

Psychoanalyse profitieren, und er empfahl ihr zu diesem Zweck das Chicago Psychoanalytic Institute, mit dem die Universität von Colorado in enger Verbindung stand.

Sie war erstaunt und gleichzeitig enttäuscht. Die Psychoanalyse war ein Gebiet der Psychiatrie, das sie für sich nie erwogen hatte. Sie sagte Dr. Spitz, daß sie von der Vorstellung entsetzt sei, drei bis fünf Jahre lang vier- bis fünfmal in der Woche jeweils eine Stunde auf einer Ledercouch zu verbringen. Könnte sie nicht ebensogut, ja viel praktischer und billiger, zu ihren Schlafzimmerwänden oder den Blumen in ihrem Garten reden?

Dr. Spitz räumte ein, daß die Psychoanalyse nicht jedermanns Sache sei und daß es wirklich nur wenige Menschen gebe, die Zeit und Geld dafür aufbringen können. Er meinte jedoch, daß die Investition sich mehr denn lohnen würde, auch wenn Elisabeth jetzt noch so sehr dagegen eingenommen sei.

Sie blickte auf die Uhr auf dem Kaminsims und konnte kaum fassen, wie schnell die Zeit verflogen war. Dr. Spitz verbeugte sich mit altmodischer Höflichkeit, küßte ihre Hand und versicherte ihr lächelnd, daß es sein altes Herz ungemein erfreue, wenn eine junge Frau in seiner Gesellschaft die Zeit vergesse. (Sein altes Herz sollte bald aufhören zu schlagen. Das Gespräch mit Elisabeth war die letzte ausführliche Unterhaltung, die Dr. Spitz führte. Sie sah ihn nie wieder. Etwas später kehrte er in die Schweiz zurück, wo er verstarb.)

Dr. Benjamin war um zehn Jahre jünger als Dr. Spitz. Er war ein hagerer, unauffälliger Mann mit einem fast kahlen Kopf, nur an den Schläfen hatte er einige graue Haarbüschel. Er hatte sich als Schriftsteller und Dozent über eine Vielfalt psychiatrischer Themen und Verfahren einen Namen gemacht. Als Elisabeth ihn zehn Tage nach ihrem Gespräch mit Dr. Spitz aufsuchte, wußte sie nicht, daß auch er seinem Tode nahe war.

Wiederum erzählte sie ihre Lebensgeschichte und gestand ihr Gefühl der Rastlosigkeit. Sie sagte ihm, daß sie in einem staatlichen Krankenhaus gearbeitet und Patienten mit jeder Art von Psychose behandelt hatte. In dem hochspezialisierten Montefiore Hospital hatte sie Erfahrungen mit erwachsenen Neurotikern und psychisch gestörten Kindern gesammelt. Sie hatte mit Dr. Margolin an seinen psychophysiologischen Forschungsprojekten gearbeitet und Vorlesungen über Psychiatrie für Medizinstudenten gehalten. Von der Idee, eine Privatpraxis zu eröffnen, sei sie abgekommen, teils deshalb, weil sie sich nicht vorstellen konnte, von ihren Patienten die üblichen Honorare für Psychiater zu verlangen, und zweitens würde sie es nicht fertigbringen, den ganzen Tag über im Zimmer auf einem Stuhl zu sitzen. Sie wolle gerne unabhängig sein, ihre eigenen Maßstäbe setzen und ohne Hindernisse ihren Kurs steuern.

Wie sollte sie nun, mit all ihren Erfahrungen und einer vielleicht besonderen Begabung für die Kunst des Heilens und für Kommunikation, am besten ihre Zeit und Energie einsetzen?

Dr. Benjamin forderte sie auf, Genaueres über ihre Gefühle der Rastlosigkeit zu sagen und über die Hoffnung, von der sie gesprochen hatte, daß es irgendwo einen »noch verschleierten Horizont« gebe, dessen Erforschung ihr bestimmt sei. Sie spürte, daß ihre Gefühle und ihre Hoffnungen zueinander in Beziehung standen. Ihre Rastlosigkeit entsprang dem Bedürfnis, das Ziel ihres Lebens zu finden. Aber wo lag dieses Ziel?

Ebenso wie Dr. Spitz weigerte sich auch Dr. Benjamin, eine direkte Antwort auf diese Frage zu geben, und auch er riet ihr dringend, sich einer Psychoanalyse am Chicago Psychoanalytic Institute zu unterziehen.

Elisabeth wollte sich diesem Rat noch immer nicht beugen und suchte deshalb Dr. Margolin auf. Es war dumm von ihr gewesen, so meinte sie, daß sie mit ihrem Problem nicht gleich zu ihm gekommen war. Er kannte sie doch, vielleicht sogar besser als irgendein anderer Mensch. Sicher würde er sie verstehen und ihr einen angenehmeren und praktischeren Rat geben.

Noch einmal packte sie ihre Lebensgeschichte aus – wenigstens die Teile, die er noch nicht kannte – und sagte ihm, daß die Arbeit mit ihm ihr zwar sehr viel Freude mache, daß die psychophysiologische Forschung jedoch gewiß nicht ihre Lebensaufgabe sein könne.

Obwohl sie ihm von ihren Gesprächen mit den beiden anderen hervorragenden Psychiatern nichts gesagt hatte, legte Dr. Margolin ihr fast mit denselben Argumenten nahe, daß die Zeit gekommen sei, in der eine Psychoanalyse ihr sehr nützen würde, und auch er empfahl das Chicago Psychoanalytic Institute als den einzig möglichen und am besten geeigneten Ort, weil es für auswärtige Klienten dort besondere Vereinbarungen gab. Außerdem, setzte er hinzu, gebe es eine gute Flugverbindung von Denver nach Chicago. So könne sie ganz bequem zweimal in der Woche nach Chicago fliegen.

Frustriert bekannte Elisabeth nun, daß sie schon mit Dr. Spitz und Dr. Benjamin gesprochen und den gleichen Rat bekommen hatte. Er brach über diese Beichte in vergnügtes Lachen aus. Das Maultier, sagte er, braucht immer drei Schläge mit dem Stecken!

Elisabeth erhob andere Einwände. Die Kosten einer Psychoanalyse in Chicago würden horrend sein. Sie könne sich nicht vorstellen, wie sie ihren Mann und ihr Kind die halbe Woche sich selbst überlassen solle. Sie würde ihre Arbeit in seinem Labor einschränken müssen, und sie brauchte ihr Gehalt zur Abzahlung der Hypothek. Dr. Margolin ließ diese Einwände nicht gelten. Sicher könnte eine Lösung gefunden werden, wenn sie nur den Willen dazu hätte. Elisabeth sei sich vielleicht nicht bewußt, was für eine Ehre es sei, vom Chicago Analytic Institute akzeptiert zu werden. Mit Empfehlungen von Dr. Spitz, Dr. Benjamin und ihm selbst würde sie sicherlich hineinkommen.

Sie besprach den Plan mit Manny, und als sie ihr Familienbudget berechneten, waren sie beide nicht sehr glücklich über das Ergebnis. Manny meinte jedoch, daß Elisabeth den Chicagoer Plan ruhig in Angriff nehmen solle, wenn sie es wünsche, auch wenn sie sich das Geld vom Munde absparen müßten.

So sandte sie ihre Bewerbung an das Institut und legte die sehr positiven Empfehlungsschreiben ihrer drei Berater bei. Sie wurde zu einer Reihe von Interviews mit einer Gruppe von Analytikern eingeladen, die sie stundenlang ins Kreuzverhör nahmen und oft Dinge von ihr wissen wollten, die sie für völlig irrelevant hielt. So wurde sie zum Beispiel aufgefordert, ihre liebste Bibelgeschichte zu erzählen oder die Namen der von ihr am meisten geschätzten Künstler zu nennen. Sie mußte fachliche Fragen über Psychiatrie beantworten und ausführlich über ihre Gefühle Auskunft geben, was es für sie bedeutete, ein Drilling zu sein. Spaß hatte sie nur, als sie der ganzen Korona von einem Dutzend Analytikern ihre Einwände gegen die Psychoanalyse auseinandersetzte. Da sie so kostspielig und zeitaufwendig sei, liege sie außerhalb der Reichweite der breiten Bevölkerung. Aber sie interessiere sich in erster Linie für die gewöhnlichen Menschen, insbesondere für die Behinderten, die psychotischen und sterbenden Patienten, von denen kaum einer für eine Psychoanalyse in Frage käme.

Auf ihrem Rückflug nach Denver hoffte sie, daß man ihre Bewerbung ablehnen würde. Sie hatte gar kein gutes Gefühl bei diesem Pendelverkehr nach Chicago. Sie spürte, daß sie gegen den Strom ankämpfte, anstatt sich von ihm tragen zu lassen, wie damals, als sie sich um den Job in Indien beworben hatte.

Zu ihrem Erstaunen wurde sie jedoch zugelassen. Sie sollte ihre zweimal wöchentlich stattfindende Analyse im Juli beginnen und jeweils per Flug anreisen.

Seit ihrer Ankunft in Denver suchte sie in Zeiten der Verwirrung immer das Gebiet auf, in dem sie Frieden fand, nämlich die Wüste im Südwesten. Sooft sich eine Gelegenheit bot, fuhr sie jetzt zu den Pueblos hinaus. Sie schrieb in ihr Tagebuch:

»Welch ein wunderbares Gefühl der Zeitlosigkeit und Zugehörigkeit umfängt mich hier. Diese Indianer sind mein Volk, und wenn ich bei ihnen bin, fühle ich mich wie zu Hause. Ich nehme die Schönheit dieser Gegend, die wechselnden Farben, die Vegetation, den Geruch der Luft, das Gefühl des Windes und die Einsamkeit in mich auf. Ich sah heute zwei kleine Indianerkinder am Straßenrand sitzen – weit und breit keine Behausung, keine Erwachsenen. Ich hätte mich ohne weiteres zu ihnen setzen und für immer bei ihnen bleiben können . . . Gehöre ich wirklich dort hin?«

In dieser Zeit begann Elisabeth auch, indianisches Kunsthandwerk zu sammeln. Einmal sah sie in einem Indianerladen einen geflochtenen Korb auf einem Regal. Sie bat den Indianer, ihr den Korb zu zeigen, aber bevor sie ihn in Händen hielt, wußte sie, daß sie ihn schon früher einmal gesehen hatte. Ja sie hatte ihn nicht nur gesehen, sondern sogar selbst hergestellt. Es war, als ob sie etwas seit langem Verlorenes wiedergefunden hätte. Als Manny gegen den Preis Einspruch erhob, vermochte Elisabeth ihm nicht zu erklären, warum sie den dreifachen Preis gegeben hätte, um diesen Korb zu besitzen.

Im Frühjahr entdeckte Elisabeth, daß sie schwanger war. Sie hatte sich sehr nach einem zweiten Kind gesehnt, war jedoch wenig optimistisch. Seit der Geburt von Kenneth, als ihr Gebärmutterhals verletzt worden war, hatte sie dreimal eine Fehlgeburt erlitten und sich einem korrigierenden Eingriff unterzogen. Ein anderer Gynäkologe machte sie darauf aufmerksam, daß sie jede Vorsichtsmaßnahme ergreifen müsse, wenn sie ihr Kind austragen wolle. Um jeden Preis müsse sie Anstrengungen vermeiden. Nun hatte sie endlich eine legitime Entschuldigung, um ihre Psychoanalyse in Chicago aufzuschieben. Sie schrieb an das Institut, daß sie das Leben ihres Kindes durch die zweimal wöchentlichen, anstrengenden Flüge nicht riskieren könne.

Während der Schwangerschaft war Elisabeth bei ausgezeichneter

Gesundheit, hielt weiter Vorlesungen und arbeitete im Labor von Dr. Margolin.

In einem Projekt des Labors, das besonderes Interesse erregte, ging es um den Nachweis der physiologischen Auswirkung einer pessimistischen oder optimistischen inneren Haltung. Während einer Vorlesung fragte einmal ein Student, ob ein pathologischer Zustand von der Stimmung beeinflußt werden könne. Da Elisabeth keine Antwort parat hatte, ermunterte sie den Studenten, sich eine Methode zur Messung des Wachstums von Gewebe bei deprimierten und fröhlichen Menschen auszudenken. Das Ergebnis könne von weittragender Bedeutung sein. So ließe sich etwa feststellen, daß der Tumor eines depressiven Patienten schneller wächst als der gleiche Tumor eines Menschen mit heiterem Temperament.

Die Gruppe beschloß, die Wachstumsrate von Fingernägeln zu messen. Durch den Vergleich von Fotos von Fingernägeln, die sie über einen Zeitraum von mehreren Monaten jeden Tag aufnahmen, konnten sie das Wachstum genau messen. Die unterschiedlichen Wachstumsraten bei verschiedenen Persönlichkeitstypen brachten interessante Resultate, und der Student, der dieses Projekt durchgeführt hatte, erhielt eine Auszeichnung für diese originelle Forschungsarbeit. Diese Art der Experimente des Margolin-Labors erweckte außerordentliche Begeisterung in der Medizinischen Fakultät.

Es kommt Elisabeth jetzt merkwürdig vor, daß sie ihre Vorlesung über das Thema Tod und Sterben nicht fortsetzte. Das Fachgebiet der Psychiatrie war so groß, daß die Themen ihrer folgenden Vorlesungen sich notgedrungen an das Curriculum halten mußten und sich über das ganze Feld der Psychophysiologie und Psychopathologie erstreckten. Sie machte starke Anleihe an den Fundus der »Perlen« von Dr. Margolin und interpretierte das Wissen und die Gelehrsamkeit ihres Mentors. Die Studenten waren dankbar für diese Teamarbeit, durch die das Genie Dr. Margolins einer jüngeren Ärztegeneration vermittelt werden konnte.

Sooft sich die Möglichkeit ergab, schloß Elisabeth eine Demonstration an ihre Vorlesung an, wie damals, als Linda an ihrer Lehrveranstaltung über den Tod teilgenommen hatte. Um den theoretischen Rahmen der Vorlesung mit praktischen Erfahrungen zu füllen, forderte Elisabeth die Studenten auf, freiwillig erschienenen Patienten Fragen zu stellen. Sie staunte selbst, wie beliebt dieser Unterrichtsstil war, und ihre Kurse waren immer überbelegt. Wenn der Unterricht sowohl provokativ als auch relevant ist, so erkannte sie, nehmen die Studenten wichtige Daten ohne Mühe auf.

Sie setzte ihre Arbeit bis zu Beginn des neunten Monats ihrer Schwangerschaft fort. Am ersten Freitag im Dezember beendete sie eben eine Vorlesung über psychosomatisches Asthma und streckte gerade den Arm aus, um wesentliche Angaben auf der Tafel zu unterstreichen, als sie spürte, daß in ihrem Leib etwas vor sich ging. Einige Sekunden später merkte sie, daß die Fruchtblase geplatzt war und ihren Rock durchnäßt hatte.

Sie setzte sich, und der Tisch, der vor ihr stand, rettete sie vor einer peinlichen Situation. Sie machte rasch einige abschließende Bemerkungen und rief dann den Studenten, der das Auditorium als letzter verließ, zurück. Ohne einen Grund anzugeben, bat sie ihn, ihren Mann anzurufen und ihm auszurichten, daß er sie sofort mit dem Wagen abholen solle. Es sei dringend.

Als Manny angekommen war, fuhren sie sogleich in die Ordination ihres Arztes, der ihr versicherte, daß sie nach Hause gehen und sich in Ruhe auf die Geburt vorbereiten könne, da die Wehen noch nicht eingesetzt hätten. Er wolle noch, wie geplant, ein Wochenende Golf spielen. Wenn sie kein Fieber oder andere Beschwerden bekäme, würde er sie erst am Montag wiedersehen. Elisabeth war einverstanden und freute sich auf das Wochenende mit Manny und Kenneth. Sie verbrachte den Samstag und Sonntag damit, Mahlzeiten vorzukochen und im Kühlschrank zu verstauen, damit ihre Familie etwas zu essen hatte, wenn sie in der Klinik lag.

Am Montag erwachte sie zeitig in der Frühe und fühlte sich elend. Sie hatte kein Fieber, aber ihr Leib war so hart wie ein Brett. Manny machte sich Sorgen um sie und fuhr sie schnell in das katholische Krankenhaus, in dem sie angemeldet war. Es wurde sofort eine Bauchfellentzündung festgestellt, und wegen dieser schweren Infektion waren die Überlebenschancen ihres Kindes gering. Wenn es überhaupt eine Chance für das Kind gab, durfte sie um keinen Preis ein Betäubungs- oder Schmerzmittel erhalten. Die Wehen wurden sofort eingeleitet, und was sie während der nächsten achtzehn Stunden durchmachte, schildert Elisabeth als »einen unbeschreiblichen Alptraum«. Trotz ihrer flehentlichen Bitten und Schmerzensschreie wurde ihr sogar das leichteste schmerzlindernde Mittel verweigert. Manchmal konnte sie nicht mehr atmen, und zweimal setzte ihr Herz aus. Die Kruzifixe an der Wand erinnerten sie an das Zimmer, in dem Seppli gelitten hatte und gestorben war, und es gab

Augenblicke, in denen sie ernstlich zu sterben wünschte. Ihr entzündeter Leib war so empfindlich, daß die leiseste Berührung einen neuen Krampf auslöste. Schließlich brachte man sie in den Kreißsaal, wo das Pflegepersonal ständig anwesend war.

Den Gesprächen an ihrem Bett entnahm sie, daß die katholischen Mediziner mehr daran interessiert waren, das Leben ihres Kindes als ihr eigenes Leben zu retten. Sie gewann die Überzeugung, daß sie deshalb diese unerträglichen Schmerzen leiden mußte, weil das kirchliche Dogma nicht gestattete, das Leben eines Kindes zu riskieren, das noch nicht geboren werden, aber auch nicht länger im Mutterleib bleiben konnte. Wie bei ihrer ersten Entbindung wurde auch diesmal die Gelegenheit für einen Kaiserschnitt verpaßt.

Elisabeth meint heute, daß sie mit der Hilfe von Hypnose eine so gut wie schmerzlose Geburt hätte haben können, und sie blickt immer noch auf die Geburt von Barbara als die »grausamste, unmenschlichste Erfahrung« zurück, die sie je durchmachen mußte.

Der Alptraum endete mit Barbaras erstem Schrei. Sie wog nur drei Pfund und zweihundert Gramm und mußte in einen Brutkasten gelegt werden.

Elisabeth hatte nur den einen Wunsch, diese Klinik zu verlassen, die sie an die Schrecken ihrer Niederkunft erinnerte. Sie wollte nach Hause in ihren Garten und zu ihrer Familie. Sie dachte daran, wie ihre Mutter gegen den entschiedenen Widerstand der Ärzte ihre Drillinge nach Hause genommen hatte, wo sie die Säuglinge rund um die Uhr betreuen konnte, und so war auch sie der Meinung, daß die Überlebenschancen der winzigen Barbara von der ununterbrochenen Pflege abhingen, die nur sie allein ihrem Kind geben konnte und geben wollte. Elisabeth verließ das Krankenhaus bereits nach drei Tagen und kehrte nur zurück, um ihr Kind mit Muttermilch zu versorgen. Eine Woche später, als Barbara um fünfzehn Gramm zugenommen hatte, zog Elisabeth ihren weißen Arztkittel an und ging auf die Säuglingsstation, wo sie persönlich Barbaras sofortige Entlassung anordnete.

Als sie erst einen Tag zu Hause war und Barbara stillte, eröffnete Manny ihr, daß er sich gerne nach einer anderen beruflichen Stellung umsehen würde. Als einziger Neuropathologe in Denver fehlte ihm der Anschluß an Fachkollegen. Die Neuropathologie war eine noch relativ junge Wissenschaft, und er empfand oft das Bedürfnis, sich mit anderen Neuropathologen zu beraten und Gedanken auszutauschen.

Nachdem sie darüber gesprochen hatten, willigte Elisabeth in eine Übersiedlung ein. Vielleicht würde sie dann auch ihre Unruhe loswerden. Sie machten sich sofort daran, Bewerbungen an eine Reihe großer medizinischer Hochschulen zu schicken, und hofften, daß eine darunter sein würde, die sowohl einen Neuropathologen als auch eine Psychiaterin brauchte.

Da sie erst in einem Monat Antwort von dem Dutzend Hochschulen, die sie angeschrieben hatten, erwarten konnten, entschloß Elisabeth sich impulsiv, den Rest ihres Karenzurlaubs für eine Reise in die Schweiz zu verwenden. Barbara, mit ihrem rosigen, fast noch kahlen Köpfchen und ihren haselnußbraunen Augen, hatte sich gemausert und wog jetzt ungefähr fünf Pfund. Elisabeth war ungeheuer stolz auf ihr schönes Baby, das nur eine fünfzigprozentige Überlebenschance gehabt hatte.

Manny fuhr Elisabeth, Kenneth und seine winzige Tochter zum Flughafen von Denver, wo eine Flugverzögerung wegen schlechten Wetters im Umkreis von New York angesagt wurde. Die Meldung beunruhigte Elisabeth, und sie ahnte, daß eine Gefahr auf sie zukam.

25
Das Neuland rückt näher

Bis die Stewardessen das Essen servierten, verlief der Flug nach New York ungewöhnlich ruhig. Barbara lag vergnügt in einer Reisetragtasche zu Elisabeths Füßen, und Kenneth, der seines Spielzeugs und der Bilderbücher überdrüssig war, quengelte. Die Stewardessen stellten die Tabletts – als Hauptgericht gab es Gulasch – auf die Klapptische.

Plötzlich spürte Elisabeth wiederum eine drohende Gefahr, obwohl keinerlei Anzeichen dafür vorhanden waren. Die Stewardessen schoben noch immer ihre Rollwagen mit dem Essen durch den Mittelgang, und auf der anderen Seite lachten grölend zwei Männer, die wie Geschäftsleute aussahen und offensichtlich zuviel getrunken hatten.

Einen Augenblick erstarrte Elisabeth vor Schreck. Dann schob sie schnell ihr Eßtablett auf Kenneths Klapptisch und legte dem Jungen trotz seiner Proteste den Sicherheitsgurt an. Sie schnallte auch sich an und nahm Barbara aus der Tragtasche.

In Sekundenschnelle und ohne vorherige Warnung geriet das Flugzeug in ein Luftloch und fiel steil ab wie ein Stein. Die Kabine füllte sich mit den Schreien der Passagiere, von denen viele von ihren Sitzen geschleudert wurden. Eßtabletts und Handgepäck kugelten durcheinander, und Sauerstoffmasken fielen aus ihren Behältern. Einige Passagiere wurden verletzt und von dem heißen Essen verbrannt. Das Gesicht der Stewardeß, die ihnen das Essen serviert hatte, war arg zerschnitten, und einer der halb betrunkenen Männer lag, anscheinend bewußtlos, im Mittelgang.

Elisabeth und die Kinder kamen ungeschoren davon, aber die Reisetragtasche, aus der sie vor wenigen Augenblicken das Baby gerissen hatte, war überschwemmt von Gulasch. Wäre Barbara noch darin gelegen, so hätte sie vielleicht Verbrennungen erlitten, auch wenn sie nicht mit Gewalt herausgeschleudert worden wäre.

Während sie Barbara an ihre Brust drückte und Kenneth beschwichtigte, suchte Elisabeth nach einer Erklärung für ihre Ahnung. Nach Sepplis allzu frühem Tod hatte sie oft über Leben und Tod nachgedacht und über die intuitive Führung, die manchen Menschen von Zeit zu Zeit zuteil wird. Sicher mußte es irgendeine schützende Macht geben und eine Form der Kommunikation, die keine Wissenschaft erklären kann. Wie sollte sie die deutliche Warnung vor der Gefahr, die von den Radargeräten des Flugzeugs nicht gemeldet worden war, sonst auffassen?

Aber jetzt mußte sie Ordnung machen und Kenneths Tränen trocknen, und so schob sie diese Gedanken beiseite. Später konnte sie über dieses Rätsel weiter nachdenken und vielleicht mit Leuten darüber sprechen, die einen stärkeren religiösen Glauben hatten als sie.

Auf dem La-Guardia-Flughafen wurde sie von den zuvorkommenden Angestellten der Swissair empfangen, die sich um alles kümmerten und sogar für frisches Bettzeug für Barbara sorgten. Der Rest des Fluges verlief reibungslos.

Als sie in der Schweiz gelandet waren, freute Elisabeth sich über das Wiedersehen mit ihrer Mutter und wollte hören, was es in der Familie Neues gab. Erika führte ihr voll Stolz ihren Sohn Thomas, Elisabeths Patensohn, vor. Und Elisabeth war nicht weniger stolz auf Kenneth und ihre kleine Tochter. Eva, deren zweite Ehe offensichtlich glücklich war, kam von Basel, ihrem neuen Wohnsitz, nach Zürich. Doch Elisabeth schrieb in ihr Tagebuch:

»Ich habe meine Schwestern herzlich gern und weiß, daß wir im Notfall alles tun würden, um einander zu helfen. Aber abgesehen von

unseren Kindern und unserem gemeinsamen Milieu, sind unsere Interessen jetzt sehr verschieden. Ich kann Gesprächen über häusliche, kantonale, ja sogar nationale Angelegenheiten wenig abgewinnen ... Ich werde für mein Schweizer Erbe immer dankbar sein, aber meine gefühlsmäßigen Bindungen an die Schweiz sind so schwach geworden, daß ich sie zerreißen könnte, ohne eine Träne zu vergießen. Ich fühle mich tatsächlich in Amerika mehr zu Hause als im Land meiner Geburt.«

Auch das schlechte Wetter dämpfte ihre Hoffnung auf einen erholsamen Urlaub. Es regnete in Zürich fast jeden Tag, und ein scharfer Wind pfiff durch die Stadt, die sie früher immer für farbig und aufregend gehalten hatte, die ihr jetzt jedoch kalt und grau vorkam. Sie spürte die Kälte bis in die Knochen, und nur unter ihrer Daunendecke wurde ihr warm. Sie zitterte vor Kälte in ihrem Elternhaus und in den Geschäften und zankte mit Frau Kübler und ihrer Schwester wegen der niedrigen Zimmertemperaturen. Der Streit nahm absurde Ausmaße an, und sie schob der schweizerischen Sparsamkeit die Schuld für ihr Unbehagen zu. Dann bekam Barbara eine Erkältung und wurde ernstlich krank. Es mußte ein Kinderarzt gerufen werden, und zwei Tage lang hing ihr Leben an einem Faden. Elisabeth mußte das Haus hüten, das im Vergleich mit den überheizten amerikanischen Häusern bitter kalt war, mußte sich um die richtige Luftfeuchtigkeit, um Babynahrung und Barbaras Fieber kümmern und konnte Kenneth nicht in die Berge mitnehmen, wie sie es sich gewünscht hatte. Ihre Hoffnung, daß Barbara in der Schweizer Luft besser gedeihen würde, erfüllte sich nicht. Sie atmete erleichtert auf, als sie nach Amerika zurückkehrte.

Manny begrüßte sie mit der Nachricht, daß sie von zwei Städten positive Antworten auf ihre Stellengesuche bekommen hätten: von Albuquerque, der Hauptstadt von Neu-Mexiko, und Chicago. Weil sie den Südwesten und die Indianerkultur liebte, wäre Elisabeth am liebsten nach Albuquerque gegangen, aber das bessere Angebot für Manny kam von dem Northwestern University Medical Center in Chicago, das mit dem Wesleyan Memorial Hospital verbunden war. Elisabeth hatte drei Stellenangebote aus Chicago, aber keines davon schien ihr besonders aufregend zu sein.

Als gute Ehefrau willigte sie ein, mit ihrem Mann nach Chicago zu gehen, behielt sich jedoch die Entscheidung vor, ob sie überhaupt wieder in eine Universitätsfakultät eintreten wollte. In Chicago gab es schließlich auch Krankenhäuser ohne Lehrbetrieb und andere Institutionen, die eine Psychiaterin brauchen konnten. Außerdem nahm sie zur Kenntnis, daß die Übersiedlung nach Chicago es ihr bequem ermöglichte, ihre Psychoanalyse am Psychoanalytic Institute zu beginnen.

Sie überließ die Kinder der Obhut Margits, die mit ihr aus der Schweiz zurückgekehrt war (Kenneth ging bereits in den Kindergarten), und flog mit Manny Anfang März nach Chicago, um sich vorzustellen und sich die Stadt anzusehen. Sie war von Chicago überwältigt. Wie sollte sie sich nur an dieses Getriebe und dieses Wetter gewöhnen nach der frischen, klaren Luft von Colorado?

Sie hatten sich eine ganze Woche freigenommen, um die Stadt kennenzulernen und vielleicht eine Stelle für Elisabeth zu finden. Sie wollten sich möglichst schnell mit der Stadt vertraut machen und den richtigen Ort finden, wo sie wohnen wollten.

Sie suchte zuerst das Psychoanalytic Institute auf, wo sie Bescheid erhielt, daß sie im Juli mit ihrer Analyse anfangen könne. Dann hatte sie eine Verabredung im Zentrum für behinderte Kinder, das ihr ein Bekannter aus Denver empfohlen hatte.

Als sie die Runde durch die Krankensäle und Aufenthaltsräume des Zentrums machte, konnte sie nur mit Mühe die Tränen zurückhalten. Nicht einmal am Manhattan State Hospital hatte sie so Fürchterliches gesehen. In einem Raum sah sie Kinder unbestimmten Alters mit greisenhaften Gesichtern, deren Körper und Verhalten jedoch infantil waren. In einem anderen Zimmer sah sie Kinder mit riesigen Wasserköpfen, und ein dritter Raum war voll von Kindern, die stumpfsinnig zur Decke starrten und auf ihre Berührung, ihre Worte und ihr Lächeln überhaupt nicht reagierten.

Am Ende des Rundgangs wandte Elisabeth sich an die teilnahmsvolle Frau, die sie durch das Zentrum geleitet hatte, und sagte, daß sie bereit sei, ihren Mantel auszuziehen und auf der Stelle mitzuarbeiten. Sie sehnte sich danach, wie sie es in ihrem Tagebuch ausdrückte, »den Kindern irgendeine Art von Leben zu ermöglichen«.

Doch Manny, der Pragmatiker, dämpfte ihren Eifer. Am Abend, als sie in ihrem Hotel waren, machte er sie darauf aufmerksam, daß das Zentrum in einer besonders gefährlichen Gegend lag und schwer zu erreichen war und daß es vernünftiger wäre, wenn sie sich zuerst um die Sicherheit ihrer eigenen Kinder kümmerten. Sie solle sich nach einer Arbeit umsehen, die nicht weit von zu Hause entfernt sei, und ihr Heim sollte in einer Gegend liegen, wo sie Kenneth und

Barbara aufwachsen lassen könnten, ohne sich ständig Sorgen um ihre Sicherheit und ihre Gesundheit machen zu müssen.

Nach einem Besuch und einem Interview am Michael Reese Hospital hatte sie noch eine letzte Verabredung in der psychiatrischen Abteilung des weitläufigen Billings Hospitals der Universität von Chicago. Der Vorstand hatte sich kürzlich zurückgezogen, und seinem überarbeiteten Stellvertreter war es sichtlich darum zu tun, das formelle Interview so rasch wie möglich abzuschließen. Die Einrichtungen machten auf Elisabeth sofort einen sehr guten Eindruck. Sie suchte eine Stelle, wo sie entweder auf einer Krankenstation oder in der psychologischen Beratung und verwandten Einrichtungen arbeiten konnte. Man bot ihr eine Position als Professorin für Psychiatrie an. Sollte sie das Angebot annehmen, würde sie in ihren Aufgabenbereich eingeführt werden. Sie hätte auch die Gelegenheit, Unterricht zu erteilen.

Ein besonderer Vorteil dieser Stellung lag darin, daß ihre Kinder in der ausgezeichneten »Laboratory School« unmittelbar neben der Universität von Chicago vorrangig aufgenommen würden.

Diese Aussichten würden zu einem neuen Lebensrhythmus führen. Vom Billings Hospital brauchte sie nur fünfzehn Minuten nach Marynook zu fahren, einer kleinen Enklave hübscher Eigenheime, wo vor allem jüngere Fakultätsmitglieder und andere Leute wohnten, die mit der Universität von Chicago in Verbindung standen. In diesem Viertel gab es keine Rassentrennung, und weiße und schwarze Bewohner schienen harmonisch zusammenzuleben. Elisabeth und Manny parkten ihr Mietauto und gingen die Straßen unter Bäumen entlang. Sie freuten sich über den Anblick vieler radfahrender Kinder, über die Spielsachen auf den gepflegten Rasenflächen und die Schaukeln in den Gärten. Die Gegend gefiel ihnen, insbesondere als ihnen ein Makler ein ziemlich modernes, einstöckiges Haus mit drei Schlafräumen zeigte. Dieses Haus konnten sie ab 1. Juni mieten.

Sie waren zuversichtlich, daß sie die Stellungen an der Universität bekommen würden, und sicherten sich das Haus mit einem Scheck für zwei Monatsmieten.

Wieder einmal hatte Elisabeth das entschiedene Gefühl, daß sie auf dem rechten Weg war, und in einem Brief an Erika schrieb sie:

»Ich empfinde sehr stark, daß es einen guten Grund dafür geben muß, und zwar abgesehen von der Möglichkeit, an das Psychoanalytic

Institute zu gehen, daß wir nach Chicago übersiedeln. Manny fühlt sich in dieser riesigen Metropole als Stadtmensch natürlich völlig zu Hause. Wenn sich nicht alles so gut gefügt hätte, samt einem prima Kindergarten für Kenneth, würde ich einem Haus auf dem Lande nachtrauern. Vielleicht kriegen wir es einmal ... Ich glaube, das eigentlich Ausschlaggebende war für mich, daß wir schon eine Haushälterin gefunden haben. Die Leute, die jetzt das Haus bewohnen, das wir mieten werden, haben eine ältere Negerin, Leola Ellis, die bei uns bleiben und bei uns arbeiten wird. Die jetzigen Mieter schildern sie als eine Perle, und ich glaube es ihnen. Ich hatte immer gehofft, daß ich für meine Kinder eine Kinderfrau wie Leola finden würde, weil ich möchte, daß sie mit einem wirklichen Verständnis für die Schwarzen aufwachsen.«

Kurz nach ihrer Rückkehr nach Denver erhielten Elisabeth und Manny die Bestätigung ihrer Posten in Chicago. Auf einer der Abschiedspartys, die zu Ehren des Ehepaars gegeben wurden, versicherte Dr. Margolin Elisabeth, daß er so lange, wie er an der Universität von Colorado tätig sei, eine Stelle für sie offenhalte, falls sie jemals zurückkehren wolle.

Sie schrieb an Dr. Spitz und teilte ihm die Neuigkeiten mit, die Geburt ihres Kindes und ihre Absicht, die Analyse im Juli zu beginnen. In seiner Antwort brachte Dr. Spitz seine Freude darüber zum Ausdruck. Obwohl die Freudsche Methode nicht unbedingt Wunder wirkt, so war er doch zuversichtlich, daß Elisabeth durch sie ein viel besseres Verständnis ihrer selbst und ihrer Motive bekommen und dadurch eine bessere Lehrerin werden würde.

Sie horchte bei diesem Wort auf. »Eine Lehrerin!« rief sie aus. Sollte sie denn eine Lehrerin sein?

Sie besuchte auch Dr. Benjamin, der mit einer ernsten Krankheit in der Klinik lag. Als Geschenk für ihn rief sie innerhalb der Universität zu Blutspenden für ihn auf und war betrübt, als sie erfuhr, daß sie selbst keines spenden durfte, weil sie nur hundert Pfund wog.

An dem Tag, als das Haus in der 17. Avenue verkauft wurde, stand Elisabeth nachdenklich am Fenster ihres Wohnzimmers und sah in den von ihr gestalteten Garten hinaus, in dem jetzt Schweizer Blumen, einschließlich Edelweiß und der blauen Wegwarte, blühten. Nach einem Augenblick wandte sie sich achselzuckend ab. Sie erlaubte sich nie, bei sentimentalen, nostalgischen Gedanken zu verweilen. Vor langer Zeit – in Meilen, in Ecurcey, in Belgien und Polen – hatte sie gelernt, daß sie sich den Luxus, der Vergangenheit nachzuhängen, nicht leisten konnte. Sie würde ihre drei Jahre in Denver immer als gute Jahre, als glückliche, anregende und erfüllte Jahre ansehen, und sie würde mit Dankbarkeit, aber nicht mit Wehmut an sie zurückdenken. Sie nahm sich vor, immer in der Gegenwart zu leben – fröhlich, wenn sie konnte, aber wenn es sein mußte, zäh und verbissen kämpfend – und sich nicht nach der Vergangenheit zu sehnen.

Zwei Wochen vor ihrer Abreise von Colorado bat Elisabeth ihren Mann, noch einmal mit ihr auf das Land zu den Indianern hinauszufahren. Sie kamen nicht bis nach Monument Valley, wo sie ihr seltsames Déja-vu-Erlebnis gehabt hatte, doch es überkam sie wieder eine felsenfeste Überzeugung, daß sie schon einmal unter Indianern gelebt hatte. Diesmal teilte sie Manny ihre Empfindungen mit. Er sagte, daß sie sich dies einbilde. Sie bekannte, daß es ihr schwerfiel, ihren wissenschaftlich geschulten Verstand mit dem sich vertiefenden Glauben in Einklang zu bringen, daß es Faktoren gab, Mysterien und andere Bewußtseinsebenen, die sich einer wissenschaftlichen Erklärung entzogen. Wie erklärte die Wissenschaft ihre Intuition, auf die sie sich bei ihrer Behandlung von Kranken so stark verließ? Sie erzählte ihm jetzt erst ihre ungewöhnliche Ahnung einer Gefahr, als sie mit den Kindern nach New York geflogen war. Seine Skepsis bekümmerte sie, und sie dachte mit Sorge daran, daß die Unterschiede ihrer Anschauungen zu einer Kluft zwischen ihnen führen könnten, die eines Tages nicht mehr zu überbrücken wäre.

Sie fuhren über den Yellowstone Park nach Chicago und erfüllten damit das Versprechen, das sie Kenneth gegeben hatten, ihm Geysire und Bären zu zeigen. Nach zehn gemütlichen Reisetagen fuhr Manny vor ihrem gemieteten Haus in der Kimbark Avenue vor. Mit Leolas Hilfe, die beide Kinder sofort ins Herz schloß, überstanden sie gut das Auspacken und Einrichten und schlossen rasch Bekanntschaft mit ihren Nachbarn. Am ersten Montag im Juli mußten sie ihren Dienst antreten.

Am letzten Freitagabend im Juni hob Elisabeth das eben erst installierte Telefon ab. In einem schroffen, überheblichen Ton stellte der Anrufer sich vor. Er sei ihr Analytiker am Chicago Psychoanalytic Institute, und sie solle am nächsten Montag um elf Uhr bei ihm vorsprechen. Elisabeth erklärte ihm, daß dies unmöglich sei, da sie an diesem Tag ihren Dienst im Billings Hospital antreten müsse.

Mit erhobener Stimme fuhr er sie an, daß sie sich wohl der außerordentlichen Ehre, vom Institut aufgenommen zu werden, nicht bewußt sei. Sie nehme wohl nicht zur Kenntnis, daß er volle Termine habe, und wenn sie am Montag um elf Uhr nicht in seinem Büro erscheine, würde er sie von der Liste seiner Klienten streichen. In diesem Fall bezweifle er, daß irgendein anderer Analytiker am Institut sich mit ihr befassen würde. Damit knallte er den Hörer hin.

Elisabeth war wie vom Donner gerührt. Noch nie hatte sie eine solche Grobheit erlebt. Da sie der Analyse ohnehin mit ambivalenten Gefühlen entgegensah, hätte sie es bei dieser Bekanntschaft mit der häßlichen Stimme des Analytikers vermutlich bewenden lassen, wenn die drei Weisen in Denver, deren Wert sie kannte, sie nicht zur Analyse gedrängt hätten. Sie wollte wenigstens wissen, was mit diesem Mann los war!

Am Montag erschien sie zusammen mit einem Dutzend anderer neu angestellter Psychiater im Billings Hospital. Weil der neue Vorstand erst ernannt werden mußte, ergab sich eine längere Verzögerung, so daß sie, ohne daß es jemand bemerkte, für zwei Stunden verschwinden konnte.

Sie nahm ein Taxi und kam fünf Minuten zu früh zu ihrem Analytiker. Da sie vor dieser ersten Begegnung mit einem offensichtlich aggressiven Typ etwas nervös war, zündete sie sich eine Zigarette an. Sie merkte erst nicht, daß die Tür in das Arbeitszimmer des Analytikers sich öffnete, aber dann hörte sie eine zornige, bekannte Stimme, die ihr befahl, die Zigarette auszudrücken.

Elisabeth gibt zu, daß sie die Erinnerung an das Gesicht des Mannes, der ihr Analytiker werden wollte, »verdrängt« hat. Sie weiß nichts mehr, außer daß er »irgendwie dunkle Haare und ein rotes Gesicht« hatte.

Dieses Gesicht sah sie finster an, als sie sich umdrehte. Mit einer Handbewegung forderte der Analytiker sie auf, in sein Zimmer zu treten, und deutete dann mit dem Daumen auf einen ledergepolsterten Sessel. Soweit sie sich erinnern kann, waren die ersten Worte, die er an sie richtete: »Fangen Sie an!« Sie sah ihn fragend an. Er sagte, sie solle anfangen, über ihr Leben zu sprechen.

Zögernd begann sie zu erzählen, daß sie ein Drilling sei; sie sprach über ihre Geburt und frühe Kindheit, aber sie hatte noch keine drei Minuten gesprochen, als das rote Gesicht vor ihr sich wie im Schmerz verzerrte. Sie fragte ihn, ob etwas nicht in Ordnung sei.

Er warf seinen Bleistift auf den Tisch. In der Tat sei etwas nicht in Ordnung! Elisabeth habe offenbar einen Sprachfehler, weil er nur jedes fünfte Wort von ihr verstehen könne. Es hätte wenig Sinn, eine jahrelange Analyse zu beginnen, bevor sie sich einer Sprechtherapie unterzogen und gelernt hätte, die englische Sprache richtig zu artikulieren.

Sie starrte ihn an, und dann wurden ihre Wangen rot vor Zorn. Sie sagte, sie habe zwar einen unverkennbaren ausländischen Akzent, sei aber immerhin drei Jahre lang Dozentin an der Universität von Colorado gewesen, und niemand hätte sich je darüber beklagt, daß er sie nicht verstanden hätte.

Sie erhob sich, strich ihren Rock glatt und sagte mit eisiger Stimme, daß sie auch ohne Kommunikationsproblem nicht daran dächte, ihre Zeit und ihr Geld für eine Analyse bei einem so groben und aggressiven Menschen zu verschwenden. Sie rauschte mit so viel Haltung aus dem Zimmer, wie sie aufbringen konnte.

Im Billings Hospital schien niemand sie vermißt zu haben. Ein älterer Kollege teilte ihr mit, daß ihre Aufgaben hauptsächlich darin bestünden, Vorlesungen über Psychiatrie zu halten und die stationären Patienten der psychiatrischen Abteilung zu betreuen. (Später würde sie diese Abteilung ganz übernehmen und als psychiatrische Fachberaterin für die medizinischen und chirurgischen Stationen tätig sein.) Sie schöpfte Mut. Sie durfte wieder Ärztin sein!

Manny, der zur Northwestern University einen viel weiteren Weg hatte, holte sie um fünf Uhr mit dem Auto ab. Sie teilten einander mit, was sie an diesem ersten Tag erlebt hatten, und sie erzählte ihm von ihrer kurzen, unangenehmen Unterredung mit dem Analytiker. Vermutlich hatte sie nun ihre Chancen am Psychoanalytic Institute verdorben, aber sie würde es verschmerzen.

Zu ihrer Überraschung rief der Analytiker am Abend wieder an. Er forderte sie auf, noch einmal zu ihm zu kommen. Sie willigte zögernd ein, nur um ihre gegenseitige Antipathie zu klären, und begab sich am folgenden Tag wieder in sein Büro. Sie erklärte sofort, daß sie nur gekommen sei, um ihre Beziehung offiziell abzubrechen. Er ignorierte diese Bemerkung völlig, als ob sie ein widerspenstiges Kind wäre, und forderte sie auf, weiter über ihr Leben zu sprechen. Sie schüttelte den Kopf, und da sie wußte, daß eine jahrelange Analyse bei einem so arroganten, gefühllosen Mann ihr nichts bringen würde, stand sie auf und ging hinaus.

Obwohl sie froh darüber war, ihn los zu sein, plagte sie doch das Gewissen, weil sie den dreifachen Rat ihrer Mentoren aus Denver zunächst nicht befolgt hatte. Daher schrieb sie an das Institut und bat, ihr einen anderen Analytiker zuzuweisen. In ihrem Brief erläuterte sie taktvoll die gegenseitige Abneigung zwischen ihr und dem Mann, der ihr offiziell zugeteilt worden war.

Sie wartete noch auf eine Antwort, als ihr der Name von Dr. Helmut Baum genannt wurde. In der Kantine des Billings Hospitals sprachen zwei Kollegen begeistert von ihrer Analyse bei Dr. Baum. Es konnte kein Zufall sein, daß am gleichen Tag ein dritter Kollege den Namen von Dr. Baum erwähnte. »Zufälle« dieser Art machten sie immer hellhörig, und wenn sie sich in der Vergangenheit danach gerichtet hatte, kam sie immer gut vorwärts. Also schrieb sie an Dr. Baum an das Psychoanalytic Institute und ersuchte ihn um ein Gespräch. Dr. Baum war ein österreichischer Jude, und seine Gabe des Zuhörens und Verstehens erinnerte sie an Dr. Margolin. Er hatte graues Haar, dunkelbraune Augen und einen geraden, festen Mund unter einer Adlernase. Als geschulter Analytiker verhielt er sich zunächst distanziert und war erst viel später bereit, ihr seine persönlichen Gedanken mitzuteilen und von seinem eigenen Leben zu erzählen. Dann erfuhr sie, daß er in der Schweiz gelebt und neben Evas Haus in Basel gewohnt hatte. In seinen jungen Jahren war er ein passionierter Bergsteiger gewesen, und es stellte sich heraus, daß er und Elisabeth auf dieselben Gipfel geklettert und über dieselben Gletscher gegangen waren.

In ihrem ersten Gespräch vertraute sie ihm an, weshalb sie ins Institut gekommen sei und welche Vorbehalte sie gegen die Psychoanalyse habe. Nach ihrer Erfahrung mit dem ersten Analytiker, der ihr zugewiesen worden war, hätte sie den Gedanken an eine Analyse ganz aufgegeben, wenn die drei Psychiater aus Denver ihr nicht so dringend dazu geraten hätten. Er nickte verständnisvoll. Er sei bereit, sie als Klientin anzunehmen, aber sie wisse wohl, worauf sie sich einlasse. Eine Analyse bedeute vier einstündige Sitzungen pro Woche, die sie, je nachdem, welche Fortschritte sie machte, vier bis fünf Jahre durchhalten müsse.

Elisabeth erinnert sich deutlich an ihr intuitives Gefühl nach Beendigung ihres ersten Gespräches mit Dr. Baum. Als sie von ihrem Sessel aufstand und ihm die Hand reichte, konnte sie nur mit Mühe der Versuchung widerstehen, ihm zu sagen, daß sie wisse, daß er ihr neuer Lehrmeister werden würde, wie Professor Amsler und Dr. Margolin es früher gewesen waren.

Elisabeth erinnert sich, daß sie eine Erregung empfand und eine Gewißheit, dem Neuland des Wissens und Verstehens, von dem sie seit ihrer Kindheit geträumt hatte, nun sehr nahe zu sein.

26 „Die Sterbenden sind meine Lehrer"

An einem Nachmittag, fast genau drei Monate nachdem Elisabeth mit ihrer Arbeit am Billings Hospital begonnen hatte, saß sie bei geschlossener Tür in ihrem Arbeitszimmer. Sie schloß ihre Tür selten, weil sie aus Prinzip jeden – vor allem Studenten und Schwestern – ermutigen wollte, hereinzukommen und alles mit ihr zu besprechen, was ihnen am Herzen lag. An diesem Nachmittag war sie jedoch gerade dabei, eine Vorlesung über psychosomatische Medizin auszuarbeiten, die sie in weniger als einer Stunde zu halten hatte.

Als sie ein Klopfen an ihrer Tür vernahm, war sie daher ungehalten über die Störung, rief den Besuch jedoch herein. Vier junge Männer traten ein. Ihr Sprecher, ein schlaksiger, blonder Jüngling in einem sportlichen Jackett mit aufgenähten Lederflicken an den Ellbogen, bemerkte ihre gerunzelte Stirn und entschuldigte sich für die Störung. Er und seine Freunde seien Studenten an dem nahegelegenen Theologischen Seminar. Sein Bruder, der in Denver Medizin studierte, hatte ihm eine Abschrift ihrer Vorlesung über den Tod und die Sterbenden geschickt. Er und seine Freunde seien davon tief beeindruckt gewesen.

Der Sprecher erklärte, daß sie in ihrem Seminar zwar viel Theologie vorgesetzt bekämen, daß jedoch etwas Wesentliches in ihrem Lehrstoff fehlte. Ihre psychologische Ausbildung sei mangelhaft und bereite sie in keiner Weise auf die Probleme vor, mit denen sie sich auseinandersetzen müßten, wenn sie nach Beendigung ihres Studiums ihre pastoralen Pflichten übernähmen. Sie erwarteten, daß sie als Seelsorger viel Zeit am Bett von Schwerkranken und Sterbenden zubringen müßten. Sie seien überzeugt, daß sie mehr tun müßten, um die Bedürfnisse Sterbender zu erfüllen, als ihnen einfach aus der Bibel vorzulesen und die vorgeschriebenen Gebete zu sprechen.

Keiner von ihnen, sagte der Sprecher, hatte je mit einem Sterbenden zu tun gehabt. Würde Elisabeth ihnen erlauben, anwesend zu sein, wenn sie wieder mit einem Sterbenden sprach? Sie seien sich dessen gewiß, daß sie aus einer solchen Erfahrung viel mehr lernen könnten als aus irgendeinem Lehrbuch.

Elisabeth sah die ernsten Gesichter der vier jungen Männer. Ihre Medizinstudenten hatten sich noch nie zu einem solchen Gefühl der Unzulänglichkeit bekannt. Es rührte sie, daß sie zu ihr gekommen waren und mit so viel Bescheidenheit ihre Bitte vortrugen.

Sie sagte ihnen sofort ihre Hilfe zu. Sie forderte sie auf, in einer Woche wiederzukommen, denn dann hätte sie ein Gespräch mit einem sterbenskranken Patienten.

Nachdem die Studenten fortgegangen waren, dachte sie noch eine Weile über die Gründe nach, warum sie gegen die etablierte Kirche und die Geistlichkeit so eingenommen war. Sie hatte zu oft gesehen, wie Priester, Pastoren und Rabbiner an das Bett von Schwerkranken traten und diese Menschen dann jämmerlich im Stich ließen, ohne ihnen wirklichen Trost spenden zu können. Sie war Zeugin gewesen, wie Geistliche ihre Gebetbücher aufschlugen und etwas herunterlasen und sich dann möglichst schnell entfernten, offenbar mit dem Gefühl, ihre Pflicht erfüllt zu haben. Die Sehnsucht der Patienten nach echter Kommunikation blieb jedoch unerfüllt. In den meisten Fällen, dachte sie, hatten die Geistlichen vor dem Tod ebensoviel Angst wie die Kranken. Wie konnte man aber etwas anderes von ihnen erwarten, wenn man ihnen nicht die Gelegenheit gab zu erfahren, was in den Sterbenden wirklich vorging?

Nach ihrer Vorlesung am Nachmittag bemühte sich Elisabeth, einen geeigneten Patienten zu finden, mit dem sie in Gegenwart der Theologiestudenten sprechen konnte. Keiner der Ärzte, an die sie sich wandte, wollte zugeben, daß ein einziger Patient in seiner Obhut seinem Ende entgegensah. Am nächsten Tag versuchte sie es noch einmal, doch mit ebensowenig Erfolg. Einem Arzt, der die Station der Schwerkranken betreute, sagte sie, daß es in einem Krankenhaus mit sechshundert Betten doch Patienten geben müsse, die im Sterben liegen. Der Arzt entgegnete aufgebracht, daß er seine schwerkranken Patienten nicht als Versuchskaninchen hergebe. Er entrüstete sich darüber, daß Elisabeth überhaupt daran denken konnte, solche Patienten »auszubeuten«.

Sie wies diese Unterstellung zurück. Es würde ihr nicht einfallen, Patienten zu interviewen, die nicht freiwillig reden wollten oder zu erschöpft dazu waren. Sie bitte lediglich um die Erlaubnis, einen Patienten suchen zu dürfen, der den Theologiestudenten helfen wolle, durch das Verstehen der Empfindungen eines Todkranken bessere Pfarrer zu werden. Der Arzt drehte sich auf dem Absatz um und ließ sie stehen.

Sie sprach mit einer Oberschwester über einen jüngeren Patienten, den sie einmal psychiatrisch behandelt hatte. Die Schwester fragte Elisabeth voll Verachtung, ob es ihr denn »besonderen Spaß« mache, einem Vierundzwanzigjährigen vor Fremden zu sagen, daß er nur noch zwei Wochen zu leben hätte. Auch die anderen Ärzte wimmelten sie ab. Entweder hatten sie keine sterbenden Patienten, oder diese waren zu krank, als daß sie an einem Gespräch über ihre Gefühle hätten teilnehmen können. Ein Oberarzt meinte, die ganze Idee sei »ziemlich schäbig, um nicht zu sagen sadistisch«.

Die Woche war fast abgelaufen, ohne daß Elisabeth etwas erreicht hatte. Mit einem Arzt hatte sie noch nicht gesprochen. Sie wußte, daß er oft spät abends zurückkam, um nach seinen schwersten Fällen zu sehen. Daraus ließ sich entnehmen, daß er eine ungewöhnliche Menschlichkeit besaß. Elisabeth ging einmal am Abend ins Krankenhaus zurück und wartete im Schwesternzimmer, bis der Arzt seine Runde beendet hatte. Als er den Korridor herunterkam, bot sie ihm eine Tasse Kaffee an. Er nahm sie dankbar entgegen und nickte, als sie meinte, daß er am Ende eines so langen Arbeitstages sehr müde sein müsse. Dann fragte sie ihn, ob er einen sterbenden Patienten wüßte, mit dem sie in Anwesenheit von vier Theologiestudenten sprechen könnte. Der Arzt verstand, worum es ihr ging, und gab ihr die Erlaubnis, einen älteren Patienten zu besuchen, der an einer Erkrankung der Atmungsorgane litt und bald sterben würde. Im Augenblick, fügte der Arzt hinzu, sei der Patient gerade wach.

Elisabeth begab sich mit Herzklopfen sofort in das Zimmer des alten Herrn, der mit einem Sauerstoffschlauch in der Nase in seinem Bett lag. Sie erläuterte kurz, was sie am nächsten Tag vorhatte – daß sie gerade mit ihm über seine Krankheit und seine Gefühle reden wolle und vier Theologiestudenten mitbringen würde, die ihr Gespräch mitanhören wollten. Nachdenklich hörte der Patient zu und bedeutete Elisabeth dann, auf einem Stuhl neben seinem Bett Platz zu nehmen. Es sei ihm lieber, wenn Elisabeth jetzt eine Weile bei ihm bleiben könne, weil er sofort mit ihr reden wolle.

In ihrer Freude darüber, daß sie endlich einen geeigneten Patienten gefunden hatte, entging ihr, wie dringlich die Bitte des alten Mannes war. Sie schüttelte den Kopf und sagte, daß sie am folgenden Nachmittag zurückkommen würde.

Am nächsten Tag rief sie die Studenten an und sagte ihnen, daß sie einen willigen Patienten gefunden hätte. Als sie im Krankenhaus ankamen, führte Elisabeth sie in das Zimmer des Sterbenden. Der Zustand des Kranken hatte sich jedoch sichtlich verschlechtert. Er vermochte kaum seine Hand zum Gruß aufzuheben. Elisabeth erkundigte sich, wie es ihm ging, aber seine Antwort war unverständlich. Bevor sie und die Studenten sein Zimmer verließen, lächelte er matt und sagte entschuldigend: »Danke für Ihren guten Willen.« Elisabeth und die Studenten waren kaum in ihrem Arbeitszimmer angelangt, als das Telefon läutete. Die diensthabende Schwester meldete, daß der alte Mann eben gestorben sei.

Für Elisabeth ist der Tod dieses Patienten immer noch eine der schmerzlichsten Lektionen ihrer beruflichen Laufbahn, ähnlich wie Sepplis Tod vor Jahren, als sie seiner letzten Bitte, schnell zu ihm zu kommen, nicht entsprochen hatte.

In ihrem Arbeitszimmer sagte sie den Studenten, wie bekümmert und schuldbewußt sie sich fühlte. Sie erzählte, wie sie am Tag vorher die Bitte des alten Mannes abgeschlagen hatte, bei ihm zu bleiben und gleich mit ihm zu reden. Weil sie nur an ihre eigenen Pläne und Termine gedacht hatte, hatte sie ihm seine letzte Bitte verweigert.

Zwei Tage später fand Elisabeth einen anderen Patienten – ebenfalls einen älteren Mann –, zu dem sie die vier Studenten mitbringen konnte. Sie standen an der Wand des kleinen Zimmers und beteiligten sich selbst nicht an dem Gespräch. Der größte Kummer des Patienten war, daß er mit einem seiner Söhne, dem er seit vielen Jahren entfremdet war, nicht Frieden geschlossen hatte. Elisabeth versprach ihm, ihr möglichstes zu tun, um seinen verlorenen Sohn zu finden.

Elisabeth hatte sich sowohl im Hospital und in ihrem Aufgabenbereich an der Universität als auch in ihrem neuen Leben in Chicago viel schneller eingelebt, als sie gedacht hatte. Leola war zwar keine Köchin und Bedienerin, dafür aber eine um so bessere Kinderfrau. Da die Kinder in so guten Händen waren, konnte sie beruhigt sein, auch wenn sie erst spät abends nach Hause kam. Kenneth besuchte die Vorschule und war offenbar sehr gerne dort, und Barbara entwickelte sich prächtig.

Die Bewohner des Viertels von Marynook waren anschlußfreudig und politisch aktiv. Elisabeth und Manny lernten viele ihrer Nachbarn bei Lokalversammlungen kennen und konnten sicher sein, daß sie im Fall einer plötzlichen häuslichen Katastrophe mit sofortiger Hilfe rechnen konnten. Notfalls konnte Elisabeth telefonisch innerhalb von zehn Minuten nach Hause gerufen werden.

Die Psychoanalyse bei Dr. Baum ließ sich gut an. Mit seiner Hilfe lernte sie verstehen, woher sie kam und wohin sie ihr Weg führte. Sie vertraute ihrem Analytiker alles an – ihre Antipathien und Hoffnungen, ihre Träume und Wunschvorstellungen. Schon nach einigen Sitzungen gewann sie durch die Psychoanalyse eine stärkere Selbstsicherheit.

Ein Beweis ihres neuen Selbstvertrauens, so sagte sie Dr. Baum mit einigem Stolz, sei ihr Entschluß, durch den dichten Stadtverkehr von Chicago zu chauffieren. Diese Leistung sei immerhin als kleiner Sieg zu werten, meinte sie lachend, wenn ihr Analytiker sich vergegenwärtige, daß sie während ihrer Schweizer Landpraxis nur ein paar Hühnern und einem gelegentlichen Radfahrer hatte ausweichen müssen.

Nach ihrer Sitzung mit dem sterbenden Patienten und den vier Theologiestudenten gestand sie Dr. Baum, wie sehr die snobistische und ablehnende Haltung der Ärzte im Hospital sie verletzt hatte. Als sie sich jedoch mit dem in ihrer Kindheit wurzelnden Ursprung ihrer Schüchternheit auseinandersetzte, begann sie ihre Furcht vor Ablehnung zu überwinden und konnte den Oberärzten, die sie früher eingeschüchtert hatten, jetzt viel selbstbewußter begegnen. Der erste Erfolg ihrer Analyse war ein gesteigertes Selbstbewußtsein.

Ihre Vorlesungen über Psychiatrie erfreuten sich großer Beliebtheit. (Während der fünf Jahre, die sie als Fakultätsmitglied der Universität von Chicago tätig war, wurde sie jedes Jahr von den Studenten als »Beliebtester Professor« ausgezeichnet.)

Die Studenten waren besonders von ihrer unorthodoxen und

unkomplizierten Methode, sowohl in ihrem Unterricht als auch in ihrer psychiatrischen Behandlungsweise, angezogen. Sie drückte sich immer verständlich aus, ihre Vorlesungen waren klar, und die Studenten waren selbst überrascht, welchen Erfolg sie hatten, wenn sie das Gelernte anwendeten. Elisabeth hielt sich vor allem an ihre eigenen Erfahrungen, besonders an diejenigen ihrer Zeit am Manhattan State Hospital. Sie war ganz und gar gegen eine Behandlung mit Elektroschock, die sie für barbarisch und unnütz hielt. Heute ist Elisabeth stolz darauf, daß sie in ihrer zwanzigjährigen Praxis als Psychiaterin diese Therapie nie angewendet hat und sie daher Hunderten von Patienten ersparen konnte.

In ihren Vorlesungen betonte sie stets, wie wichtig es sei, die Behandlung mit den Patienten selbst zu besprechen, auch mit den Psychotikern, die zur Kommunikation scheinbar unfähig sind.

Sie bestand darauf, daß auch ein Schwerkranker das Recht hat, seine eigene Behandlung mitzubestimmen. In den modernen Krankenhäusern wird oft vergessen, daß jeder Patient Gefühle hat und das Recht, gehört zu werden. In ihren Vorlesungen erzählte sie von ihrem Erlebnis, als sie als kleines Kind »wie ein Paket am Postschalter verpackt und beschriftet« worden war.

In einem modernen Krankenhaus findet ein Patient, der vor Angst schreit oder darum bittet, in Ruhe gelassen oder mit Würde behandelt zu werden, selten jemand, der bereit ist, ihn anzuhören. Er ist gewöhnlich von Ärzten, Schwestern und Technikern umgeben, die ihm Infusionen, Transfusionen und Beruhigungsmittel verabreichen und ihn an elektronische Kontrollgeräte anschließen, wenn er am meisten der menschlichen Nähe bedarf, eines teilnahmsvollen Menschen, der vielleicht nur seine Hand hält.

Den Studenten gegenüber brachte Elisabeth ihre Überzeugung zum Ausdruck, daß die ganze moderne medizinische Technik und Perfektion, so wichtig sie ist, oft die wahre Kunst des Heilens untergräbt.

In ihrem psychiatrischen Seminar forderte sie jeden Studenten auf, den schwersten psychiatrischen Fall unter den Patienten zu bezeichnen und eine Diagnose zu stellen. Sie half den Studenten, die zusammenhanglose Sprache des Patienten zu verstehen, und demonstrierte, wie scheinbar sinnlose Antworten richtig zu interpretieren waren.

Für diese Demonstrationen benutzte sie einen kleinen Hörsaal mit einer nur von einer Seite her durchsichtigen Glaswand, die das

Podium vom Auditorium trennte. Durch diese Glaswand konnten die Studenten Elisabeth und den Patienten beobachten, während die Wand für den Patienten nicht durchsichtig war, so daß dieser von den Hörern nicht abgelenkt wurde.

Nach dem Besuch der Theologiestudenten plante Elisabeth nicht gleich wieder andere Gespräche mit todkranken Patienten. Sie hatte damals lediglich der Bitte dieser vier Studenten entsprochen. Diese teilten ihre Erfahrung jedoch anderen Studenten mit, und kurz vor den Weihnachtsferien im Jahre 1966 traten weitere Theologiestudenten mit der gleichen Bitte an Elisabeth heran. Auch mehrere Medizinstudenten und zwei oder drei Krankenschwestern ersuchten sie, einem Gespräch mit einem Sterbenden beiwohnen zu dürfen.

Es war allerdings nicht tunlich und, wie sie sagte, vermutlich unergiebig, wenn mehr als ein halbes Dutzend Beobachter sich in ein kleines Zimmer drängten; sie wolle daher veranlassen, daß ein todkranker Patient in den Hörsaal mit der Glaswand gebracht würde. Wiederum stieß sie auf den Widerstand der Ärzte. Schließlich gestattete ihr derselbe Arzt, der ihr schon einmal geholfen hatte, eine krebskranke Patientin, eine Mutter von neun Kindern, für eine Stunde in den Beobachtungsraum zu bringen, falls die Kranke dazu bereit sei.

Elisabeth suchte die Frau in ihrem Zimmer auf und erklärte ihr, daß sie mit einigen Studenten und Schwestern arbeite, die erfahren wollten, was eine so schwere Krankheit wirklich bedeutete. Die Frau klagte über ihre Schmerzen und ihr schlechtes Befinden und äußerte sich voll Zorn über die Art, wie eine der Schwestern sie behandelte. Sie sprach auch von ihrer Sorge um ihre Kinder, die jetzt niemanden zur Betreuung hätten. Die Patientin willigte ein, über all diese Dinge vor den Studenten und Krankenschwestern zu sprechen.

In dem Beobachtungsraum sagte die Patientin gleich, daß sie sterben werde und das Krankenhaus nicht mehr verlassen könne. Es sei ihr unbegreiflich, warum die Ärzte und Schwestern »mit ihr Versteck spielten«. Sie weinte, als sie von ihren Kindern sprach – was sollte aus ihnen werden?

Sobald die Patientin Ermüdungserscheinungen zeigte, brach Elisabeth das Gespräch ab und dankte ihr dafür, daß sie ihnen »eine so gute Lehrerin« gewesen war. Das Gesicht der Frau erhellte sich plötzlich. Sie könne es nicht fassen, sagte sie, daß jemand ihr ein solches Kompliment machte. Sie hätte sich immer für eine »unnütze, grantige alte Schachtel« gehalten.

Elisabeth versicherte ihr, daß sie ihr Tag und Nacht zur Verfügung stünde, wenn die Patientin je einen Menschen brauchte, mit dem sie reden wollte. Die Kranke nahm das Versprechen mit einem Kopfnikken zur Kenntnis. Sie wußte nun, daß sie in ihrer Todesstunde nicht allein sein würde.

Nachdem die Frau auf ihre Station zurückgebracht worden war, sprach Elisabeth mit ihren Hörern über ihre Reaktionen, als sie einer Sterbenden gegenüberstanden, die so offen über ihre Gefühle gesprochen hatte.

Dieses Gespräch und die folgende Diskussion bestimmten den Stil der Seminare, die Elisabeth über den Tod und die Sterbenden abhielt. Die Berichte über das Gespräch wurden zum Gegenstand lebhafter Debatten im Krankenhaus. Die meisten Fakultätsmitglieder und Ärzte waren dagegen, und in der Abteilung für Psychiatrie wurde Elisabeths unorthodoxe Lehrmethode von den meisten ihrer Kollegen mit gemischten Gefühlen oder Neid aufgenommen. Manche äußerten öffentlich ihre Mißbilligung. Die Nachricht, daß sie eine sterbende Patientin vor einem Auditorium, das nicht einmal ausschließlich aus Medizinern bestand, interviewt hatte, schürte daher nur die Kritik.

Das allgemeine Urteil lautete, daß Elisabeth eine hilflose Patientin gröblich mißbraucht hatte. Ein Medizinprofessor untersagte seinen Assistenten, Studenten und Schwestern daraufhin, Frau Dr. Kübler-Ross zu erlauben, in einem so öffentlichen Forum mit einem seiner Patienten zu sprechen, wenn sie nicht ihre Karriere am Billings Hospital oder in der Hochschule für Medizin gefährden wollten. (Später äußerte Elisabeth sich sehr nachsichtig über diese Feindseligkeit seitens ihrer Fachkollegen. Von deren Standpunkt aus war sie eine neue, noch nicht bewährte Kollegin, und sie waren sich nicht sicher, ob die Patienten nicht ein Trauma erlitten, wenn vom Tod gesprochen wurde oder wenn sie erkannten, wie ernst es um sie stand.)

Doch trotz des Widerstandes ihrer älteren Fachkollegen, der in die Pflegestationen und zu den Medizinstudenten durchsickerte, erhielt Elisabeth weiterhin Aufforderungen, Gespräche mit todkranken Patienten zu führen. Sie kamen nicht nur von Medizin- und Theologiestudenten, sondern von Seelsorgern, Therapeuten, Sozialarbeitern, ja sogar von Krankenpflegern, die alle lernen wollten, wie man mit einem Sterbenden richtig umgeht.

Während der ersten sechs Monate des Jahres 1967 setzte sie die

Gespräche im Beobachtungsraum in eigener Regie vor einem immer größer werdenden Auditorium fort. Seitens der Fakultät und der älteren Kollegen wurden noch mehr Proteste laut. Ein Oberarzt nannte sie sogar hämisch den »Spitalgeier«.

Es war fast immer schwierig, einen geeigneten Patienten zu finden. Es gab Wochen, in denen sie bis zu zwanzig Stunden damit verbrachte, einen Patienten zu suchen und die Erlaubnis zu erwirken, vor den Studenten mit ihm sprechen zu dürfen. Schließlich gelang es ihr immer – manchmal im letzten Augenblick –, einen Arzt ausfindig zu machen, der Verständnis aufbrachte und die Teilnahme eines Todkranken an dem Gespräch gestattete. Und mancher wohlwollende Verwalter sorgte dafür, daß jemand anderes Dienst machte, wenn die Schwestern, die ihm unterstanden, frei bekamen, um den Gesprächen und Diskussionen beiwohnen zu können.

Obwohl die teils offene, teils versteckte Feindseligkeit der meisten Ärzte und Fachkollegen weiter anhielt, konnte Elisabeth nach und nach das Pflegepersonal für sich gewinnen, denn viele machten kein Hehl daraus, daß sie Richtlinien in der Pflege todkranker Patienten brauchten. So gestand eine Schwester einmal, daß sie es nach Möglichkeit vermied, in das Zimmer einer Sterbenden zu gehen, weil sie den Anblick der Fotos der kleinen Kinder dieser Frau auf dem Nachttisch nicht ertragen konnte. Andere Schwestern bekannten, daß sie darum beteten, daß ihre schwerkranken Patienten nicht sterben würden, während sie Dienst hatten. Die Schwestern, die den Gesprächen im Beobachtungsraum beiwohnten, lernten ihre Ängste zu verstehen und erkannten, was für eine wunderbare Aufgabe es war, den Sterbenden professionelle Hilfe und menschlichen Trost geben zu können.

Auch Geistliche beichteten ihr Versagen. Ein Pfarrer sprach auch für andere, als er nach einem Gespräch im Beobachtungsraum in der Diskussion sagte, daß er sich oft hinter seinem Gebetbuch verschanzte, um Fragen über den Tod, denen er vielleicht nicht gewachsen war, auszuweichen.

Fast ohne Ausnahme reagierten die teilnehmenden Patienten mit Dankbarkeit und großer Erleichterung. Diejenigen, die sich früher geweigert hatten, den Ernst ihres Zustands und damit die Möglichkeit eines baldigen Todes zuzulassen, waren froh darüber, ihre Widerstände überwinden zu können und die Wahrheit nicht mehr vor ihren Familien verbergen zu müssen.

Elisabeth hielt in ihrem Tagebuch fest, daß sie von jedem Patienten etwas Neues lernte. Mit der Zeit erkannte sie, daß der Prozeß des Sterbens sich in fünf Stadien vollzog, die nicht immer in der gleichen Reihenfolge auftraten und sich oft überschnitten: Nichtwahrhabenwollen, Zorn, Verhandeln, Depression und Zustimmung.

Sie stellte fest, daß die Phase des Nichtwahrhabenwollens fast immer eintrat, nachdem einem Patienten seine tödliche Krankheit mitgeteilt worden war. Dies war die »erste Abwehrreaktion auf den Schock«. Der Zorn drückte sich auf verschiedene Weise aus, oft als Neid gegenüber gesunden Menschen, manchmal als Verbitterung gegen Gott, der sie »im Stich gelassen hatte«. Das Verhandeln nahm oft die Form an, daß ein Patient versprach, ein besseres Leben zu führen, wenn er gesund würde. Die Depression war eine Phase, in der ein Patient sich selbst betrauerte. Das letzte Stadium, das Annehmen des Todes, brachte Erfüllung und inneren Frieden.

Wie sie versprochen hatte, kam Elisabeth an das Sterbebett der Mutter von neun Kindern, als es mit ihr zu Ende ging. Es war ein sehr friedlicher Tod, und als sie nach Hause zurückkehrte, beschrieb sie ihre Erfahrung in ihrem Tagebuch. Dann fügte sie hinzu:

»Diejenigen, die über die Kraft und die Liebe verfügen, bei einem sterbenden Patienten auszuharren in der Stille, die über Worte hinausgeht, werden erfahren, daß dieser Augenblick weder schrecklich noch schmerzhaft ist, sondern ein friedliches Verlöschen der Körperfunktionen. Wenn ich den friedlichen Tod eines Menschen sehe, ist es mir, als wenn ein Stern vom Himmel fällt – eines der Millionen Lichter in dem ungeheuren Himmel flackert einen kurzen Augenblick auf, um wieder in die endlose Nacht zu tauchen. In der Gegenwart eines Sterbenden kommt uns die Einmaligkeit des Individuums in diesem unendlichen Meer der Menschen zu Bewußtsein; wir werden uns dadurch unserer Endlichkeit, der begrenzten Spanne unseres Lebens bewußt. Wenige von uns leben länger als siebzig Jahre, und doch leben die meisten von uns in dieser kurzen Zeit ein unverwechselbares Leben und leisten ihren je besonderen Beitrag zur Geschichte.«

Sie fügte hinzu: »Ich habe von den Sterbenden, diesen meinen besten Lehrern, noch so vieles zu lernen.« Einer dieser Lehrmeister war ihr Vater gewesen. Was ihr seitens ihrer Mutter bevorstand, war eine Lehre ganz besonderer Art.

27
Leben bis zum Tod

Im Frühsommer 1967 zogen Elisabeth und Manny zum fünften Mal um. Sie hatten sich in Chicago jetzt gut eingelebt und erwarteten, daß sie, soweit sie ihre Zukunft überblicken konnten, weiterhin hier wohnen und arbeiten würden. Daher kauften sie ein Haus, das nur wenige Blocks von dem Haus entfernt war, das sie gemietet hatten. Die Architektur des neuen Hauses glich dem alten; es bestand aus Erdgeschoß und einem Stockwerk, hatte vier Schlafräume und einen großen Garten.

An einem warmen Sonntagnachmittag vergnügten sie sich im Garten, in dem ringsum die Blumen blühten. Sie hatten Onkel Anschel zu Besuch, den Elisabeth von allen Verwandten ihres Mannes am liebsten mochte. Er war gebrechlicher als bei ihrer ersten Begegnung und litt an einem chronischen Bronchialkatarrh. Sie sah dem alten Herrn liebevoll zu, wie er Kenneth, der auf seinen Knien saß, mühsam atmend eine Geschichte vorlas. Nicht weit von ihnen plantschte Barbara vergnügt in einem kleinen Plastikbecken.

Sie hatten beschlossen, daß sie ihren Sommerurlaub verschieben und statt dessen zu Weihnachten Urlaub nehmen würden, damit

Kenneth und Barbara einmal »echte Schweizer Weihnachten« mit Schlitten und Glocken und allen Festlichkeiten erlebten. Zu Weihnachten sehnte sich Elisabeth immer noch so sehr nach ihrer alten Heimat, und jetzt, da Kenneth groß genug war, um Freude am Weihnachtsfest zu haben, drängte es sie um so mehr, ihre glücklichsten Kindheitserlebnisse an ihn weiterzugeben.

Plötzlich spürte Elisabeth ohne jeden Grund eine tiefe, unerklärliche Sorge um das Wohlergehen ihrer Mutter. Bevor sie Manny etwas davon sagte, überlegte sie, worauf diese anhaltende Unruhe zurückzuführen sei. Erst neulich hatte ihre Mutter geschrieben, wie gesund und wie wohl sie sich fühlte, obwohl sie schon über Siebzig war. Ernst und seine Familie würden bald aus Indien kommen und ein Haus in Zermatt mieten, wo sie ihren Urlaub verbringen wollten. Frau Kübler und Eva mit ihren Kindern sollten ebenfalls hinfahren. Sie freue sich schon auf lange Spaziergänge, und vielleicht könne sie sogar eine kleine Bergwanderung machen. Doch Elisabeth spürte irgendwie, daß ihre Mutter sie dringend brauchte.

Sie sagte Manny, daß sie sofort in die Schweiz fliegen müsse – morgen schon, wenn sie den Flug buchen könnte. Manny war wenig begeistert von diesem plötzlichen Entschluß und bemerkte, daß sie es gewesen war, die auf dem Weihnachtsurlaub bestand, und er hatte sich gefügt. Wenn sie keinen triftigen Grund angeben könnte, würde es jetzt sehr schwierig sein, die nötigen Anordnungen im Hospital zu treffen.

Elisabeth gab zu, daß ihr impulsiver Entschluß verrückt klang, aber es mußte einen sehr dringenden Grund dafür geben, auch wenn es ihr jetzt noch nicht klar war, warum sie so schnell wie möglich zu ihrer Mutter fahren mußte.

Sie hatte in der Vergangenheit zu teuer dafür bezahlen müssen, wenn sie einen Drang wie den jetzigen ignoriert hatte. Eine Woche später traf sie mit den Kindern in Zürich ein und fuhr mit ihnen per Bahn nach Zermatt.

Zermatt war eine ideale Sommerfrische und der rechte Ort, wie Elisabeth sagte, für ein »altmodisches Glück«. Frau Kübler erfreute sich bester Gesundheit und hatte an dem Tag, als die Familie Ross ankam, eine zwölf Kilometer lange Wanderung mit Eva und Ernst unternommen. Die Erwachsenen unterhielten sich am Abend über frühere Zeiten, während die Kinder der Familien Kübler, Ross und Bacher neue Bekanntschaft schlossen. Elisabeth sagte kein Wort darüber, warum sie so plötzlich gekommen sei.

Sie hatten weiterhin prachtvolles Wetter, und die Wochen verflogen nur so. Nachdem Elisabeth zwei Tage vom Muskelkater geplagt wurde, hatte sie wieder ihre alte Kondition und konnte Klettertouren unternehmen. Ihre Kinder aßen zum ersten Mal wilde Beeren und tranken kuhwarme Milch. Jeden Tag ging Frau Kübler mit ihren Kindern und Enkeln spazieren, und alle strahlten vor Gesundheit.

Am letzten Abend ihres Urlaubs, als die Sonne schon über den Gipfeln unterging, saß Frau Kübler mit Elisabeth auf dem Balkon ihres Zimmers, wo Kenneth und Barbara, erschöpft von ihrem Tagesausflug, fest schliefen. Mutter und Tochter saßen lange schweigend beisammen und sahen zu, wie lange Schatten in die grünen, weit unter ihnen liegenden Täler einfielen. Da wandte Frau Kübler sich zu Elisabeth und sagte: »Bitte, versprich mir hoch und heilig, daß du etwas für mich tun wirst. Versprich mir, daß du mir helfen wirst zu sterben, wenn ich einmal hilflos bin und nur mehr dahinvegetiere.« Sie sprach mit ungewohnter Eindringlichkeit.

Elisabeth erschrak über diese Bitte und auch darüber, daß ihre Mutter sie zu diesem Zeitpunkt äußerte. Sie reagierte nicht als die Ärztin, die über das Sterben Bescheid wußte und anderen Unterricht erteilte, wie man hellhörig für die Symbolsprache der Sterbenden wird, sondern als schockierte Tochter. »Welcher Unsinn! Eine Frau, die mit über Siebzig jeden Tag kilometerweite Bergwanderungen machen kann, stirbt sicher sehr plötzlich. Mutter, du bist die letzte, die dahinvegetieren würde.«

Frau Kübler sprach weiter, als ob sie nicht gehört hätte, was Elisabeth sagte. Sie bat sie nochmals, ihr zu versprechen, daß sie ihr helfen würde zu sterben, wenn sie sich nicht mehr selbst versorgen könne.

Elisabeth blickte ihre Mutter verwundert an und sagte ihr noch einmal, daß diese Frage aus der Luft gegriffen sei. Auf jeden Fall, sagte sie fest, sei sie ganz und gar dagegen, einen Menschen aus Gnade zu töten, wenn sie das meinte. Nach ihrer Ansicht hatte kein Arzt das Recht, einem Patienten eine Überdosis eines Medikaments zu geben, um ihn von seinem Leiden zu befreien. Sie konnte ihrer Mutter – ebensowenig wie irgendeinem anderen Menschen – nicht versprechen, daß sie ihren Tod beschleunigen würde. Wenn der unwahrscheinliche Fall einträte, daß ihre Mutter wirklich hilflos wäre, könnte sie ihr nur versprechen, daß sie ihr helfen würde zu leben, bis sie stürbe.

Frau Kübler begann leise zu weinen. Nur ein einziges Mal hatte

Elisabeth erlebt, daß ihre Mutter Tränen vergoß: als Elisabeth als Au-pair-Mädchen nach Corsier-sur-Vevey gefahren war. Sie wurde verlegen und wechselte das Thema. Hätte ihre Mutter nicht Lust, sie zu besuchen, vielleicht im Herbst? In Chicago würde es dann wieder kühl sein. Die herbstlichen Farben würden ihr sicher gefallen.

Frau Kübler stand auf und ging ins Zimmer. Elisabeth blieb noch eine Weile sitzen und sann über die Bitte ihrer Mutter, über ihre Antwort und ihre Einstellung zur Euthanasie nach. Die Versuchung, dem Problem auszuweichen, war groß. Sie erinnerte sich an einen Ausspruch von Erich Fromm, dem Psychiater und Philosophen: »Eine medizinische Ethik gibt es nicht, sondern nur eine auf eine bestimmte menschliche Situation angewandte allgemeinmenschliche Ethik.« Sie mußte zugeben, daß es in manchen Fällen falsch war, einen Menschen am Leben zu erhalten, aber nur dann, wenn dem Patienten wirklich kein Arzt mehr helfen konnte, wenn die Organe nur noch mit Hilfe von Maschinen funktionierten. Solange das Leben jedoch sinnvoll war, solange der Patient seine Gefühle ausdrücken konnte und Empfindungen hatte, war es falsch, »den lieben Gott zu spielen« und willkürlich zu entscheiden, welcher Patient leben und welcher sterben sollte.

Sicher hatte sie nicht deshalb die Urlaubspläne für ihre Familie umdisponiert und die Reise in die Schweiz unternommen, um diese hypothetische Frage zu beantworten.

Als Frau Kübler am nächsten Tag Elisabeth und die Kinder an die Bahnstation begleitete, empfanden beide Frauen eine gewisse Spannung und ein Unbehagen. Als der Zug einfuhr, umarmte Elisabeth ihre Mutter und sagte: »Ich kann dir nur versprechen, daß ich alles für dich tun werde wie für meine Patienten. Ich verspreche dir, daß ich mein möglichstes tun will, dir leben zu helfen, bis du stirbst.«

Frau Kübler verstand jetzt wohl, was Elisabeth sagen wollte. Sie nickte, wischte sich die Augen, lächelte und sagte: »Danke.«

Das war das letzte Wort, das Elisabeth von ihrer Mutter vernahm. Drei Tage nach ihrer Rückkehr nach Chicago kam ein Telegramm von Eva mit dem Inhalt: »Mutter schweren Schlaganfall erlitten.«

Am Wochenende flog Elisabeth wieder in die Schweiz. Eva erzählte ihr, wie der Briefträger ihre Mutter, gelähmt auf dem Boden liegend, im Flur ihres Hauses gefunden hatte. Als Frau Kübler auf sein gewohntes Klopfen nicht aufgemacht hatte, holte er Hilfe. Später begleitete er die bewußtlose Frau ins Krankenhaus.

Als Elisabeth ihre Mutter in der Klinik sah, konnte diese weder sprechen noch einen Körperteil bewegen außer den Augenlidern und, sehr schwach, der linken Hand. Ihren Augen war jedoch anzumerken, daß Frau Kübler klar verstand, was ihr gesagt wurde. Elisabeth und ihre Mutter erfanden eine besondere Methode der Verständigung. Ihre Mutter antwortete mit ihren Augenlidern und ihrer noch etwas beweglichen linken Hand auf alle Fragen mit Ja oder Nein. Ein einmaliges Schließen ihrer Lider und ein Druck ihrer Hand bedeutete Ja, ein zweimaliges Schließen oder Drücken bedeutete Nein.

Mit Hilfe dieser Verständigungsweise erklärte Frau Kübler, daß sie nicht im Krankenhaus bleiben wollte. Elisabeth teilte ihrer Mutter mit, daß sie nicht nach Hause könnte, weil sie rund um die Uhr Pflege brauchte. Da fand Eva eine Lösung. Sie kannte eine Klinik, die mehr ein Genesungsheim als ein Krankenhaus war, in Riehen bei Basel. Erika wohnte in Riehen, und auch Eva war leicht zu erreichen. Das Pflegeheim lag in einem weitläufigen, gepflegten Garten und wurde von evangelischen Schwestern geleitet, die in diesem Dienst aufgingen. Hier gab es keine Beatmungsgeräte oder andere lebensverlängernde Apparaturen. Als Frau Kübler gefragt wurde, ob sie dorthin wolle, schloß sie ihre Lider einmal, und ihr Gesicht erhellte sich.

Während der Fahrt von Zürich nach Riehen begleitete Elisabeth ihre Mutter im Krankenwagen. Sie hatte eine vollständige Liste aller Verwandten und Freunde ihrer Mutter angelegt sowie ein Inventar aller ihrer Besitztümer. Während der Fahrt zählte Elisabeth diese Stücke einzeln auf und ging die Liste der Freunde und Verwandten durch. Mit dem Druck ihrer linken Hand bedeutete Frau Kübler, welche Person welchen Gegenstand erhalten sollte. Eva sollte zum Beispiel ihre Perlenkette bekommen, Erika einen Ring, ein bestimmter Nachbar einen Schreibtisch, und ihr Nerzcape wollte sie der Frau des Briefträgers vermachen.

Als der Krankenwagen vor dem Pflegeheim vorfuhr, hatte Elisabeth eine vollständige Liste aller Gegenstände, die ihre Mutter hinterlassen würde.

Frau Kübler war von ihrem großen, hübsch eingerichteten Zimmer mit der Aussicht auf den Garten sichtlich entzückt. Fotos von ihren Kindern und Enkeln, die Elisabeth in ihrer improvisierten Dunkelkammer in der Bronx und in Denver auf Posterformat vergrößert hatte, wurden an die Wand gehängt.

Die Verständigung brauchte viel Geduld, denn Frau Kübler konnte ihre Wünsche nur dadurch kundtun, daß sie mit den Augen blinzelte oder an die Seite ihres Bettgestells klopfte. Als Elisabeth sie später einmal besuchte, bemerkte sie, wie ihre Mutter bedeutsam einen Schrank anstarrte. Gewißt wollte sie irgend etwas. Elisabeth berührte jedes Kleidungsstück in dem Schrank, aber jedesmal winkte ihre Mutter ab. Plötzlich fiel Elisabeth ein, daß ihre Mutter früher immer gerne ein parfümiertes Taschentuch in der Hand hielt, wenn sie ruhte. Elisabeth nahm ein Taschentuch aus ihrer Handtasche und betupfte es mit Eau de Cologne. Frau Küblers Augen strahlten, als Elisabeth ihr das Taschentuch in die Hand gab.

Nachdem Elisabeth ihre Mutter in das Krankenhaus gefahren hatte, verbrachte sie zwei schmerzliche Tage allein in der Wohnung in der Klosbachstraße. Sie sortierte Kleider, Möbelstücke und Kunstgegenstände. Sie nahm die Bilder und Vorhänge herunter und vermerkte, wie alles nach dem ausdrücklichen Wunsch ihrer Mutter verteilt werden sollte. Als alles weggegeben oder verpackt war – einschließlich der Geranienkästen vom Balkon, die der besondere Stolz ihrer Mutter gewesen waren –, ging sie durch die leeren, widerhallenden Räume. Dabei überkamen sie ähnliche Gefühle wie diejenigen, die sie an Sterbenden beobachtet hatte. Doch das erkannte sie erst später.

Ihr erster Gedanke war, daß dieses Schließen des Hauses ein böser Traum sei, daß es nicht wirklich wahr sei und daß sie immer ein Zuhause in der Schweiz haben würde. Sicher würde die Familie sich hier wieder vereinen – ihre Mutter, ihre Schwestern, ihr Bruder und sie selbst. Sie sah sogar ihren Vater im Geiste vor sich, wie er ganz wie in alten Zeiten den Vorsitz bei Tisch führte. Sie nahm den Duft seiner Zigarre wahr und hörte seine tiefe, sonore Stimme, während er Wein einschenkte und einen Toast ausbrachte. Sie sah, wie ihre Mutter, die liebenswürdige Hausfrau, aus der Küche kam und eine dampfende Terrine hereinbrachte, wie Eva lachend ans Klavier trat, wie Erika ihr heimlich etwas zuwisperte, wie Ernst von einem Sportereignis erzählte.

Diese Vision dauerte nur wenige Augenblicke, und dann spürte sie, wie Zorn in ihr hochstieg – der Zorn darüber, daß unser Leben so eingerichtet ist, daß wir die Zeit nicht festhalten können, daß die glücklichsten Momente unwiederbringlich entschwinden.

Ihr Zorn steigerte sich, als sie daran dachte, daß sie die Wohnung allein räumen mußte. Niemand verstand, daß sie die letzte Brücke, die sie mit ihrer Jugend verband, hinter sich verbrannte. Von jetzt an würde sie immer nur zu Gast in der Schweiz sein. Sie würde in Hotels absteigen oder sich in die Wohnungen ihrer Schwestern einladen lassen müssen.

Eine tiefe Trauer folgte auf das fast verzweifelte Gefühl der Einsamkeit. Sie ging auf den Balkon hinaus und horchte, wie ein Auto ratternd die Straße hinauffuhr. Von diesem Balkon aus hatte sie dem Leichnam ihres Vaters nachgesehen. Ihr Herz krampfte sich zusammen, als sie daran dachte, wie oft sie diese Straße hinuntergelaufen und dann ins Krankenhaus und zur Universität gefahren war.

Elisabeth erinnert sich, daß sie außerdem eine Sekunde vor der Arbeit zurückschreckte, die nun vor ihr lag – vor dem »neuen, höheren Gipfel, den ich besteigen mußte«, wie sie selbst sagte. In diesem Augenblick hätte sie alles darum gegeben, eine Landärztin in der Schweiz sein zu können.

All diese Gefühle überschwemmten sie für eine kurze Zeit, doch dann akzeptierte sie die Wirklichkeit. Das Haus war völlig leer. Bald würde eine andere Familie einziehen, und sie würde hier nie wieder ein Zuhause finden. Sie würde in der Schweiz keine Heimat mehr haben. Das Leben ging weiter, und sie mußte sich den neuen Aufgaben stellen. Es war sinnlos, sich nach der Vergangenheit zurückzusehnen oder das Heute ändern zu wollen.

Sie betrat wieder das frühere Schlafzimmer ihrer Eltern, schloß die Fenster und blickte dabei noch einmal zu der berühmten Kirche hin, deren Glockenläuten sie während der letzten Wache am Krankenbett ihres Vaters vernommen hatte. Dann ging sie in die Küche, nahm die Schlüssel von dem gewohnten Haken, ging zur Türe hinaus, schloß hinter sich ab und ging die Klosbachstraße hinunter, ohne sich umzusehen.

Elisabeth ist heute der Ansicht, daß sie durch das Räumen des Familienheims in Zürich ein neues und wesentliches Verständnis von Leben und Tod gewonnen hat. Sie sieht das Leben heute als eine Folge von Verlusten, und jeder Verlust ist ein »kleiner Tod«. Bevor sie die Wohnung in der Klosbachstraße verließ, machte sie in der einen Stunde alle fünf Stadien des Sterbens durch. Jeder »kleine Tod« – einen solchen hatte sie eben erlitten – war eine begrüßenswerte und vielleicht unabdingbare Vorbereitung für den eigentlichen Tod und immer auch ein neuer Beginn.

Eine weitere, lange und schwierige Lehre wartete danach im Krankenhaus in Riehen auf sie. Frau Kübler, die gelähmt und stumm war, blieb am Leben – nicht nur einige Wochen, wie Elisabeth und ihre Schwestern angenommen hatten, oder einige Monate, sondern vier Jahre. Sie hatte die Art ihres Sterbens klar vorausgesehen und hatte aus Angst davor Elisabeth gebeten, ihr Leben aus Barmherzigkeit abzukürzen.

Das Problem der Euthanasie war für Elisabeth nun keine Hypothese mehr, kein Thema für eine theoretische Diskussion, sondern eine Frage des Herzens und des Gewissens. Es gab Zeiten, in denen sie bereit war, ihre Ansicht zu ändern, und sich in ihrer Not fragte, ob sie ihrer Mutter das erbetene Versprechen nicht hätte geben sollen. Doch diese Zweifel quälten sie nur, wenn sie entfernt war von der Schweiz. Denn wenn sie bei ihrer Mutter war – und Elisabeth flog viele Male über den Atlantik an ihr Krankenbett –, blieb ihre Überzeugung bestehen, daß weder sie noch jemand anders das Recht hatte, das Leben eines Menschen abzuschneiden, der noch Gefühle ausdrücken konnte und für Gefühle noch empfänglich war. Frau Kübler vegetierte nicht dahin. Sie brauchte keine Maschinen, damit ihr Herz schlug und ihre Lungen atmeten.

Jedem Besucher gab sie ihre Dankbarkeit und Liebe durch die Augen zu erkennen. Eva besuchte sie jeden Tag, und Erika, die eine Beschäftigung hatte, kam an jedem Wochenende. Die Familie war besonders gerührt, daß so viele Freunde den Weg von Zürich nicht scheuten, darunter der Briefträger und der Milchmann, der sich das Geld für die Fahrkarte zusammensparen mußte, um eine Stunde oder zwei an ihrem Bett verbringen zu können.

Nach einem ihrer Besuche bei ihrer Mutter schrieb Elisabeth folgende Gedanken nieder:

»Es fällt mir oft so schwer, zu verstehen, warum eine gute und selbstlose Frau das erdulden mußte, wovor sie am meisten Angst hatte – einen lange sich hinziehenden Tod. Wenn ich sie sehe, frage ich mich, welche Bedeutung eine solche Existenz haben kann . . . Sie weiß, wie sehr sie geliebt wird . . . Gestern, als Herr und Frau P. zu mir kamen und von ihrem Kind sprachen, das schon drei Monate im Koma liegt, konnte ich ihnen aufrichtig sagen, daß ich verstehe, wie ihnen zumute ist . . . Mutter hilft mir, mich mehr um andere zu kümmern, andere Menschen besser zu verstehen. Sie hilft mir, eine bessere Ärztin, eine bessere Lehrerin und gewiß ein besserer Mensch zu werden.«

28

Neuland

Im Jahre 1966 gewannen Elisabeths Seminare über den Tod und das Sterben breitere Anerkennung in akademischen Kreisen. Geistliche und Angehörige sozialer Berufe kamen jetzt auch aus anderen Staaten, nachdem die Effektivität dieser bemerkenswerten Seminare sich herumgesprochen hatte. Der Raum, in dem Elisabeth die Seminare abhielt, hatte fünfzig Sitzplätze, aber wenn die Seminare begannen, gab es nur noch Stehplätze.

Die Verschwörung des Schweigens, welche die Stationen für Sterbenskranke umgab, war zwar noch nicht gänzlich durchbrochen, aber ein Anfang war gemacht. Die Studenten und das Krankenhauspersonal, das die Seminare besuchen wollte, brauchten sich jedenfalls nicht mehr bei ihren Vorgesetzten deshalb zu entschuldigen. Dennoch hielt das Mißtrauen seitens der Medizinischen Fakultät an. So traten zwei Professoren Elisabeth einmal auf dem Korridor in den Weg und verlangten von ihr eine bündige Erklärung, was sie mit ihren Seminaren bezwecke. Elisabeth erläuterte, daß sie mit der Hilfe von todkranken Patienten den Angehörigen sozialer Berufe, den Pastoren und in der Fürsorge Tätigen Mut mache, sich auf

Sterbende wirklich einzulassen. Die Teilnehmer an ihren Seminaren lernten eine Menge über Herz, Geist und Seele und über sich selbst. Die Seminare lehrten die Studenten, Krankenschwestern und andere Leute, sensibel zu werden für die Bedürfnisse der Sterbenskranken, die durch die Technologie nicht zu erfüllen waren. Gleichzeitig verhalfen die Seminare den Teilnehmern dazu, ihre Angst vor ihrer eigenen Sterblichkeit zu überwinden.

Innerhalb von zwei Minuten, mitten im Getriebe eines Krankenhauskorridors, war es jedoch kaum möglich, eine volle Erklärung von Sinn und Bedeutung ihrer Seminare zu geben. Ebensogut hätte man ihr zumuten können, Worte wie Glaube oder Liebe zu definieren. Sie konnte nur sagen, daß gestandene Männer in den Seminaren weinten und abgebrühte Krankenschwestern eine andere Auffassung von Krankenpflege bekamen. Wenn die Professoren wirklich wissen wollten, was es mit ihren Seminaren auf sich hatte, brauchten sie sich nur um 11 Uhr an jedem beliebigen Mittwoch mit den anderen Hörern im Auditorium einzufinden.

Sie machte sie darauf aufmerksam, daß sie früh dort sein müßten, wenn sie noch einen Sitzplatz wollten, und daß der freiwillige Patient ebensogut ein Teenager wie ein Achtzigjähriger, eine Putzfrau ebenso wie ein Großindustrieller sein könne. Aber die Professoren und die übrigen Fachkollegen erschienen nie zu ihren Seminaren.

Mit dem akademischen Ansehen vermehrte sich Elisabeths Arbeitslast. Sie hielt weiterhin in ihrer unorthodoxen Art Vorlesungen über Psychiatrie, war weiterhin als Beraterin tätig für Patienten, die psychiatrischer Hilfe bedurften, und bekam einen neuen Titel: »Chefin vom Dienst für Patientenfürsorge«.

Zu ihrem Erstaunen wurde sie eines Nachmittags gebeten, eine Delegation des Instituts für Lutherische Theologie zu empfangen. Nachdem die Leute fünf Minuten lang herumgeredet hatten, ersuchte Elisabeth die Delegation, mit der Sprache herauszurücken und den Grund ihres Besuches zu nennen. Der Sprecher räusperte sich und sagte, daß sie gekommen seien, um ihr einen Lehrstuhl in ihrem Institut anzubieten. Sie wäre nicht mehr verwundert gewesen, wenn eine Gruppe von Katholiken ihr angeboten hätte, der erste weibliche Priester ihrer Kirche zu werden, oder wenn eine Delegation der hiesigen Synagoge sie eingeladen hätte, ihr Kantor zu werden. Sie bedankte sich für den Ruf, bekannte jedoch, daß sie eine unzuverlässige Protestantin mit äußerst unorthodoxen Ansichten sei! Und Lutheraner wären bekanntlich nicht sonderlich liberal.

Der Sprecher beeilte sich, ihr zu versichern, daß man von ihr keine Vorlesungen über Theologie oder kirchliche Dogmatik erwartete, sondern in praktischer Seelsorge, insbesondere am Krankenbett. Elisabeth erwiderte, daß sie die Gelegenheit gerne ergreifen würde, und sei es nur darum, um sich für all die salbungsvollen Predigten zu rächen, die sie als Kind über sich hatte ergehen lassen müssen! Sie führte tatsächlich eine harte Verhandlung mit den Theologen. Wenn sie auf den Vorschlag einginge, müßte sie völlig freie Hand haben. Sie würde nur in Gegenwart eines Theologieprofessors, der die Studenten in die theoretische Dogmatik einführen sollte, Unterricht erteilen. Sie wolle dann die Theorie in die seelsorgerische Praxis umsetzen.

Die Professoren willigten ein, und das Resultat war eine neue Form des interdisziplinären Unterrichts in der Krankenseelsorge. Ihre Vorlesungen im Theologischen Seminar waren oft sehr lebhaft und immer eine Herausforderung. Manchmal spielte sie mit Absicht den Advocatus diaboli gegenüber den Professoren und den Studenten, vor allem denjenigen unter ihnen, die von Hölle und Verdammnis predigten. In einer denkwürdigen Demonstration führte sie zwei Patienten vor, von denen der eine ein Schwerverbrecher war, der die meiste Zeit seines Lebens im Gefängnis gesessen hatte, und der andere ein Psychotiker, der wegen eingebildeter entsetzlicher Verbrechen Qualen der Reue litt.

Sie forderte einen Studenten auf, aufs Podium zu kommen und mit den beiden Patienten zu sprechen. Der Psychotiker ließ sich des langen und breiten über Sünde, Hölle und Verdammnis aus, und als er fertig war, wanden die Studenten sich geradezu vor Unbehagen. Dann sprach Elisabeth mit dem Kranken, und innerhalb von zehn Minuten bekam sie heraus, daß er ein potentieller Selbstmörder war, dessen imaginäre Schuldgefühle durch die vorhergehenden Fragen noch gesteigert worden waren. Der Mann, der wirklich Verbrechen begangen hatte, legte eine warme Menschlichkeit an den Tag, als er weniger Besorgnis um die Temperatur der Hölle als um das Wohlergehen seiner Frau und seiner Kinder ausdrückte.

Durch die Teilnahme der Studenten wurde diese Demonstration zu einem bewegenden und herzerwärmenden Dialog zwischen zwei gequälten Menschen in echter Not und einer Gruppe junger Männer und Frauen, die ihr Leben der Seelsorge weihen wollten. Ein frischer Wind der Ehrlichkeit und des Mitgefühls wehte bald den dumpfen Qualm der Höllenpredigten fort.

Elisabeth war sehr wohl imstande, gegenüber ihren Gegnern ihr Recht zu behaupten, paradoxerweise lernte sie jedoch gerade dadurch, mehr Toleranz gegen Andersdenkende zu üben. Sie schrieb in ihr Tagebuch, daß sie »wohl schädliche Ansichten und Glaubensgrundsätze bekämpfen wolle, aber nicht die Menschen, die solche Ansichten vertreten«.

Durch die Psychoanalyse half Dr. Baum ihr weiterhin, ihre Schwächen zu erkennen, zum Beispiel ihre Tendenz, allzu heftig auf Kritik zu reagieren. Gleichzeitig bestärkte er sie in ihren Begabungen, etwa ihrem außerordentlichen Talent für Kommunikation. Jedenfalls war es immer erfrischend für sie, in Dr. Baums Arbeitszimmer ihr Herz auszuschütten, wie sie es weder bei Manny noch bei einem anderen Menschen vermochte. Vom Beginn ihrer Sitzungen mit Dr. Baum nahm sie die Psychoanalyse mit so viel Eifer und Intensität in Angriff, daß sie innerhalb von sechsundzwanzig Monaten die ganze Analyse durchlief, die normalerweise vier bis fünf Jahre dauert.

Elisabeth anerkennt, wie sehr sie selbst durch die Psychoanalyse profitierte, sie betont jedoch, daß sie durch die hohen Kosten der Einzelsitzungen außerhalb der Reichweite der meisten Menschen liegt. Als erschwingliche und ebenfalls wirksame Alternative empfiehlt sich das Psychodrama, bei dem Gruppen bis zu fünfundzwanzig Menschen ihre Schuldgefühle, ihre Schmerzen, ihre Ängste und ihren Zorn in therapeutischer Weise ausdrücken können.

Elisabeth blühte auf bei ihrer Arbeitslast, und obwohl ihr Terminkalender schon überfüllt war, übernahm sie noch mehr Aufgaben außerhalb der Universität. An einem Nachmittag in der Woche arbeitete sie mit Blinden in einer Institution mit dem Namen »Lighthouse«. An einem Abend pro Woche hielt sie eine Vorlesung für junge Assistenzärzte an der staatlichen Nervenheilanstalt, und einmal im Monat fuhr sie nach De Kalb, Illinois, wo sie freiwillige Bewerber für das Peace Corps begutachtete und auswählte.

Ihre Hauptaufgabe im »Lighthouse« bestand darin, die Blinden zu überzeugen, daß sie durchaus in der Lage seien, sich in der Welt der Sehenden zu behaupten, daß sie zu Selbständigkeit und Wohlstand gelangen konnten, wenn sie es nur wollten. Während ihrer Zusammenarbeit mit dieser Organisation erlebte sie, wie junge Blinde, vorwiegend Schwarze, sich von ihrem Behindertenstatus befreiten und sich in die freie Arbeitswelt wagten. Ihr schriftlicher Bericht über die Effektivität des »Lighthouse«-Projekts fand weite Verbreitung, und später erfuhr sie, daß ihre Methode, die Behinderten zu überzeugen, daß »das Leben nicht eine Bedrohung, sondern eine Herausforderung ist«, auch in anderen Blindenanstalten mit Erfolg angewandt wurde.

Als Begutachterin für das Peace Corps war sie weniger erfolgreich. Die von ihr am wärmsten empfohlenen Kandidaten wurden von den konservativen Beamten, die das letzte Wort in der Auswahl hatten, fast immer abgelehnt. Elisabeth wählte nämlich immer junge Männer und Frauen, »mit denen man viel riskiert, aber auch viel gewinnt«. Sie hatten unorthodoxe Ansichten wie sie selbst, aber sie meinte, daß diese Leute die größte Kreativität und Phantasie entwickeln würden. Und gerade weil sie Nonkonformisten waren, glaubte Elisabeth, daß sie in einer weniger zivilisierten Gesellschaft besser zurechtkämen und anderen Nationen ein sympathischeres Bild Amerikas vermitteln könnten.

Als ihre Kandidaten bei den Abschlußgesprächen ständig durchfielen, erkundigte sie sich bei einem konservativen Psychologen nach den Gründen. Von da an »steckte« sie ihren unkonventionellen Bewerbern, was sie sagen sollten, um dem Auswahlkomitee Eindruck zu machen, und wann sie den Mund halten sollten. Auf diese Weise erreichte sie, daß ihre »Wahlkandidaten« schließlich gebilligt wurden. In ihrem Tagebuch spricht sie von ihnen als »diesen wunderbaren Menschen, die den Freiwilligen so ähnlich sind, mit denen ich in Frankreich, Belgien und Polen gearbeitet habe«.

Mit ihren Lehrverpflichtungen und anderen Aktivitäten füllte Elisabeth jede Stunde bis auf die letzte Minute aus. Sie benötigte Hilfe, insbesondere bei der Pflege der Sterbenden, die ihr am meisten am Herzen lag. In diesem Bereich, in ihrem Dienst am Sterbebett von Patienten, wollte sie sich nicht hetzen lassen. Da wurde ihr von unerwarteter Seite tatkräftige Unterstützung angeboten.

Eine ihrer schwierigsten Krebspatientinnen war Miss Hettie Glenfib, eine empfindliche, übellaunige Person von fünfundsechzig Jahren, die eine erfolgreiche Karriere als Geschäftsfrau hinter sich hatte. Miss Glenfib, die mit Flüchen nur so um sich schmiß wie ein Hafenarbeiter, hatte sich ihrer Familie entfremdet und besaß keine Freunde. Die Schwestern stieß sie derart vor den Kopf, daß sie das Zimmer der Patientin nur betraten, wenn diese klingelte oder wenn sie ihre leiblichen Bedürfnisse erfüllen mußten. Auch Elisabeth war von Miss Glenfib schon beschimpft worden.

Bei einem Besuch kam Elisabeth gerade dazu, wie die Frau dem Klinikpfarrer Obszönitäten an den Kopf warf. Es verblüffte sie, daß der sich durch diese Schimpfkanonade nicht im geringsten aus der Ruhe bringen ließ. Elisabeth setzte sich auf den zweiten Stuhl und hörte dem Gespräch zu. Sie war beeindruckt, mit welcher liebevollen Nachsicht der Pfarrer einhakte, wenn die Patientin einmal eine Pause machte, und einfach von den Werten des Lebens sprach.

Dieser Mann, stellte Elisabeth augenblicklich fest, war genau der Mitarbeiter, den sie für ihre Betreuung der todkranken Patienten und deren Angehörigen brauchte.

Sie bat ihn, in ihr Arbeitszimmer zu kommen, und dort stellte er sich vor und erzählte ihr von seinem Leben. Reverend Renford Gaines, ein schwarzer Kanadier Anfang Dreißig, hatte eine erfolgreiche Laufbahn als Buchdrucker abgebrochen, um Pfarrer zu werden. Er gestand, daß es ihm nicht leichtgefallen sei, seine aufwendigen Lebensgewohnheiten aufzugeben, er hatte es aber getan, weil er die Überzeugung nicht loswurde, daß es seine Bestimmung sei, sein Leben dem Dienst an anderen Menschen zu weihen.

Es war Elisabeth, als hörte sie sich selbst reden. Sie sah in Reverend Renford Gaines einen Spiegel ihrer eigenen Hoffnungen, ihrer eigenen Sehnsucht und ihrer Sorge um die Verwirrten und Einsamen. Ihre Anschauungen deckten sich mit den seinen, aber in Kultur, Rasse, Geschlecht und, wie sie bald herausfand, in ihren Gaben und Fähigkeiten bildeten sie einander ergänzende, reizvolle Gegensätze.

Elisabeth war sich mit Beklemmung dessen bewußt, daß ihren Seminaren und ihrer Betreuung der Kranken sowie ihren Gesprächen mit deren verängstigten und trauernden Angehörigen die weltanschauliche Grundlage fehlte. Ihre Patienten und deren Verwandte kamen oft auf geistliche Fragen zu sprechen, auf den Sinn des Lebens, die Existenz Gottes und das Weiterleben nach dem Tod. Sie war erst auf dem Wege, sich zu diesen Wahrheiten vorzutasten, und fühlte sich angesichts solcher Fragen verunsichert.

Aber jetzt hatte sie mit diesem Pfarrer, der die Dinge so gut zu artikulieren verstand, einen Ausweg aus ihrem Dilemma gefunden. Pfarrer Gaines nahm ihre Einladung, mit ihr zusammenzuarbeiten, begeistert an. Ihre Teamarbeit gestaltete sich effektiv und harmonisch. Sie und der Klinikpfarrer machten gemeinsam Visite auf den Stationen und hielten sich abwechselnd Tag und Nacht bereit, Sterbenden Hilfe zu geben. Der Pfarrer nahm auch an Elisabeths Seminaren teil. Wenn ein Patient religiöse Fragen anschnitt, dann beantwortete er sie klar und ohne Umschweife. Er stand Elisabeth zur Seite, als sie die reizbare Miss Glenfib im Rollstuhl ins Auditorium fuhr. Es war hauptsächlich seinem geistlichen Beistand zuzuschreiben, daß Miss Glenfib ihren Zorn durchbrechen konnte und zu einem Zustand der gelassenen Hinnahme gelangte. Ihr Körper war nun ganz abgezehrt, denn sie hatte nur noch zwei Wochen zu leben, aber diese zänkische Frau, die Plage der Station, die sie früher gewesen war, blickte jetzt das unsichtbare Auditorium direkt an und sagte gelassen und mit ruhiger Überzeugung: »Ich habe in den letzten drei Monaten mehr gelebt als in meinem ganzen erwachsenen Leben.« Die Schwestern, die ihr früher nach Möglichkeit aus dem Weg gegangen waren, brachen in Tränen aus.

Elisabeth machte ihr Seminar jedermann zugänglich, denn sie war der Ansicht, daß jeder Mensch, auch kleine Kinder, aus dem lernen konnten, was Sterbende zu geben hatten. (Drei Jahre später nahm Elisabeth den todkranken Onkel Anschel zu sich, nicht nur aus Barmherzigkeit und Liebe, sondern weil sie überzeugt war, daß ihre Kinder unendlich viel von einem Menschen gewinnen könnten, dessen Leben sich dem Ende zuneigte.) Sie betrachtete sich im wesentlichen als einen »Katalysator«, durch den der sterbende »Mentor« und diejenigen Menschen zusammengebracht wurden, die entscheidende Wahrheiten über das Leben lernen wollten.

Sie strebte für sich und ihre Seminare keine Publicity an. Sie meinte, daß sie dessen nicht bedurfte, da ihr Hörsaal immer gedrängt voll war. Doch außer einigen über das ganze Land verstreuten Geistlichen, die von Freunden aus Chicago etwas über die Seminare gehört hatten, und einer kleinen Gruppe von Ärzten und Studenten in Denver wußten nur wenige von ihrer Arbeit. Zu Beginn des Jahres 1969 kannte kaum jemand außerhalb der Universität von Chicago ihren Namen.

Dann ereigneten sich 1969 in kurzer Folge zwei Dinge, die miteinander in Zusammenhang standen und Elisabeths Anonymität ein Ende setzten. Das erste war eine Aufforderung des Theologischen Instituts der Universität von Chicago an Elisabeth, einen kurzen Artikel über den Zweck ihrer Seminare für die Zeitschrift des Instituts zu schreiben. Sie brachte die gewünschten paar Absätze rasch zu Papier und signierte mit »Elisabeth Kübler-Ross«, wie sie es manchmal tat, um eine Verwechslung mit Manny zu vermeiden. In ihrem Begleitbrief bat sie die Redaktion, ihren Artikel sprachlich zu überarbeiten, da Englisch für sie immer noch eine Fremdsprache sei. Zu ihrem Erstaunen wurde der Artikel so abgedruckt, wie sie ihn geschrieben hatte, mitsamt seinen sprachlichen Mängeln. Außer einem kurzen Stück, das sie einmal für eine Hauszeitschrift über das Thema geschrieben hatte, wie man Blinden und anderen Behinderten helfen kann, eine angemessene Arbeit und dadurch ein Selbstwertgefühl zu finden, war zum ersten Mal etwas von ihr in englischer Sprache im Druck erschienen.

Obwohl die theologische Zeitschrift keine hohe Auflage hatte, gelangte ein Exemplar auf den Schreibtisch eines Lektors des Macmillan Verlags in New York. Kurz darauf trat der Verlag an sie mit dem Angebot heran, ihr einen bescheidenen Honorarvorschuß zu zahlen, wenn sie bereit wäre, ein Buch von etwa 50 000 Worten über ihre Arbeit mit todkranken Patienten zu schreiben.

Bestürzt über dieses Ansinnen, erklärte sie, daß sie nie daran gedacht hätte, ein Buch zu schreiben, und daß Englisch nicht ihre Muttersprache sei. Doch man versicherte ihr, daß die Lektoren im Verlag ihren Stil, wenn nötig, korrigieren würden. Sie erwähnte dieses Vorhaben Manny gegenüber nur beiläufig und unterschrieb ihren Vertrag, ohne einen Rechtsanwalt zu konsultieren.

Viele Wochen lang bedrückte sie der Gedanke an das Buch. Wo sollte sie nur die Zeit hernehmen, um 50 000 Worte zu schreiben? Als sie von Macmillan den Scheck über einen kleinen Betrag erhielt, reservierte sie jeden Tag einige Stunden zum Schreiben, meistens zwischen Mitternacht und drei Uhr morgens. Sie konnte nur mit zwei Fingern tippen, und ihre Schreibmaschine war schon altersschwach, aber sie hielt durch. Sie hatte Macmillan versprochen, das Manuskript innerhalb von sechs Monaten zu liefern, und war selbst erstaunt, wie rasch sich die Seiten vermehrten. Sie brauchte kaum etwas zu revidieren, da sie weitgehend auf ihre Krankengeschichten oder auf die Abschriften ihrer Gespräche mit Patienten im Hörsaal zurückgriff. Sie begann mit der allgemeinen Angst vor dem Tod und sprach dann über die Einstellung zum Tod und zum Sterben. In den folgenden Kapiteln behandelte sie die fünf Stadien des Sterbens. In den letzten Kapiteln setzte sie sich mit dem Problem, der Familie des Todkranken gegenüberzutreten, und mit der Reaktion der Studenten und anderer Teilnehmer ihrer Seminare auseinander. Sie beendete das Buch mit einem Kapitel über die psychische Behandlung von Kranken im Endstadium.

Sie wünschte einen ganz einfachen Titel und entschied sich schließlich für *On Death and Dying* (deutsch: *Interviews mit Sterbenden*). Die letzten Worte, die sie tippte, waren die Widmung. Sie gedachte der beiden Männer, die sie am meisten geprägt hatten, und so schrieb sie mit ihrer Maschine: »Dem Andenken an meinen Vater und an Seppli Bucher.«

Sie hatte nur drei Monate und einige Tage gebraucht, um ihr Buch zu schreiben. Zuerst schickte sie das Manuskript an zwei Freunde, Edgar Draper und Jane Kennedy, mit der Bitte, Wiederholungen und allzu grobe Verstöße gegen die englische Syntax auszumerzen. Drei andere Freunde tippten abwechselnd eine Reinschrift, und im Mai konnte sie Macmillan das Manuskript schicken, voll Dankbarkeit, daß sie nun wieder ein bis zwei Stunden länger schlafen konnte. Sie hatte diesen literarischen Versuch fast schon vergessen, als sie im Herbst 1969 das erste Exemplar ihres Buches erhielt, das einer der größten Bestseller aller Zeiten auf dem Sachbuchsektor wurde. Sogar ein Jahrzehnt, nachdem sie »die Sätze und Worte zu Papier gebracht hatte, die ich verwende, wenn ich zu meinen Studenten spreche« (wie sie an Erika schrieb), war das Buch noch auf den Bestsellerlisten.

Doch es war nicht dieses Werk, das ihren Namen so bekannt machte, daß er fast in aller Munde war. In der ersten Novemberwoche 1969 bekam sie einen Telefonanruf von *Life*. Ein Redakteur teilte ihr mit, daß er eben ihren kurzen Artikel in der Zeitschrift des Theologischen Seminars zu Gesicht bekommen hätte. Elisabeth befand sich gerade in ihrem Arbeitszimmer und sprach mit einer Gruppe angehender junger Pfarrer, als der Anruf sie erreichte, und sie brauchte einige Minuten, um sich zu sammeln. Der Redakteur von *Life* fragte, ob sie gestatten würde, daß ein Journalist und ein Fotograf der Zeitschrift in ihr Seminar kämen. Der Redakteur mißdeutete ihr Schweigen und fügte hinzu, daß *Life* eine Millionenauflage im In- und Ausland habe und daß die Leser nur lernen könnten, wenn man sie ermutigte, mit sterbenskranken Menschen über ihre Schmerzen und ihre Lage zu sprechen. Elisabeth erwiderte einfach, daß jeder in ihrem Seminar willkommen sei, und schlug den kommenden Mittwoch für den Besuch vor.

Der Tag, an dem der Anruf von *Life* kam, war besonders hektisch, und sie dachte so wenig an die Bitte des Redakteurs, daß sie vergaß, Manny am Abend davon zu erzählen. Doch da sie wußte, daß zwei Reporter ihrem nächsten Seminar beiwohnen würden, wählte sie einen redegewandten älteren Patienten für das Gespräch aus. Er lag schon seit mehreren Monaten im Krankenhaus und war Elisabeth ans Herz gewachsen. Es machte ihm gar nichts aus, daß ein Reporter und ein Fotograf sich auf der anderen Seite der Glaswand befinden würden.

Als sie jedoch Mittwoch früh in die Klinik kam, teilte eine Oberschwester Elisabeth mit, daß der alte Herr in der Nacht gestorben sei. Sie gedachte voll Wehmut des Patienten, als die beiden Mitarbeiter von *Life* erschienen.

Ohne ihnen zu sagen, daß sie keinen Patienten für das Interview hatte, führte sie die Reporter in das Auditorium, damit sie ihre Fotoapparate und Tonbandgeräte an der Hörerseite der Glaswand aufstellen konnten, bevor die Studenten kamen. Dann ging sie auf die Krebsstation der Klinik, um einen Ersatzpatienten zu suchen.

Sie warf einen Blick in ein Zweibettzimmer und fand, wie sie in ihrem Tagebuch vermerkte, »einen der schönsten Menschen, die ich je gesehen habe«. Die Patientin Eva saß im Bett, an ihre Kissen gelehnt, und ihre glänzenden Haare umrahmten ein wie gemeißeltes Gesicht mit hohen Backenknochen von so außergewöhnlicher Schönheit, daß es einem schwerfiel zu glauben, daß das Leben des Mädchens ernsthaft bedroht war. Elisabeth setzte sich an das Fußende ihres Bettes und machte sich mit ihr bekannt. Sie erfuhr, daß Eva vor einer Woche mit fortgeschrittener Leukämie eingeliefert worden war.

Elisabeth erinnert sich lebhaft an diese erste Begegnung mit Eva. Es verband sie mit ihr ein Gefühl des Vertrauens, der Liebe und des Kummers, das ihrer Beziehung eine besondere Innigkeit verlieh. In Eva stauten sich die Gefühle, und sie war bereit, ihr Herz auszuschütten. Elisabeth hielt ihre Hand und erklärte ihr, was im Augenblick zu tun war.

Würde sie kurzfristig bereit sein, ihre Gefühle über ihre Krankheit fünfzig oder noch mehr Menschen mitzuteilen, die lernen wollten, wie sie bessere Ärzte, Schwestern, Therapeuten, Sozialarbeiter, Priester, Seelsorger und Rabbiner werden könnten?

Evas schöne dunkle Augen wurden größer. Was konnte *sie* schon sagen, das für andere eine Hilfe wäre? Sie würde gerne über ihre Gefühle sprechen, aber sie brauchte jemanden, der ihr dabei half und ihr die richtigen Fragen stellte. Elisabeth versprach, daß sie genau dies tun würde, und sagte, daß die anderen von Eva sicher viel lernen könnten, was für ihre Arbeit von entscheidender Bedeutung sei. Eva sollte aber noch in etwas anderes eingeweiht werden. Im Auditorium jenseits der Glaswand würden sich auch ein Journalist und ein Fotograf von *Life* befinden. Würde Eva ihnen erlauben, etwas über sie zu schreiben und sie zu fotografieren?

Evas Augen wurden noch größer. Sie warf ihren Kopf in die Kissen zurück und lachte erregt. »Ich soll in *Life* erscheinen!« rief sie aus. »Bin ich denn wirklich so wichtig? Das würde mir zu Hause kein Mensch glauben!«

Wie bei allen Demonstrationen waren in dem Seminarraum auf der Zuschauerseite, jenseits der von einer Seite her durchsichtigen Glasscheibe, auch die Stehplätze schon besetzt, ehe Elisabeth an der erleuchteten Seite der Trennwand erschien. Der Reporter Loudon Wainwright schrieb in *Life*, daß sich Angst in den Gesichtern der Zuschauer spiegelte und daß nur wenig und nur im Flüsterton geredet wurde. Dann öffnete sich plötzlich auf der anderen Seite der Scheibe, die jetzt beleuchtet wurde, eine Tür.

Wainwright berichtete: »Die Zuschauer erlebten einen Schock. . . . Evas Auftreten und ihre Schönheit schienen die Tatsache Lügen zu strafen, daß diese junge Frau an einer bösartigen Krankheit litt.«

Die meisten hatten vermutlich einen gebrechlichen, schmerzgekrümmten, alten und müden Patienten erwartet, nicht dieses Mädchen, das in der Rolle einer »Naiven« in einem Film hätte auftreten können. Eva hatte sich mit Sorgfalt gekleidet; sie trug eine feine weiße Bluse und lange Hosen aus Tweed. Sie saß bequem in einem Stuhl ohne jedes Zeichen von Nervosität. Elisabeth deutete auf die beiden Mikrophone auf dem Tisch, der zwischen ihnen stand. Eva gab lächelnd ihre Einwilligung, daß jedes Wort, das sie sprechen würde – auch ihr Lachen und Weinen – von dem unsichtbaren Auditorium mitgehört würde.

Daß diese Demonstration nicht gestellt war, wurde schon klar, als das Gespräch begann. In diesem Dialog gab Eva ihrer Hoffnung, ihrem Zorn, der Bitterkeit, der Ablehnung, beinahe der Verzweiflung, dann einer plötzlichen und unerwarteten Fröhlichkeit, ihren Träumen und wiederum der Hoffnung Ausdruck.

Fast während des ganzen Gesprächs sahen Elisabeth und Eva sich in die Augen. Sie waren in ihren intimen Dialog so versunken, daß es schien, als wären sie allein.

Eva sprach wehmütig von ihrer Krankheit und von dem Freund, den sie im nächsten Jahr geheiratet hätte. Sie sprach auch von Gott. »Als ich klein war, glaubte ich fest an Gott, und ich möchte immer noch an ihn glauben . . ., aber ich weiß nicht. Manchmal, wenn ich mit jemandem rede und wir sagen, daß wir nicht an Gott glauben, dann schaue ich irgendwie in die Höhe und denke – ach, weißt Du –

Du brauchst mir nicht zu glauben. Ich mache ja nur Spaß, sofern es Dich irgendwo gibt.«

Als sie gefragt wurde, welche Art der Hilfe ihr in der Klinik am liebsten wäre, sagte sie mit fester Stimme: »Kommen Sie doch einfach herein und sagen Sie mir, wenn Sie von einem Menschen gehört haben, der keine Chance hatte und trotzdem überlebte.«

Eva sprach offen über ihre Zimmergenossin, eine Frau mittleren Alters, die Brustkrebs hatte. Die Frau weinte Tag und Nacht, und Eva schilderte, was sie empfand, als die Ärzte ihrer Zimmergenossin sagten, daß die Brustamputation erfolgreich verlaufen sei. »Ich weiß, daß niemand zu mir kommen und mir sagen wird, daß ich auch nur eine halbe Chance habe«, sagte sie. »Als ich von der gelungenen Operation meiner Zimmergenossin hörte, lief ich in die Halle hinaus und weinte, und ich glaubte, daß niemand meine Gefühle verstehen würde. Wie gerne hätte ich meiner Zimmergenossin meine eigenen Brüste gegeben, wenn ich nur leben dürfte!«

Hin und her geworfen zwischen ihren Emotionen – wenn sie plötzlich Hoffnung schöpfte, daß ihre unerbittlich fortschreitende Krankheit sich würde aufhalten lassen, wenn sie dann aber die Wirklichkeit zur Kenntnis nehmen mußte, daß ihre Jugend und Tapferkeit und ihre auffallende Schönheit bald dahin sein würden –, strahlte Eva manchmal, und manchmal weinte sie.

Der Fotograf fing ihre wechselnden Stimmungen ein – die Fröhlichkeit ihres Lachens, die qualvollen Augenblicke, wenn sie ihre Hände an ihr Gesicht preßte und die langen Strähnen ihres dunklen Haares vornüber fielen und ihren Kummer verdeckten.

Eine Woche später, am 21. November 1969, erschien die von Loudon Wainwright mit viel Einfühlsamkeit geschriebene Story mit den dramatischen Bildern in *Life*. Millionen von Menschen kannten nun plötzlich Evas schönes Gesicht, ihre Hoffnungen, Schmerzen und Ängste und ihre Tapferkeit. Auch der Name Elisabeth Kübler-Ross wurde über Nacht in der ganzen Welt bekannt.

Elisabeth war nur in Sorge, wie Eva die Story und die Bilder aufnehmen würde, und wollte bei ihr sein, wenn sie die Zeitschrift aufschlug. Am Tag, als das Heft erschien, begab sie sich zeitig in die Klinik und war schon einige Minuten vor Öffnungszeit vor dem Zeitungsstand. Sie erwarb das oberste Heft auf dem Ständer und eilte auf Evas Station.

Das junge Mädchen blätterte die Seiten um, und als sie die Fotos sah, rief sie unbefangen: »Die sind aber nicht besonders gut, finden

Sie nicht?« Elisabeth saß still neben ihr, während Eva den Text las. Als sie fertig war, blickte sie auf und sagte lächelnd: »Die Geschichte ist so schön geschrieben, nicht wahr?« Elisabeth hatte gehofft, daß sie genau dies sagen würde. Ihre Patientin war aufgeregt und von der Geschichte bewegt, aber nicht deprimiert oder zornig.

Das Heft war schnell ausverkauft, und bald begegnete Elisabeth eine ganz andere Reaktion. Der Artikel brachte die meisten Fakultätsmitglieder und Klinikärzte zur Empörung.

Ein Arzt gab der Stimmung unter seinen Kollegen Ausdruck, als er in das Zimmer eines Pfarrers stürmte, der mit Elisabeth gearbeitet hatte, und diesen anfuhr: »Seit Jahren bemühen wir uns darum, diese Klinik wegen ihrer hervorragenden Krebstherapie berühmt zu machen. Ihr habt uns jetzt wegen unserer sterbenden Patienten berühmt gemacht!«

Diese Beschuldigung war erst das Vorspiel eines neuerlichen erbitterten Angriffs auf Elisabeth. Sie war jetzt der Paria der Klinik. Auf den Stationen, auf den Gängen und in der Kantine zeigten Fakultätsmitglieder und Ärzte ihr die kalte Schulter.

Pastor Renford Gaines, der sie unterstützt hatte, war gerade weggegangen, um eine Gemeinde zu übernehmen. Außer dem Pflegepersonal, das sie in der Betreuung Sterbender geschult hatte, außer einigen Medizinstudenten und Pastoren, die sie alle nur flüsternd zu ermutigen wagten, weil auch sie eingeschüchtert waren, war Elisabeth wieder einmal allein, vielleicht in höherem Maß als je zuvor.

Sie sprach einen Pfarrer an, von dem sie meinte, er stünde ihrer Arbeit wohlwollend gegenüber. Er sagte ihr, daß man ihm und seinen Kollegen zur Wahl gestellt habe, entweder auf der Seite der Ärzte oder auf der Seite dieser »Tod-und-Sterben-Person« zu stehen. Er blickte ängstlich um sich und fügte hinzu, daß Elisabeth doch sicher Verständnis dafür habe, daß er aus Rücksicht auf seine Stellung und seine Arbeit nichts mehr mit ihr zu tun haben könne. Ein anderer Pfarrer erzählte, daß ihn an diesem Morgen ein Oberarzt auf der Station angesprochen und sarkastisch gefragt habe: »Na, Sie suchen wohl wieder einen sterbenden Patienten, den Sie an die Öffentlichkeit zerren können?«

Von der Professorenschaft wurde eine Anweisung an Klinikärzte, Assistenzärzte und Pflegepersonal ausgegeben, daß Frau Kübler-Ross unter keinen Umständen schwerkranke Patienten aus der Station holen dürfe. Alle Fernseh- oder Zeitungsinterviews wurden untersagt, und entsprechende Gesuche der Nachrichtenmedien mußten über die Abteilung für Public Relations abgewickelt werden.

Im Lauf der nächsten paar Tage besuchte Elisabeth die Stationen, um einen weiteren Patienten zu finden, aber der Boykott war vollkommen. Schwestern, Klinikärzte und Assistenzärzte, die früher kooperativ waren und sie immer noch unterstützten, durften Elisabeth keine Patienten mehr geben. Manche erklärten, daß sie mit der Anweisung nicht einverstanden seien, aber sie riskierten mehr als ihre Stellungen, wenn sie ihr zuwiderhandelten.

Am nächsten Mittwochvormittag ging sie ohne einen Patienten in den Hörsaal. Zum ersten Mal innerhalb von zwei Jahren waren die meisten Plätze leer. Es hatte sich in der Klinik herumgesprochen, daß die Kübler-Ross-Seminare abgebrochen worden waren. Es kamen lediglich einige Studenten aus dem Theologischen Seminar und einige Geistliche, die schon früher gekommen waren. Elisabeth hatte ihnen ein Ultimatum gestellt: Sie sollten noch einem Seminar beiwohnen, um ihre eigenen Ängste und Reaktionen zu analysieren und mit ihnen ins reine zu kommen. Diejenigen, die nicht kamen, würden von ihren späteren Kursen ausgeschlossen sein.

Elisabeth stand mit dem Rücken zu den beiden Stühlen, auf denen sie und Eva vorige Woche während ihres intimen Dialogs gesessen hatten, und wandte sich an das kleine Auditorium. Sie erinnerte die Hörer daran, daß das Seminar auf den Wunsch von vier Theologiestudenten begonnen hatte, die etwas über klinische Seelsorge lernen wollten. Sie hatte oft mit Dankbarkeit an diese Studenten gedacht. Anfangs war der Widerstand noch groß gewesen, daß sie Studenten erlaubt hatte, ihre Gespräche mit todkranken Patienten mit anzuhören. Es sah so aus, als seien die Seminare jetzt zu Ende.

Wieder einmal hatten die Mächtigen und Einflußreichen sich gegen sie verbündet. Doch mit Hilfe der Theologiestudenten, so sagte sie ihren Hörern, könnten die Vorurteile abgebaut werden. Wenn die Klinik weiterhin die Teilnahme von Patienten verbot, dann würde sie Patienten von auswärts bringen. Weder Vorurteile noch Mißverständnisse sollten die Seminare unterbinden. Das wolle sie ihnen versprechen.

Da erhob sich ein junger Klinikgeistlicher, ein dünner, nervöser Mensch, der mit hoher Stimme und emphatischen Gebärden mitteilte, daß ihm und seinen Kollegen nahegelegt worden sei, die Seminare über Tod und Sterben nicht mehr zu besuchen. Sie seien nur gekommen, um sich von Elisabeth zu verabschieden. Es täte ihm leid, doch obwohl er gerne weiter mitmachen würde, könne er die Mißbilligung der Ärzteschaft nicht riskieren.

Elisabeths Augen sprühten, als sie in die Gesichter der Hörer blickte, und sie sagte ihnen ihre ungeschminkte Meinung. Wenn dies die Entscheidung aller Geistlichen und Theologiestudenten sei, dann sollten sie allesamt ihre Motive überprüfen, die sie bewogen hatten, das Pfarramt auszuüben oder Geistliche zu werden. Wenn sie nicht für das einzutreten vermochten, was ihnen als das Rechte erschien, wie könnten sie dann irgendeinem Menschen wirklich Hilfe bringen? Sie sei selbst nicht Theologin, aber sie kenne die Bibel gut genug, um zu wissen, daß Daniel sich ganz allein für das Recht eingesetzt und den Löwen in der Grube die Stirne geboten habe. Erhoben sie nicht den Anspruch, in der Nachfolge des großen Meisters zu stehen, der vor 2000 Jahren in Jerusalem mit seinem Leben für seine Überzeugung eingetreten war?

Niemand antwortete. Nach einem gespannten Schweigen forderte sie die Pfarrer und die Studenten auf, sich Rechenschaft zu geben, wie sie reagieren würden, wenn sie als Missionare in einen Dschungel geschickt würden, wo Gelbfieber herrschte. Würde ihre Angst sie daran hindern, dort hinzugehen? Es war in dem Hörsaal jetzt so still, daß sie das Klopfen ihres eigenen Herzens hören konnte. Sie wußte, daß sie vollkommen einsam war, so einsam und bar jeder Hilfe wie damals, als sie allein durch Europa fuhr und aus Gründen der Sicherheit auf einem Grabstein nächtigen mußte; so einsam wie damals, als ihr Vater ihr die Tür vor der Nase zuschlug. Sie entließ die Hörer mit der Aufforderung, ihr Gewissen zu erforschen und über ihren Entschluß, der »eine Wende in ihrem Leben bedeute«, nachzudenken.

Vielleicht war es wirklich unmöglich, das Tabu des Todes zu brechen. Wie konnte sie nur glauben, daß sie, eine kleine Frau aus einem fernen Land, es mit dem Establishment aufnehmen konnte, das diese den Tod verleugnende Gesellschaft geschaffen hatte? Vielleicht war ihr Traum zu idealistisch und unrealistisch. Sollte sie nicht lieber aus der Klinik austreten? Sollte sie sich ganz der Aufgabe widmen, Hausfrau und Mutter zu sein? Vielleicht könnte sie Manny dazu bewegen, ein Haus auf dem Land zu kaufen, mit einem Garten, wo sie Gemüse und Obst anbauen konnte, und mit einer Küche und einem Keller, der groß genug war, um Eingemachtes in Gläsern und Flaschen zu lagern. Um ihre Ausbildung und ihre berufliche Erfahrung zu nützen und ihr Gewissen zu beruhigen, könnte sie ein paar

Patienten nehmen, am liebsten Kinder. Oder sie könnte ein Dutzend Babys adoptieren, eines von jeder Rasse, Hautfarbe und Religionszugehörigkeit. Gemeinsam mit ihnen könnte sie demonstrieren, wie Menschen miteinander aufwachsen und in Frieden leben können. Daran hatte sie schon öfters gedacht.

Doch als diese Zweifel in ihr aufstiegen, wußte Elisabeth bereits, daß sie nicht klein beigeben würde. Es lag ganz und gar nicht in ihrer Natur, sich dem Widerstand zu beugen und sich mit einem bequemen Leben im Grünen zufriedenzugeben. Sie wußte, daß es kein Zurück gab, wenn sie einmal einen Gipfel vor Augen hatte, und sei er noch so hoch.

Als sie den leeren Hörsaal verließ, war die Hauptsache immer noch ungeklärt. Was sollte sie jetzt anfangen? Wohin sollte sie gehen? Sie ging den Korridor entlang in ihr Arbeitszimmer, ohne zu wissen, daß die Antwort schon auf sie wartete.

Auf ihrem Schreibtisch lag ein Stapel von Briefen, die ihr von der *Life*-Redaktion in New York nachgeschickt worden waren und sich auf ihr Interview mit Eva bezogen. Es waren Beweise der Anerkennung von Sterbenden, Briefe des Dankes von Leidenden, Briefe, die Evas Mut und Aufrichtigkeit lobten und Elisabeth dafür dankten, daß sie den Tod aus dem Schatten ans Licht gebracht hatte.

»Noch nie hat mich etwas so sehr bewegt«, schrieb eine Frau aus Texas, die kürzlich Witwe geworden war. »Evas Schönheit und Reinheit hat meinen Morgen verwandelt – ich könnte singen!« schrieb ein Krebspatient aus Kalifornien. »Danke! Ich habe versucht, meiner Mama das zu sagen, was Sie gesagt haben«, schrieb Tommy, ein an Leukämie erkrankter Dreizehnjähriger aus Atlanta, Georgia. »Endlich spricht jemand die Dinge aus, wie sie wirklich sind«, schrieb ein Sterbender aus einem Krankenhaus in New York.

Eine fünfundzwanzigjährige Frau aus Minneapolis im letzten Stadium einer bösartigen Krankheit teilte mit: »Als ich den Artikel in *Life* las, erinnerte ich mich, wie ich als kleines Kind einmal am Rand eines Schwimmbeckens stand und wie ein erfahrener Schwimmer vom tiefen Ende des Beckens mir zurief: ›Spring hinein! Es ist gar nicht so schlimm. Spring hinein und lerne schwimmen!‹«

Mit diesen Briefen, die allmählich zu einer Flut wurden, trafen Einladungen für Vorträge und Seminare ein. Sie kamen von Medizinischen Hochschulen, von Pfleger- und anderen Berufsverbänden, von Hilfsvereinigungen und Kirchen, und bald folgten ihnen Einladungen aus Übersee, aus Europa, Südamerika, Australien und Japan.

Als sie die ganze Post gelesen hatte, stützte Elisabeth nachdenklich ihr Kinn in die Hand. Sie dachte an den Schulaufsatz, den sie als Zwölfjährige in der Schweiz geschrieben hatte. Ich möchte »unbekannte Wissensgebiete erforschen. Ich möchte das Leben studieren. Ich möchte die menschliche Natur studieren. . . . Mehr als alles in der Welt möchte ich Ärztin werden . . . das würde ich am liebsten tun.«

Elisabeth sammelte die Briefe von ihrem Schreibtisch und brachte sie Eva, denn sie brauchte sofort einen Menschen, dem sie den Wunschtraum ihrer Kindheit, ihre Erregung und Freude mitteilen konnte, daß sie dem Sinn ihres Lebens wieder auf der Spur war.

29
Porträt einer Zeitgenossin

In der Einführung zu diesem Buch schilderte ich, wie ich Elisabeth von einer kleinen Stadt in Wisconsin nach Flossmoor, südlich von Chicago fuhr, wo sie zu Hause war. Unsere Fahrt durch den Winterabend dauerte sechs Stunden, und unterwegs erzählte sie mir von ihren mystischen Erlebnissen.

Seitdem hat sie auf vielen öffentlichen Veranstaltungen sowie durch die Medien über diese Dinge gesprochen und ihre große Anhängerschaft dadurch in zwei scharf getrennte Lager gespalten. Als sie die Sprache der Wissenschaft zugunsten der Sprache der Mystik aufgab, verlor sie die Gefolgschaft vieler Mitglieder der ärztlichen Zunft.

Als ich sie kennenlernte, hatte sie sich eben auf dieses umstrittene Gebiet begeben, aber die Kontroverse machte ihr nichts aus. Es sei eben ihr Auftrag, ihren Namen dafür einzusetzen, um jedem, der es hören wollte, zu sagen, daß der Mensch wirklich eine Seele besitzt, die den Tod – oder »Übergang«, wie sie sagt – überdauert. Die drohende Möglichkeit eines Atomkrieges verleiht Elisabeths Verkündigung, daß die Existenz eines Lebens nach dem Tod durch wissenschaftliche Forschung und persönliche Erlebnisse erwiesen sei, eine besondere Bedeutung.

Heute sieht sie ihre Hauptaufgabe darin, den Menschen zu helfen, ein volles Leben zu leben, befreit von der Last negativer Einstellungen. Sie will ihnen helfen, vor ihrem Tod »unerledigte Angelegenheiten« zu bereinigen.

Sie beruft sich auf die Aussagen von Patienten, die an der Schwelle des Todes ihren geistlichen Führern und Verwandten begegneten, die vor ihnen gestorben waren. Darin sieht sie die Bestätigung ihres Glaubens, daß die physische Existenz mit all ihrem Schmerz, dem Druck, den Kämpfen und Herausforderungen in Wirklichkeit nur »eine Phase des Lernens und der Läuterung« auf einem Weg ist, der weiterführt.

Sie ist überzeugt davon, daß der Mensch nur einen einzigen Wert mit hinübernehmen kann, nämlich seinen Beitrag zum Heil aller, je nachdem, »wie sehr er für andere da war und wie sehr er geliebt hat«.

Nach dem Artikel in *Life* und der Veröffentlichung ihres Buches *Interviews mit Sterbenden*, nach weiteren Artikeln in vielen Zeitschriften und unzähligen Zeitungen und ihren Fernsehsendungen wurde Elisabeth in eine Berühmtheit katapultiert, die sie zu *der* Autorität auf dem Gebiete der Sterbehilfe machte.

Ihr Leben veränderte sich dadurch radikal. Angesichts der Tatsache, daß ein Prophet im eigenen Land nie etwas gilt, kündigte sie ihre Stellung an der Universität von Chicago nach ihrem letzten Seminar im Jahre 1969 und nahm Einladungen an, Vorträge und Workshops zu halten.

Kurz vor Weihnachten 1969 bezog sie mit ihrer Familie ein von Frank Lloyd Wright entworfenes Haus in Flossmoor. Endlich hatte sie das große Haus gefunden, nach dem sie sich seit ihrem Abschied von Meilen gesehnt hatte. Die Versuchung, sich aus der Öffentlichkeit zurückzuziehen, war sehr groß, und sie überlegte ernsthaft, wie sie von ihrem neuen Heim aus arbeiten und eine überschaubare Anzahl von Schwerkranken betreuen könnte.

Doch als die Briefe und die Bitten um Vorträge und Hilfe aus der ganzen Welt sie weiterhin überfluteten, gab sie den Gedanken auf, sich zurückziehen zu wollen, und begann ihre Vortragsreisen, die so anstrengend waren, daß Elisabeth bald nur noch am Wochenende bei ihrer Familie sein konnte.

Innerhalb kurzer Zeit legte sie pro Jahr mehr als 300 000 Kilometer zurück, um Vorträge und Seminare zu halten, und ihr Haus in

Flossmoor wurde weniger eine Zufluchtsstätte als ein Kommunikationszentrum, das zwei Sekretärinnen ganztags beschäftigte, die Elisabeths Post von durchschnittlich 3000 Briefen im Monat erledigten.

Ich sehe Elisabeths winzige Gestalt vor mir, wie sie sich im Gedränge der Reisenden am Freitagabend in der Halle eines kleinen Flughafens bewegt. Ich sehe, wie sie mit vorgeneigten Schultern zwei große Koffer schleppt, und ihr graumeliertes Haar klebt feucht an ihren Schläfen. Wir hatten vereinbart, einen weiteren Teil ihrer Lebensgeschichte auf Tonband aufzunehmen.

Dieses Bild von ihr kommt mir wohl deshalb am häufigsten vor Augen, weil es die Einsamkeit symbolisiert, in der sie die meisten Tage verbringt. Die Tausende, die sie auf einem Podium in der Öffentlichkeit sehen, meinen irrtümlich, daß Elisabeth immer von Freunden umringt ist. In Wirklichkeit bringt sie den Großteil ihrer Zeit in unpersönlichen Flughäfen und tristen Hotelzimmern zu.

Natürlich war ich oft Zeuge, wie sie von einer Menge gefeiert wurde. Ich sah, wie riesige Auditorien Beifall klatschten und mit den Füßen stampften, wie Medizinstudenten der Stanford Universität Schlange standen, um ihr die Hand zu küssen. Doch selbst inmitten von donnerndem Applaus scheint sie in dem Augenblick, da die Menschen ihr zu Füßen liegen, einsam und allein zu sein.

Ich hörte sie einmal den bitteren Satz aussprechen: »Sie heben mich auf einen Sockel und behandeln mich wie eine Halbgöttin, und ich möchte doch nur das eine, daß jemand sagt: ›Kommen Sie herein und trinken Sie eine Tasse Tee mit mir – ziehen Sie Ihre Schuhe aus – oder darf ich Sie umarmen oder eine Weile ihre Hand halten, oder wenn Sie wollen, können Sie sich an meiner Schulter ausweinen.‹«

In einer Menschenmenge ist sie einsam, doch die wirkliche Einsamkeit genießt sie. So wie sie als Kind Zuflucht auf ihrem geheimen Sonnentanz-Felsen in Meilen suchte, so ergreift sie auch jetzt jede Gelegenheit »hinauszukommen« – auf Hänge und Gipfel, wenn Berge in Reichweite sind, oder in die Stille einer leeren Kirche, wenn sie in der Stadt ist.

Um mir einen besseren Einblick in ihre Arbeit zu geben, lud Elisabeth mich einige Wochen nach unserer Begegnung zu einem ihrer Workshops über Tod und Sterben ein. Er fand an einem abgelegenen Ort in den Bergen von Virginia statt, und ich beobachtete sie, die erfahrene Seelenärztin, mit fünfundsechzig Menschen verschiedener Herkunft im Alter zwischen zwanzig und achtzig

Jahren. Die meisten der Teilnehmer mußten sich mit dem Tod direkt oder indirekt auseinandersetzen. Etwa ein Dutzend litt an einer tödlichen Krankheit, und eine ebenso große Anzahl konnte ihren Kummer nicht verwinden nach dem Tod eines Ehepartners, eines Kindes oder eines anderen Menschen, der ihnen sehr nahestand. Die anderen waren vorwiegend Ärzte, Krankenschwestern, Therapeuten, Sozialarbeiter und Geistliche – Menschen, die in Berufen standen, die sie fast täglich zwangen, mit Sterbenden und Leidenden umzugehen.

Am ersten Tag des fünftägigen Workshops fragte Elisabeth jeden einzelnen, warum er hier war. Die meisten Antworten kamen prompt und intellektuell. Ein bärtiger Psychologe brachte im Fachjargon sein Bedürfnis zum Ausdruck, sich mit Schwerkranken und leidenden Klienten besser verständigen zu können. Eine kanadische Nonne in mittleren Jahren sprach fromm, aber ohne Bezug auf die gestellte Frage von ihrem Glauben. Eine etwas relevantere Antwort gab ein Onkologe, der sich zu seinem Unbehagen bekannte, wenn er Patienten eine schlimme Prognose mitteilen mußte. Eine magere, blasse junge Jüdin, die sehr verspannt und sichtlich schwer krank war, sprach beinahe frivol von ihrer tödlichen Krankheit und ihrem Atheismus. Sie sagte, daß sie zum Workshop gekommen sei, weil sie lernen wollte, wie sie sich ihrer verzweifelten Familie gegenüber verhalten sollte. Die anderen redeten klischeehaft von ihrer Suche nach Wahrheit und Erfahrung.

Die Arbeitssitzungen dauerten bis in die frühen Morgenstunden, wobei die Gruppe meistens auf Kissen im Halbkreis saß. Elisabeth hockte auf einem Schemel vor einem großen steinernen Kamin. Sie bevorzugte knöchellange Röcke und saß am liebsten mit angezogenen Beinen, die sie mit den Armen umschlang. Dann sah sie jung und sehr verletzlich aus. Während sie nach psychischen Eiterherden, nach den Wurzeln von Ängsten und Traumata suchte, beobachteten ihre warmen, braunen Augen die Gesichter und registrierten genau, wenn sich ein Ausdruck oder eine Gebärde zeigte, die auf verborgene Bitterkeit, Schuld- und Angstgefühle schließen ließ.

Am dritten Tag brachen die Geschwüre plötzlich auf, und der Eiter ergoß sich. Die kanadische Nonne schrie vor Wut, weil sie die Riten ihrer Kirche nicht vollziehen durfte. Der Psychologe brach zusammen und schluchzte, weil er den Tod seiner Mutter nie verwunden hatte. Mit rotem Kopf gestand der Onkologe schwitzend seine eigene furchtbare Angst vor Krebs und vor dem Tod. Das jüdische Mädchen sprach von einer liebeleeren Kindheit und ihrer Angst vor der Hölle. Die Geräusche des Schreiens und Weinens der Gruppe drangen in die Nacht hinaus.

Sobald der Eiter ganz verströmt war – als alle Schuldgefühle bekannt, die Wut externalisiert und alle Ängste ausgesprochen waren –, kamen wie von selbst die Stunden der Läuterung und der Heilung. Diese Menschen, die aus den verschiedensten Gründen am Workshop teilgenommen hatten, erfuhren hier, daß sie ihren Mitmenschen, ihren Klienten, Familien, Nachbarn und Gemeindemitgliedern bessere Hilfestellung geben konnten, wenn sie sich mutig mit ihren eigenen Ängsten, Schuldgefühlen und ungelösten Leiden auseinandersetzten. Am letzten Abend schienen alle von einer neuen Hoffnung und einem Gefühl erfüllt zu sein, daß das Leben einen Sinn hat.

Elisabeth schien ihre Energie aus einer geheimen Quelle zu schöpfen. Nach den regulären Arbeitssitzungen sprach sie noch mit einzelnen Teilnehmern, manchmal bis zum Morgengrauen. Ihre offensichtliche körperliche Erschöpfung schien ihrem Unterricht noch mehr Gewicht zu verleihen. Manchmal war sie so müde, daß sie wie durchsichtig auf mich wirkte, wie eine im Kerzenlicht verschwimmende Gestalt. Ihre Worte bekamen etwas körperhaft Schwebendes, wie Libellen auf einem Teich.

Dieser Eindruck wurde vielleicht durch die gesteigerte Aufnahmebereitschaft des Publikums erweckt, die aus der unbändigen Freude kommt, wenn die Bürden, die einen Menschen lange belastet haben, aufgehoben sind.

Ein Ausspruch Elisabeths am letzten Abend des Workshops ist mir so lebhaft im Gedächtnis wie irgendein Wort, das je ein Mensch zu mir gesagt hat: »Menschen sind wie bunte Glasfenster. Ihre wahre Schönheit tritt nur hervor, wenn sie von innen erleuchtet werden. Je dunkler die Nacht, desto heller strahlen die Fenster.«

Als sie dies äußerte, sah Elisabeth sich um und blickte dem todkranken jüdischen Mädchen, das nun einen ganz anderen Ausdruck hatte, voll ins Gesicht. Obwohl es noch von ihrem Leiden gezeichnet war, hatte ihr Gesicht jetzt etwas Strahlendes. Ihre tiefliegenden, dunklen Augen hatten ihre Bitterkeit und Angst verloren und glänzten.

Durch den Workshop entstand eine Kameradschaft unter diesen ganz verschiedenen Persönlichkeiten. Indem sie den Mut aufbrachten, sich völlig offen über ihre Gefühle auszusprechen, ihre Ängste und Schmerzen den anderen mitzuteilen, machte die Gruppe die Erfahrung, daß sie durch ihre Leiden, ihre Kämpfe und Hoffnungen verbunden war.

Es wurde eine euphorische Abschiedszeremonie mit einem denkwürdigen ökumenischen Abendmahl gefeiert, bei dem die Jüdin einem katholischen Priester und einem protestantischen Pfarrer beim Austeilen des Sakraments von Brot und Wein zur Seite stand. Als manche ihr sagten, daß sie ein Wunder gewirkt hätte, lachte Elisabeth. Nein, sie sei nur der Katalysator. Wenn wirklich ein Wunder geschehen sei, dann komme es aus der Standhaftigkeit, die man braucht, um sich selbst gegenüber völlig aufrichtig zu sein.

Unmittelbar nach dem Workshop blieb ich bei Elisabeth und versuchte drei Tage lang, mit ihrem rasenden Tempo Schritt zu halten. Von Virginia flog sie direkt nach Indianapolis, wo sie am selben Abend zu einer Gruppe von Klinikgeistlichen sprechen mußte. Sie legte ihnen dringend nahe, bei Tag zu schlafen und bei Nacht zu arbeiten. Sie sagte ihnen, daß die meisten Menschen in den frühen Morgenstunden sterben. Zehn Minuten am Bett eines Patienten zwischen Mitternacht und vier Uhr früh, wenn Angst, Schmerz und Einsamkeit wie Gespenster in den Stationen umgehen, würden dem Kranken viel mehr bringen als zwei Stunden im Getriebe des Klinikalltags.

Der folgende Tag war vom Bürgermeister der Stadt als »Kübler-Ross-Tag« proklamiert worden. Aus diesem Anlaß sollte Elisabeth in einem 15 000 Menschen fassenden Auditorium vor einer Versammlung sprechen, die eine Gruppe namens »People Healing People« (»Menschen helfen Menschen«) organisiert hatte. In dem Aufenthaltsraum hinter der Bühne sank Elisabeth in einen Sessel und faßte sich an den Kopf. Ich fragte sie, ob sie Müdigkeit überkommen habe. Mit einer Geste der Verzweiflung verneinte sie. Es sei eine völlige Gedankenleere bei ihr eingetreten, und sie habe keine Ahnung, worüber sie sprechen solle. Sie hatte die karnevalartige Beleuchtung der Bühne und die tanzenden Mädchen gesehen, die dem Publikum »Stimmung machen« sollten. In einer solchen komödiantenhaften Atmosphäre könne sie nicht über den Tod und die Betreuung von Sterbenden sprechen. Es erstaunte mich, daß Elisabeth, die schon tausend Vorträge gehalten hatte, jetzt so nervös war wie ein junger Pfarrer, dem seine erste Predigt bevorsteht. Sie bat mich, sie einige Minuten allein zu lassen, weil sie »Führung« brauchte.

Fünf Minuten später erschien eine verzweifelte Frau mittleren Alters hinter der Bühne und wollte Elisabeth sprechen. Ich bekam Bruchstücke des Gesprächs mit und hörte, wie die Frau völlig gebrochen erzählte, daß ihre drei halbwüchsigen Söhne einem brutalen Mord zum Opfer gefallen seien. Einbrecher hatten die Jungen im Stil einer Hinrichtung mit Genickschuß getötet. Elisabeth dankte der Frau, daß sie ihr die Antwort auf ihr Gebet gebracht hatte, und bat sie eindringlich, ihrem Vortrag aufmerksam zuzuhören, denn sie würde nur für sie sprechen. Vielleicht könnten sie sich danach noch sehen.

In ihrem Vortrag sprach Elisabeth fast ausschließlich zu der trauernden Mutter, die irgendwo in dem dunklen Auditorium saß. Sie sprach von ihrer persönlichen Erfahrung, daß es ein Leben nach dem Tode gibt, und von ihrer Überzeugung, daß ein Leben auch dann erfüllt sein kann, wenn der Tod schon in der Kindheit eintritt.

Nach dem Vortrag kam die Mutter nochmals hinter die Bühne, um sich bei Elisabeth zu bedanken. Die Tränen liefen ihr über die Wangen, als sie in schlichten Worten sagte: »Wenn meine drei Jungen allen diesen Leuten geholfen haben, den Tod zu begreifen und jeden Tag ihres Lebens so zu leben, als sei es ihr letzter, wie Sie gesagt haben, dann sind meine Kinder nicht umsonst gestorben.«

Am nächsten Tag waren wir in Weston, Massachusetts, wo Elisabeth die Festrede zur Verleihung akademischer Grade am Regis College hielt und selbst mit einem Ehrendoktorat ausgezeichnet wurde. (Es war eines von zwanzig Ehrendoktoraten, die sie im Lauf der Zeit bekam.) Der Titel ihrer Rede war »Liebe und Haß«. Unter einer gestreiften Markise, die über Blumenbeeten in leuchtenden Farben ausgespannt war, sprach sie über Hitler und die symbolische Bedeutung der in die Wände der Baracken von Majdanek eingeritzten Schmetterlinge. Sie sprach von der Arbeit »ihrer lieben Freundin« Mutter Teresa in den Slums von Calcutta, die ihr zum persönlichen Vorbild geworden war. Sie sprach von dem Potential der Liebe und dem Potential des Hasses im Herzen jedes Menschen. Nach der Rede erhoben die Studenten und die Fakultät sich von ihren Plätzen und feierten Elisabeth mit einem zehn Minuten währenden Applaus.

Am selben Abend flogen wir nach Washington, D.C., und fuhren in das berühmte Ford Theater, wo Abraham Lincoln einst ermordet worden war. Hier nahm Elisabeth die Auszeichnung »Frau des Jahres« (für Wissenschaft und Forschung) entgegen, die vom *Ladies' Home Journal* jedes Jahr verliehen wird. In dem Theater drängte sich die Prominenz. Manny hatte Elisabeth zu diesem Anlaß ein orangefarbenes Chiffonkleid, ein Modell von Yves St. Laurent, gekauft, und Kenneth und Barbara kamen von Chicago angeflogen, um dabeizusein, wenn ihre Mutter von der damaligen First Lady, Lady Bird Johnson, begrüßt wurde. (1979 wählten die Leserinnen von *Ladies' Home Journal* Elisabeth zu einer der »Zehn Frauen des Jahrzehnts«.)

Nach der Feier im Ford Theater wurde für Elisabeth in einem schönen Privathaus in Virginia ein festlicher Empfang gegeben. Obwohl sie in einer ganzen Woche nicht mehr als vierzig Stunden geschlafen hatte, tanzte Elisabeth bis zum Morgengrauen. Mrs. Ann Dailey, ihre Gastgeberin, wirkte später bei der Einrichtung des ersten amerikanischen Hospizes für sterbende Kinder mit. Mrs. Dailey berichtet, daß diese Idee geboren wurde, als Elisabeth zwischen einem Walzer und einem Foxtrott einmal eine Pause einlegte. In der berühmten Psychiaterin steckte immer noch das Kind von Meilen!

Das erste moderne Hospiz für die Betreuung von Sterbenskranken wurde in England gegründet, aber es ist weitgehend Elisabeths Verdienst, daß dieses Konzept auch in Amerika Eingang fand. Das Hospiz ist eine Alternativeinrichtung zu der sterilen, dehumanisierten Pflege in den Kliniken und ermöglicht eine sensible und persönliche Betreuung durch die Ärzte, Schwestern und Geistlichen, die aufgrund ihrer Persönlichkeit und ihrer Ausbildung berufen sind, sich der Bedürfnisse Schwerkranker anzunehmen. Solche Hospize mit ihrer intimeren Atmosphäre werden jetzt in ganz Amerika eingerichtet, und jedes von ihnen ist gewissermaßen ein Denkmal für Elisabeth. Sie ist Vorstandsmitglied von einem Dutzend von Hospizen, unter anderem des nach ihr benannten in St. Petersburg, Florida.

Trotz ihrer Vortragsverpflichtungen (unmittelbar nach Washington flog sie nach Europa, wo sie eine Reihe von Vorträgen in der Schweiz, in Österreich und Deutschland hielt) nimmt Elisabeth sich immer noch Zeit, um Sterbende zu besuchen. Sechs Wochen später traf ich sie an ihrem Geburtstag in Nordkalifornien wieder. Nachdem sie am Vormittag einen Vortrag für fünfhundert Berufstätige im Gesundheitswesen gehalten hatte, erhielt sie einen dringenden Ruf von einem sterbenden Arzt aus einer hundertfünfzig Kilometer entfernten Stadt. Obwohl sie an diesem Abend noch einen Vortrag zu halten hatte in einem Auditorium mit dreitausend Plätzen, die längst ausverkauft waren, beschloß sie, schnell mit dem Auto zu dem Sterbenden zu fahren, um noch eine Stunde mit ihm zu verbringen.

Wir verzichteten auf das Mittagessen, und zwei Stunden später standen wir am Bett des Patienten. Er war fünfunddreißig Jahre alt und war früher im Fußballteam seiner Universität gewesen. Nun hatte der Krebs seinen abgemagerten Körper zerstört. »Frau Dr. Kübler-Ross«, flehte er mit bebenden Lippen, »ich will nicht sterben.« Er sagte es mit einer Miene, als glaubte er, durch die bloße Berührung ihrer Hand geheilt werden zu können.

Elisabeth hielt seine Hand und sagte mit sanfter Stimme: »Ich bin zu Ihnen gekommen, weil ich gerne möchte, daß Sie leben.« Als der Arzt die Stirne runzelte, fügte sie hinzu: »Ich meine, daß Sie jede Minute voll leben sollen, ob Sie nun fünf Tage, fünf Monate oder noch fünf Jahre zu leben haben.« Sie hielt inne und fragte ihn dann: »Wann haben Sie zum letzten Mal mit Ihren Kindern gesprochen?«

Wir hatten einen verschreckten Jungen und ein Mädchen im Alter von vielleicht sieben und acht Jahren im Garten gesehen, als wir das Haus betraten. Die elegant angezogene Frau des Arztes stand befangen an der Tür.

Der Arzt ließ Elisabeths Hand los und beteuerte, daß er doch erst am vorhergegangenen Abend mit seinen Kindern Dame gespielt habe.

Elisabeth nickte. »Ja, aber haben Sie das nur getan, um Ihr Gewissen zu beruhigen? Meine Frage war, ob Sie wirklich mit ihnen gesprochen haben, ob Sie Ihrer Familie wirklich etwas von der Weisheit mitgeteilt haben, die Sie jetzt besitzen, die Sie durch Ihre Krankheit empfangen haben?«

Sie sprachen noch mehr, aber die Zeit wurde knapp, denn in hundertfünfzig Kilometern Entfernung würde sich bald das Auditorium mit Menschen füllen. Elisabeth nahm sich aber noch Zeit, mit den Kindern des Sterbenden zu sprechen, die verdrossen darüber waren, daß sie zu Hause immer auf Zehenspitzen gehen mußten. Sie durften auch keine Freunde nach Hause bringen, »alles wegen Daddys Krankheit«.

Wir verließen das Haus beim Klang von Kinderlachen. Wir hatten gesehen, wie sie ihrem Vater aufgeregt ihre bunten Zeichnungen ans Bett brachten, damit er sie bewundere. Während der nächsten beiden Monate blieb ich mit dem jungen Arzt und seiner Frau in telefonischem Kontakt. Zwei Tage, bevor er starb, sagte er mit fester Stimme: »Vielleicht sind die vergangenen Wochen die schönsten meines Lebens gewesen. Meine Familie und ich genießen jetzt eine Stunde des Zusammenseins mehr als früher einen ganzen Monat.«

Elisabeth erreichte den Vortragssaal fünf Minuten vor Beginn der Veranstaltung. Feuerwehrleute hatten Hunderte von Menschen am Eingang zurückweisen müssen. Erst um Mitternacht konnte Elisabeth endlich die Kerzen auf ihrer Geburtstagstorte ausblasen.

Mein Notizbuch ist voll von ähnlichen Beispielen ihrer Fürsorge für Menschen in Not. So erzählte mir zum Beispiel eine Physiotherapeutin aus Kalifornien, eine Mittvierzigerin, wie Elisabeth sie vor dem Selbstmord gerettet hatte. Die Frau litt an multipler Sklerose und war vor kurzem von ihrem Mann verlassen worden. Eines Abends faßte sie den Entschluß, ihrem Leben ein Ende zu setzen. Sie schluckte eine Überdosis von Schlaftabletten und spürte bereits ihre Wirkung, als sie plötzlich ein verzweifeltes Bedürfnis empfand, wenigstens einem Menschen zu erklären, warum sie sich das Leben nahm.

Als sie die Packung Schlaftabletten aus ihrer Handtasche geholt hatte, war Elisabeths Visitenkarte auf das Bett gefallen. Mit bereits getrübtem Denkvermögen versuchte die Therapeutin sich zu erinnern, in welchem Zusammenhang der Name Kübler-Ross ihr begegnet war. Schließlich erinnerte sie sich, daß sie einmal neben Elisabeth im Flugzeug gesessen hatte und daß Elisabeth ihr vor dem Abschied gesagt hatte, sie könne sie in Illinois anrufen, wenn sie einmal in einer Notlage sei.

Die Therapeutin erzählte mir: »Es dauerte fast eine Ewigkeit, bis ich zum Telefon kam, und als ich die Nummer von Flossmoor angerufen hatte, muß ich einen so verwirrten Eindruck gemacht haben, daß es mich wundert, daß Elisabeth überhaupt zuhörte. Ich sagte ihr, wie viele Tabletten ich geschluckt hatte und daß ich den Rest auch noch schlucken wollte. Ich hatte erwartet, daß Elisabeth auf mich einreden und mir sagen würde, daß sie gleich die Polizei anrufen und Ärzte schicken würde. Statt dessen sagte sie nur: ›Ich treffe Sie morgen bei Sonnenuntergang an der Treppe der Santa Barbara Mission von Kalifornien.‹«

Die Therapeutin fuhr fort: »Wenn in der nächsten halben Stunde jemand an meine Tür geklopft hätte, dann hätte ich mit Sicherheit eine tödliche Dosis genommen. Doch als weder Polizei noch Ärzte kamen, dachte ich nur noch daran, ob Elisabeth ihr Versprechen wohl halten würde.«

Als die Therapeutin am nächsten Abend die Treppe zur Santa Barbara Mission hinaufhumpelte, erblickte sie eine kleine Gestalt, die mit einer ländlichen Bluse und Kordsamthosen bekleidet war und sie sitzend mit einem breiten Lächeln erwartete.

Elisabeth erlaubte nicht, daß die Therapeutin ihr die teure Flugkarte von Chicago vergütete. Sie hat von einem Menschen in Not oder einem Sterbenden noch nie einen Pfennig angenommen.

Als ich sie einmal fragte, welches Honorar sie für ihre Dienste berechnete, antwortete sie: »Wie kann ich ein Honorar verlangen? Das wäre doch so, als wenn ein Pfarrer oder ein Rabbiner sagen würde: ›Für das Spenden von Trost kassiere ich zwanzig Dollar!‹ Wie kann ich eine Nacht bei einem sterbenden Kind sitzen und der Mutter am nächsten Tag sagen: ›Das waren sechs Stunden à fünfzig Dollar – macht dreihundert Dollar, bitte!‹«

Mit dem Geld, das sie für ihre Vorträge bekommt, finanziert sie ihre Praxis und ihre Sekretärinnen, und ein erheblicher Teil davon kommt außerdem ihrem Pflegezentrum Shanti Nilaya zugute.

Ich war bei ihr, als sie einmal an einem warmen Juninachmittag anhielt und auf einer Wiese in den Bergen über Escondido in Kalifornien Blumen pflückte. Ein Schmetterling kreiste um ihren Kopf und ließ sich auf einem Finger ihrer ausgestreckten Hand nieder. Sie blickte voll Freude auf und sagte lachend: »Das ist die Bestätigung dafür, daß wir hier unser Pflegezentrum bauen sollen!«

Dieses Zentrum mit seinen vierzig Morgen Land schmiegt sich zwischen vorspringende Hügel und riesenhafte Granitblöcke, die aussehen, als seien sie vom Mond herabgestürzt in die Landschaft, und bedeutet die Erfüllung von Elisabeths Hoffnung, einen geographischen Brennpunkt für ihre Arbeit zu finden. Die meisten ihrer Workshops über Tod und Sterben werden jetzt in Shanti Nilaya abgehalten. Dieser Name, der aus dem Sanskrit kommt und »Heimstatt des Friedens« bedeutet, wurde ihr in einer kosmischen Erfahrung übermittelt.

Die heftige Kontroverse, die sich einmal an Elisabeth Kübler-Ross entzündete, als sie ihrer Überzeugung Ausdruck gab, daß der Tod das letzte Entwicklungsstadium des Menschen auf dem Weg zur Reife sei, gewinnt an Schärfe, je mehr sie die Grenze zur Mystik überschreitet.

An einem friedlichen Abend saßen wir einmal auf der Terrasse vor ihrem Arbeitszimmer in Shanti Nilaya und beobachteten den Sonnenuntergang. Elisabeth deutete über die Wiese, die jetzt halb im Schatten lag, und zeigte mir den Ort, wo sie ein Kinderzentrum, eine Kapelle und eine Vortragshalle errichten wollte, sobald sie die Mittel dafür bekäme. Ich versuchte, mir das vollständige Zentrum vorzustellen, wie sie es sich erträumte, und konnte ihr die Erregung, die sie spürte, nachfühlen. In der langen, wohltuenden Stille dachte ich über die Stationen ihres Lebens nach: Meilen, Lucima, ihre Studentenzeit, ihre Ankunft in Amerika . . . und ihren Kampf, das Tabu des Todes zu brechen.

Dann fragte ich sie, was sie ändern würde, wenn sie ihr Leben noch einmal leben könnte, und ob sie etwas bereue.

Sie war im Begriff, mir zu antworten, dann stand sie jedoch plötzlich auf und ging in ihr Arbeitszimmer. Eine Minute später kehrte sie zurück und brachte mir ein Blatt Papier. »Hier steht die Antwort auf Ihre Frage«, sagte sie lächelnd. »In diesem Brief einer fünfundachtzigjährigen Frau.«

Im letzten Absatz des Briefes las ich: ». . . und wenn ich mein Leben noch einmal leben dürfte, dann würde ich mehr Fehler und mehr Wagnisse riskieren. Ich würde mehr auf Berge klettern und mehr in Flüssen schwimmen. Ich würde weniger Bohnen und mehr Eis essen. Wenn ich mein Leben noch einmal leben könnte, würde ich bestimmt mehr Gänseblümchen pflücken.«

Nachwort von Elisabeth Kübler-Ross

Ich möchte Derek Gills Bericht von meinem Leben bis zum Jahre 1969 noch ein kurzes Nachwort hinzufügen. Seit vielen Jahren haben Menschen mir gegenüber den Wunsch nach einem Buch über die Jahre meiner Entwicklung zum Ausdruck gebracht. Ich habe solche Aufforderungen immer von mir gewiesen, weil ich der Ansicht bin, daß während der Lebenszeit eines Menschen keine Biographie über ihn geschrieben werden sollte. Eine Biographie sollte vielmehr erst *nach* dem Tod als ein Geschenk an die Nachwelt erscheinen, um denjenigen, die sich dafür interessieren, ein besseres Verständnis für das Lebenswerk und das Anliegen des Verstorbenen zu geben. Die eigene Biographie zu lesen, während man noch am Leben ist, erweckt gemischte Gefühle, und es ist mir nicht ganz wohl dabei, wenn ich Ereignisse mitteilen muß, die durch die Handlungen und Empfindungen noch lebender Zeitgenossen ausgelöst wurden, deren Identität sich häufig leicht feststellen läßt.

Doch dann kreuzte Derek Gill meinen Weg und bot mit viel Enthusiasmus, Hingabe und Bewunderung für mein Lebenswerk an, die Geschichte meines Lebens zu schreiben. Impulsiv wie immer stimmte ich zu, und während der Fahrt nach einem denkwürdigen Vortrag in Wisconsin nach Flossmoor, wo ich wohnte, besprachen wir dieses gemeinsame Unternehmen. Die Ausführung dauerte beinahe drei Jahre, und während dieser Zeit hat sich sowohl in meinem als auch in Dereks Leben viel geändert. Doch obwohl die Motivation, die Interessen und die Menschen sich geändert haben, blieb die Geschichte, die hier erzählt wird, dieselbe: meine frühe Kindheit, meine Schulzeit, meine Abenteuer in Europa nach dem Krieg, meine Übersiedlung in die Vereinigten Staaten (mit meiner Reaktion auf den Kulturschock) und meine Arbeit als Ärztin in diesem Land, die so verschieden war von meinem Leben als Landärztin in der Schweiz. Als Derek Gill an mich herantrat, war ich endlich bereit, anderen meine Lebensgeschichte mitzuteilen, weil meine Arbeit während der letzten Jahre mich nicht nur zu einem größeren Verständnis von Leben und Tod geführt hat, sondern auch zu einer tieferen Erkenntnis der Bedeutung unserer frühen Kindheit. Die Forschung über den Ablauf der Zeit, über den Tod und besonders über das Leben nach dem Tod hat uns Einsichten vermittelt, die sehr wichtig sind für die Erziehung unserer Kinder, für die Art und Weise, wie wir die nächsten Generationen heranbilden.

Dieses Buch hat nur dann eine Bedeutung, wenn wir den Sinn des Lebens und unserer Beziehungen voll verstehen und wenn wir uns der außerordentlichen Führung und Hilfe bewußt sind, die wir von einer unsichtbaren, von sehr wenigen Menschen wahrgenommenen Welt empfangen. Wir müssen außerdem die Tatsache zur Kenntnis nehmen, daß es im Leben keine Zufälle gibt. Nicht einmal Vater und Mutter werden durch Zufall zu unseren Eltern. Auch unsere Geschwister, unsere Lehrer und die Freunde, mit denen wir ein Stück unseres Lebens teilen, werden durch unsere Wahl bestimmt und sind ein Teil eines übergeordneten Planes, der unser Leben lenkt. Dieser Plan offenbart sich nur am Ende, bei unserem endgültigen Übergang in eine andere Existenz: in dem Augenblick, den wir den Tod nennen.

Ich glaube, daß dieses Buch an Bedeutung noch gewinnen wird, wenn einmal die Geschichte meiner späteren Jahre und unserer Forschungsarbeit über das Leben nach dem Tod zur Veröffentlichung kommt; wenn einsichtig wird, warum alles, was mir im Leben zugestoßen ist, geschehen *mußte*. Dann wird man verstehen, warum ich als Drilling geboren werden und jede Puppe, jedes Kleid, meine Lehrer, meine Mutter und meinen Vater teilen mußte, warum ich den totalen Mangel an persönlicher Identität in einer Welt der Erwachsenen erleben mußte, die zwischen meiner Schwester Erika und mir nicht unterscheiden konnten. Diese frühe Einsamkeit und manchmal auch selbstgewählte Isolierung waren eine Vorbereitung für die späteren Jahre. Ich mußte die Gegenstände meiner Liebe unter den Vögeln und anderen Tieren, auf Wiesen und Bergen, in Bäumen und Blumen suchen anstatt in individuellen Menschen. Ich mußte mein Zuhause verlassen, als ich sechzehn war, und mußte Jahre des harten Kampfes und der Entbehrung durchmachen. Dadurch wurde ich mit Erfahrungen gesegnet, die ich sonst nie gemacht hätte. Die Zeit in der französischen Schweiz, in Polen, Frankreich, Deutschland, Belgien und Italien schenkte mir mein Bewußtsein und meine Anteilnahme am Leben anderer Menschen, die zwar den Krieg überlebt, aber viele ihrer Nächsten unter tragischen Umständen verloren hatten. Dadurch, daß ich die Gaskammern und das Konzentrationslager und den Waggon mit den kleinen Schuhen der in Majdanek ermordeten Kinder gesehen und mit einem jüdischen Mädchen gesprochen habe, das diesen furchtbaren Alptraum, den Todesmarsch ihrer Familie in die Gaskammern, durchlitten hatte, lernte ich, daß es uns anheimgestellt ist, ob wir als Opfer unserer Verbitterung, unserer negativen Gefühle und Rachebedürfnisse weiterleben oder ob wir uns dafür entscheiden wollen, das Negative hinter uns zu lassen und solche Tragödien als Stürme des Lebens zu betrachten, durch die wir auch Stärke gewinnen und reifen können. Solche Erfahrungen können auch anderen helfen, ihre Negativität zu überwinden und stärker, »runder« und schöner zu werden wie ein Stein, der geschliffen wird. Die Frau, die ihre ganze Familie und zwölf ihrer dreizehn Kinder in Majdanek verloren hatte, lehrte mich die Liebe, die keine Forderungen stellt, sie lehrte mich Glauben und absolutes Vertrauen.

In diesen Wanderjahren erlebte ich nicht nur die verheerenden Folgen des Nazismus, eines Hitler, eines Goebbels, eines Ribbentrop, sondern auch die bedingungslose Liebe von Quäkern aus der ganzen Welt und von Mitgliedern des Internationalen Friedensdienstes, besonders aus der Schweiz, von Menschen, die Jahre ihres Lebens opferten, um andern zu helfen. Es waren diese freiwilligen Helfer in den Arbeitslagern im Nachkriegseuropa, die mir zeigten, was Liebe wirklich ist, eine Liebe, die keine Gegenleistung erwartet und »nur« durch die Früchte ihrer Arbeit belohnt wird.

Während dieser Wanderjahre arbeitete ich ununterbrochen unter den primitivsten Umständen, und dieser Dienst hat mich für ein Leben angestrengtester Arbeit vorbereitet. Ich habe nie wirklich gelernt, mir Freizeit zu gönnen, zu tanzen, zu lachen und Spaß zu haben, und war vielleicht nie ein richtiges Kind oder junges Mädchen. Ich ging selten aus, besuchte keine Tanzveranstaltungen (und lernte daher auch nie, was es heißt, auf einer Bank zu sitzen und auf einen Partner zu warten, der nicht kommt!), und in vieler Hinsicht fehlten mir persönliche Beziehungen zu einzelnen Menschen. Dennoch fand ich in diesen Jahren Zufriedenheit und vollkommenes Glück. Es gab immer einen Lohn für die Arbeit und den Dienst, für die Schmerzen und Leiden. Außerdem hatte ich meine Familie, meine Erinnerungen an Skiausflüge und Wanderungen in den Schweizer Alpen, an die Spaziergänge über das Moos und durch die Wälder, an das Sammeln von Steinen – Erinnerungen an ein »altmodisches Glück«, wie ich es nenne. Sie haben mich immer begleitet. Ohne sie hätte ich vermutlich nicht überleben und so viel leisten können.

Meine Jahre in den Vereinigten Staaten waren zuerst schwierig für mich, denn ich neigte dazu, mein Leben hier mit meiner Unabhängigkeit als Landärztin in der Schweiz zu vergleichen, wo der finanzielle Lohn gering ist, durch die Dankbarkeit und Liebe der Dorfbewohner jedoch mehr als aufgewogen wird. Hier fand ich eine Gesellschaft, die eine unglaubliche Freiheit gewährleistet und weit über das hinausgeht, was ich in der Schweiz hätte erfahren können. Meine Bestimmung mußte ich in diesem Land verwirklichen, wo ich die Freiheit hatte, meine eigene Arbeit, meine Forschung und meine Art des Unterrichts zu entwickeln, was mir in keiner anderen Nation dieser Welt möglich gewesen wäre.

Hier habe ich durch meinen Unterricht, durch meine eigenen Methoden und den Glauben an meine Arbeit, nicht nur mit den Sterbenden, sondern auch mit sogenannten hoffnungslosen Schizophrenen, mit blinden und geistig behinderten Kindern, schließlich eine Heimat gefunden. Unterstützung fand ich immer bei meinen Patienten und deren Familien und den Studenten, die meine Seminare bis auf den letzten Stehplatz füllten, und nicht bei dem medizinischen Establishment. Eine schwarze Putzfrau an der Universität von Chicago wurde meine Lehrerin. Ein sterbendes Kind zeigte mir die wunderbare Weise, in der Kinder ihre Wahrnehmungen mitteilen. Die Mutter eines sterbenden Kindes, die mich an ihrem Schmerz und ihrer Verzweiflung Anteil nehmen ließ, lehrte mich, daß die Menschen fähig sind, sich über ihren Schmerz zu erheben und anderen zu helfen, die Ähnliches durchmachen. Und mehr als alle anderen war es Eva – die mir in unseren Gesprächen anvertraute (von denen eines später in *Life* veröffentlicht wurde), was es bedeutet, an Leukämie zu leiden, zweiundzwanzig Jahre alt zu sein und innerhalb kurzer Frist sterben zu müssen –, die mir durch ihren Mut, ihre Würde und Liebe eine unglaubliche Lehre über das Leben vermittelte.

Durch den Artikel in *Life* wurde unserer Arbeit weltweite Aufmerksamkeit zuteil, die es einer breiteren Öffentlichkeit ermöglichte, an dem teilzunehmen, was die Sterbenden uns lehrten. Als Ergebnis dieser Arbeit werden jetzt allein in den Vereinigten Staaten mehr als hunderttausend Kurse über den Tod und das Sterben angeboten. Hunderte von Hospizen werden geschaffen. Und in Shanti Nilaya, unserer Heimstatt des Friedens und der Einkehr in den Bergen von Escondido, wo wir Workshops abhalten, melden sich immer mehr Menschen, die einen Ort suchen, wo sie menschlich reifer werden können. Sie kommen, um sich von ihren negativen Einstellungen und der negativen Konditionierung zu befreien, die sie daran hindert, ihr Leben voll zu leben und im Bewußtsein zu sterben, wahrhaft gelebt zu haben, anstatt nur am Leben gewesen zu sein. Hier gelangen sie zu der Erkenntnis, daß das Leben einfach und sinnvoll sein kann, wenn wir uns der Realität stellen, und daß Angst- und Schuldgefühle unsere einzigen Feinde sind.

Dazu müssen wir den Mut und die Ehrlichkeit aufbringen, nach innen zu blicken und unsere Ängste, unsere Gier, Schuld und Scham, und was uns sonst noch hindert, unsere Energie positiv einzusetzen, zu identifizieren. Wenn wir lernen, unseren intuitiven Kräften zu folgen und uns nicht darum zu kümmern, was andere über uns sagen oder denken, wenn wir auf die innere Stimme und unsere leidenden Mitmenschen hören, wenn wir unsere Liebe geben, ohne Belohnung dafür zu erwarten, dann erkennen wir, daß jeder von uns sowohl Schüler als auch Lehrer, Lehrer wie Schüler ist, und es wird uns reicher Lohn geschenkt, wenn wir es am wenigsten erwarten.

Von unseren sterbenskranken Patienten und aus unserer Erforschung des Lebens nach dem Tod haben wir gelernt, wie man mit den unerledigten Dingen des Lebens fertig wird – mit Schuld, Scham und Angst. Von den Kranken haben wir gelernt, wie man diese Schuldgefühle externalisieren und hinter sich lassen kann, wie man statt Mitleid, das den Mitmenschen klein macht, wirkliches Verständnis und Mitgefühl aufbringt.

Ich habe viele wunderbare mystische Erlebnisse gehabt, vom kosmischen Bewußtsein bis zur Begegnung mit meinen geistigen Führern, obwohl ich aus einem konservativ-protestantischen, autoritären Milieu stamme, nie ein »höheres Bewußtsein« angestrebt habe und dieses in früheren Zeiten auch nicht verstanden hätte. Ich war nie in der Lage, regelmäßig zu meditieren, da solche Übungen meinem Wesen nicht entsprechen. Ich hatte nie einen Guru und bin nie in Indien gewesen, obwohl ich viele Jahre davon geträumt habe. Ich habe ein Leben ununterbrochener Arbeit gelebt, in dem es kaum Muße gab. Und trotz alledem habe ich vermutlich alle mystischen Erlebnisse gehabt, die einem Menschen zuteil werden können. Ich habe die größten Höhepunkte erlebt, ohne jemals Drogen genommen zu haben. Ich habe das Licht gesehen, das meine Patienten erblicken, wenn sie an die Schwelle des Todes kommen, und ich war umgeben von der unglaublichen, bedingungslosen Liebe, die wir alle erleben, wenn wir uns zu dem Übergang anschicken, den wir den Tod nennen.

Ich hoffe, daß dieses Buch anderen helfen wird, die Schönheit, Verflochtenheit und Großartigkeit der Fäden zu erkennen, aus denen dieses mein Leben gewoben ist, das hoffentlich andere berührt hat und in dem ich versucht habe, etwas mehr Licht in diese Welt zu bringen. Ich hoffe, daß es den Lesern zu der Einsicht verhilft, daß es Dimensionen der Erkenntnis gibt, die auch sie erlangen, und Erfahrungen, die auch sie machen können.

Meine Biographie endet mit dem 21. November 1969, denn dieses Datum markiert den Beginn eines neuen Abschnitts in meinem Leben. Dieses Buch sollte eigentlich Eva gewidmet sein, dem todkranken Mädchen, das mich so vieles gelehrt hat, dessen Geschichte an jenem Tag in *Life* veröffentlicht wurde und mein Leben über Nacht veränderte. Nach einer unauffälligen Existenz, in der ich meine eigene Arbeit und Aufgabe verfolgte und Medizinstudenten, Krankenschwestern und Sozialarbeiter an der Universitätsklinik an dem teilnehmen ließ, was ich gelernt hatte, machte ich plötzlich in der ganzen Welt Schlagzeilen und erhielt eine Flut von Briefen, die noch immer anhält. Nachdem Eva die Aufmerksamkeit der Welt auf eine Ärztin gelenkt hatte, die in ihrem Leben viel Zeit damit verbrachte, Sterbenden zuzuhören und sie zu bitten, unsere Lehrer zu sein, führe ich nicht mehr das private Leben, an das ich gewöhnt war. Doch Evas Mitteilungen ermöglichen mir und anderen, durch unsere Bücher, Vorträge und Seminare Millionen von

Menschen zu erreichen und das an sie weiterzugeben, was wir von Sterbenden gelernt haben.

Ich danke Eva für dieses große Geschenk und hoffe, daß ihre Eltern erkennen, daß sie mehr als zehn Jahre nach ihrem Tod immer noch Tausende von Menschen berührt. Vielleicht verstehen sie dann, daß ein Sinn in allem liegt, was uns zustößt, und daß die schmerzlichsten Augenblicke die größten Gaben nicht nur für uns selbst, sondern auch für die Mitwelt bergen können.

Ich danke Derek Gill für seine Mühe und Geduld, und ich danke meinen Verlegern für alle Hilfe und Unterstützung. Doch am meisten habe ich meiner todkranken jungen Patientin und ihren Eltern dafür zu danken, daß wir an Evas Schicksal teilnehmen durften.

Acht Standardwerke von Elisabeth Kübler-Ross

Kinder und Tod
262 Seiten und 16 vierfarbige Seiten,
gebunden mit Schutzumschlag

Wer sich dem Erfahrungsreichtum dieses Buches öffnet, erfährt nicht nur viel von der intuitiven Einsicht der Kinder in das Geheimnis von Sterben und Tod, sondern erhält auch eine Fülle von praktischen Hinweisen für den Umgang mit schwerkranken und sterbenden Kindern und Jugendlichen.

Befreiung aus der Angst
Berichte aus den Workshops »Leben, Tod und Übergang«
176 Seiten, gebunden mit Schutzumschlag

Elisabeth Kübler-Ross erzählt anhand vieler Beispiele von ihrer Arbeit, erklärt Verlauf und Sinn der Workshops und lädt den Leser ein, ihr auf der Entdeckungsreise in ein von Angst befreites und sinnerfülltes Dasein zu folgen.

Leben bis wir Abschied nehmen
174 Seiten, gebunden mit Schutzumschlag

»Dieses Buch ist in der Flut von Veröffentlichungen, die alle den Menschen mit der Grenzerfahrung von Krankheit, Sterben und Tod konfrontieren wollen, einer der ganz wenigen Glücksfälle, in denen nicht über die Sache in einer theoretischen Aussageform, sondern von der Sache auf der Basis unmittelbarer Erfahrung berichtet wird.« Deutsches Allgemeines Sonntagsblatt

AIDS
Herausforderung zur Menschlichkeit
320 Seiten, gebunden mit Schutzumschlag

Ein couragiertes Buch der bekannten Sterbeforscherin, die in der bedrohlichsten Krankheit unserer Zeit die Botschaft zum Leben und Lieben entdeckt. Für alle, die mit AIDS konfrontiert sind oder die sich ihren eigenen Ängsten stellen wollen.

Kreuz Verlag

Verstehen, was Sterbende sagen wollen
Einführung in ihre symbolische Sprache
220 Seiten, kartoniert

Schwerkranke und sterbende Menschen benutzen eine ganz besondere Sprache, um ihre innersten Wünsche und Sorgen auszudrücken. Es ist eine symbolische Sprache, die sich in Worten, in Gesten oder auch in spontanen Zeichnungen äußert. Elisabeth Kübler-Ross lehrt uns in ihrem neuesten Buch, diese Sprache zu verstehen.

Interviews mit Sterbenden
Ungekürzte Originalausgabe
231 Seiten, kartoniert

»Dieses Buch zwingt uns geradezu die Erkenntnis auf, daß wir alle nur gar zu schnell bereit sind, über den modernen Errungenschaften der Medizin das Eigentliche zu vergessen: den Menschen in all seiner Qual, seinen Ängsten und seinem Recht auf Würde.«
Niedersächsisches Ärzteblatt

Was können wir noch tun?
Antworten auf Fragen nach Sterben und Tod
Ungekürzte Originalausgabe
116 Seiten, kartoniert

»Die Fragen dieses Buches wurden von Patienten, Angehörigen, Ärzten, Schwestern und Pflegern gestellt, deshalb ist dieses Werk auch für Sozialarbeiter und Betreuer älterer Menschen speziell geeignet, gibt es doch praktische Hinweise für den Umgang mit Schwerkranken.«
Zeitlupe, Zeitschrift für Krankenpflege

Reif werden zum Tode
Maßstäbe des Menschlichen, Band 9
Ungekürzte Originalausgabe
238 Seiten, kartoniert

Elisabeth Kübler-Ross' Beiträge sowie die Texte ihrer 13 Mitautoren stellen gleichsam eine Nutzanwendung ihrer Forschungsarbeit über Todkranke dar. Übereinstimmend stellen alle Autoren das Sterben und den Tod wieder mitten in das Leben als Thema der Reifung zum Leben.«
Deutsches Ärzteblatt

Kreuz Verlag